カラー口絵

信濃上田城

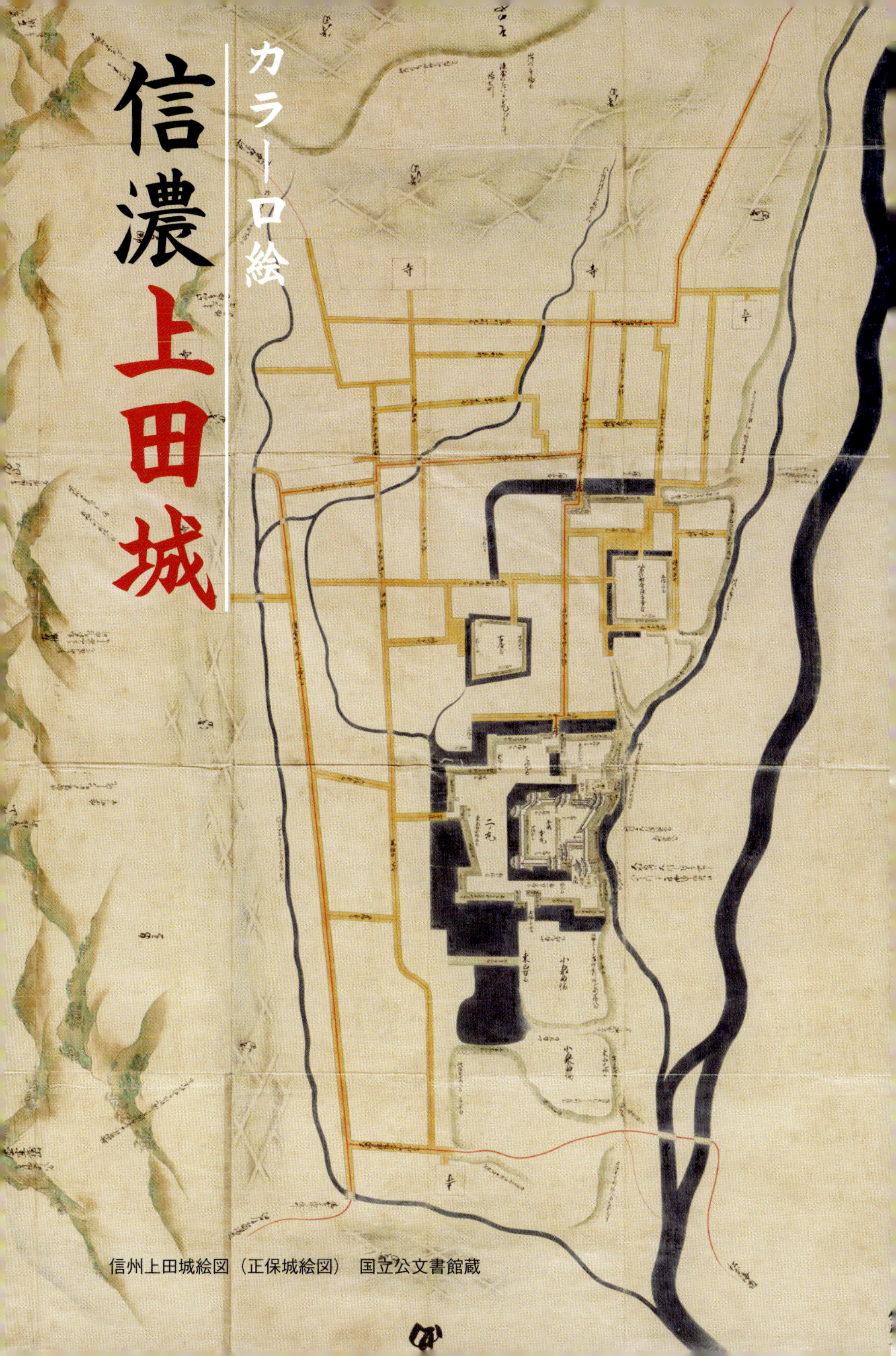

信州上田城絵図（正保城絵図）　国立公文書館蔵

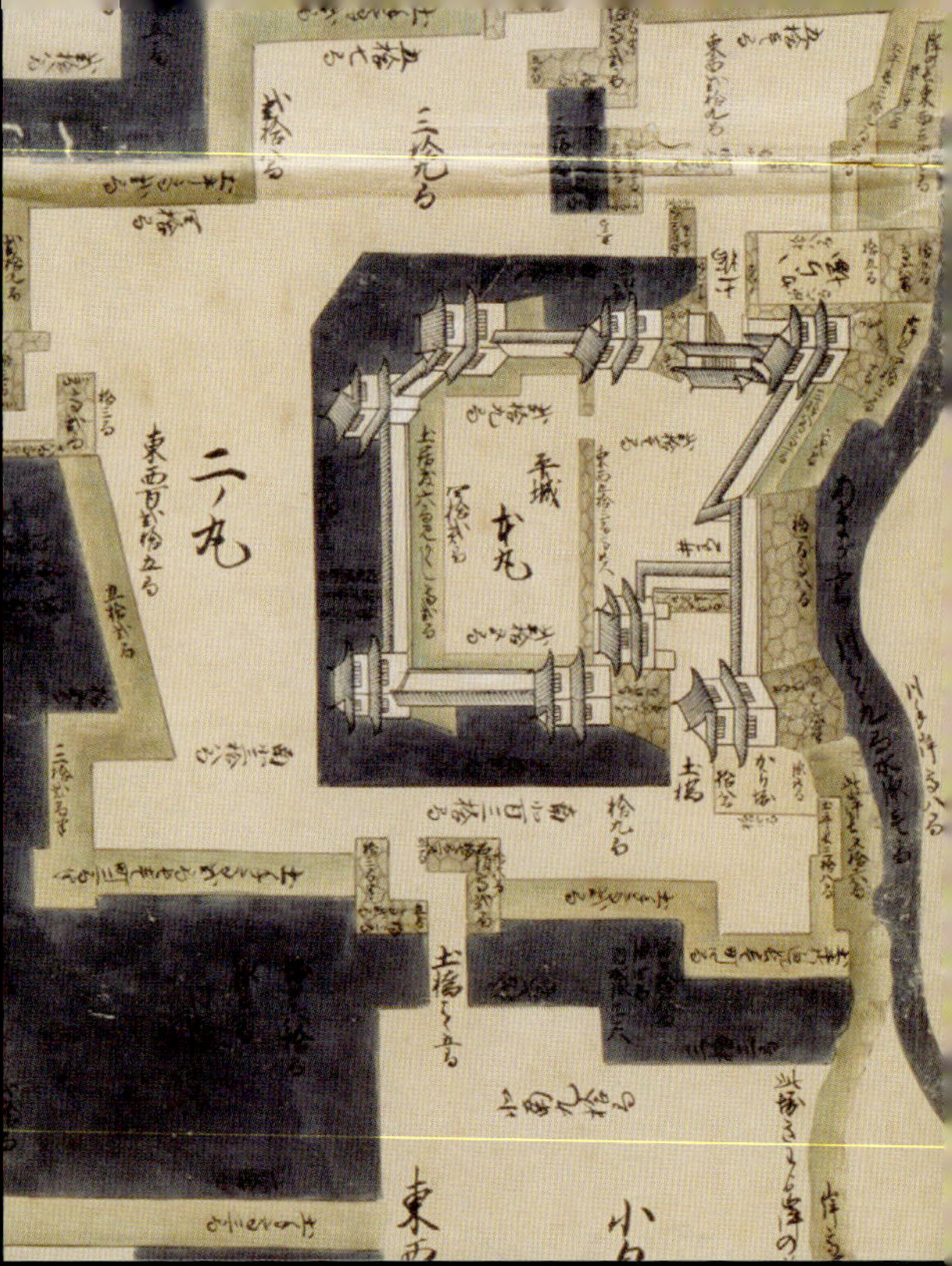

▶信州上田城絵図（正保城絵図。本丸・二の丸部分を拡大）　信頼できる上田城絵図としては最古の史料。仙石忠政の復興から20年余を経過した頃、仙石政俊が幕府に提出した絵図である　国立公文書館蔵

▼尼ヶ淵の石垣群と南櫓（写真右）・西櫓（左）　尼ヶ淵は千曲川の分流が澱む場所で、川が削った12メートルほどの垂直な段丘崖（上田泥流層）とともに天然の堀となり、南からの敵の侵入を阻んだ。ただし、大水に洗われることで崩壊するなど、城にとって諸刃の剣で、歴代藩主は石垣を築いてこれを防いだ

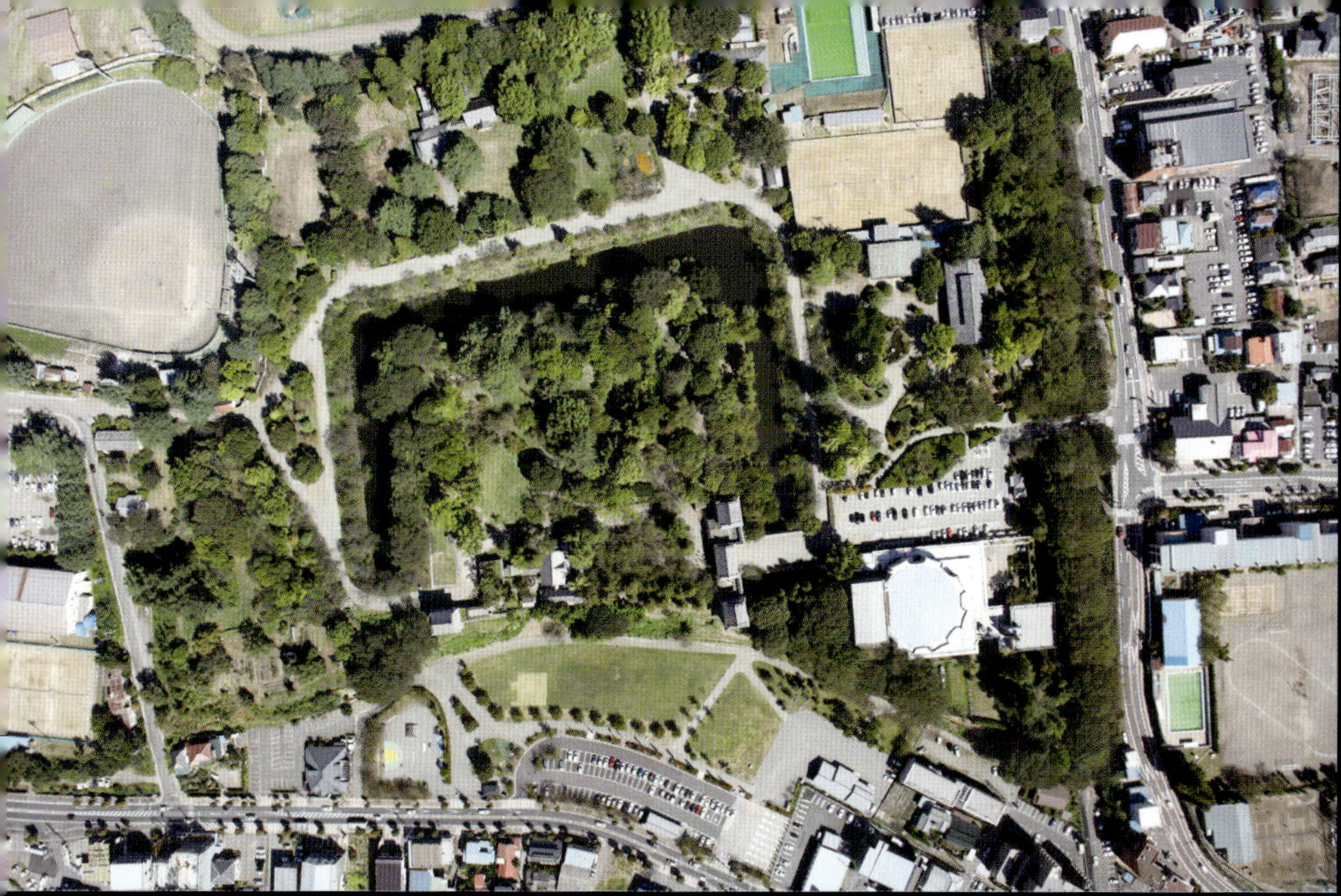

▲上空から見た本丸堀（平成 24 年撮影）　本丸堀は、真田昌幸時代の上田城を知ることができる手がかりである。寛永３年（1626）から始まった仙石忠政による復興工事の際、忠政が普請奉行へ指示した覚書に「古城の堀に歪みがあったら、それを修正して掘りあげよ」という一文があり、現存する本丸堀の原形は昌幸の上田城に求めることができよう　写真提供：上田市教育委員会

▼寛永年間以降に積み増しがされた石垣　現存する最も古い石垣は、隅石に残る矢穴痕から、寛永年間（1624 ～ 1645）の築造と推定される。上田泥流層の崖面は水の作用で崩壊するため、石垣を築いて崖面の後退を防いだと考えられる

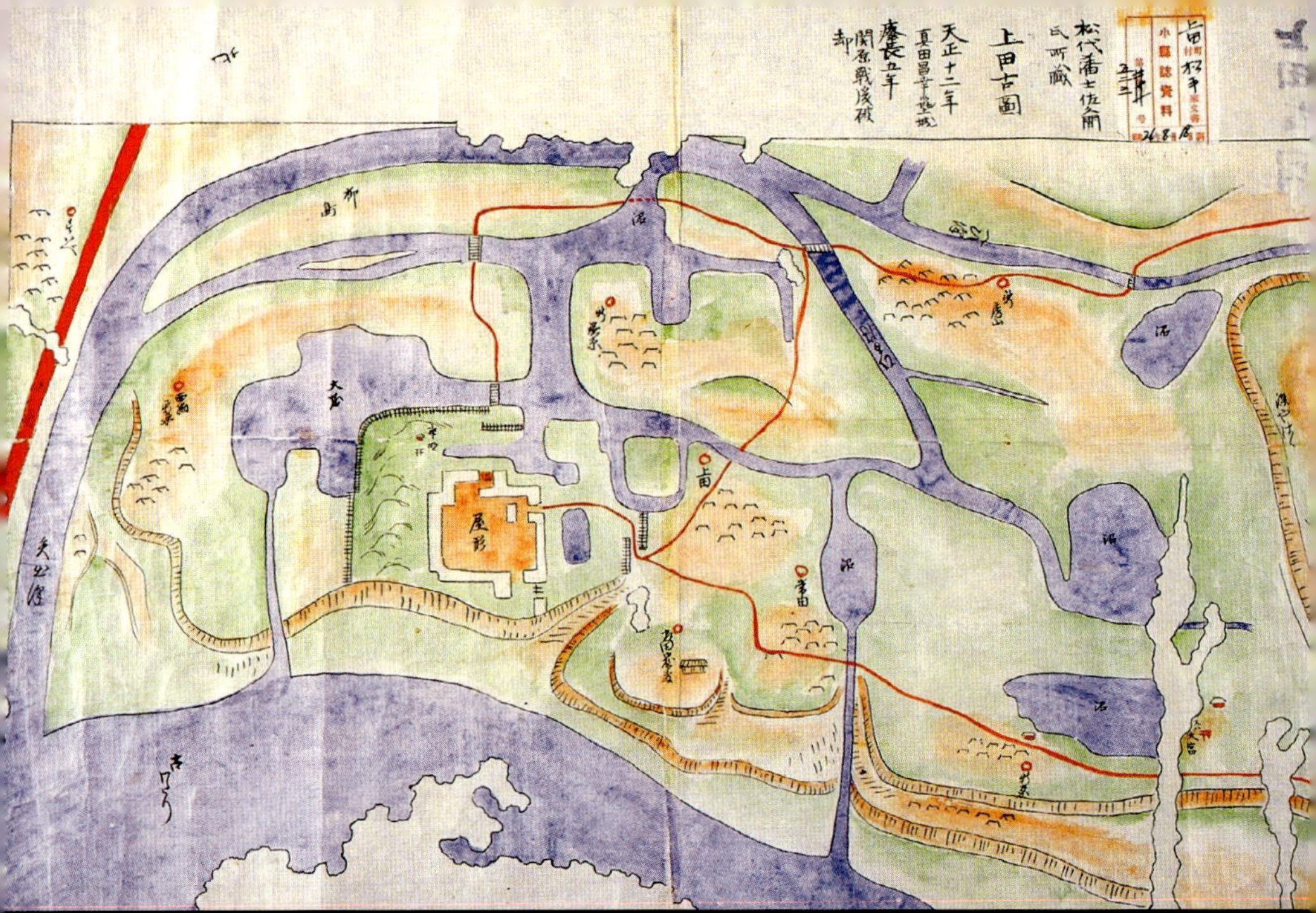

▲天正年間上田古図　天正年間（1573～1592）前後の上田城の姿を伝えるとされる。「天正十二年真田昌幸築城　慶長五年関原戦後破却」とある　上田市立博物館蔵

▲本丸東虎口の石垣　最も大きく見えるのが真田石と呼ばれるもので、直径３メートルにもなる。真田信之が転封先の松代へ運び出そうとしたところ、びくともしなかったという言い伝えがある

▼真田井戸　城内に現存する唯一の井戸。この井戸には、北方の太郎山山麓の砦や藩主居館にも通じている抜け穴だったという伝承が残る

シリーズ
城郭研究の新展開
5

徳川軍を撃退した不屈の堅城

信濃上田城

和根崎 剛 編

戎光祥出版

はしがき

平成二十七年（二〇一五）、上田は大河ドラマ「真田丸」一色だった。城下には赤い幟《のぼり》と真田の旗印「六文銭（六連銭）」が溢れ、全国から大勢のお客様が上田城跡に足を運んでくださった。大河ドラマ館の入館者は百三万人を超え、同じく城内にある市立博物館や眞田神社は、かつてないほどの賑わいを経験することになった。

「徳川を二度も破った真田昌幸の城」「真田幸村ゆかりの城」……、上田ではこうした真田絡みのキャッチコピーがよく用いられる。仙石氏三代、松平氏七代の城主がいたにもかかわらずである。ただ、これは「真田丸」放送がきっかけになったのではなく、上田の「真田びいき」な気質は以前から脈々と続いてきた。「真田石」「真田井戸」、いずれも近代に命名された城内の「仙石・松平期の遺構」である。最近、こうした名称の使用について、お叱りをいただくことが多い。以前よりも上田城の歴史を深く理解されている方が多くなっていることの表れかと思う。

現在、見ることができる上田城の縄張りは、寛永三年（一六二六）に着手された仙石忠政の復興工事以降のもので、真田昌幸の遺構は関ヶ原合戦後に悉く破壊されて残っていない。強いて言えば、忠政が「古城」の堀をほぼそのまま掘り返すように指示したとされる本丸の堀は、唯一の真田の痕跡とも言えよう。筆者ら文化財担当者の責任でもあろうが、現在の上田城で見られる櫓や石垣が、真田昌幸の頃のものだと考える方はいまだに多い。城跡整備に関わる者として、仙石・松平期の城の歴史をきちんと伝え、現存する石垣や櫓のおもしろさや魅力を感じてほしいと願っている。

そして、今後の城跡整備の方針を決めるにあたり、研究者をはじめ、城跡に関心をもつ方々、市民の皆さんと「史跡上田城跡」について、情報を共有する必要を感じている。本書に関わらせていただくことは、今、私ができることのひとつだと思えた。

本書第一部では、「遺構・遺物から見た上田城」として、地元で長く研究を続けておられる尾見智志・倉澤正幸・横沢瑛各氏の研究成果を中心にまとめさせていただいた。また、上田城に特徴的な「鬼門除け」の考察については、全国の城の構造に精通される髙田徹氏に稿を起こしていただいた。

第二部は「発掘調査の成果」とし、これまで城跡に関連する発掘調査等に関わった担当者が、その成果をコンパクトにまとめたものである。太郎山の石切丁《いしきりちょう》場《ば》の分布調査でご指導をいただいている森岡秀人氏にも、第一部の「石垣の特色について」と合わせ、ご寄稿いただいた。

第三部では、「上田城研究の進展」をまとめた。上田城・城下町等の文献史料研究を牽引する尾崎行也氏・寺島隆史氏には、地元研究者の立場から研究成果を寄せていただいた。また、日頃から示唆に富むご教示等を頂戴している浅倉有子氏・富原道晴氏にも論考をいただいた。なお、巻末の年表作成にあたっては、谷口弘毅氏の手を煩わせた。それぞれの研究分野でご活躍の幅広い世代の執筆陣で、興味深く、読み応えのあるものになったと自負している。

なお、今回本書に転載をさせていただいた論考は、発表当時の通説・研究動向等を反映している場合があるため、基本的には原文のままとした。また、上田城の研究上で欠かせない論考であるにもかかわらず、諸般の事情により、掲載が叶わなかったものもある。ご海容をいただければ幸いである。

今後の整備で、上田城跡の姿は大きく変化することが予想される。「天守がなかった」仙石・松平期の上田城に、がっかりしてお帰りになるお客様がいらっしゃることも事実だ。ただ、豪華絢爛なニセモノの城では、本当の上田城の魅力を感じていただくことはできないだろう。これは、整備に関わる者として絶対に忘れてはならないことだと思っている。本書を大勢の方が手に取られ、仙石・松平期の上田城にも興味をもっていただくきっかけとなれば幸いである。

二〇一八年十二月

和根崎　剛

目次

第三部　上田城研究の進展

凡例

一、本書は、これまでの上田城に関する重要論文九本をを収録し、さらに新稿七本を加えて考古学・文献史学双方の多角的な視点からのアプローチでその実態に迫り、今後の研究がより進展するよう編集・制作したものである。

一、図版の作成者は、特記をしていないものは各論文執筆者と同じであり、それぞれの著作権は執筆者に帰属する。

一、図版は原則として上方を北としたが、やむをえない場合はその限りではない。

一、本書の編集にあたって、表記や記載内容・考察などは各執筆者の意志に委ねた。したがって、各論文の文責は各論文の執筆者に帰属する。

一、人名や歴史用語には適宜ルビを振った。読み方については、各種辞典類を参照したが、歴史上の用語、とりわけ人名の読み方は定まっていない場合も多く、ルビで示した読み方が確定的なものというわけではない。また、執筆者ごとに読み方が違う場合もあり、各項目のルビについては、各執筆者の見解を尊重したことをお断りしておく。

一、提供者が記載されている写真以外は、編者あるいは当社提供の写真である。

第一部　遺構・遺物からみた上田城

復元された二の丸御門

I

真田氏の山城群──小県の城郭を訪ねて

尾見智志

はじめに

真田氏にゆかりのある城館跡には、松尾城・真田山城・真田氏居館・砥石《といし》城・上田城などがある。松尾城は、真田氏発祥の地ともいうべき上田地域の北辺に築かれた山城である。真田山城は、真田地域のほぼ中央に築かれた山城で、真田幸隆（幸綱）が築いたといわれている。真田氏居館は御屋敷ともいわれ、本原地区（原之郷）のほぼ中央に位置する。これらの城館跡は、伝承として地元に伝わっているが、古文書などの記録には表れていない。

さて、真田氏が古文書や『高白斎記』などの文献史料に登場するようになるのは、真田幸隆が砥石城を奪った頃からで、真田氏の活躍の礎《いしずえ》は武田信玄の信州先方衆として活躍した幸隆によるところが大きい。しかし、幸隆の後に真田家を継いだ長男の信綱が、天正三年（一五七五）の長篠の合戦で戦死したことから、三男の昌幸が真田家を相続した。昌幸は武田勝頼の上州（上野）侵攻の中心として活躍し、武田家が滅びた後は、戦国大名として独立することとなった。昌幸は砥石城を信濃での拠点とした後、上田地域で唯一の近世城郭となる上田城を築くとともに、本格的な城下町づくりを行っている。

こうした真田氏の軌跡は、城づくりにも反映されていると思われる。信濃での真田氏の城館跡をみていくと、山間部の真田地域から上田盆地の中央部へと拠点を移動させながら発展していったことがうかがえる。本稿では、小県と呼ばれる上田地域の真田氏ゆかりの城館を訪ねるとともに、真田氏の一族とされる矢沢氏の矢沢城、海野一族である

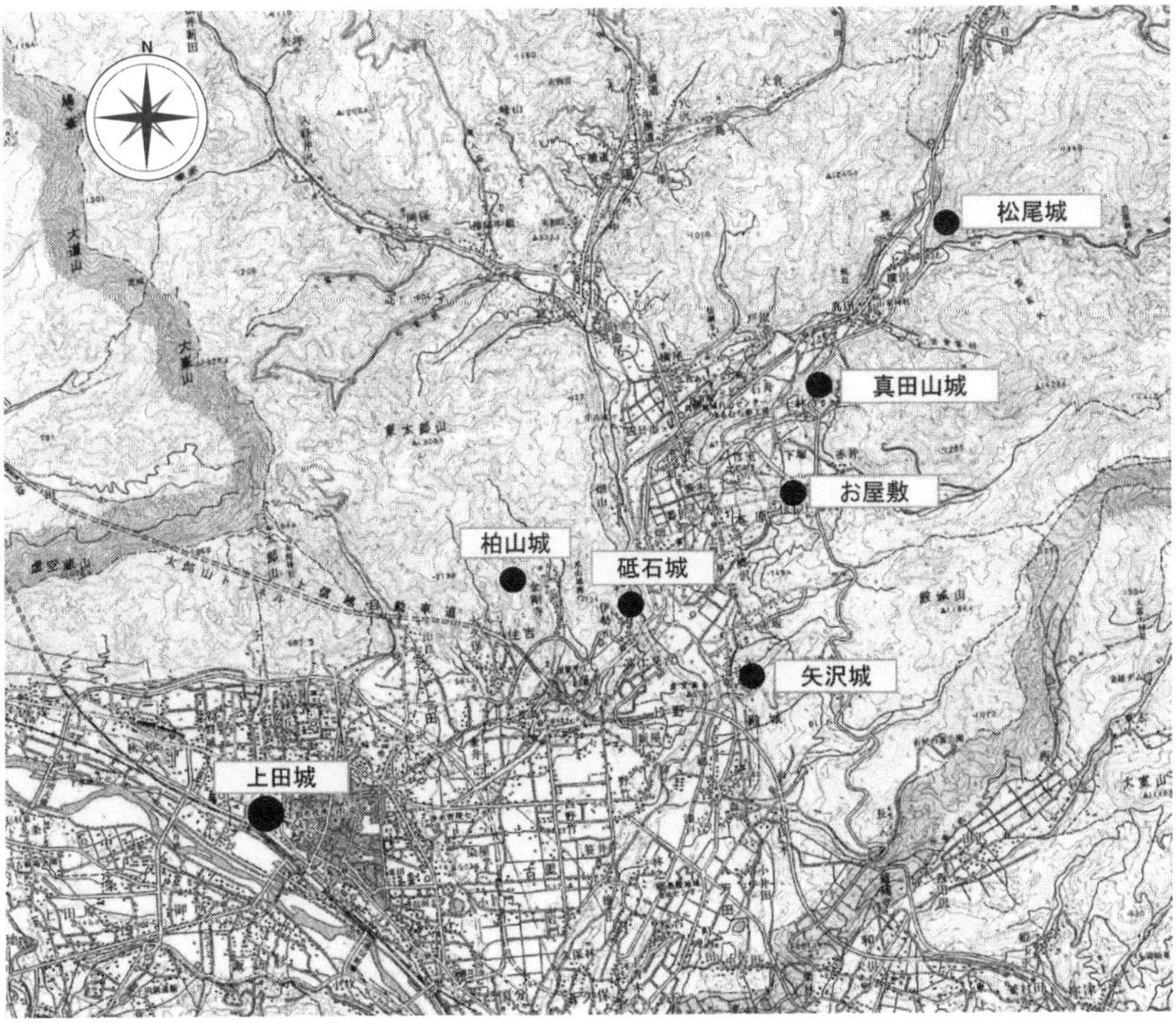

図１　真田氏ゆかりの城館跡位置図

祢《ね》津《つ》氏の祢津城、上田城と同じ立地となる河岸段丘上の岡城や第一次上田合戦の際に真田氏が使用したという尾野山城などを訪ね、それぞれの城郭の特徴をみていきたい。

松尾城

真田地域には、「松尾城」は二つある。どちらも真田氏に関わるもので、角間《かくま》地区の入口に築かれた山城と十林寺《じゅうりんじ》地区のものが松尾城と呼ばれている。角間地区の松尾城は松尾古城とも呼ばれ、それに対して、十林寺地区の松尾城は松尾新城・真田山城・十林寺城・住連寺城などと呼ばれていたが、最近では真田氏本城の名が定着している。なお、松尾城は真田氏の城として伝わっているが、築城年代など不明な点が多い。

松尾城の立地をみると、城は角間渓谷の入口で増尾山《ますおやま》から延びている尾根の先端部に築かれている。この尾根の南麓を角間川に沿うように

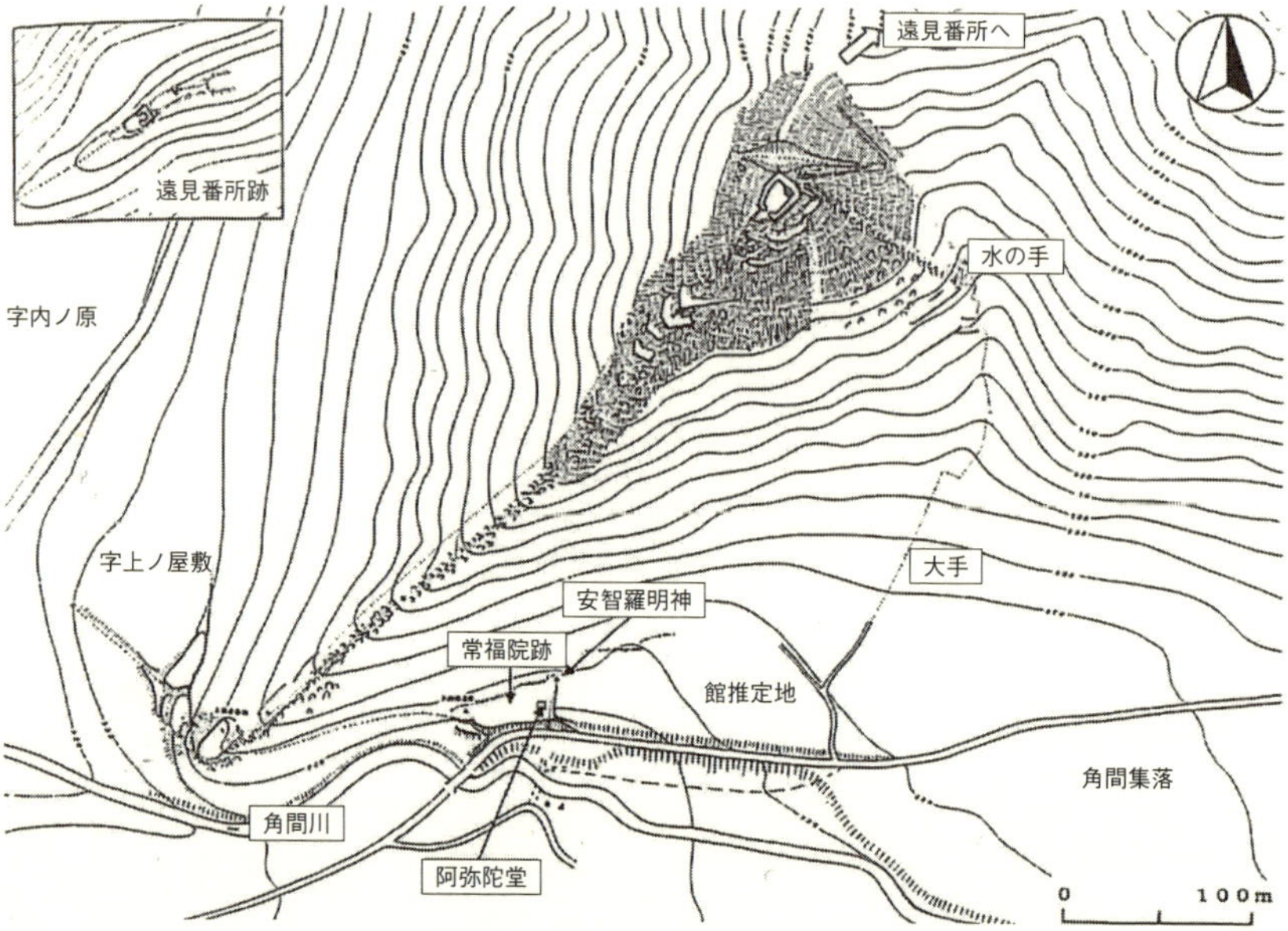

図２　松尾城の縄張り図（「真田町の遺跡」真田町教育委員会〈2000 年〉に加筆）

通過している街道は、角間峠を越えて北上州へと通じている。また、城の西には鳥居峠を越えて北上州へと通じる上州街道が通過している。松尾城は、これらの街道を見下ろす絶好の位置にあり、街道を監視する交通の要衝に位置している。そのため、城からの眺望は良く、菅平《すがだいら》から上田市街地まで見渡すことができる。

さて、松尾城の特徴のひとつとして、石塁をはじめとした石積みの構築が挙げられる。特に、松尾城と遠見番所では本郭を囲むように築かれた石塁がみられる。これ以外にも、至る所に石積みが見られる。石材は板状に割れる輝石《きせき》安山岩《あんざんがん》で、この山で採れるものである。本郭を外側から見ると、石積みは高く、乗り越えることは難しい。周辺の山城では、本郭は土塁で囲まれていることが多く、石塁により防御されているのは松尾城と天白城だけである。この石塁を用いている理由は、山には岩場が多く、平坦面や土塁を築くのに十分な土砂を確保することは難しいが、石積みに適した石材は容易に確保できることによると思われる。

次に、堀切が本郭の背後にしかないことも大きな特徴である。この堀切は深くて幅が広いもので、石塁と合わせると取りつく場所もなく、本郭へは直接入ることができない。これに対して、登城路となる城の南西の尾根筋には四つの大きな郭があるが、堀切はない。その理由として、稜線には固い岩盤が露出していることから、岩を割って堀切を設けることが難しかったためと推定される。代わりとして、石積みを築くことで比高差のある郭を構築し、防御力の強化を図ったことが考えられる。また、急斜面に石積みを築くことで、侵入者より多くの兵を留められる広い郭を確保できたのだろう。

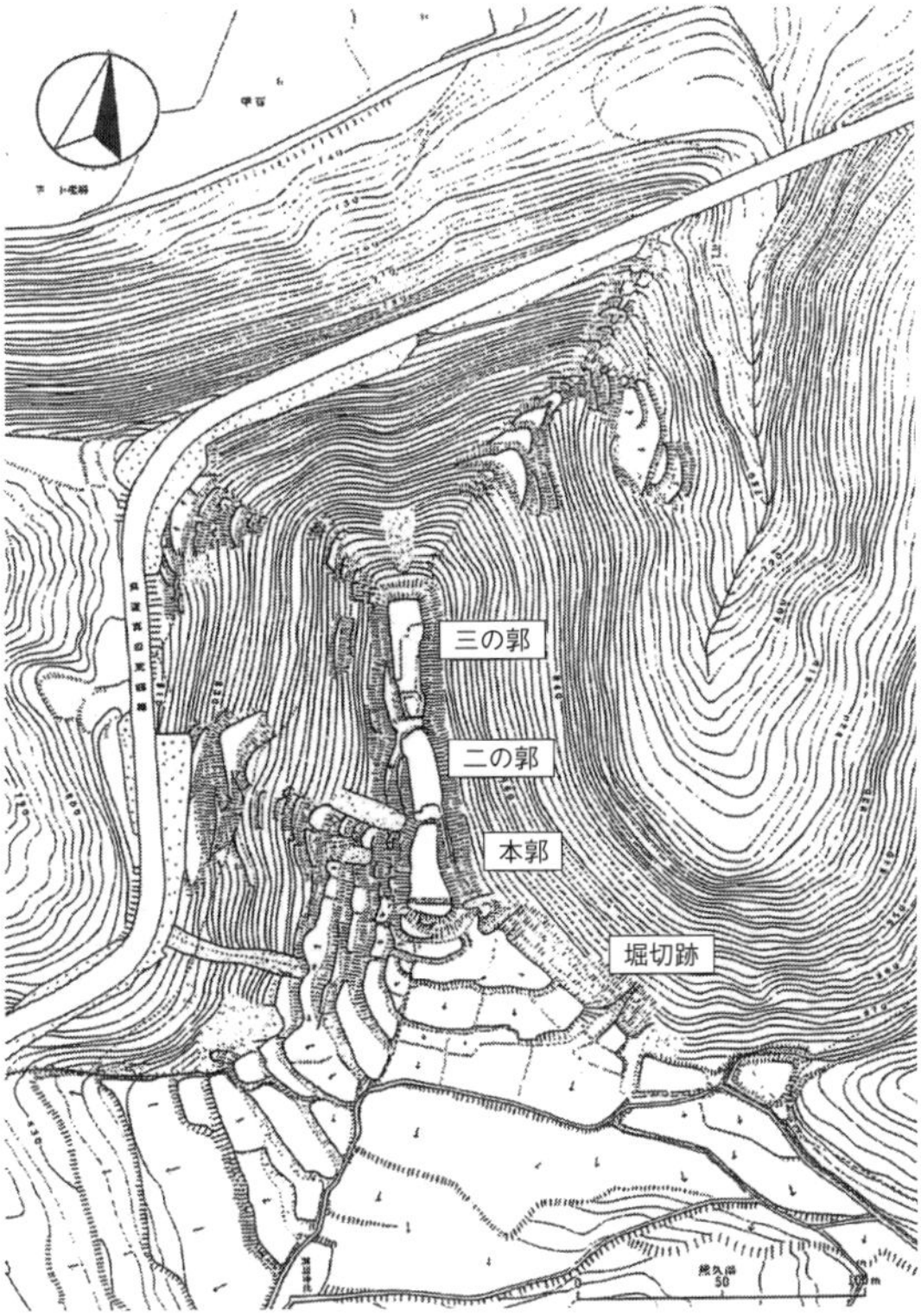

図３　真田氏本城の縄張り図（「真田町の遺跡」真田町教育委員会〈2000 年〉に加筆）

真田氏本城（真田山城）

真田山城・松尾城・十林寺城・住連寺城などと呼ばれる山城で、真田氏の本城にふさわしい規模の城であることから、最近では真田氏本城の名が定着している。城の南方には真田氏居館があり、居館の背後の烏帽子岳から派生した支脈にも、真田氏の城とされる天白《てんぱく》城が築かれている。しかし、真田氏本城は文献などに記載がなく、真田幸隆が築いたと伝わっているのみである。

真田氏本城は、真田地域のほぼ中央に位置する。北上州からの上州道と善光寺平へと通じている松代道を監視し、上田や丸子方面までを見渡すことのできる交通の要衝に築かれている。真田氏本城は、城山あるいは真田山と呼ばれる山に築かれた山城である。城の南斜面は畑地として造成されたことから、比較的緩斜面にみえるが、本来は急斜面だったと思われる。この城は、基本的には尾根筋と稜線に郭を構築した山城である。なお、烏帽子岳へと続く東の尾根には、背後を遮断するための堀切があったと古い記録に書かれ、東側の斜面にはその痕跡も確認できる。本郭・二の郭・三の郭をみると、細長いが比較的広くなっている。本郭では、南端に高い土塁が背後を遮断するように築かれている。この土塁があることで、熊久保集落側から本郭に入るには、斜面に築かれた小郭や通路から二の郭あるいは三の郭に回らないと入れなかったことが想定される。また、真田山の北および西と南の稜線には、小郭が築かれている。このような郭の配置は、真田氏の拠点で居館があったとされる真田山北麓の村を前面とした、逃げ込みの城だったことを示唆している。

なお、水の手とされる用水路が、真田氏本城へ続く尾根を切り、熊久保集落方面へと流れている。これは、現在も農業用水として使用されている。

真田氏居館

真田氏居館のある本原地域は、中世では原之郷と呼ばれ、烏帽子岳の山麓から続く緩やかな斜面が、西方の太郎山山系の東麓に沿って流れる神川まで広がっている。真田氏居館は、この裾野のほぼ中央部にあり、地元では「御屋敷」とも呼ばれ、親しまれている。

館は台形状の敷地をもち、東から西に傾斜している。周囲は土塁で囲まれ、土塁の外側には堀も確認できる。北側は大沢川が天然の堀の役割を担っており、東側と西側には堀切が確認されている。発掘調査によると、西側の堀切は浅く、堀底はU字状となる区画溝のようなものとなっている。深く掘り込んだ堀でないため、古い館を改修していると考えられる。すると、本来は西方にある本原のマチに関係する館だったことも想定できる。また、南側についても、現在は道路になってしまっているが、堀の存在が推定されている。

　居館の入口は三ヵ所あり、南に大手口、北に搦手口、東に木戸口がある。南の大手口は、虎口の内側に小さな方形空間を設けて内枡形となっていたと思われる。これは、北信濃にある牧之島城（長野市）の本郭の虎口のように、外側の一の門は土塀で、内側の二の門は土塁にはさまれたものだった可能性もある。一の門と二の門は見通すことができないように食い違っている。また、大手口と搦手口の位置についても、一直線に見通すことはできず、食い違いとなっている。館内部は、東から上段・中段・下段の三区画となっていたことが考えられる。下段には、発掘調査では遺構は確認されず、広場だったと考えられる。中段は、前後に大手口と搦手口がある。上段は、現在は神社の境内となっているが、ここに居館の主屋などがあったのだろう。

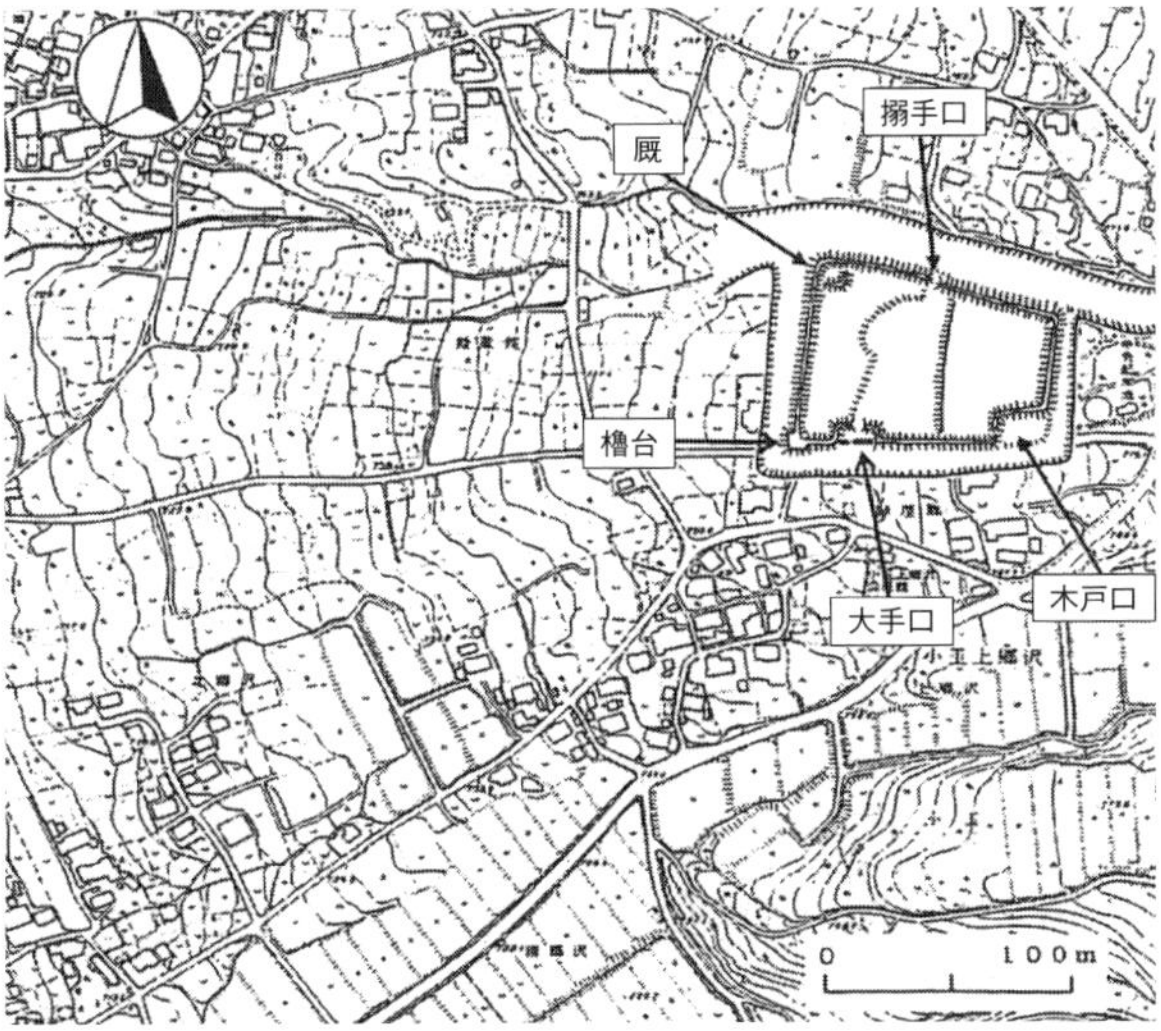

図４　真田氏居館の縄張り図　作図：尾見智志

　真田氏居館では、敷地の隅に特徴がある。北西隅には土塁に囲まれた方形区画の施設があり、厩《うまや》跡と呼ばれている。南東の隅については隅欠《すみおとし》となっており、木戸口とされる幅百八十センチほどの出入口がある。隅欠は、上田城本丸・上田城の中屋敷でも確認できる。これらは鬼門除けとされているが、御屋敷の隅欠は鬼門方向ではないことから、埋門《うずみもん》を設置するための折れだった可能性もある。また、地籍図をみると、南西の隅には方形の突出部があり、ここに櫓台があったことが想定される。

さて、居館の背後には天白城があり、これは逃げ込みの城と考えられる。天白城は真田氏の支城といわれ、本郭は松尾城と同様に石塁をもつ。本郭を石塁で囲む構造は、真田氏の山城の特徴なのかもしれない。

砥石城（砥石米山城）

砥石米山城は、上田盆地の北にそびえる太郎山山系の東端の尾根に築かれている。北から桝形城・本城・砥石城からなる砥石城と、その西の峰に築かれた米山城で形成されている。そのほかにも、城の周囲の尾根には東から飯縄城・花見城・柏山城などの支城が築かれ、これらを含めると大規模な城砦群となる。

砥石米山城の築城時期ははっきりしないが、天文十年（一五四一）五月の海野平《うんのだいら》合戦の頃は、村上義清の東信濃侵攻の拠点となっていたことが推定される。天文十九年八月に、武田信玄は村上義清攻略のために「砥石城」を攻めたが、十月一日に「砥石崩れ」と呼ばれるほどの大敗を喫している。しかし、およそ半年後の天文二十年五月二十六日に、信玄が落とせなかった砥石城を真田幸隆が落とした。その後、砥石城は真田氏の属城となったことは、天正十年（一五八二）に真田昌幸が家臣の湯本三郎右衛門所属の上州の地侍に宛てた安堵状から推測できる。この安堵状からは、砥石城のある地域は「伊勢山」と呼ばれていたことがわかる。昌幸は、天正十一年に上田城を築くまでの間、ここを拠点としていたと思われる。

砥石米山城は、二度の上田合戦でも存在感を示している。天正十三年の第一次上田合戦では、砥石城にいた昌幸の長男・信之の軍勢が遊軍となり、上田城に攻め込んだ徳川勢に横槍を入れたという。慶長五年（一六〇〇）の関ヶ原合戦の前哨戦である第二次上田合戦の際には、信之が徳川方として砥石城に入ったことが、『浅野家文書』などで確認できる。

さて、城の西では矢出沢川が深い谷を形成し、西の防御となる堀の役割を果たしている。東では山麓に沿うように神川が流れ、対岸には上州街道が通過する。また、城の背後となる枡形城の直下には、東太郎山の山腹を通り金剛寺集落を抜けていく松代道が尾根を横断している。つまり、砥石米山城は上州街道と松代道を見下ろす交通の要衝に築かれていることになる。

砥石城の中心となる本城は、砥石米山城のなかでも最も広い郭をもつ。本城の東側には、いくつかの帯郭《おびくるわ》が本郭を囲むように配置され、これらを通らなければ本郭に入ることはできない。また、本城の背後を防御する枡形城からは、松尾城をはじめ烏帽子《えぼし》岳西麓の真田地域を眺めることができる。なお、枡形城の名前の由来は、本曲輪への入口が枡形だったことから付けられたとされているが、実際には小さな枡形である。

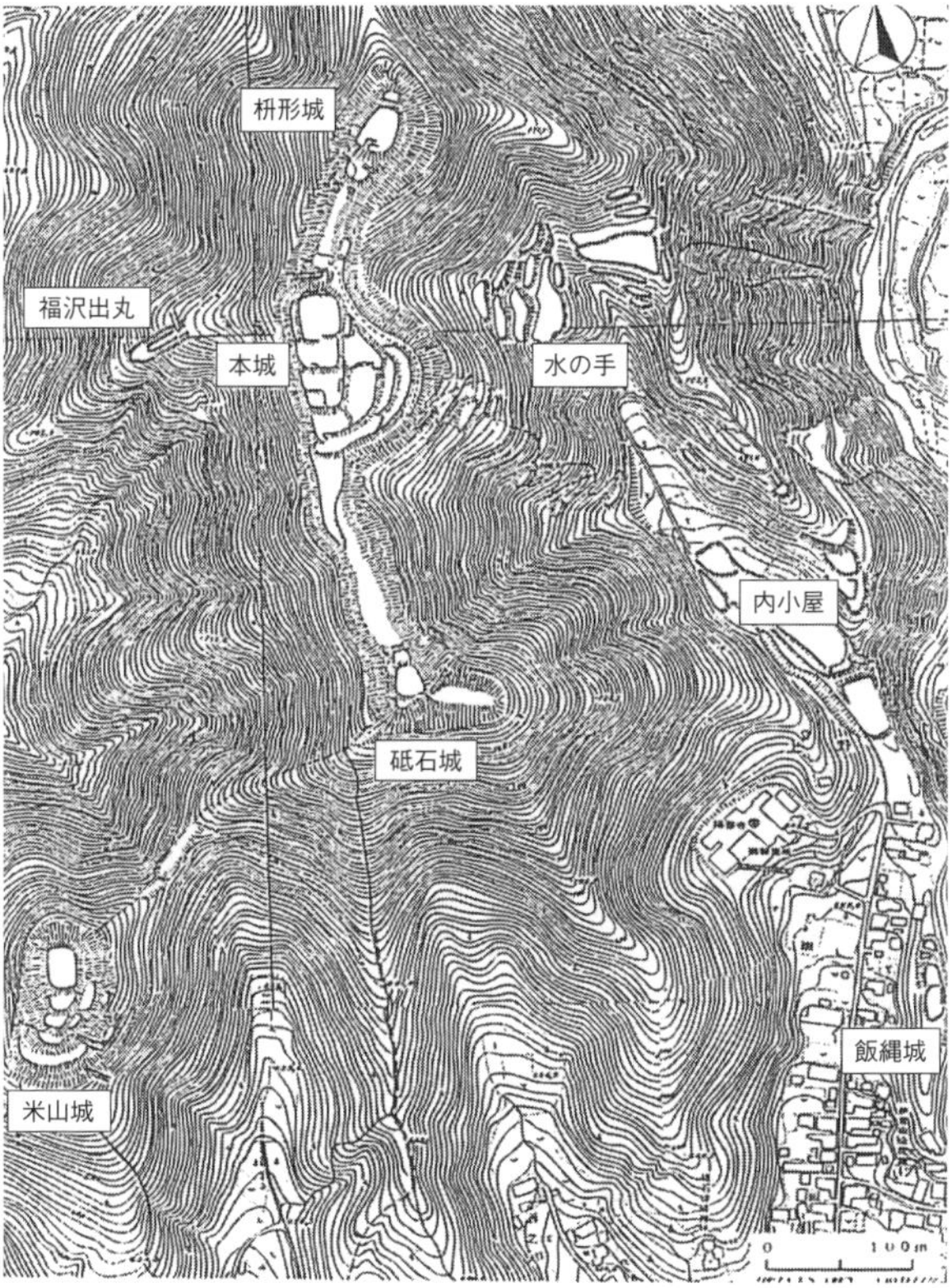

図５　砥石米山城の縄張り図　作図：尾見智志

砥石城は天気の良い日には富士山まで見ることができるほど眺望が優れている。米山城も同様に眺めが良く、砥石城の西で鞍部を隔てた山頂に築かれている。米山城は、村上氏の属城となる以前は、地元の豪族である小宮山氏の城だったといわれている。

　これ以外にも、砥石米山城の東側の山腹には水の手を含む郭群が分布している。この郭群の郭は規模の大きなものが多い。さらに、東の神川に面した小尾根にも郭が構築され、先端部には飯縄城がある。ただし、飯縄城の南半分は畑により壊されている。一方、本城の西から派生した小尾根には福沢出丸がある。「福沢」は村上氏の家臣の名前で、この名称は、砥石城が村上氏の属城だった頃の名残であろう。

　砥石城の東麓の谷間には、内小屋とよばれる堀や土塁を伴った館跡と考えられる細長い平坦地がある。平成十六年（二〇〇四）の発掘調査では、大量の扁平な川原石が出土し、礎石あるいは石敷きの施設が想定されている。ここからは、内耳鍋片や磁器片なども出土し、真田昌幸が居住していた場所だったと思われる。

柏山城

　東太郎山から続く尾根筋に築かれた山城で、上の城と下の城に分かれている。両者とも単純な縄張りである。また、上の城と下の城の間の尾根は、比較的緩やかな斜面が続いている。この尾根の支脈には、西山城と呼ばれる副郭をもつ砦や、中の城・花見城・白山城と呼ばれる単郭の砦がある。これらは、堀切や土塁が伴わない簡素なつくりである。古い時代の砦と思われるが、柏山城へ至る尾根筋が長いことから造られた防御拠点と考えることもできる。柏山城は村上義清の属城だったが、天文二十二年（一五五三）に義清が武田信玄の攻勢により越後の上杉謙信のもとに逃れたことで、廃城になったといわれている。

　上の城の本郭は、前面が比較的緩やかだが、両側面と背後の三面は急傾斜となっている。特に、城の背後となる北側と東の側面は切岸となっており、迂回しないと斜面を登ることさえ難しい。この上の城の背後には、尾根を遮断する三条の堀切がある。本郭北側の直下の堀切Ａは規模も大きく、本郭への登城を難しくさせている。堀切Ａとその北の堀切Bは、間に土塁状の小郭を設けて連続している。さらに、その外側にも、土塁状の小郭がある。そこから先は、やや広い平坦面をもつ郭の後に堀切Cが設置され、ここまでが城内と考えられる。ここより北の尾根筋は、「池の平」と呼ばれる平坦地を経て東太郎山へと続いている。

下の城の本郭は、三日月形を呈している。本郭の前面となる南から西にかけては、「く」字状の帯郭が設けられている。また、本郭の背後に一条の堀切があるが、堀切の背後の尾根には細長い小郭があるだけである。しかし、尾根を上の城方向に登る途中の東斜面には、竪《たて》土塁と竪堀が設置されている。この防御施設の辻褄が合わない理由は、下の城が古い時代の城を改修していることを示唆しているのかもしれない。

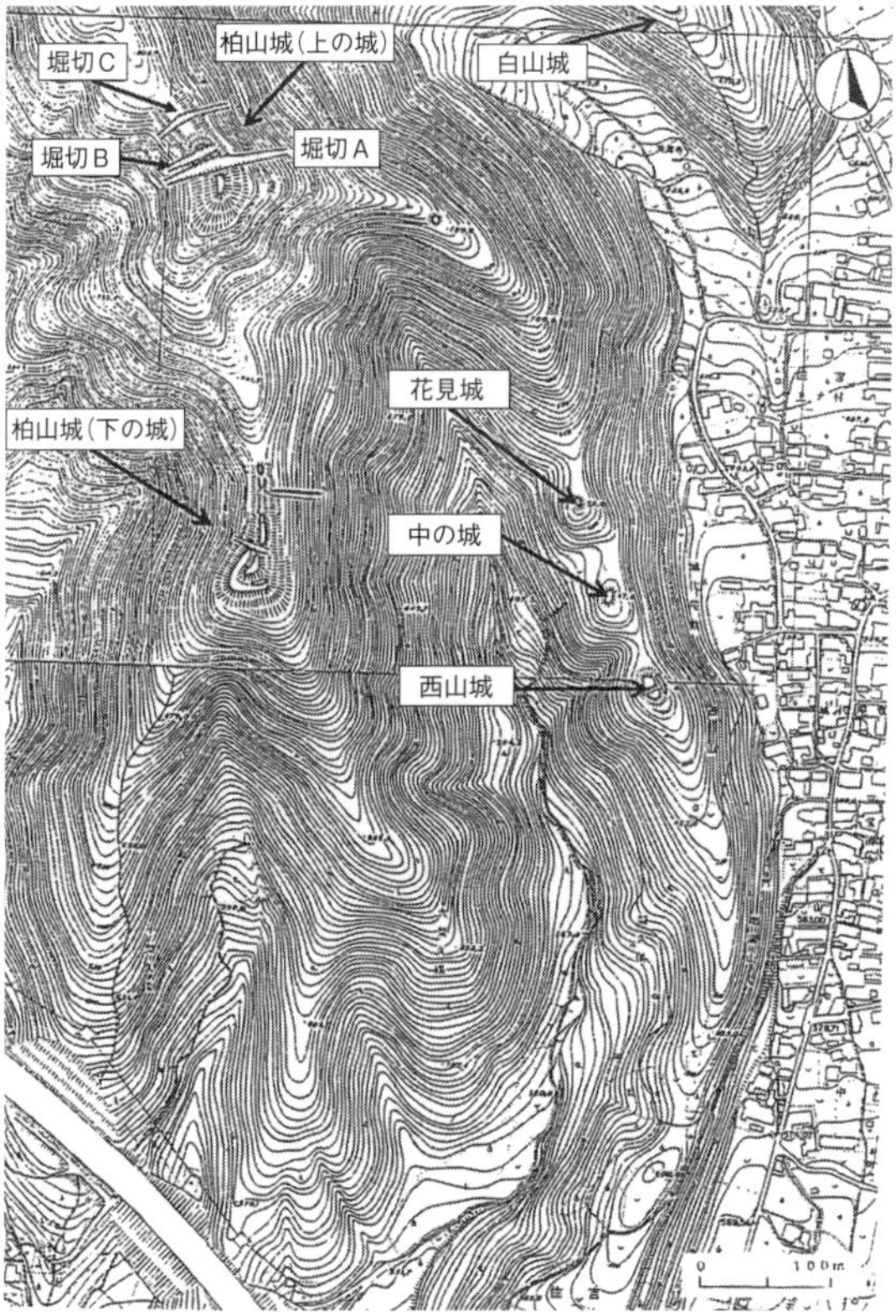

図6　柏山城の縄張り図　作図：尾見智志

岡城

岡城は江戸時代の書物『千曲之真砂《ちくまのまさご》』によると、武田信玄の家臣馬場美濃守信房（信春）が築いたとされているが確証はなく、築城時期も不明である。信玄は岡城をたびたび利用したようで、永禄七年（一五六四）九月に信玄が上州の斉藤氏に宛てた書状では、「（前略）信玄小諸へ移陣、先衆岡村へ着城之（後略）」（金沢市立玉川図書館所蔵『松雲公採集古文書

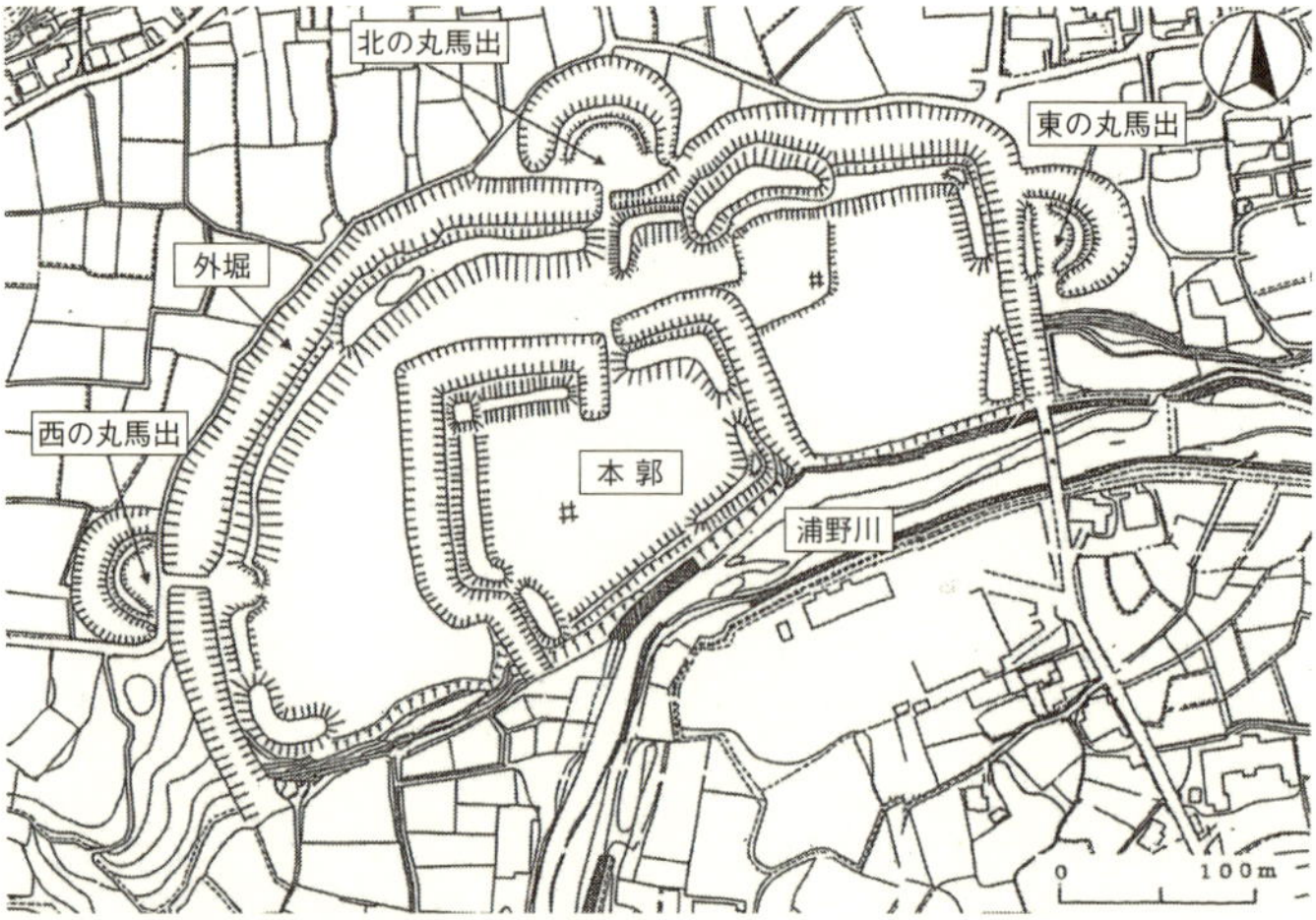

図７　岡城の縄張り図　作図：尾見智志

類纂』）と、信玄の先方衆が岡城へ着いた旨の記載がみられる。こうしたことから、岡城の築城は、川中島の合戦が激化した永禄四年から同七年の間と推定され、この頃の信玄の善光寺平進出の拠点は岡城だったと考えられる。

城は上田盆地の西側の川西地域に所在し、浦野川の河岸段丘上に立地している。古くは岡村城とも呼ばれていた。岡城の東は保福寺《ほふくじ》街道が浦野川に沿うように通い、南は浦野川による段丘崖となり、天然の堀の役割を果たしている。城内への入口は、東・西・北の三ヵ所ある。それぞれに三日月堀が伴う丸馬出があったが、現在、東と北のものが半円形の土地として残っている。平成十六年（二〇〇四）に実施された北の三日月堀の調査では、堀は小段丘崖を利用して造られていることが確認された。この三日月堀は直径約四十メートルの半円形で、堀の幅は最大十八メートル、堀の深さは約三メートルであることが判明した。また、北の三日月堀と外堀の間は三メートルほどの幅しかなく、城の出入り口は狭められていた。この出入り口部分では礎石も確認され、冠木門《かぶきもん》のような門扉《もんぴ》があったことが推定される。なお、三日月堀と接しながら城を廻る外堀は、弧を描くように城を囲んでいる。

次に、本郭をみると、大部分は住宅地となっており、城跡の面影を偲ぶことは難しい。しかし、その西側には比較的高い土塁が残存している。また、堀も一部が埋め立てられているものの、畑となって残っている。一方、虎口をみると、大手は北で食い違い虎口となっている。搦手口は西で、隅欠状の折れをもっている。

岡城は、①三日月堀を伴った丸馬出しを虎口に配置していること、②幅は広いが比較的低い土塁を構築していること、③本郭の周りには弧状に外堀を巡らすことを特徴とした武田流の城郭の典型とされている。岡城は、丸馬出を伴った武田流城郭としては、最も古いもののひとつとなる。

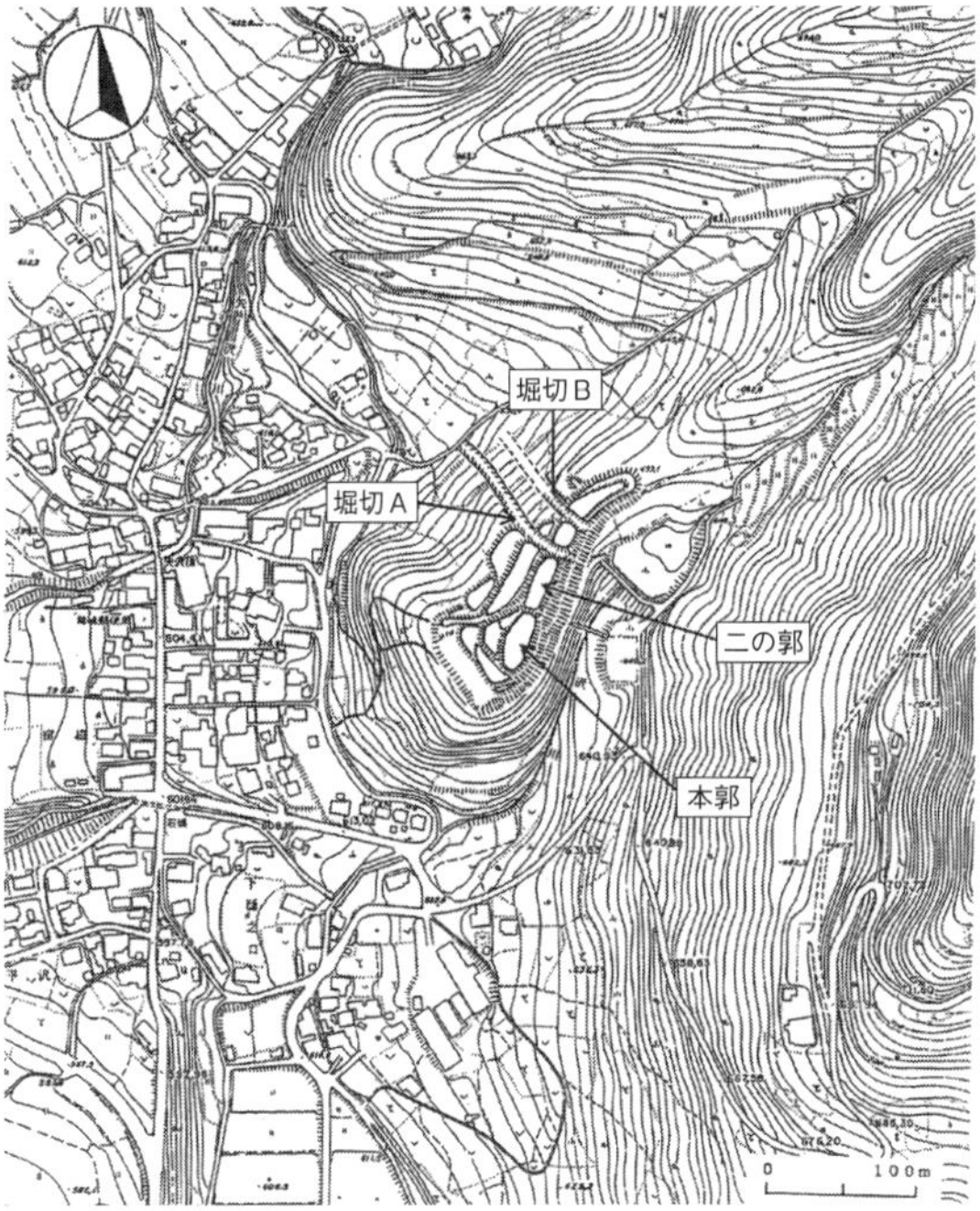

図８　矢沢城の縄張り図　作図：尾見智志

矢沢城

矢沢城は、城山と呼ばれる烏帽子岳の西麓にある殿城山から派生した尾根の先端に築かれている。南麓には左口沢《さぐちさわ》が流れ、北は緩やかで広く浅い谷で区切られている。城は、真田幸隆の弟矢沢綱頼が築城したとされ、矢沢氏の本拠地であった。山をはさんで北の谷には、矢沢綱頼が開創した曹洞宗の良泉寺があり、矢沢氏の墓もある。矢沢城は、真田氏にとって、神川左岸を押さえるために重要な城だったとされている。

矢沢城のある城山には、明治三十二年（一八九九）十一月に矢沢区城山遊園地が設置され、大正九年（一九二〇）には矢沢公園となった。こうした城跡の公園化と周辺の畑地化などにより、地形が大きく改変され、城の縄張りには不明瞭な箇所がみられる。

さて、矢沢城は尾根に築かれた山城で、尾根の先端部の郭を本郭としている。尾根上に築かれた郭は細長く、尾根の南側は急峻だが、北側は比較的緩やかなことから、本郭と二の郭の北側斜面には帯郭を配置している。また、尾根を遮断するように、二の郭の背後には二条の堀切があり、堀切に挟まれた尾根および堀切の外側にもそれぞれ郭がみられる。二条の堀切は、北側の広い谷に下りる竪堀となっており、谷の先の麓には北屋敷の地名が残っていることから、この付近に居館があったと考えられる。なお、江戸時代の代官所の地が居館跡とも寺院跡ともいわれており、居館の有力な候補地となっている。

祢津城

祢津氏の本拠地に築かれた山城で、下の城と上の城の総称である。大室山《おおむろやま》から南に比較的緩やかに傾斜した台地の先端部に築かれた城が下の城で、下の城より一キロほど北にある山頂に築かれた城を上の城と呼んでいる。祢津氏は、海野氏・望月氏とともに滋野三家と呼ばれた東信濃を中心に勢力を誇った滋野《しげの》一族のひとつである。諏訪氏との結びつきも強く、神《みわ》氏も名乗っている。また、祢津氏は鎌倉時代からの鷹匠としても知られ、戦国時代には武田信玄の信州先方衆として活躍している。武田氏滅亡後は、徳川家康・北条氏政・上杉景勝とめまぐるしく主家をかえている。こうした状況のなか、天正十年（一五八二）に小県郡の統一を目指す真田昌幸に祢津城を攻められている。その後、真田氏への臣従化が進み、信之の家臣となっている。

上の城は、祢津信貞が開創した定津院《じょうしんいん》の背後にみることができる。これは、祢津氏の菩提寺と上の城との関係が視覚的によくわかる配置である。登城路は、城の前面となる南斜面が想定されるが、急斜面である。背後となる北側は比較的緩やかな斜面となっており、二条の竪堀が設置されている。上の城は、本郭の周囲に帯郭を設置することを特徴としている。しかし、古い縄張り図や記録と現況を比較すると、崩落や崩壊が進んでいるためか、東から南にかけての様相が大きく変わっている。古い縄張り図からは、円郭式の城郭であったことが想定できる。

下の城は、小諸から北御牧および丸子や上田方面までも一望できる眺望に優れた山城である。本郭は、全周を土塁で囲まれ、周囲には帯郭が造られている。正面となる南斜面の下方にも土塁を伴う帯郭がみられる。本郭の背後は、高い切岸となって急激に落ち込み、小郭と竪土塁を伴う堀切Aが造られている。下の城の本郭の周囲をみると、斜面

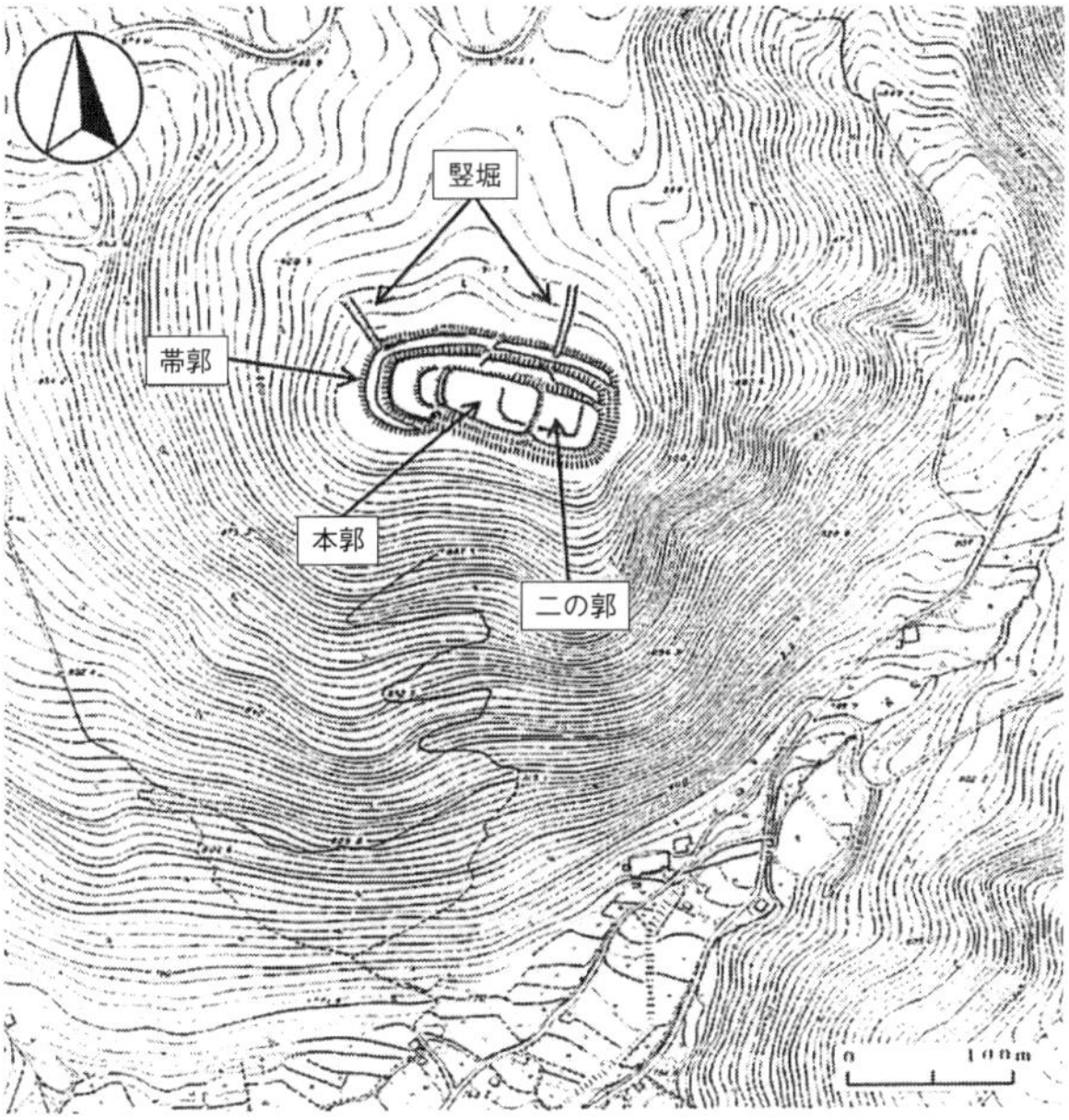

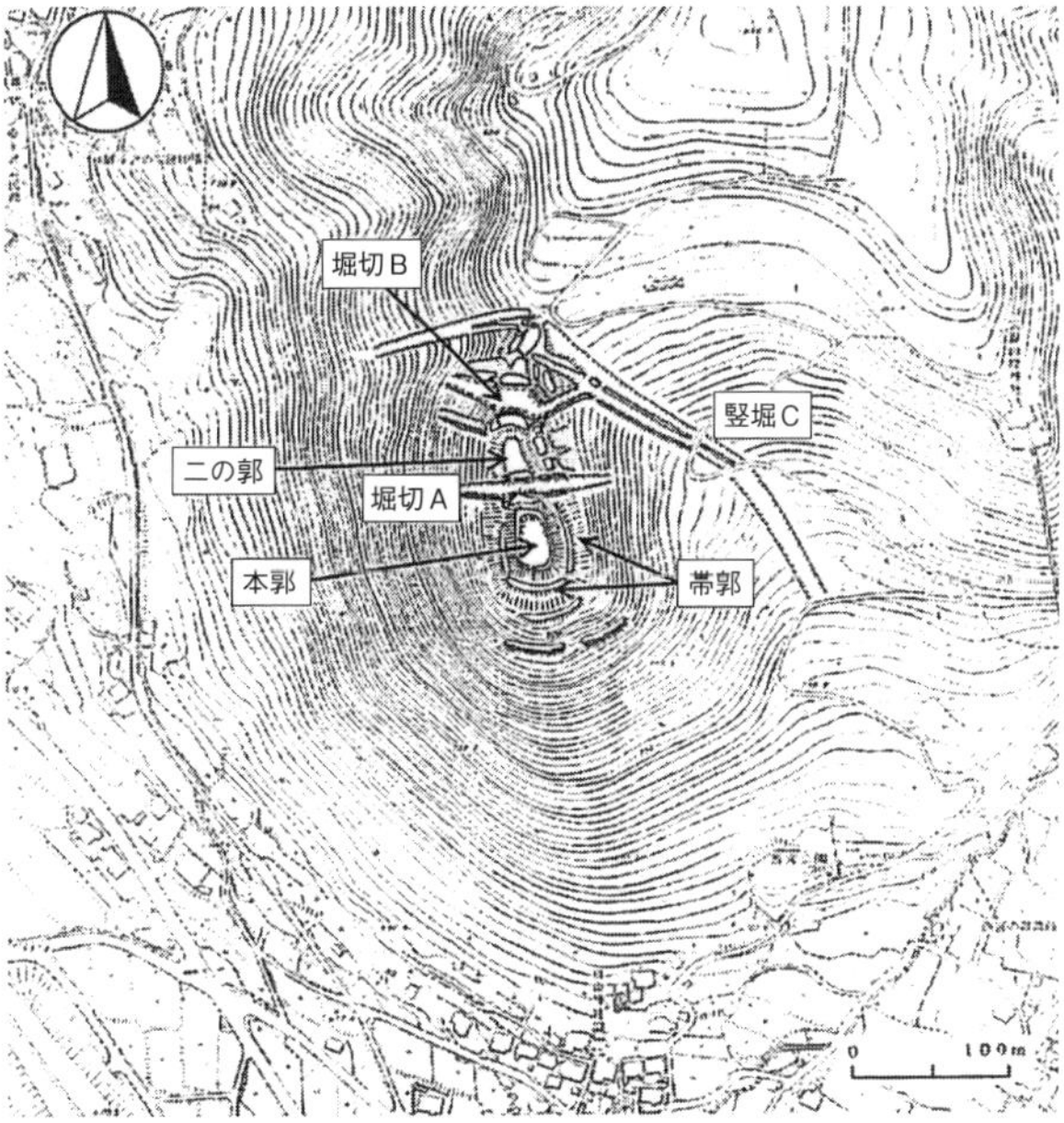

上：図9　祢津城上の城の縄張り図
下：図10　祢津城下の城の縄張り図　ともに作図：尾見智志

は急峻で、背後の尾根を中心に郭などの施設が築かれている。また、二の郭と堀切Aの間には土塁が認められ、二の郭の東側斜面には小郭がみられる。二の郭と三の郭の間も、切岸となっている。三の郭は堀切Bに沿うように土塁が築かれており、これは東側の竪堀Cに続いている。四の郭では、堀切Bに沿って幅の広い土塁が築かれており、東側斜面には小郭がみられる。

竪堀に注目すると、三の郭より北側の尾根の東斜面には三条の竪堀が造られていることがわかる。南端のものは堀切Bから派生している。北端のものは西斜面の竪堀と土橋を挟んで向き合っている。ここが、城の背後の最初の虎口となる。虎口は食い違い虎口で、内側は土塁に囲まれた枡形状の空間となっている。中央の竪堀は、四の郭への通路を狭くするとともに、東側斜面に造られた小郭を防御している。これら二条の竪堀は、下方で合流して一条の竪堀となっている。一条となった竪堀には、堀の中央と南側に竪土塁が付帯している。竪堀は、本郭を取り囲むように南側へ回り込んでいる。この竪堀は麓まで続いている可能性があり、登城路として考えることができる。

また、城の背後となる尾根筋には、非常に珍しい遺構がある。それは、尾根の中央部にある楕円形の池状の窪地で、堀としての役割を果たしていたと思われる。この窪地の周囲は通路となっており、小県地方の山城にはみられない構造である。このように、城の背後となる尾根筋は楕円形の窪地や堀切を複雑に配置することで、緩やかな尾根筋からの敵の侵入に対応している。

祢津城は、急傾斜地の崩落が著しく、本来の縄張りが不明瞭な部分があるが、おおよその状況は確認できる。上の城は円郭式の山城で、下の城は本郭背後に郭や竪堀・堀切などの防御施設を加えているが、本郭とその周囲をみると、円郭式の縄張りを基本としていることがわかる。このように、祢津城は帯郭を多用した全体が弧を描く縄張りが、上の城と下の城に共通した特徴とみられる。これが、祢津氏の城の特徴であろう。

尾野山城

尾野山城は、上田盆地のほぼ中央にある小牧山山塊東の尾野山の尾根上に築かれた山城である。城は、尾野山氏が築いた山城とされているが、築城時期などの詳細は不明である。尾野山氏は、天文十年（一五四一）の海野平合戦の頃は海野氏に属していたが、その後、武田信玄の配下となっている。上田市下之郷の生嶋足嶋神社に納められた永禄十年（一五六七）の武田信玄に対する起請文には、海野衆のなかに尾山（尾野山）右衛門尉守重の名がみえる。その後、尾野山城は真田氏の属城となり、天正十三年（一五八五）の第一次上田合戦の際に、真田昌幸は城に兵を入れて徳川軍と対峙している。

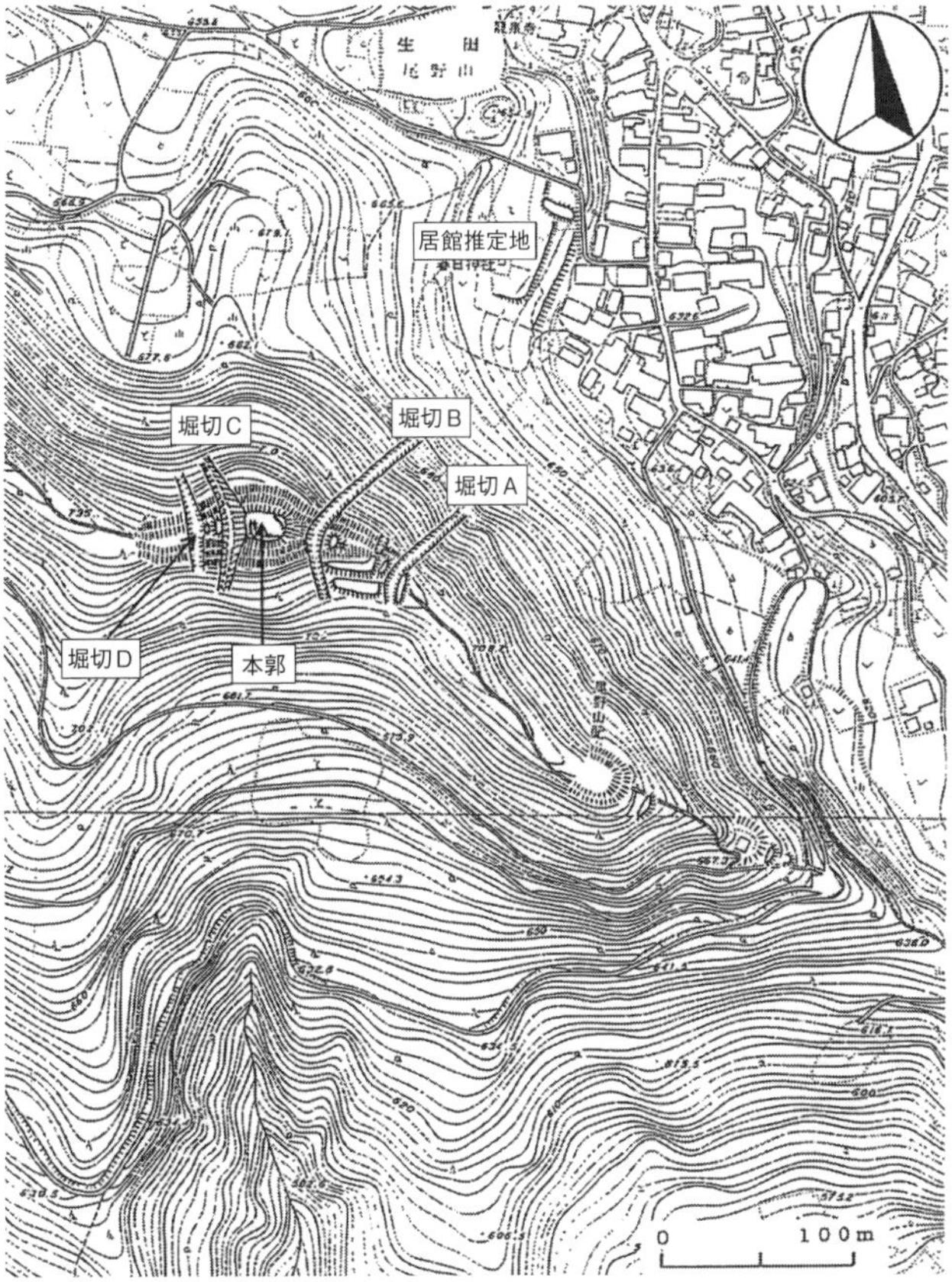

図11　尾野山城の縄張り図　作図：尾見智志

尾野山城は、北の真田方面から東の塩川および海野・祢津方面と南の依田窪方面までを一望できる眺望に優れた山城である。規模は小さいものの、前面に二条、背後に二条の計四条の堀切をもつ。前面の堀切Aの手前には土塁が築かれている。尾根が比較的平坦なことから、土塁を築くことで比高差をつけたと考えられる。堀切Aの背後には小郭が設けられ、さらに、背後の尾根に小さな堀切を設置することで、尾根道を狭くしている。また、堀切Bの手前にも小高い円墳状の小郭があり、相対的に堀切を深くしている。堀切Aと堀切Bは、北側斜面では、尾野山北麓の居館推定地付近まで竪堀となって下りている。一方、この堀切の南斜面は比較的緩やかなことから、帯郭が造られている。ただし、ここは木材の切り出しや畑地の造成などで地形の改変が著しく、縄張りなどは不明瞭である。本郭は土塁の痕跡が残り、周囲は土塁で囲まれていたことがわかる。また、本郭周辺の斜面は急峻で、簡単には進入できない。本郭の背後をみると、規模の大きな堀切Cがある。さらに、二つの小郭を間において、堀切Dが造られている。この堀切Dまでが、城内と考えられる。

おわりに

最後に、真田氏の動向と拠点とした城郭の変遷を概観してまとめとしたい。

真田氏は、上田地域のなかの小豪族から大名にまで成り上がった希有《けう》な一族で、勢力の拡大とともに、その拠点を松尾城・真田山城・砥石城・上田城と移している。真田氏の古くからの本拠地は、真田の長《おさ》地域だったと思われる。この地域を防御するために、北辺の山脈には松尾城が築かれ、南には真田山城が築かれている。また、真田山城は真田地域のほぼ中央部に位置しており、真田幸隆が信州先方衆として活躍し、真田地域全体を支配下に置いた頃の拠点とも考えられる。幸隆隠居の後に真田家の当主となった信綱は弟の昌輝とともに、天正三年（一五七五）に長篠の合戦で戦死してしまった。そのため、幸隆の三男の昌幸が真田家を継ぐこととなった。天正十年（一五八二）に主家であった武田氏滅亡後、昌幸は小県郡の統一を目指すとともに、拠点を砥石城に移している。また、武田氏滅亡と本能寺の変による混乱は、昌幸を自立した大名として成長させるとともに、徳川・上杉といった有力大名の力を利用して上田城を築城したと考えられている。

上田城は、上田地域の城郭としては最後のものとなる。街道を取り込み、城下町を配置するなど計画的に築かれている。しかし、真田氏の上田城は、関ヶ原の戦い後に破却されてしまった。現在の上田城は、真田氏に代わって上田に移封となった仙石氏により復興されたものだが、縄張りなど一部に真田氏時代の痕跡をみることができる。その後、上田城は松平氏の時代を経て明治維新を迎えている。

上田地域では、上田城が築城される以前の城は、ほとんどが山城であった。松尾城や真田山城などは、真田氏の古くからの山城とみられ、山麓には館を構えているが、城下町は未発達だったと思われる。しかし、砥石城については、真田昌幸による改修の手が入っていると思われ、城下についてもタテ町など計画的なマチ造りがみられる。また、岡城は上田城築城以前に平地に築かれた城としては唯一のものとなる。城は、河岸段丘上の交通の要衝に築かれ、隣接して岡村宿と呼ばれる宿が形成されている。武田信玄は、この城にたびたび訪れ、北信濃への侵攻拠点としていた。当時、小姓として信玄の近くに仕えていた武藤喜兵衛（真田昌幸）も訪れていたことが推測され、上田城を築城する際には岡城を参考としたのではないかともいわれている。

【参考文献】
河西克造・三島正之・中井均　二〇一三『長野の山城ベスト50を歩く』（サンライズ出版）
山梨県考古学協会　二〇〇一『武田系城郭研究の最前線』

【付記】本稿を転載するにあたり、本論の「上田城」部分は、他の収録論文の記述と重複する箇所が多々あるため、省略した。

Ⅱ

上田築城——第一次上田合戦をめぐって

和根崎　剛

はじめに

天正十一年（一五八三）三月頃、上田盆地の中央に位置する尼ヶ淵の段丘上に新たな城造りが開始された。千曲川《ちくま》が形成した要害に面したこの城は、伊勢崎城、尼ヶ淵城などと呼ばれ、後に上田城と称される。従来、真田昌幸の築城とされてきた上田城であるが、近年、寺島隆史氏の論考（寺島 二〇〇八）により、築城に係る徳川家康の関与の度合いについて論及され、それを受けた研究者それぞれが異なった見解を提示されている（平山 二〇一五・柴辻 二〇一五・黒田 二〇一五・丸島 二〇一五）。この点について、文献史学に門外漢の筆者が私見を述べることは避けるが、いずれにせよ、天正十三年閏八月に沼田領を巡る家康との対立が原因で徳川方の攻撃（第一次上田合戦）を受けながらも、翌九月には越後の上杉景勝の支援を得て、上田城が一応の完成をみたという点では各研究者の見解に大きな差異はない。

真田郷の本拠であった本原の館から砥石城下・伊勢山の館へと居所を移した昌幸。小県での勢力を拡大していくなか、上田築城は昌幸が家康に属していた時期のことであることは間違いないだろう。しかし、ふたりの関係悪化により、城は徳川に対する上杉の前線基地として完成することとなる。なお、昌幸は武田勝頼の下で新府城（山梨県韮崎市）の築城奉行を務めたとされているが、近年、これを否定する向きもある（平山 一九九六ほか）。この後、昌幸は秀吉に臣従し、上田城もその配下の城として手が加えられたと考えられる。

上田築城やその時期の昌幸の動向については先に挙げた文献に詳しいので、本稿では上田城跡の発掘調査に関わる者として、発掘調査の結果や現在に残る縄張りに見られる痕跡から、昌幸時代の上田城について考えてみたい。

出土品からみた昌幸時代の上田城

史跡上田城跡の発掘調査は、平成二年度に実施した二の丸北虎口以降、本丸一帯および二の丸虎口の調査を中心に現在も行われている（上田市教委　一九九七ほか）が、検出された遺構は仙石忠政が寛永三年（一六二六）に着手した復興工事以降のものであり、明確に昌幸時代の遺構と考えられるものは発見されていない。江戸時代中期の『真武内伝』には、天正十三年（一五八五）に上田城が徳川方に攻撃されたことを記した部分に、「本城、二之丸、捨曲輪、総構、大手の門、二之丸門櫓、櫓」などの記載があり、後世に記されたものとはいえ、昌幸時代の城の姿を垣間見ることができる貴重な情報である。

このように、遺構は検出されていないが、平成三年に行った本丸堀の浚渫《しゅんせつ》に伴う発掘調査等の際に、昌幸時代の建物に使用されたとみられる桃山期の瓦（菊花文軒丸瓦・三巴文軒丸瓦・唐草文軒平瓦・桐文鬼瓦ほか）がまとまって出土している。出土地点は北西と南西の隅で、昌幸時代にこの付近に瓦を載せた建物が存在したことをうかがわせる。また、北西隅の地点ではこれらに混じって金箔瓦が出土した。発掘調査による出土はこれが初めての例で、背びれ等に金箔が残る鯱瓦の破片である。この地点には昌幸時代の瓦が層状に積み重なった部分があり、これは慶長六年（一六〇一）の徳川方による破却の際に、付近にあった建物から堀に落とされた瓦が堆積したものと推定される。この建物が何であったかは不明であるが、金箔瓦が載せられていた可能性が認められる。現存する松本城のほか、小諸城、高島城等、上田城と同じく織豊系城郭と呼ばれる秀吉配下の城には天守が存在したと考えられ、このうち松本城や小諸城からも金箔瓦が出土している。本丸堀の北西隅から金箔瓦が出土している状況から、この付近にあった建物は天守、あるいはそれに規模的に匹敵するような櫓であった可能性が高いのではないか。

本丸以外にも目を向けよう。市立博物館には、二の丸堀出土と伝えられる金箔瓦もある。これは鬼瓦や鳥衾瓦の破片で、昭和二年（一九二七）に二の丸堀（百間堀）に野球場を造成する際に出土したものとされ、その出土地点は二の丸堀北西隅と伝えられる。このことから昌幸時代に、本丸のみでなく二の丸にも金箔瓦を使用した建物があった可能性も指摘されている。また、二の丸西側に所在する小泉曲輪からも金箔瓦が出土したという記録も残る。発掘調査で遺構が発見されていない状況では確実なことは言えないが、昌幸の頃の上田城には本丸や二の丸に、金箔瓦を載せた建物が複数存在した可能性も否定できない。

なお、史跡上田城跡からは寺院跡等で見られる「行基瓦」、かわらけ、五輪塔の部材なども出土している。また、尼ヶ淵からの出土と伝えられる瓦経片が知られている。

現存する縄張りからみた昌幸時代の上田城

関ヶ原の合戦後、昌幸と次男・信繁（幸村）は高野山に配流され、徳川方により上田城は悉く破却された。これは慶長六年の初め頃のことと考えられているが、建造物や石垣、土塁などは悉く破壊され、堀は埋め立てられたと伝わる。徳川方についた昌幸の長男・信之が上田領を引き継いだが、城の復興は叶わず、三の丸に御殿を置いて藩政を執った。信之時代の城下を表したとされる「元和年間上田城図」には、「本丸・二ノ丸・三ノ丸」の堀跡は確かに「ウメホリ」と記されている（写真1）。

さて、仙石忠政による復興工事の覚書のなかに、「古城の堀に歪んでいる部分があったら、規定の十五間の堀幅を超えてもよいから、両側の歪みをとって真っ直ぐにせよ」という指示がある。この史料から、忠政は埋め立てられていた「古城」すなわち昌幸時代の城の堀を掘り上げ、歪みを修正してほぼ旧状に戻したものと考えられる。その後、堀は大きく手を加えられることなく廃城を迎えたものと考えられる。すなわち、現在見ることができる本丸・二の丸の堀は昌幸時代の縄張りをほぼ踏襲したものと考えられる。現在の本丸堀の底から昌幸時代の瓦が出土していることも、堀をほぼ旧状に復したと考える理由のひとつである。ただ、二の丸の堀については、昌幸時代のものと大きく姿を変えた部分がある可能性が認められる。

上田城が乗る段丘面を作る上田泥流層は、従来、その由来について複数の説が唱えられてきた（上田高校地質班一九七五、山辺二〇〇二ほか）が、最近、富樫均氏・横山裕氏が「黒斑山が噴火した際に岩屑なだれを起こした結果、山体が崩壊した土砂などが上田盆地まで到達した上田泥流層を千曲川が削った河岸段丘である」とする調査結果を発表された（富樫・横山二〇一五）。また、これにより千曲川に流下していた複数の沢水により、現在の上田城跡の北側に堰止め湖が誕生し、後世まで湿地となっていたという。富樫氏によれば、上田泥流層は掘削が容易で、かつ水を通しにくく、堀を造るのにも使うのにも適していたという。上田泥流の層厚は尼ヶ淵の崖面では約八メートルあり（写真2）、深さ二間程度（約三・六メートル）を掘るのであれば十分な厚さがある。

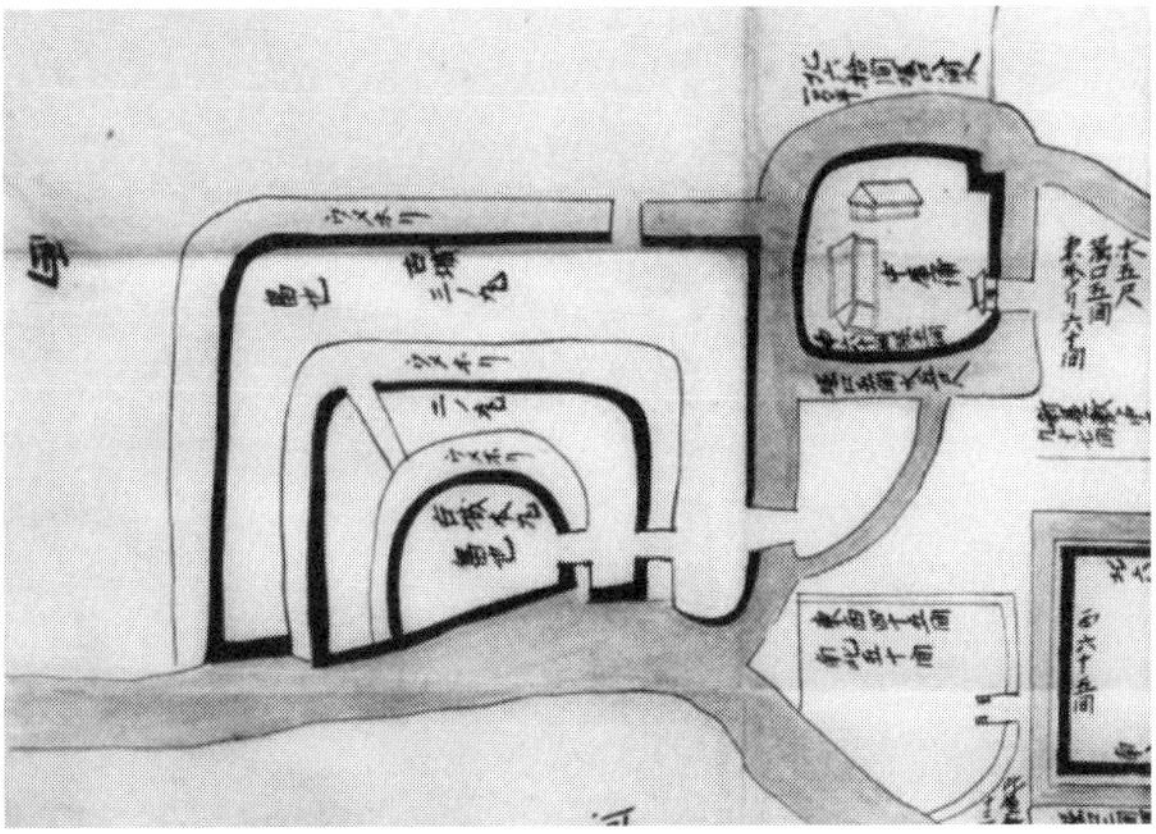

写真1　元和年間上田城図（部分）　上田市立博物館蔵

上田城の二の丸堀のうち、百間堀と呼ばれる北側から西側の部分は、矢出沢川の旧河床を利用したものであるとされ、現在の矢出沢川と蛭沢川の一部は昌幸が外堀として流路を変えたものと考えられている（黒坂一九八六）。平成二十七年に実施した二の丸東北隅の発掘調査の際に、仙石忠政が復興した堀のラインとは異なる地点で、上田泥流層の落ち込みが発見された（写真3、上田市教委 二〇一五）。この地点は正保四年（一六四七）の「信州上田城絵図」以降の絵図に見られる、樹木屋敷西側の鬼門除けの折れから二の丸北虎口の石垣へと続く堀のラインよりも南側で、仙石氏の復興以降、土塁が築かれていたとみられる場所の地下である。見つかった落ち込みのラインを南西方向に延ばしていくと、百間堀から捨堀、そして坂下の谷へと無理なく続くことがわかる。見つかった上田泥流層の落ち込みは従来言われてきた矢出沢川の旧河床に関連するものと思われるが、昌幸時代の上田城を示す史料に乏しい現状では、これがただちに当時の堀の痕跡であると考えることは避けたい。

上：写真２　上田城の南側を守る尼ヶ淵の崖面
下：写真３　旧矢出沢川の河床とも考えられる上田泥流層の落ち込み　ともに写真提供：上田市教育委員会

外堀とした新しい矢出沢川。上田城の北側を東西に真っ直ぐに流れ、城下の西端でほぼ直角に流れを曲げているさまは、まさにこれが人の手によるものであることを示している。富樫氏のご教示によれば、このような不自然な流路を作ることができたのは、上田泥流層の特徴である掘削のしやすさや自立性（垂直な崖壁を維持することができる）によるところが大きいとのことである。上田城の周辺はもともと条里制水田が広がる農村であった（寺島 二〇〇二）と思われる。新しい矢出沢川は東西に真っ直ぐ開削された水路として存在していたものを改修して造られたとも考えられ、西側の河床を深く掘削することで等高線に沿うような無理な流路を可能にしたものと思われる。こうした大きな普請に際し、徳川氏が全く関与しなかったと考えるのはいささか無理があるかもしれない。

昌幸時代の石垣は存在するか

　仙石氏以降の上田城の石垣には緑色凝灰岩が多用されるが、尼ヶ淵には安山岩を主石材とする野面積みの石垣も見られる。ひとつは本丸堀の東南端部に築かれたものである。隅石は緑色凝灰岩を用いて算木積みとしている。もうひとつは、眞田神社南側崖面下の石垣の一部である。こちらも安山岩自然石を主体とした野面積みのもので、崖面に台形の石垣が構築されている。この二つの石垣に見られる算木積みは隅石の大きさが不揃いで（写真4）、いわゆる寛永三年からの上田城復興の際に築造された西櫓の石垣（写真5）に見られる、技術的に完熟した算木積みとは比べ物にならないものであることは明らかである。

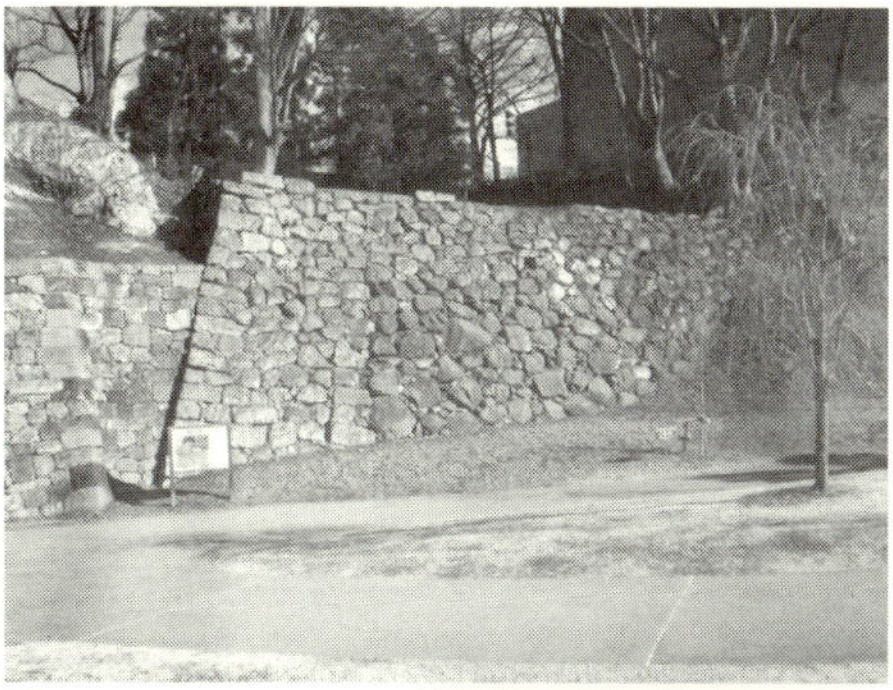

上：写真４　尼ヶ淵に見られる野面積みの石垣
下：写真５　寛永３年（1626）に築造された西櫓の櫓台石垣　ともに写真提供：上田市教育委員会

　また、眞田神社下の台形の石垣の隅石に残る矢穴は古手の幅広のものであり、現存する石垣の中でも古い時期のものと考える。二つの石垣が上田城破却後の慶長六年から寛永三年までの間に積まれた可能性は、ほぼないと思われる。だからといって、算木積みの稚拙さだけで、これらを仙石氏の復興以降の築造と考えるのも、いささか無理があるかもしれない。

おわりに

昌幸時代の上田城について、出土品や現状の縄張りに見られる痕跡から考えてみた。上田城では、織豊系城郭の特徴として、これまで金箔瓦の出土は注目されてきたが、遺構の検討は不十分と言わざるを得ない。特に尼ヶ淵にある過渡期の算木積みが見られる二つの石垣の築造時期は、研究者の間で評価に相違があり、今後も考究が必要だろう。

史跡上田城跡では今後、武者溜り復元整備のための発掘調査が予定されている。特に東南隅の櫓台は遺構の一部が遺存しており、築城や復興当時の痕跡が見つかることを期待したい。

【参考文献】

上田市誌編さん委員会 二〇〇二『上田市誌　歴史編（6）真田氏と上田城』

上田市立博物館　一九八三『上田築城四〇〇年 真田史料展図録』

上田市立博物館　二〇〇三『郷土の歴史　上田城』

上田市立博物館　二〇〇七『秀吉と真田　大阪城・上田城友好城郭提携記念特別展』

海老沼真治 編 二〇一三『山本菅助の実像を探る』（戎光祥出版）

北垣聰一郎 一九八七『ものと人間の文化史58・石垣普請』（法政大学出版会）

黒田基樹 二〇一五『真田昌幸――徳川、北条、上杉、羽柴と渡り合い大名へとのぼりつめた戦略の全貌』（小学館）

笹本正治 二〇〇五『戦国大名と信濃の合戦』（一草舎）

真田町誌刊行会　一九九八『真田町誌　歴史編　上』

塩田文化財研究所ほか 二〇〇六『国重要文化財・生島足島神社文書　起請文にみる信玄武将』（生島足島神社）

柴辻俊六 一九九六『真田昌幸』（吉川弘文館）

柴辻俊六 二〇一五『真田幸綱・昌幸・信幸・信繁――戦国を生き抜いた真田氏三代の歴史』（岩田書院）

週刊上田新聞社 二〇〇七『疾風六文銭　真田三代と信州上田』

長野県立歴史館 二〇一四『平成二十六年度秋期企画展　信濃武士の決断～信長・秀吉・家康の時代～』

長野市・松代文化施設等管理事務所 二〇〇六『松代城絵図集成』
箱山貴太郎 一九七三『上田市付近の伝承　長村郷土資料』（上田小県資料刊行会）
平山　優 二〇一一『真田三代―幸綱・昌幸・信繁の史実に迫る』（ＰＨＰ研究所）
平山　優 二〇一五『大いなる謎　真田一族―最新研究でわかった一〇〇の真実』（ＰＨＰ研究所）
丸島和洋 二〇一五『真田四代と信繁』（平凡社）
丸島和洋 二〇一五『図説　真田一族』（戎光祥出版）

【付記】脱稿後、森岡秀人氏に石垣の時代等について調査検討を依頼し、矢穴痕等の特徴から、上田城跡に残る石垣は寛永三年（一六二六）以降に築造されたものである可能性が高いという見解を得ている（本書第一部Ⅶを参照）。

Ⅲ
瓦の変遷――真田・仙石・松平氏時代を中心に

倉澤正幸

はじめに

長野県宝に指定されている三基の上田城櫓や国指定史跡の上田城跡では、歴代城主の真田氏・仙石氏・松平氏時代の上田城所用瓦であった軒丸瓦・軒平瓦・鳥衾《とりぶすま》瓦・鯱《しゃち》瓦・鬼瓦など、膨大な量の瓦類が伝存し、また近年の史跡整備事業に伴う発掘調査で出土している。(1) 本稿では、こうした上田城の瓦類の変遷を検討し、真田・仙石・松平時代の上田城について考察を試みたい。

また、真田時代の上田城にて、特徴的な瓦類である金箔瓦や菊花文軒丸瓦についてはすでに拙稿(2)で述べているが、他地域の織豊系城郭出土の金箔瓦・菊花文軒丸瓦との比較検討をこの機会に再度行い、当時の上田城で推定される状況を含め、あらためて考察してみよう。

一、真田氏時代の上田城所用瓦の検討

真田氏の瓦類が多数出土した上田城跡の発掘調査は、平成二・三年（一九九〇・九一）に本丸堀の浄化を目的とした浚渫《しゅんせつ》事業に先立ち実施された本丸堀底の発掘調査(3)である。調査の結果、本丸西側の堀から大量に織豊期の瓦が出

土した。特に、本丸堀の南西部から菊花文軒丸瓦・三巴《みつどもえ》文軒丸瓦・均整唐草文軒平瓦の軒瓦（軒先瓦）が出土し、五七桐文鬼瓦も出土した。こうした瓦類は、本丸土塁より三メートル程度の幅に帯状の範囲で出土し、土塁内にも瓦層が検出された。これらは、現存の隅櫓の所用瓦とは文様が異なり、織豊期に特有な瓦がほとんどを占める。

また、本丸堀の北西部からは南西部に次いで多くの瓦が出土し、注目された金箔鯱瓦片の出土や、三巴文軒丸瓦・均整唐草文軒平瓦の出土がみられた。こうした瓦類は織豊期に特徴的な瓦類で、慶長五年（一六〇〇）の関ヶ原合戦の翌年、慶長六年の前半に徹底的に徳川方が破却した真田氏時代の上田城の所用瓦と考えられる。また、堀底から大量に出土した瓦類から、本丸の南西部や北西部に真田氏時代の瓦葺の櫓などの建物が存在したと推定できる。

出土した真田氏時代の金箔瓦

真田氏時代の上田城跡から出土した織豊期に特徴的な金箔瓦は、昭和二年（一九二七）に二の丸北西隅の旧櫓台下から出土した鬼瓦側辺部（写真1）と鳥衾瓦上半部（写真2）、平成三年（一九九一）に本丸堀の北西部から出土した鯱瓦の胴上部の背鰭部（写真3）と鯱瓦の下部腹部（写真4）である。

さらに、平成三十年二月二十七日には、史跡整備に伴う調査で、本丸南側の土塁跡（旧眞田神社社務所跡）付近に設定した調査トレンチ（調査用溝）内の地下約八十センチ地点から、新たに鬼瓦の破片（写真5）が出土し、出土資料は各一点ずつ、合計五点となった。

新発見の鬼瓦片は三角形状を呈し、残存する最大長が九・六センチ、最大幅が六・五センチ、最大厚が一・一センチほどの大きさで、裏面の状況から、鬼瓦の瓦当面の一部が剥離して残存した可能性がある。段状に残る凸部の平面部に金箔が明瞭に残り、鬼瓦の側辺部の可能性が考えられる。こうした上田城跡出土金箔瓦は、その痕跡からいずれも下地に黒漆を塗り、その上に金箔を押して製作している。

写真１

写真２

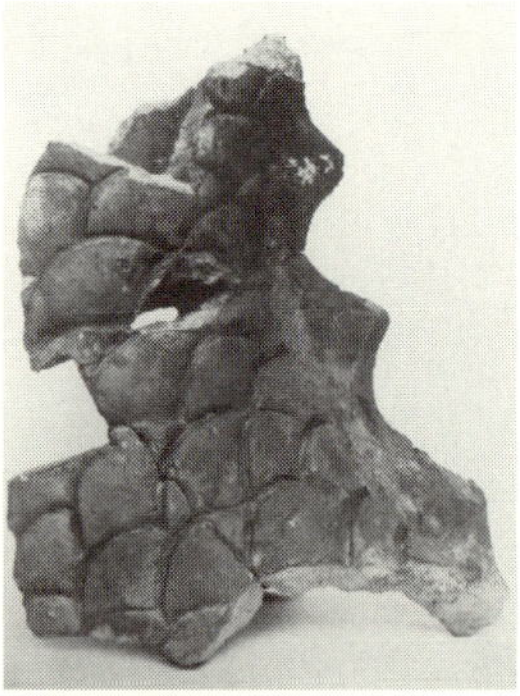
写真３

写真４

写真５

写真１　二の丸北西隅の旧櫓台下出土鬼瓦（側辺部分）／写真２　写真１と同じ地点から出土の鳥衾瓦（上半部分）／写真３　本丸堀北西部から出土の鯱瓦（胴上部分）／写真４　本丸堀北西部から出土の鯱瓦（腹部分）／写真５　本丸南側の土塁跡付近から出土の鬼瓦片
※写真１～４は上田市立博物館蔵、写真５は上田市教育委員会蔵

鯱は頭部が虎、姿は魚で、尾《お》鰭《ひれ》は常に空を向き、背には鋭い鰭（刺《とげ》）を幾重にも持つ想像上の霊獣とされる。一般には「しゃちほこ」とも呼ばれ、城の櫓・門の屋根大棟の両端に設置して、鬼瓦と同様に建物の守り神とされた。飛鳥時代以降に瓦葺の寺院や宮殿の屋根大棟の両端に設置された鴟尾《しび》が変化したものとされるが、鴟尾と同様に火災除けの意味があり、火事の際には水を噴き出して火を消すという。

上田城跡出土の鯱瓦は、背鰭（刺）・鱗が表現された胴の上部に明瞭な金箔が残り、鯱下部の腹部の部分に金粉状の金箔が認められる。ヘラ描きで表現された鱗部分には漆・金箔の痕跡はなく、部分的に金箔が押された鯱瓦とみられる。なお、安土城からは鰭・眼・牙・歯などに部分的に金箔を施した鯱瓦が出土し、上田城鯱瓦と共通している。

金箔を押した鬼瓦（写真1）は、昭和元年から二年にかけて実施された上田市営野球場の開設工事に際し、昭和二年、二の丸の北西隅の旧櫓台下、地下十七尺（約五・二メートル）の地点から一点が出土した。同時に、左巻の巴文で、連珠十二点を廻らした金箔押しの鳥衾瓦（写真2）も一点出土した。(4) 鳥衾瓦は大棟や隅棟の先端で、鬼瓦の上に載せる反《そり》のある長く突き出した円筒状の瓦で、雀《すずめ》瓦ともいわれる。これらの金箔瓦は真田氏時代の織豊期に特徴的で、江戸時代の寛永年間以降、仙石・松平氏時代の上田城には認められない特有の遺物といえる。

こうした出土資料から、真田氏時代の上田城には二の丸北西隅にも櫓が設置され、金箔押しの鳥衾瓦を載せた鬼瓦が大棟あるいは隅棟に使用されていたと考えられる。その後、寛永期の仙石氏時代には、二の丸には櫓台のみが復興され、櫓は設置されなかった。なお、上田城の場合、金箔瓦は鯱瓦・鬼瓦・鳥衾瓦のいわゆる役《やく》瓦のみに認められ、小諸城などとは異なり、軒丸瓦・軒平瓦には金箔押しの痕跡は認められない。

出土した真田氏時代の軒丸瓦・軒平瓦

真田氏時代の織豊期の上田城跡出土軒丸瓦は、①八弁菊花文（図1―1）、②九弁菊花文（図1―2）、③右巻三巴文連珠十五点（図1―6）、④左巻三巴文連珠十六点（図1―3）、⑤左巻三巴文連珠十七点（図1―4）、⑥左巻三巴文連珠十八点（図1―5）の六種類である。

八弁・九弁菊花文軒丸瓦は重弁を表現した菊花文様で、瓦当部径は十四・六～十五・五センチ、周縁幅は一・七～二・二センチである。上田城跡からは、これまでに合計二十点を超える菊花文軒丸瓦が出土した（写真6・7）。

なお、現在までに先学の研究成果や管見に触れた事例を挙げると、岐阜城（岐阜県）・安土城（滋賀県）・大坂城（大

図１　上田城跡出土の真田氏時代の軒丸瓦（註６の文献より引用）

左：写真６　上田城跡出土の八弁菊花文軒丸瓦　右：写真７　上田城跡出土の九弁菊花文軒丸瓦　ともに上田市立博物館蔵

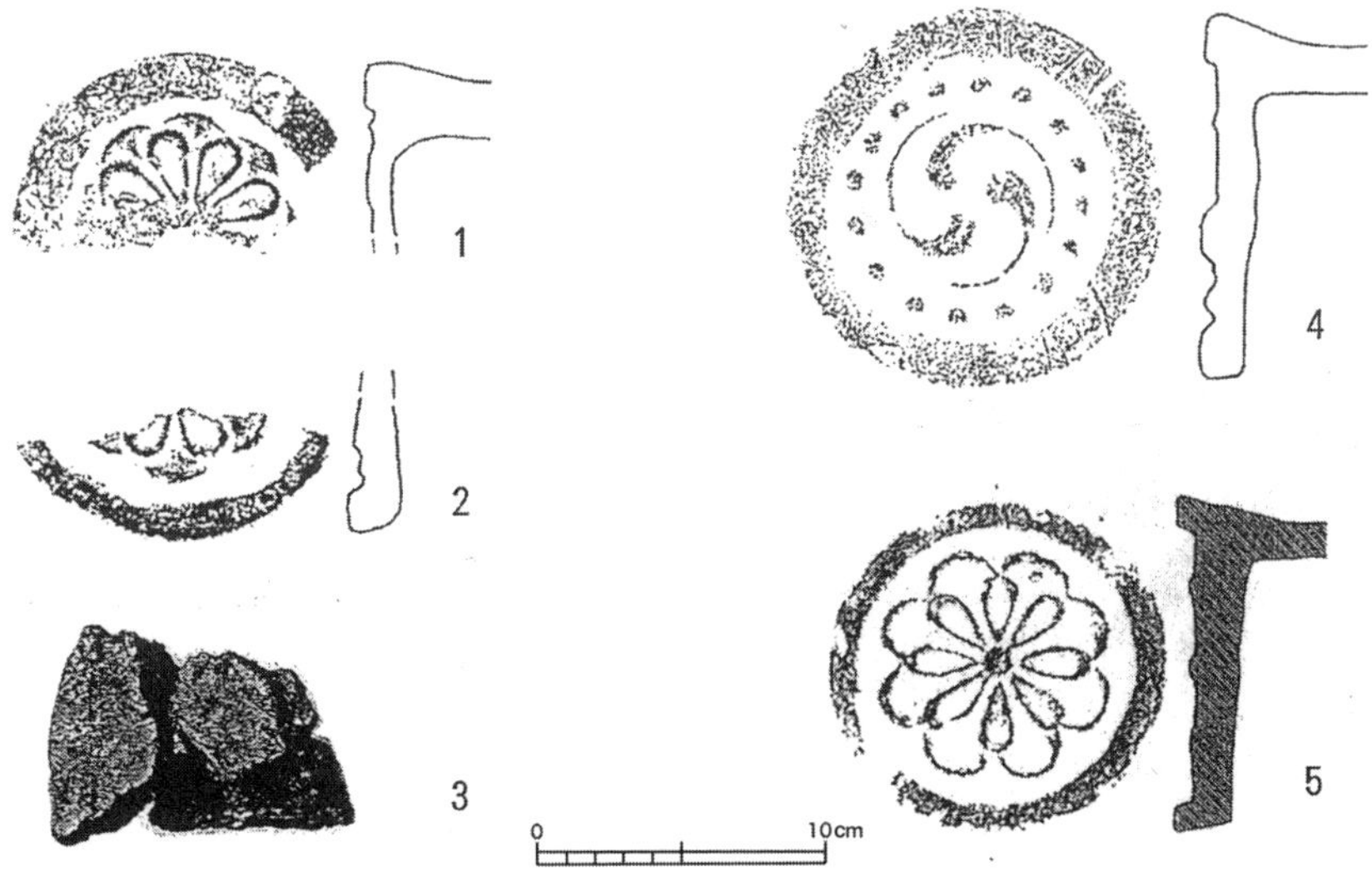

図2　沼田城跡（1～4）・伏見城跡（5）出土の織豊期の軒丸瓦・金箔瓦（註6の文献より引用）

阪府）・聚楽第（京都府）・名護屋城（佐賀県）・伏見城（京都府）・上田城（長野県）・沼田城（群馬県）・清州城（愛知県）・犬山城（愛知県）・近江八幡城（滋賀県）・金川城（岡山県）・鹿野城（鳥取県）・米子城（鳥取県）・名島城（福岡県）の全国十五ヵ所の城郭で、菊花文軒丸瓦が出土している。

　これらの城は、いずれも織田信長か豊臣秀吉本人およびその一族・家臣が築城した、いわゆる「織豊系城郭」[5]である。こうした事例から、菊花文軒丸瓦は織田・豊臣政権下で織豊系城郭に使用された特徴的な遺物と考えられる。この重弁表現の八弁菊花文軒丸瓦については、真田氏が城普請を割り当てられた伏見城跡（図2―5）と、真田信幸の居城である沼田城跡（図2―1・2）から、上田城出土の菊花文様の形状と共通性が高い軒丸瓦が出土している。このほかに、沼田城跡からは三巴文右巻連珠十六点の軒丸瓦（図2―4）と金箔押しの飾り瓦（図2―3）が出土し、瓦の調整手法・金箔の残存状況より、織豊期の瓦と考えられる。

　ところで、上田城跡出土の三巴文軒丸瓦は、三巴の巻く向きと連珠数で四種類に分類できる。[6]三巴の尾部は、

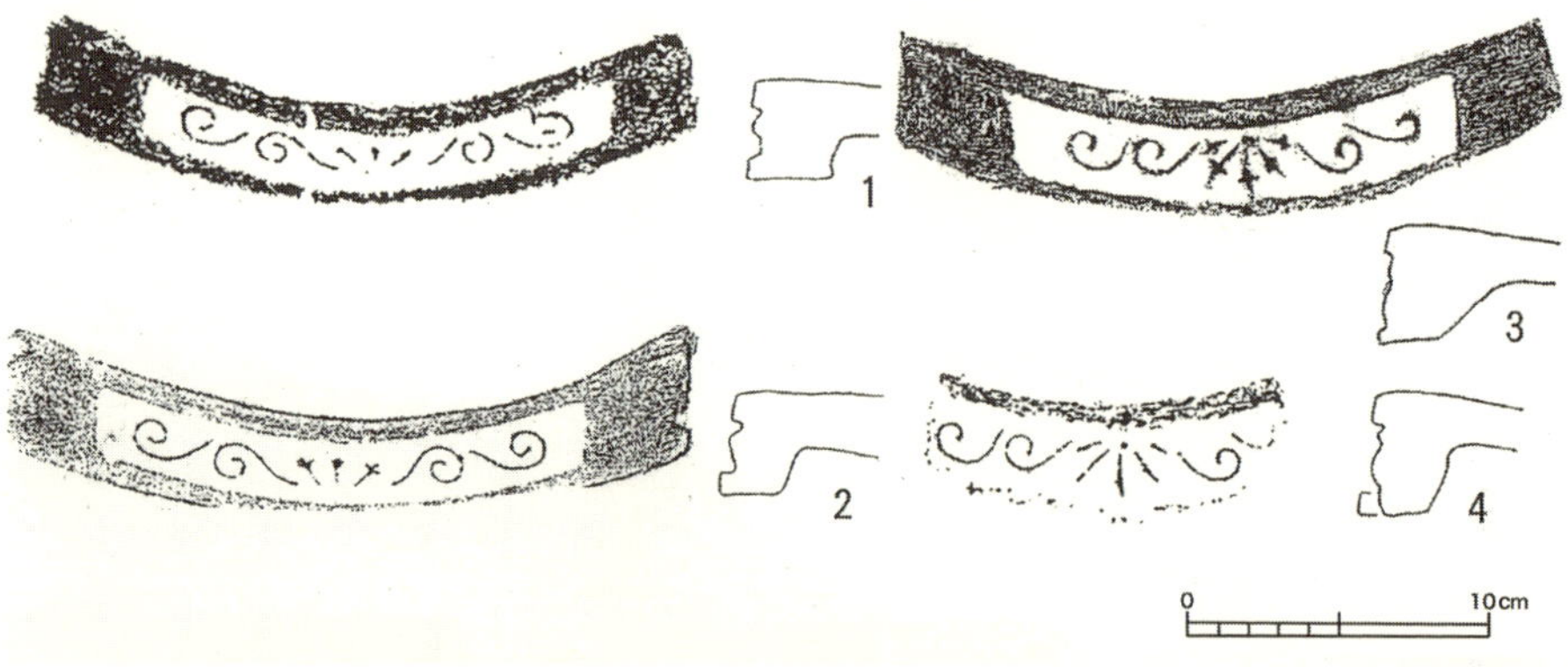

図３　上田城跡出土の真田氏時代の軒平瓦（註６の文献より引用）

細長く伸びて隣接する巴の尾部に接し、全体が環状を呈する。これらの瓦当部径は十五～十六センチ、周縁幅は一・七～二・一センチである。なお、⑥の左巻連珠十八点（図１―５）と推測できる軒丸瓦は、同范の鳥衾瓦が本丸堀底から出土している。

　真田氏時代の軒平瓦は、①三葉文を中心飾りとした均整唐草文（図３―１・２）、②下向きの五葉文を中心飾りとした均整唐草文軒平瓦（図３―３・４）の二種類があり、これらの軒平瓦は上田城本丸の西側堀から出土した資料で、真田氏時代に使用された軒平瓦だろう。[6] なお、こうした軒平瓦の文様は、大坂城・伏見城などに共通し、両者の関連性が推測できる。

　三葉文軒平瓦は、中心飾りが上向きの三葉をもち、明瞭に先端が三叉に分かれる軒平瓦（図３―２）と、それとは異なる軒平瓦（図３―１）に区分できる。中心に珠点はなく、均整唐草文が左右にのび、下向き・上向きに反転させて二単位ずつ表現している。

　この三葉文軒平瓦は、本丸の西側堀から出土するとともに、平成五年の調査では本丸上段西側に設置したトレンチの最下層地点、地表下約二メートルの地点からも出土している。[7] このため、現在まで確認できる本丸上段部分は、慶長六年前半といわれる上田城破却の際に盛土され、改変されたのだろう。なお、下向きの五葉文と珠点を中心飾りとした均整唐草文軒平瓦は、先端が剣形に鋭く尖った軒平瓦（図３―３）と、それと異なる軒平瓦（図３―４）

に区分できる。この均整唐草文軒平瓦は、均整唐草文を上向きに二単位ずつ表現している。

五七桐文鬼瓦（図4）は、本丸の堀の南西部から同一個体とみられる破片が二点出土している。桐文鬼瓦は上部左側の「五」の桐花部分を立体的に表現した部分と、下部左側の桐葉を立体文様とヘラ描きで表現した部分である。桐文は周縁がなく、表面の全面に桐文を表現している。桐花は丸く、桐葉の葉脈は素朴にヘラ描きされ、全体的に古様な表現で、慶長年間後期以降の様式化された桐文とは異なる資料といえる。本丸堀から出土した軒丸瓦・軒平瓦と同じく、出土した層位から、慶長年間初期の鬼瓦と推測される。五七桐文は豊臣秀吉が用いたいわゆる「太閤桐」で、豊臣配下の信濃国の有力大名・真田昌幸の本拠であった上田城に使用されていたと考えられる。

こうした真田氏時代の上田城跡出土瓦については、元奈良文化財研究所副所長の山崎信二氏の論考(8)がある。山崎氏は、古代から中世にかけての寺院・宮殿跡から出土した瓦とともに、各地域の近世瓦の綿密かつ詳細な調査・研究を実施されている。真田氏時代の上田城跡出土軒瓦について、軒丸瓦はコビキB(9)の痕跡、軒平瓦は瓦当上縁に幅広の面取りが残存し、製作技法・形状の特徴から、慶長年間初期の一五九六年から関ヶ原合戦が勃発した一六〇〇年までに製作された軒瓦と指摘されている。

この見解は、上田城をめぐる当時の状況や、信濃国内の織豊系城郭である松本城・小諸城などとの関係からも説得力のある論考と考えられ、筆者も同様の見解をとっている。

図4　上田城跡出土の真田氏時代の鬼瓦
（註6の文献より引用）

二、仙石氏時代の上田城所用瓦

元和八年（一六二二）、上田城主の真田信之が沼田領三万石はそのままで、上田領六万五千石から松代領十万石に加増されて国替《くにがえ》となった。その後、小諸領から一万石加増されて仙石忠政が六万石で移封され、上田城主となった。寛文九年（一六六九）、二代城主の仙石政俊が隠居して孫の政明が家督を継ぐが、政俊は弟の政勝に矢沢領二千石を分知し、上田領は五万八千石となった。

上田城主初代・仙石忠政の父である秀久は美濃国加茂郡出身で、豊臣秀吉の最古参の家臣として武功を挙げ、四国攻めの功績により、讃岐国の大部分である十万六千石を与えられ、高松城主となった。その後、九州征伐の失敗で改易されて浪人となるが、天正十八年（一五九〇）の小田原攻めの際に浪人隊を自ら率いて武功を挙げて復帰し、五万石の小諸城主となった。秀久は、文禄元年（一五九二）の肥前名護屋城の築城、翌年から開始された伏見城の築城工事でも功績を挙げている。秀久が築いた小諸城は三層の天守をもっていたと伝えられ、野面積みの石垣が残る天守台跡からは金箔を押した軒丸瓦が出土している。

昭和五十六年（一九八一）から昭和六十二年までの上田城三櫓の修復工事で交換された瓦以外の古瓦は、三基の城櫓の屋根や櫓内に一部が伝存している。こうした瓦類は、真田氏時代の上田城が慶長六年（一六〇一）前半期に徹底的に破却された後、仙石忠政が寛永三年（一六二六）五月に改修に着手し、寛永五年四月に忠政が病死して普請が中断するまでの間に、櫓・門などを大改築した際のものが中心である。その後、松平氏時代には城櫓の修理工事や屋根瓦が損傷した際、瓦の差し替えや補修工事が実施されている。

仙石氏時代の上田城所用瓦(10)は、仙石氏家紋の「永楽通宝文」を意匠に用いた永楽銭文軒丸瓦（図5―1・写真8）

が用いられた。この軒丸瓦は現在、小破片を含めて十点あまりが確認されている。永楽銭文があしらわれた瓦当部の直径は十六・一～十六・三センチで、全長は三十三・五～三十四・五センチである。さらに、櫓や門の鬼瓦にも永楽銭文鬼瓦（写真9）が使用され、仙石氏の城郭であることを広く明示していた。

三、松平氏時代の上田城所用瓦

仙石氏は宝永三年（一七〇六）、三代城主の仙石政明の代に但馬の出石へ移封となり、代わって出石より松平忠周《ただちか》が五万八千石で入封した。

松平氏はいわゆる「十四松平氏」の一つで、家康より四代前の長親の五男利長を祖としている。利長は、三河国碧海郡藤井（愛知県安城市）を拠点とし、「藤井松平氏」と呼ばれた。藤井松平氏はその後、本家筋の忠国家と分家の忠晴家に分かれ、忠国系松平氏は元禄十年（一六九七）より出羽国上山《かみのやま》藩主三万石として、忠晴系松平氏は宝永三年より信濃国上田藩主として、それぞれ同地で明治維新まで存続した。上田藩主の松平家は忠晴より代々松平伊賀守を名乗り、幕府中堅の譜代大名として江戸幕府の要職につくことが多かった。特に、若年寄・京都所司代・老中として活動した上田城主初代の松平忠周、幕末の嘉永元年（一八四八）から安政年間にか

上：写真８　永楽銭文軒丸瓦　下：写真９　永楽銭文鬼瓦　ともに上田市立博物館蔵

写真10　松平氏時代の五三桐文鬼瓦　上田市立博物館蔵

けて二度にわたり老中を務め、日米修好通商条約の調印に際しては朝廷に対して幕府の主体性を主張した忠優《ただます》（忠固《ただかた》）を輩出している。なお、享保十五年（一七三〇）、二代上田城主忠愛《ただざね》は五千石を弟忠容に分知し、以後、上田藩領は五万三千石で明治維新を迎えている。

松平氏時代の上田城では、仙石氏時代の永楽銭文軒丸瓦に代わり、三巴文軒丸瓦が使用され、現存の隅櫓にも用いられている。松平氏時代の軒丸瓦には、右巻連珠十三点軒丸瓦（図5―2）がある。瓦当部の直径は十五・一～十五・三センチ、全長は三十三・三～三十三・六センチである。また、左巻連珠十六点軒丸瓦（図5―3）も松平氏時代の軒丸瓦とみられる。瓦当部の直径は十六・一センチで、これら二種類の軒丸瓦が用いられていたのだろう。さらに、江戸時代後期の補修用軒丸瓦として、大粒の連珠をもつ左巻連珠十二点軒丸瓦（図5―4）がある。瓦当部の直径は十五・八センチ、全長は三十・二センチである。鬼瓦については、仙石氏時代の永楽銭文鬼瓦に代わり、松平氏時代には家紋である五三桐文の意匠の鬼瓦が使用されている（写真10）。現存する隅櫓にも、江戸時代中期以降の五三桐文鬼瓦が一部に使用されている。

松平氏時代の軒平瓦については、仙石氏時代の軒平瓦を引き継ぎ、中心飾りが上向きの三葉で中心に珠点をもち、左右均整に水平方向に伸びた四葉の唐草文を両側に配している。軒平瓦の文様のある瓦当部の幅は二十五・三～二十六・一センチ、厚さは三・六～四・一センチ、平瓦部を含めた全長は二十六・四～二十六・六センチである。この均整唐草文軒平瓦（図5―5）は仙石氏・松平氏時代に用いられ、現存する隅櫓にも一部使用されて、上田城所用の軒平瓦の意匠となっている。

なお、百六十五年間続いた松平氏時代には、木造櫓・門の屋根瓦の葺き替え工事がたびたび行われている。丸

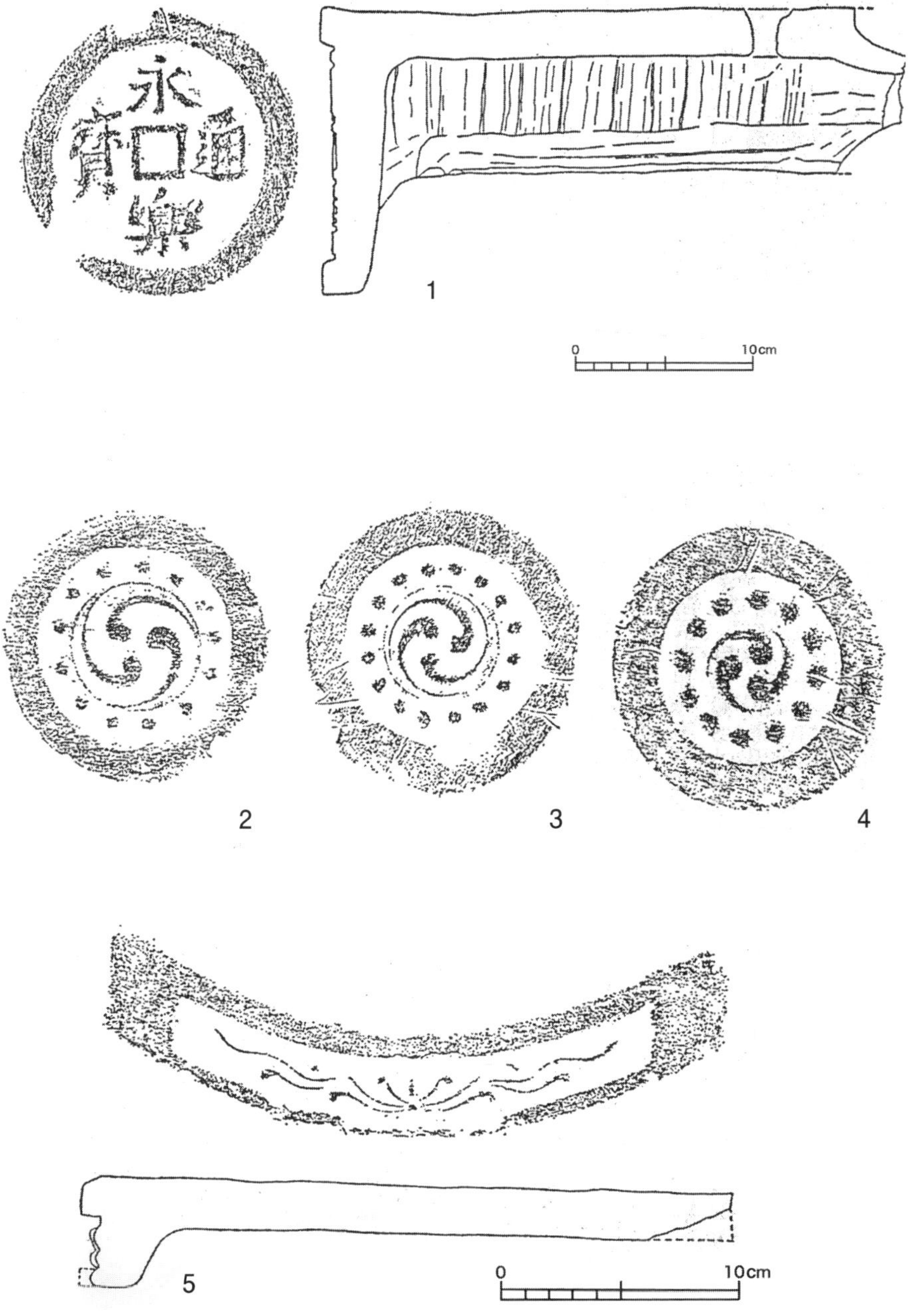

図５　上田城跡出土の仙石・松平氏時代の軒丸瓦・軒平瓦（註 10 の文献より引用）

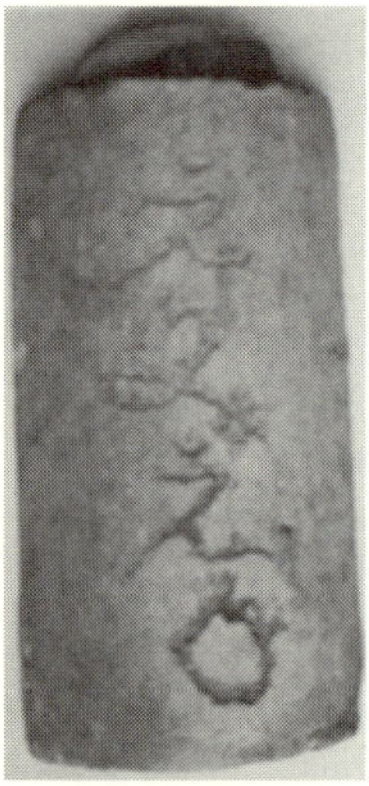

写真11　元文元年の年次が刻まれた丸瓦
上田市立博物館蔵

瓦の背面に葺き替えの年次が刻まれた丸瓦も認められ、「元文元年」（一七三六：写真11）、「天明元年」（一七八一）、「天明三年」（一七八三）、「文政十三」（一八三〇）の年号が確認されている。特に、元文元年には千曲《ちくま》川の洪水で崩壊した上田城南側崖の石垣修復工事と櫓の屋根瓦の葺き替えが同時に行われたことが、「上田城普請之絵図」（上田市立博物館蔵）などの史料からうかがえる。

四、江戸期に本丸堀底から出土した真田氏時代の鯱瓦

以上、真田・仙石・松平氏時代の上田城所用瓦の変遷を概観してみた。ここからは、特に真田氏時代の上田城について、発掘調査で出土した瓦類や、現存するものを基に検討してみよう。

上田市立博物館には、江戸時代中期に本丸堀底から発見したと伝わる鯱瓦（写真12・13）が所蔵され、現在は頭部・胴部と尾部が分離した状態で保存されている。現存する瓦の総高は八十七・〇センチで、尾鰭の直立した状態やヘラ描きによる鱗の形状は古い様式で、平成三年（一九九一）に上田城跡本丸堀底から出土した金箔鯱瓦の鱗の大きさとほぼ同一である縦三・五センチ、幅五・五センチの鱗が表現されている。また、鰭の差込口の方形の枘穴《ほぞ》の形状や、縦三・五センチ、横四・〇センチほどの枘穴の大きさ、枘穴上下の約十六センチの間隔、これらもほぼ同じである。このため、調査で出土した金箔鯱瓦と、この江戸時代中期に本丸堀底から発見された鯱瓦は、対になる資料と考えられ、織豊期の特徴的な鯱瓦と考えられた。

ただし、この鯱瓦には金箔の残った明瞭な痕跡は認められず、背鰭などの金箔が長期にわたる堀底での埋没により、剥離してしまった可能性が高い。また、鯱瓦の両耳の内側上部には朱が一部に確認できる。特に、正面向かって左側の耳の内側上部には長さ二十ミリ、幅五ミリの範囲で明瞭に認められ、金箔とともに朱が施されていた。この朱が施され古式の形状をもつ鯱瓦は、安土城・広島城の櫓や櫓門に使用されていた金箔瓦に近似している。

こうした鯱瓦は、櫓や櫓門の大棟両端に設置されていたと考えられる。ところで、広島城の天守は五層で、毛利輝元が慶長三年に完成させたという。この天守の鯱瓦は、実測図の記録から総高が三尺五寸（百五センチ）だった。織豊期の五層の天守建物については、織田信長築城の安土城、豊臣秀吉築城の大坂城・名護屋城・伏見城、宇喜多秀家築城の岡山城、毛利輝元築城の広島城、羽柴秀長・秀保築城の大和郡山城、蒲生氏郷築城の会津若松城（当初は七層か）が文献・絵図で推定されている。いずれも、最高権力をもつ天下人や豊臣五大老、秀吉の弟一族の居城や彼らが拠点とした城郭で、数ヵ国に強大な勢力をもつ有力大名以上の城郭天守が五層の建物と考えられる。

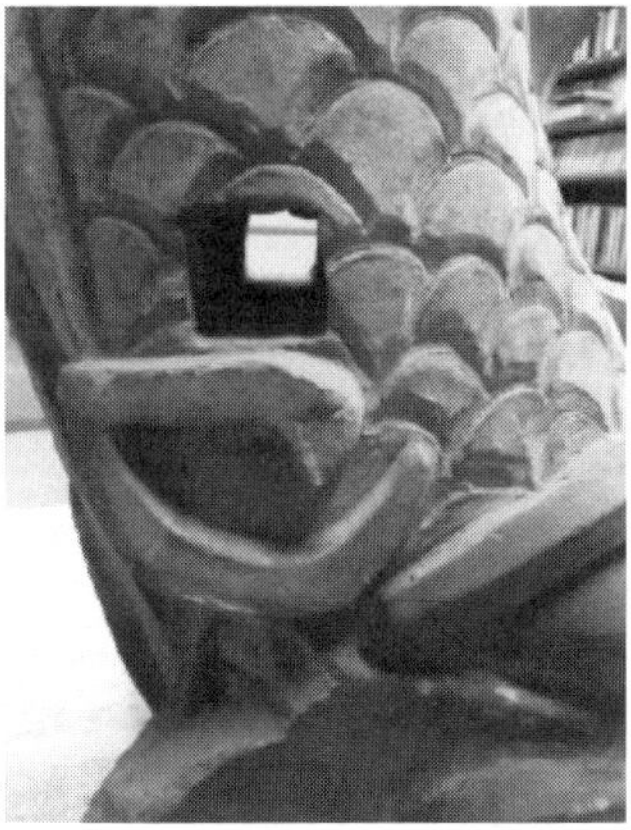
左：写真12　本丸堀底出土の鯱瓦　右：写真13　鯱瓦の枘穴・鱗・耳部分　上田市立博物館蔵

関ヶ原合戦前の真田昌幸時代の上田城は、明確な文献・絵図が伝存せず、具体的な状況は明らかではない。しかし、鯱瓦を大棟の両端に上げた櫓には、二層の櫓のほかに三層の櫓が存在した可能性があり、いわゆる望楼型天守に相当する建物だったと推測される。本丸堀底から出土した金箔鯱瓦の総高から考えると、この鯱瓦は三層の望楼型天守の大棟に使用された可能性が高いだろう。

五、真田氏時代の上田城を取り巻く信濃の状況

天正十三年（一五八五）、第一次上田合戦の際に、徳川軍は「天守もなき小城」と上田城を侮ったとの記述が山鹿素行の『武家事紀』にみえることは、周知のとおりである。この『武家事紀』には延宝元年（一六七三）の序文が付され、合戦から八十八年後に出されたものだが、真偽は不明である。しかし、当時の真田氏には高石垣を築き、瓦葺の天守・櫓を構築する技術はなく、他の東国の諸城と同様に河川・段丘崖などの天然の要害地形を生かし、堀切・土塁・柵・掘立柱建物・物見櫓程度の施設を備えたのが、当時の上田城の状況だったのだろう。

天正十八年、小田原合戦が終結した直後、徳川家康の関東移封に伴って信濃の諸大名が関東に移された。代わりに豊臣秀吉配下の大名が配置され、松本に石川数正、諏訪（高島）に日根野高吉、小諸に仙石秀久が入封する。これらの秀吉配下の諸大名は、移封直後から城郭の普請に取りかかり、文禄年間（一五九二～一五九五）を経て、慶長年間の初め頃には織豊系城郭を信濃に完成させた。

松本城は文禄二年（一五九三）、二代目石川康長のときに織豊系城郭の天守を建て、慶長初期には完成したという。その後、慶長年間を通して大改修がなされ、現在の五層の連結式天守が完成したと考えられる。小諸城は仙石秀久によって、慶長初期には三層の天守をもつ城郭が完成したとみられる。冬期が極寒なため瓦葺ではなく柿葺《こけらぶき》屋根の高島城を除き、松本城・小諸城からは、織豊期の金箔瓦が以下のとおり出土している。

石川氏築城の松本城では、昭和四十三年における太鼓門石積み基礎の調査中に、漆地に金箔押しと朱を施した鬼瓦とみられる飾り瓦（図6―1）が一点出土した。これは、織豊期に特徴的な瓦である。(11) また、軒丸瓦はコビキBで、

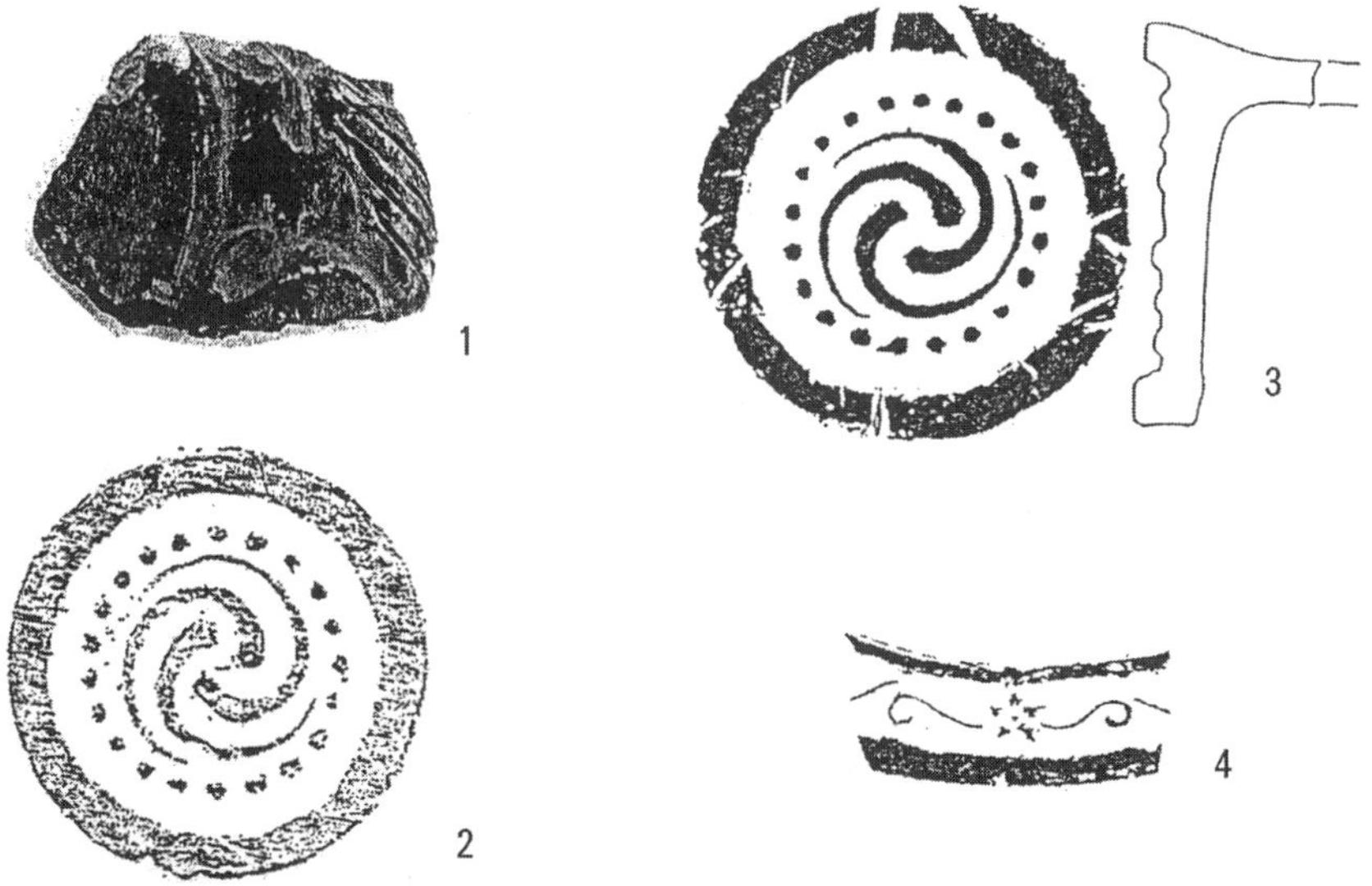

図６　松本城跡出土の織豊期の金箔瓦（１）・軒瓦（註６の文献より引用）

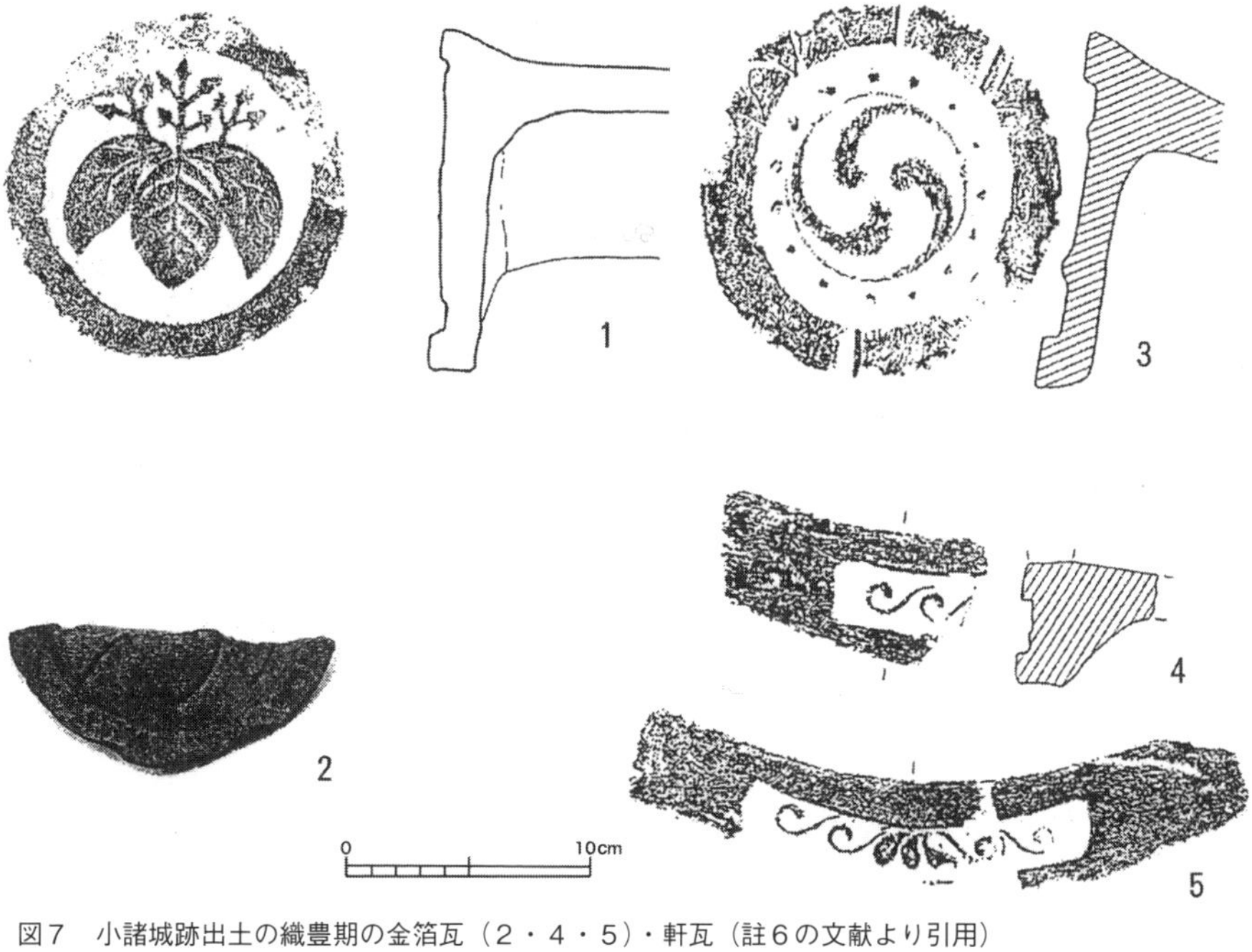

図７　小諸城跡出土の織豊期の金箔瓦（２・４・５）・軒瓦（註６の文献より引用）

瓦調整技法の特徴から、二の丸御殿跡出土三巴文軒丸瓦の左巻連珠二十一点の軒丸瓦（図6―2・3）が慶長期に遡る可能性がある。軒平瓦は、織豊期の三葉文・五葉文を中心飾りとする均整唐草文軒平瓦がみられず、二の丸御殿跡から出土した中心五花弁均整唐草文軒平瓦（図6―4）が、文様の形状から石川氏時代に遡る可能性がある。

仙石氏築城の小諸城では、現存する野面積みの大規模な天守台から、金箔を押した五三桐文軒丸瓦（図7―1・2）および桐文軒平瓦（図7―4・5）が出土している。[12]この五三桐文軒丸瓦には、立体的な中心葉に金箔が残る（図7―2）。また、桐文軒平瓦には立体的な丸みを帯びた三葉の桐葉文を中心飾りとして、左右均整に二単位ずつ唐草文が配され、金箔が認められる。どちらも軒瓦の立体的な文様に金箔が施され、豊臣秀吉の大坂城・聚楽第などの軒瓦と金箔押しの手法に共通性がある。このほかに、三巴文右巻連珠十五点の軒丸瓦（図7―3）が、瓦文様の特徴から織豊期の軒瓦と考えられる。

小諸城は仙石秀久により、慶長年間初期には堀・石垣・天守・土塀などの施設をもった城郭の整備が行われている。天守は三層で、寛永年間に落雷で焼失と伝えられ、金箔軒瓦はこの天守軒先に用いられたと考えられる。この豊臣氏と同じ桐文軒瓦の金箔瓦を葺いた小諸城天守や野面積みの天守台は、豊臣勢力と徳川勢力の境界に小諸城が位置することから、豊臣政権が徳川家康を牽制する目的で築城時に強力な支援を行った結果として構築されたのだろう。このように、信濃では小田原合戦後に松本城・上田城・小諸城で瓦葺の櫓・櫓門が建てられ、織豊系城郭の整備が進行した。

六、真田氏の伏見城普請役と築城技術の習得

真田氏は、文禄三年（一五九四）から本格的に築城された伏見城普請に、父真田昌幸と子の信幸・信繁が普請役を

割り当てられた。

同年三月から九月まで城廻りの堀普請のために、千六百八十名にのぼる人員の動員や石材運搬・石垣築造・木曽からの用材運搬などが命じられたことが、文禄二年十二月十七日付け「真田信幸宛豊臣氏奉行連署状」、文禄三年正月十八日付け「真田昌幸・信幸・信繁宛佐久間甚四郎等連署状」、同年六月一日付け「真田昌幸宛豊臣秀吉書状」（以上、真田宝物館蔵）などの一連の書状からうかがえる。特に、文禄三年正月十八日付け書状では、普請奉行四名から「真房州様」（真田昌幸）・「真伊豆様」（真田信幸）・「同左衛門様」（真田信繁）の三名に宛てて、「来る朔日より御普請の儀、堀普請と仰せ出だされ候。御役儀の事、千六百八拾人にて候。御心得の為申し上げ候。恐惶謹言。（以下略）」の記述がみられ、真田父子三名に堀の普請と千六百八十人の動員が命じられていることがわかる。

天下統一を果たした豊臣秀吉の命令による城普請は、秀吉の生涯にわたり拡張・改修が行われた大坂城をはじめとして、名護屋城・伏見城などが、秀吉配下の大名を多数動員して割普請により築かれたのは周知のことである。この割普請は、石垣工事などをいくつかに分割して大名に分担させ、経費・労働力は各大名が拠出するもので、重い負担となったが、同時に普請を担う大名にとっては、最新の織豊系城郭の築城技術を習得する場だったと考えられる。

真田氏にとっては文禄三年に行われた伏見城普請が、堀、高石垣の櫓台・天守台、瓦葺の櫓、天守建物などの織豊系城郭の具体的な築造技術を習得する好機になったのだろう。このことは、上田城跡出土の金箔瓦や菊花文軒丸瓦と伏見城跡出土資料との高い共通性からもうかがえる。当時、新技術による城郭整備は各大名の最重要の課題で、翌年の文禄四年（一五九四）頃には上田城を織豊系城郭とするための普請準備をし、その後、第二次上田合戦までの慶長年間初期（一五九六〜一六〇〇年）に、大改修が実施されたと考えられる。

七、関ヶ原合戦後の上田城破却と仙石忠政による復興

第二次上田合戦では、徳川秀忠が率いる徳川軍の主力部隊である三万八千名の大軍に対し、わずか二千五百から三千名の真田昌幸・信繁の軍勢が上田城を本拠として対峙している。この合戦では、小諸城に入った秀忠が昌幸に降伏を勧める交渉を行った後は、両軍のにらみ合いや小競り合いが続き、やや大規模な衝突が一度起こっただけで秀忠軍が西軍を討つために西上の途についたため、結果的に真田方の勝利となったと考えられる。

こうした状況の背景には、慶長初期から上田城の織豊系城郭としての整備が進み、三層程度の天守に相当する櫓や二の丸地域・西方の小泉曲輪[13]と称された地域まで櫓台・櫓・櫓門・塀・石垣などが構築され、広大な上田城が完成していたため、その抑止力が働いたと考えられる。第一次上田合戦の真田軍の激しい攻勢による敗戦の記憶とともに、眼前にある広大な規模の城郭が、徳川軍の総攻撃を最後まで押しとどめたのだろう。

慶長五年（一六〇〇）の関ヶ原合戦後、昌幸・信繁は同年十二月十三日には高野山へ配流のため上田城を出立し、翌年の前半には上田城は破却されたとみられる。江戸幕府が寛永十八年（一六四一）から二十年にかけて、儒者の林羅山を指導者として編纂した『寛永諸家系図伝』の大井政成の項目には、「関原御帰陣の後、真田の城にいたりて、堀をうめ塀こぼちて、その城を守る、そののち、鈞命《きんめい》（※徳川家康の命）によりて城を真田伊豆守信幸にわたす」とあり、櫓・門などの建物は言うまでもなく、塀を壊し、堀を埋めて管理し、家康の命で城を信幸に渡した様子が記されている。

上田市立博物館には、「元和年間上田城図」（写真14）が所蔵されている。これは、真田信之が城主だった元和年間（一六一五～一六二四年）の上田城・城下町の状況を伝える絵図である。上田城の本丸部分には「古城本丸畠也」、堀は「ウメホリ」（埋め堀）と記され、破却されて堀は埋められ、本丸は畠となっている様子がわかる。なお、上田市立上田

図書館には寛永年間作成とされる「上田城構之図」（写真15）が所蔵されている。この絵図には、本丸の北側半分の「上ノ台」と呼ばれる一段高い場所の西側に「御天主跡」の記載があり、この付近に天守が存在した可能性がある。寛永年間は上田城の破却から三十年ほど経過しているが、この辺りに天守があったとの言い伝えが残り、それを記したのだろう。当時の人々には、真田時代の上田城には天守が存在したとの記憶が残されていたとも考えられる。

ところで、仙石忠政の上田城大改修については、『改選仙石家譜』で、元和八年、小諸から真田氏に代わり上田へ移封を命じられた際、将軍徳川秀忠から「上田城は先年破却せしままなれば、修理の料として銀子二百貫目を賜ふべし、心のままに修理すべき旨、懇《ねんごろ》の命」を受けたと記されている。[14] 寛永三年四月には、かねてより願い出てあった上田城普請の許可が幕府から下りた。このため、五月に忠政が普請奉行に詳細な指示をしたことが、上田市立博物館蔵の「寛永三年仙石忠政築城覚書」からうかがえる。

この「築城覚書」には、「なわばりの時、古城の堀にゆがみがあるときは堀の両側を掘って直にせよ」との項がある。慶長六年の前半期に建物・塀が破却され、土塁を壊され堀を埋め立てられていた真田の古城の堀をそのまま再び掘り上げて、復興した様子がわかる。また、将軍の命令で銀子二百貫目（江戸時代前期の銀一匁を二千円と仮定すると、現在の貨幣価値で四億円程度）の巨額の再建資金を幕府から得て、本丸・二の丸の堀・石垣・櫓台・七棟の隅櫓・二棟の櫓

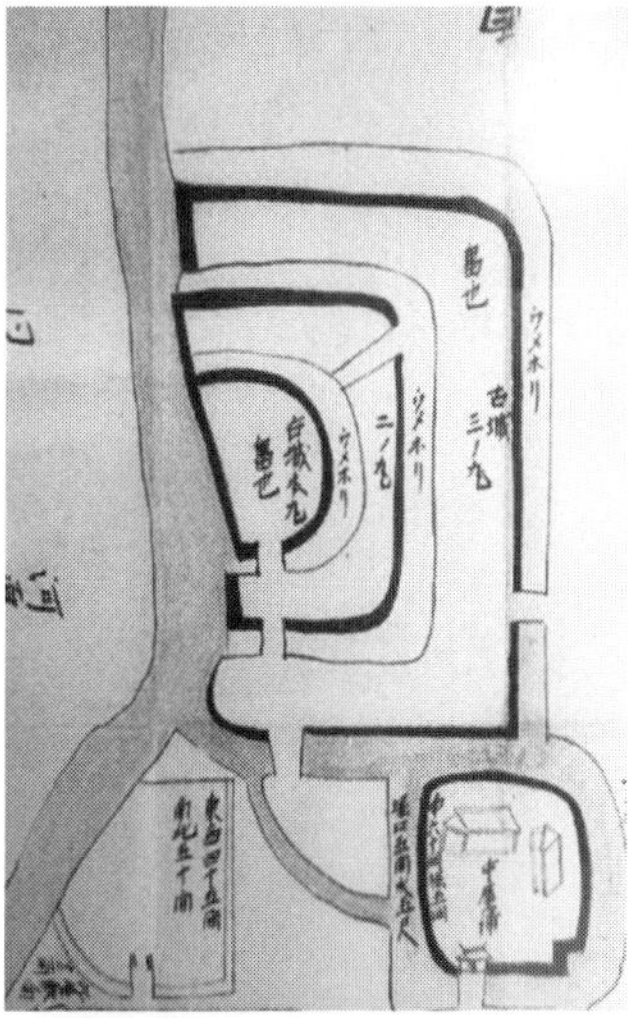

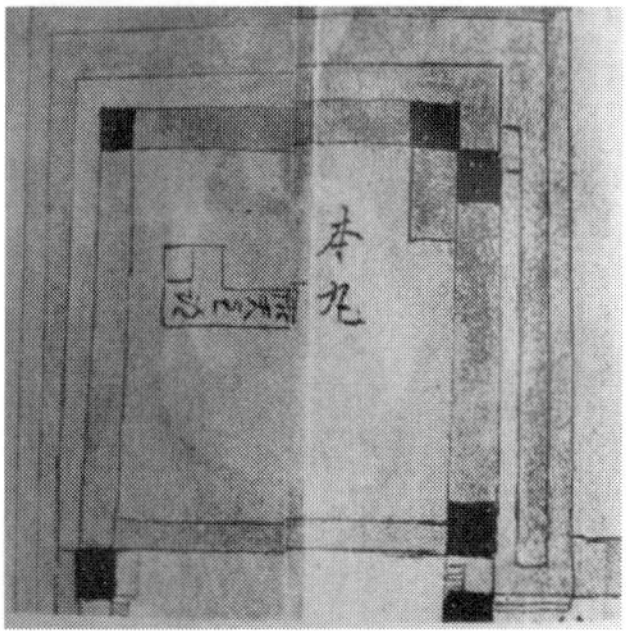

上：写真14「元和年間上田城図」（部分）　上田市立博物館蔵　下：写真15「上田城構之図」（部分）　上田市立上田図書館蔵

門・瓦葺の土塀などが整備された。寛永五年には忠政が五十一歳で病死し、上田城普請は中断され、二の丸の櫓台上の櫓工事等は実施されず、一部未完成の状態で再築工事は終了した。ただし、本丸は見事に完成し、六万石の所領にふさわしい江戸時代初期の上田城が出現した。この結果、徳川軍に敵対した真田氏時代の上田城の姿は大きく改変され、その景観は一掃されたと考えられる。

仙石忠政は、「築城覚書」より前年には石材・材木・普請道具の準備を命じているが、起工から病死するまでは二年弱の短期間であり、二の丸部分では堀・土居・虎口の石垣は完成したが、櫓・櫓門・土塀は未完成だった。石材は、城から約二キロ北方の太郎山山麓の虚空蔵堂周辺の緑色凝灰岩をおもに切り出して用いたと考えられる。すでに真田氏時代に天守台や櫓の石垣などに使用されていた火山岩である安山岩などの石材も再利用し(15)、本丸の東西の虎口など新たな地点に大規模な石垣を築き、真田氏時代の状況を払拭する改変がなされたのだろう。

おわりに

小稿では、真田氏・仙石氏・松平氏時代における上田城所用瓦の変遷を検討し、それぞれの時代の上田城についても検討を試みた。特に、真田氏時代の上田城では、慶長年間初期から高石垣・瓦葺建物・礎石建物などを特徴とする織豊系城郭に大改修がなされたと考えられる。また、上田城本丸には、金箔を押した鯱瓦を大棟の両端に載せた三層の望楼型天守が存在した可能性が高い。高石垣の天守台が本丸上段の北西部付近に築造され、豊臣政権の安定性を象徴する城郭として、上田城の景観は一新されたと思われる。

真田氏時代に使用された石材は、次の仙石氏時代の築城の際、太郎山山麓から切り出された緑色凝灰岩とともに石垣として再利用され、仙石氏の城郭として築造されたといえる。その後、宝永三年（一七〇六）から上田城主となった松平氏は、櫓や櫓門の軒丸瓦・鬼瓦を仙石氏の家紋の永楽銭文軒丸瓦から三巴文軒丸瓦、松平氏家紋の五三桐文鬼瓦にそれぞれ交換し、松平氏の城郭としてその威容を整えたことが確認できた。

【註】

（1）上田市教育委員会では、史跡上田城跡の整備に伴う発掘調査を継続的に実施し、着実に学術的成果を収めている。平成三十年二月には、本稿中にも記述した真田氏時代の上田城所用瓦である可能性がきわめて高い金箔鬼瓦片が、本丸内の調査で初めて出土して広く注目された。なお、発掘調査で出土した瓦類については、以下の調査報告書による。
上田市教育委員会『史跡上田城跡　国指定史跡上田城跡　平成3年度発掘調査概報』（一九九二年）／同『史跡上田城跡　国指定史跡上田城跡　本丸内発掘調査報告書』（一九九七年）
また、上田城・所用瓦などについては、主に以下の文献を参考にした。
上田市立博物館『郷土の歴史　上田城』（一九八八年）／同『金箔瓦の城』（一九九六年）／同『真田氏史料集』（一九八三年）／同『仙石氏史料集』（一九八四年）／同『松平氏史料集』（一九八五年）／寺島隆史「第三章　上田築城と城下町の形成」（『上田市誌　歴史編6　真田氏と上田城』上田市誌刊行会、二〇〇二年）

（2）上田城および所用瓦についての拙稿は、以下の通りである。
倉澤正幸「信濃における織豊期の城郭所用瓦の考察」（『信濃』四六―九、一九九四年）／同「上田城跡出土瓦の変遷について」（『千曲』八三号、一九九四年）／同「真田氏時代における織豊系城郭上田城の再検討」（『信濃』七八八号、二〇一五年）／同「真田・仙石氏時代における上田城の一考察」『千曲』一六四号、二〇一七年）

（3）この上田城本丸堀底の調査は、註（1）の上田市教育委員会一九九七年発行の文献による。

（4）信濃毎日新聞社の昭和二年（一九二七）十月二十二日付け記事「金泥塗りの瓦を掘出す、上田城の櫓台下から、歴史を語る一片」を参照。当時は上田城跡一帯が公園として整備され、二の丸の堀を用いて市営野球場が開設された。

（5）織豊系城郭や城郭所用瓦について、本稿で参考にした主要な文献は、以下の通りである。
中村博司「大坂城金箔瓦に関する基礎的考察」『大坂城の諸研究』（名著出版、一九八二年）／中井均「織豊系城郭の画期―礎石建物・瓦・石垣の出現―」（『中世城郭研究論集』新人物往来社、一九九〇年）／木戸雅寿「織豊期城郭にみられる桐紋瓦・菊紋瓦について」（『織豊城郭』二号、一九九五年）／三浦正幸『城のつくり方図典』（小学館、二〇〇五年）／山崎信二『近世瓦の研究』（奈良文化財研究所学報第七八冊、二〇〇八年）／加藤理文『織豊権力と城郭――瓦と石垣の考古学』（高志書院、二〇一二年）／城郭談話会編『織豊系城郭とは何か―その成果と課題―』（サンライズ出版、二〇一七年）

（6）真田氏時代の上田城所用瓦については、註（2）の拙稿「真田氏時代における織豊系城郭上田城の再検討」（『信濃』七八八号、二〇一五年、のち黒田基樹編著『真田信之』〈シリーズ・織豊大名の研究5、戎光祥出版、二〇一七年〉に再録）にて、軒丸瓦・軒平瓦の実測図や写真を付して、検討を試みた。

（7）註（3）の文献による。

（8）註（5）の山崎論文二〇〇八年による。

（9）安土城をはじめとして、織豊期に入ると全国的に城郭瓦の製作が開始された。この時期には瓦製作技術に変革がみられ、方形の粘土塊であるタタラから瓦の粘土板を切り取る際に、糸切りのコビキAから鉄線切のコビキBに変化している。コビキAは丸瓦部の凹面に斜め方向の弧線が残存し、コビキBの場合は側縁に直交する水平方向の横筋が認められる。このコビキAからBへの変化は地域差があり、畿内では天正後半期に変化がみられ、他の地方では十六世紀末に変化がみられる。コビキBへの技術革新は、瓦の大量生産に適応し、豊臣政権による大坂城・伏見城をはじめとする多数の城郭の築城を可能にしたと考えられる。

（10）仙石・松平氏時代の上田城所用瓦については、註（2）の拙稿「上田城跡出土瓦の変遷について」（『千曲』八三号、一九九四年）にて、軒丸瓦・軒平瓦の実測図・計測値一覧表を付し、検討を試みている。

（11）註（2）の拙稿『信濃』一九九四年による。

（12）註（5）の加藤論文二〇一三年および註（2）拙稿『信濃』一九九四年による。

（13）上野尚志『信濃国小県郡年表』（上小郷土研究会、一九四九年）。本書には、江戸時代の延享四年（一七四七）、金箔を押した鯱瓦が小泉曲輪西方の空堀から出土したとの記載がある。なお、同じ小泉曲輪内の現在の市民体育館付近からは菊花文軒丸瓦が一点出土しており、真田時代には小泉曲輪に櫓などの瓦葺建物が存在したと考えられる。

（14）註（1）の上田市立博物館『郷土の歴史　上田城』一九八八年による。

（15）註（2）の拙稿『信濃』二〇一五年による。

【付記】小稿をまとめるに際し、御教示・御協力いただいた上田市教育委員会・上田立博物館をはじめとする方々に、厚く御礼申し上げる。

Ⅳ 上田城とその城下町

尾見智志

はじめに

上田城は、上田盆地のほぼ中央を流れる千曲《ちくま》川の河岸段丘上に立地する（図1）。城は、真田昌幸が天正十一年（一五八三）に築城をはじめ、天正十三年（一五八五）には一応の完成をみたと考えられている。その後、上田城は真田昌幸の活躍とともに、天下にその名を知られるようになった。それは、この城に拠った真田氏が二度にわたって徳川氏の大軍の攻撃を撃退してしまったことによる。第一次上田合戦（神川合戦）と呼ばれる最初の合戦は天正十三年に行われた。攻め寄せた徳川軍は七千人余、迎え撃つ真田軍は二千人弱であった。しかし、真田の巧妙な戦術によって、徳川軍は思わぬ大敗を喫する。二度目の戦いは第二次上田合戦と呼ばれ、慶長五年（一六〇〇）の関ヶ原合戦に際してのものだった。決戦の地である関ヶ原へ向かう途中の徳川秀忠の軍勢は、三万八千人という大軍で上田城へと攻め寄せた。これに対し、真田昌幸・信繁（幸村）親子の率いる真田軍は、わずか二千五百人ほどだったという。しかし、このときも徳川秀忠軍は上田城を攻めきれずに、上田の地に数日間も釘付けにされただけに終わり、関ヶ原での決戦に遅れるという大失態を演じることになった。

結局、関ヶ原合戦で徳川家康の東軍が勝利したことで、上田城は徳川方の手により破却される。真田昌幸に代わって上田の地を治めた長男の信之は城を廃城としたまま、藩主居館で藩政を執っている。その後、上田城は真田信之に代わって上田に移封された仙石忠政によって復興された。この寛永三年（一六二六）に実施された上田城復興工事は、

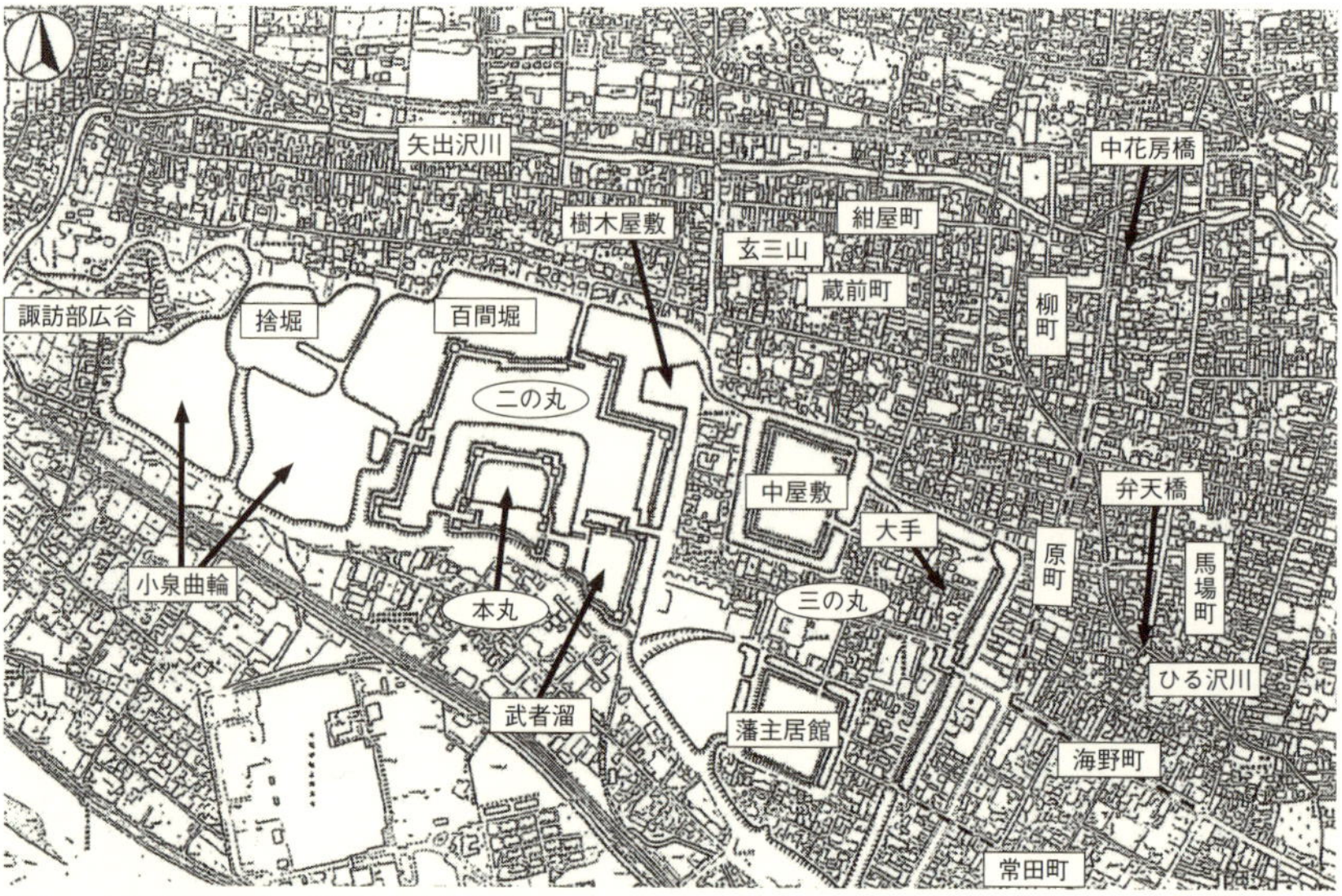

図1　上田城周辺図　作図：尾見智志

真田氏時代の縄張りを受け継いだとみられる。ただし、寛永五年（一六二八）に忠政の死去により城普請は中断し、未完成のままになってしまった。上田城は、仙石氏の後に城主となった松平氏の代になっても、その姿にほとんど変化はなかったのである。

さて、明治維新を迎えると、廃藩置県により明治七年（一八七四）に上田城は民間に払い下げられ、再び廃城となった。この際、本丸付近を一括して購入した丸山平八郎は、明治十二年の松平神社（現眞田神社）創建にあたり本丸南側の土地を神社用地として寄附し、明治二十六年には残りの土地を遊園地用地として寄附した。その後、上田城跡は公園用地としての利用がはじまり、現在に至る。こうした歴史をもつ上田城の画期は、大きくみると六期に分けることができる（表1）。城の最終的な姿は幕末まで続いた松平氏の上田城だが、その礎《いしずえ》は真田氏時代にさかのぼる。また、現在の市街地の原型も真田氏によりつくられた城下町ということになる。

現在の上田城跡は、こうした歴史を踏まえた地域のシンボルとして整備されている。また、城跡公園として、市民の憩いの場や観光拠点にもなっている。上田城は真田氏の逸話とともに

画期	内容	上田城の様相
第一期	天正13年（1585）、真田昌幸が上田城を築城し、一応の完成をみた頃。	対上杉、あるいは対徳川との実戦を第一に想定して築かれたと考えられる。瓦葺きの建物はなかった。
第二期	文禄3年（1594）、昌幸が豊臣秀吉の伏見城普請に動員された頃。	豊臣政権の一員として上田城を整備し、金箔瓦が葺かれた建築物を城内に設置したと思われる。
第三期	慶長5年（1600）、関ヶ原の戦い後に破却された頃。	「元和年間上田城絵図」によれば、本丸と二の丸部分は破却され、藩主居館を中心に、東は大手門とその堀、北は中屋敷と堀、西は二の丸東側の堀部分が残存。
第四期	寛永3年(1626)、仙石忠政が復興を開始。藩主が仙石氏の時期と松平氏の時期に分けられる。	「正保4年（1647）の上田城絵図」をはじめ、江戸時代を通じてさまざまな絵図面が残される。大きな改修の痕跡はない。
第五期	明治7年（1874）、明治維新により民間に払い下げられた頃。	詳細は不明だが、現在も一部が民間の畑地などの用地として残存。
第六期	明治29年（1896）以降、本丸を中心に公園化される。	本丸に松平神社、二の丸に上田招魂社・公会堂を設立する。また、二の丸の百間堀を利用し、市営運動場・市営野球場を開設するなど、市民の憩いの場として開発が進む。

表1　上田城の歴史の画期

人気があるが、歴史的遺産として、史実に基づいた理解が必要なことはいうまでもない。今回、城の縄張りや元禄時代の上田城下町絵図などを手がかりに、第四期にあたる江戸時代を中心とした上田城の特徴や構造を再確認し、真田氏時代の上田城の痕跡についても触れてみたい。あわせて、城とともに整備された城下町についても若干の考察を行っていきたいと思う。

三の丸について

城の東にある大手口は鉤《かぎ》の手になっており、本来ならば大手門があった場所である。しかし、仙石忠政による上田城の復興が中断したことから、石垣・堀・土塁はあるものの、二の丸・三の丸では櫓などの建造物は造られなかった。したがって、大手口には城の正面玄関となる大手門も造られていない。ただし、大手口を中心に、堀と土塁が築かれている。これは、大手口が城下に直接つながる唯一の出入口であることから、城の正面を立派に見せようとしたことによると考えられる。

さて、上田城の大手口から続く堀は中屋敷（作事場）方向に曲がって、中屋敷を囲む堀につながっていたことが江戸時代の絵図および現地調査により想定できる。さらに、この堀は中屋敷の堀から二の丸の堀へとつながっている。こうした堀のつながり具合は、旧河川の流路を考えると理解がしやすいと思う。上田城は、北は矢出沢《やでさわ》川、東はひる沢川が外堀の役割をもつ総構えを形成している。城の北方を流れる矢出沢川は、西方で南に折れて千曲川に流れ込んでいる。城の南には千曲川とその断崖がある。矢出沢川が北西の隅で直角に近い角度で折れ曲がっていることは人工的であり、総構えとなる平坦地を最大限に拡大して活用する意図が働いていると思われる。また、ひる沢川は弁天橋のあたりで北向きに流路を変えている。これは、最短距離で矢出沢川と合流させるための流路の変更と思われる。地形図上で、土地の標高に沿って素直にひる沢川を西流させると、旧ひる沢川は大手の堀の北端の丸堀および中屋敷の堀へとつながり、樹木屋敷のあたりで旧矢出沢川と合流していたことが想定できる。

次に、三の丸に存在した施設を絵図でみると、藩主居館および中屋敷（作事場）とともに武家屋敷が立ち並んでいた。藩主屋敷の正面は、家臣が参集できる広場となっている。また、現在の清明小学校の敷地にあった中屋敷は、正保四年の上田城絵図では「古屋敷」とも記載されている。その後、作事場（作業場）としたことから、「御作事場」と呼ばれた。このように、三の丸は、武家屋敷などの私的な施設が集中する場所であった。

ところで、中屋敷の北には「玄三山《げんざやま》」（現在の北大手町会館）という気になる地名が残っている。この地名の「玄三」を「源三郎（信之のこと）」と読み替えると、この場所は真田昌幸の上田在城時代には真田信之の居館など、信之にゆかりのある地域であったことが考えられる。また、清明小学校にあった館跡を「中屋敷」と呼ぶことから、その北にも屋敷が想定されることとなり、玄三山付近にも居館があった可能性が示唆される。

こうしたことから、「玄三山」とされる地域について地形図や地割を観察し現地を歩査したところ、「玄三山」を含む四方を道路で囲まれた地域は、微高地で方形を呈することが想定された。また、その外周には堀があることを想定すると、「玄三山」は藩主居館（現在の上田高校）や中屋敷（現在の清明小学校）と同様の規模になることが想定できる。すると、総構えとなる矢出沢川が、東方の房山の中花房橋のあたりで標高の高い方向、すなわち北寄りに流路を変えている理由についても、玄三山の館の空間を確保するという理由で理解が可能となる。

このように、三つの館が南北に並ぶように配置されていたとすると、この配置には、どのような意味があるのだろうか。江戸時代に藩主居館であった館は「常田屋敷」とも呼ばれていたことから、本来は真田昌幸の父幸隆の弟常田隆永の系統の居館と考えられる。すると、中屋敷は「古屋敷」とも呼ばれていたことから中心的な居館で、本来は昌幸の居館だった可能性も考えられる。元禄の上田城下町絵図などをみると、中屋敷では本丸と同様に鬼門の方角が「隅欠《すみおとし》」となっていることがわかる。つまり、上田城本丸と中屋敷は、同じ構想のもとに造られていることになり、上田城築城とともに中屋敷は造られたことが想定される。

一方、居館の形態が明らかな藩主居館と中屋敷の平面形を比較すると、方位が同じで、ほぼ同一規模の台形を呈していることがわかる。このことからは、両者の格式はほぼ同格で、造られた時期も同じである可能性が高いことが想定される。加えて、上田城本丸についても、藩主居館・中屋敷・玄三山地域と同様に、方形でほぼ同規模となる。こうした館は、上田合戦の際には、上田城を攻撃する軍勢に対する反撃拠点として利用可能な施設となった。この防御や出撃の拠点ともなる居館が上田城の東に並ぶ姿は、城の東側防御を強化した配置とも言える。また、城の東が当初からの正面ということになる。ただし、当否は今後の課題である。

二の丸について

二の丸と本丸は城の中核部分となる。ここには、藩主居館を含め、私的な施設は見あたらない。二の丸には、東から武者溜《むしゃだまり》・三十間堀・米蔵・煙硝蔵《えんしょうぐら》があった。元禄の上田城下町絵図などをみると、上田城を復興した仙石氏は二の丸にも七つの櫓を建てる予定だったようだ。また、三ヵ所の虎口にも門を造る予定だったようだが、城の復興が中断したことから、建造物は造られなかった。

次に、二の丸に付随する武者溜は兵馬の集合場所として使われた曲輪とされている。絵図を見ると、石垣や土塁で囲まれた独立した空間となっている。ここの北の石垣には、二間（三百六十三・六センチ）の「切れ間」がある。これは、三十間堀に溜まっている地下水を、非常の場合は、武者溜に集合した兵馬の飲用水として利用するために造られた切れ間とされている。しかし、これは不自然な話である。曲輪内に導水施設を設ければよく、わざわざ、この場所で水を汲む必要はない。すると、真田氏時代には橋が架かった武者溜への出入り口だった可能性もある。真偽は今後の課題である。なお、松平氏時代の武者溜には同家の鎮守社（神号不詳）が祀られ、鎮守曲輪とも呼ばれていた。

三十間堀は、二の丸東虎口における目隠しのため積まれた石垣である蔀《しとみ》石垣の背後に配置された長方形の堀で、大きく迂回しないと本丸東虎口に至ることのできない仕組みになっていた。この本丸東虎口の手前の部分は虎口とは呼ばれていないものの、鉤の手になっており、攻城者は横矢掛けを受けた後も本丸に背を向けなければ、本丸虎口前の土橋まで進入することができない構造になっていた。また、仮に、土橋付近まで侵入できても、本丸と武者溜からの守備兵による挟み撃ちにあってしまう構造になっていた。

その他の施設をみると、米蔵は北国街道沿いにある蔵前町の米蔵の他に、二の丸の東側で現在の博物館の西に全部で六棟の土蔵が並んでいた。蔵前町の蔵は扶持米（家臣に給付された米）だが、二の丸のものは囲い米（非常事態に備えた米）の土蔵だった。煙硝蔵は火薬庫である。爆発しても周囲に影響がないように、二の丸の西端の一角にあった。元禄十五年（一七〇二）に、穴蔵であった火薬庫を土蔵に改修したい旨の届けが幕府に出されている。また、二の丸の北側は、かなり広い空間を形成しているが、何の構築物もない。東側に武者溜や三十間堀が構築されているのに比べると、広く非常に不自然な空間となっている。本来は、北側が城の正面であった可能性を考える必要があるのかもしれない。

本丸について

本丸東虎口前の通路は堀を掘下げる際に残した土橋で、その両端には欄干状に石が三段に積まれている。これは「武者立石」と呼ばれるもので、城の格式を高めている。現在のものは復元したものだが、上田城構之図などの絵図面にも描かれており、明治初年の上田城の古写真では、その痕跡が確認できる。なお、搦手にあたる本丸の西虎口前の通路も土橋となっているが、「武者立石」はない。

さて、本丸は四方を土塁に囲まれているが、中央部分は北と南の平坦地に分かれている。北半分は「上の台」と呼ばれ、南半分より一段高くなっている。両者とも、江戸時代の絵図には居館に相当する建物は見あたらない。このような場所には、本丸御殿などの施設があってもよい場所である。真田氏時代には建物があった可能性があるが、部分的な発掘調査では礎石など建物があった痕跡は確認できなかった。また、発掘調査の結果からは上の台の土質は均質で、自然な堆積層を残していることがわかった。このことから、本丸は小高い地形を利用して構築されたことが考えられる。

本丸の建築物については、江戸時代を通して七つの櫓と二つの櫓門があった。そのうち、移築されていた北と南の櫓は昭和二十四年（一九四九）に元の位置に戻され、東虎口の櫓門は平成六年（一九九四）に復元されている。このとき、東虎口櫓門の両脇の土塀も復元されている。この土塀は仙石氏時代のものを復元している。上部は漆喰塗りで、風雨による傷みが生じやすい下部は下見板張りとなっていることが特徴である。この下見板張りの部分には、膝撃ちのための鉄砲《てっぽう》狭間《さま》が設けられている。また、櫓についても狭間は低い位置にある。この位置も膝撃ちの姿勢で下方の敵を狙うのに適した高さである。なお、西櫓は仙石氏が建築した当初のまま動かずに残っており、現存する江戸時代初期の貴重な城郭建造物となっている。

上田城の特徴の一つに隅欠があるが、これは本丸と二の丸にみることができる。この隅欠には、「鬼門除け」の意味があるとされている。「鬼門除け」とは、北東（鬼門）は鬼が出入する方角で、万事に忌むべき方角であることから、神仏を祀り災厄を除ける風習である。上田城外の北東には海善寺と八幡社が配置されており、鬼門の方角を護っている。これと合わせるように、城内の本丸では北東隅に二つの櫓を造り、土塁や堀は角をつくることを避けて切り込みを入れている。二の丸でも、堀を内側へ直角に大きく屈曲させている。さらに、二の丸の堀の外側には「鬼門除け」の意味を含んだ「樹木屋敷」と呼ばれる樹木を植えただけの場所を設けている。

ところで、江戸時代以降の上田城本丸には天守はないが、真田氏時代にはあったのではないかといわれている。これは、①金箔瓦が出土していることから、瓦をのせるのにふさわしい建物として天守を想定できること、②真田氏の上野国での拠点であった沼田城には五層の天守があったことから、本拠地の上田城にも同様のものがあったであろうという推定からきている。また、③北西隅の土塁上には、他の箇所よりも広い平坦地が確保できることに加えて、金箔瓦の破片が北西隅直下の堀周辺から出土していることにより、この土塁上には天守に相当する建物があったことが考えられる。

しかし、本丸の発掘調査では、はっきりとした結果は出ていない。天守に相当する建物ともなると、三層以上の建築物が想定されるが、重量のある建物を支える地業（建物を支えるために、地盤に施される基礎工事）や石垣の痕跡は確認できていない。さらに、上田城が破却されていた頃の絵図となる元和年間上田城絵図では、上田城は本丸・二の丸および百間堀の部分が埋められ、房山村の畠地となっていることからも、真田氏時代の天守の痕跡を見つけることは難しいことがわかる。

また、金箔鯱《しゃち》瓦の出土については織豊期に瓦葺きの建物が存在したことを証明する貴重な遺物となるが、これが天守の屋根に乗っていた鯱瓦であるとの証明にはならない。近年の研究では、天守以外の櫓や門などの建造物にも金箔瓦が葺かれていたことが想定されている。上田城では、この瓦を含めて次の三ヵ所で五点の金箔瓦が出土している。

①二の丸の百間堀内で二の丸北西隅の櫓台下からは、巴文模様部と周縁部にわずかに金箔が残った鳥衾《とりぶすま》瓦と正面お

よび側面に金箔が残る鬼瓦の破片が出土しています。②本丸北西隅の櫓台下の本丸堀からは、背びれ部分と腹部に金箔が残る鯱瓦片が出土している。また、最近の本丸試掘調査では、③本丸南端から、瓦の縁辺部に金箔が残る鬼瓦が出土している。しかしながら、どの調査においても、同時代の軒平瓦・軒丸瓦には金箔が貼られた痕跡は確認されていない。このことからは、上田城では金箔瓦を鬼瓦・鳥衾瓦・鯱瓦などの役瓦（装飾瓦）のみに使用されていたことが想定される。

一方、本丸からは、少量の内耳鍋《ないじ》の破片が出土しており、生活の痕跡が確認できる。すると、本丸には天守と呼べるような建物ではなく、金箔瓦などをのせた居館があった可能性も想定できるかもしれない。真田氏時代の上田城に天守はあったのかという疑問については、今後の詳細な発掘調査が必要になる。

ここで話を変えて、地形から読み取れることを述べておこう。上田城の千曲川の段丘面に沿った東西方向の土地の起伏状況をみると、当然のように河川の上流方向にあたる東側は標高が高いことがわかる。これについて地形図から詳細に地点を追って表示すると、西の体育館のある小泉曲輪（四百五十メートル）・ボクシング場（四百五十二メートル）・本丸土塁（四百六十メートル）・本丸上の段（四百五十五メートル）・本丸下の段（四百五十四メートル）・二の丸博物館前（四百五十四メートル）・二の丸橋外（四百五十五メートル）・清明小（四百五十五メートル）となる。すると、本丸土塁と本丸上の段が高いことがわかる。この場所は、土盛りにより高くなっているだけではないことが平成五年から七年にかけての本丸の発掘調査の状況からわかっている。調査では、本丸上の段は火山泥流の堆積層による高まりであることが確認されている。本丸上の段は、微高地に造られていたことがわかる。

小泉曲輪（捨曲輪）

城の西側には総構えとなる矢出沢川が南に折れて千曲川に流れ込んでおり、その内側には小泉曲輪や捨堀がある。

小泉曲輪は捨曲輪で、東西に連続する二ヵ所の曲輪を指している。ここには、石垣や塀および土塁は確認できない。西端の曲輪は民間工場の敷地で、その東隣の曲輪は市民体育館の敷地となっている。市民体育館の敷地には、江戸時代中期には御茶屋があり、幕末には調練場もあった。本来は、何の防御施設も設けず、敵を招き入れて討つための空間である。真田氏の上野国での拠点となった沼田城においても、本丸背後の古城と呼ばれる場所を捨曲輪としており、小泉曲輪の存在にも真田氏が古い小泉氏の城館跡を捨曲輪として取り込む築城術がうかがえる。

さて、この「小泉氏の城」は、旧矢出沢川が千曲川に流れ込む場所で半島状の土地に築かれた城館であったことが推定される。その理由は、上田城築城以前の矢出沢川とひる沢川は現在の北大手付近で合流し、千曲川に流入していたことによる。かつての矢出沢川は、現在の児童遊園地にあった堀・百間堀（陸上競技場）・捨堀（上田高校グランド）・諏訪部広谷と続く部分が旧河川跡と考えられている。このような城館の立地は、背後に山間部をもたない丸子地域の中条の館・塩田地域の五加内堀の館など、他の上田地域でもみられる。

また、かつての上田城の前身である「小泉氏の城」は、曲輪の形態や配置から連郭式の城であったことが考えられる。「小泉氏の城」は上田城本丸の周辺が一番の微高地となることから、本丸あたりまであったことが想定される。すると、規模の大きな城になってしまうが、これは今後の検討課題である。こうしたことから上田城の成り立ちを推測すると、かつての「小泉氏の城」は河川に挟まれた微高地に築かれた城館で、上田城はこの中世的な城館跡を利用するとともに河川の流路を変更し、広い平坦面を確保することにより、築城されたことになる。

虎口について

上田城の虎口は、本丸では東と西にあり、二の丸では東西と北にある。三の丸では東にのみ虎口があり、大手口となっている。こうしてみると、城への出入口は、東側が中心で、大手口から二の丸東虎口、本丸東虎口へと本丸までの最短経路が続いていることがわかる。これに対し、西側は小泉曲輪や諏訪部広谷があり、出入口につながる道はない。また、北側は二の丸に北虎口があるだけである。しかも、この虎口はその北を通過する北国街道にはつながっていない。仙石氏以降の上田城の絵図をみると、二の丸北虎口の外側は足軽長屋などに住む下級武士の居住区になっている。すると、二の丸北虎口は城の北側に居住する武士たちの登城口として造られているように見える。しかし、虎口につながる土橋は石垣を伴った立派なものであり、仙石忠政は真田氏時代の縄張りを復元したことを考慮すると、真田氏の初期の頃は、北虎口を正面（大手口）としていた時期があった可能性も考えられる。二の丸の北側に広い広場をもつことは、このことと関係しているのかもしれない。今後の検討が必要である。

次に、虎口の構造をみると、周囲は石垣で造られている。上田城の石垣は、各曲輪の虎口部分と虎口に連続する本丸の北櫓・南櫓・西櫓の櫓台と本丸虎口の土橋部分・尼ヶ淵に面した本丸南側の崖面にみることができる。尼ヶ淵に面した崖の石垣は、千曲川の流れに晒された崖面を保護し、崩落を防ぐためのものと考えられる。石垣が、尼ヶ淵以外では虎口周辺に集中しており、虎口が城の中で重要な場所で城の象徴となっているような印象がある。また、虎口の形態をみると、内桝形で、入ってから右に折れるものと左に折れるものがみられる。こうした虎口の形態は新しく、おそらく仙石氏の頃に造られたものと思われる。なお、本丸と二の丸の土塁とともに形成された塁線には折れがみられるが、これも仙石氏が上田城を復興した頃のものとみられる。

城下町について

上田城とその城下町は、城の北方を流れる矢出沢川に東方からのひる沢川が合流し、東・北・西の総構えとしている。この総構えの内側には北国街道や城下町を取り込んでいる。城下町は、城の東から北へと廻り込みながら通過する北国街道沿いの町屋を中心に形成されている。また、城の周囲の町および村の配置をみると、城の北と東に集中さ

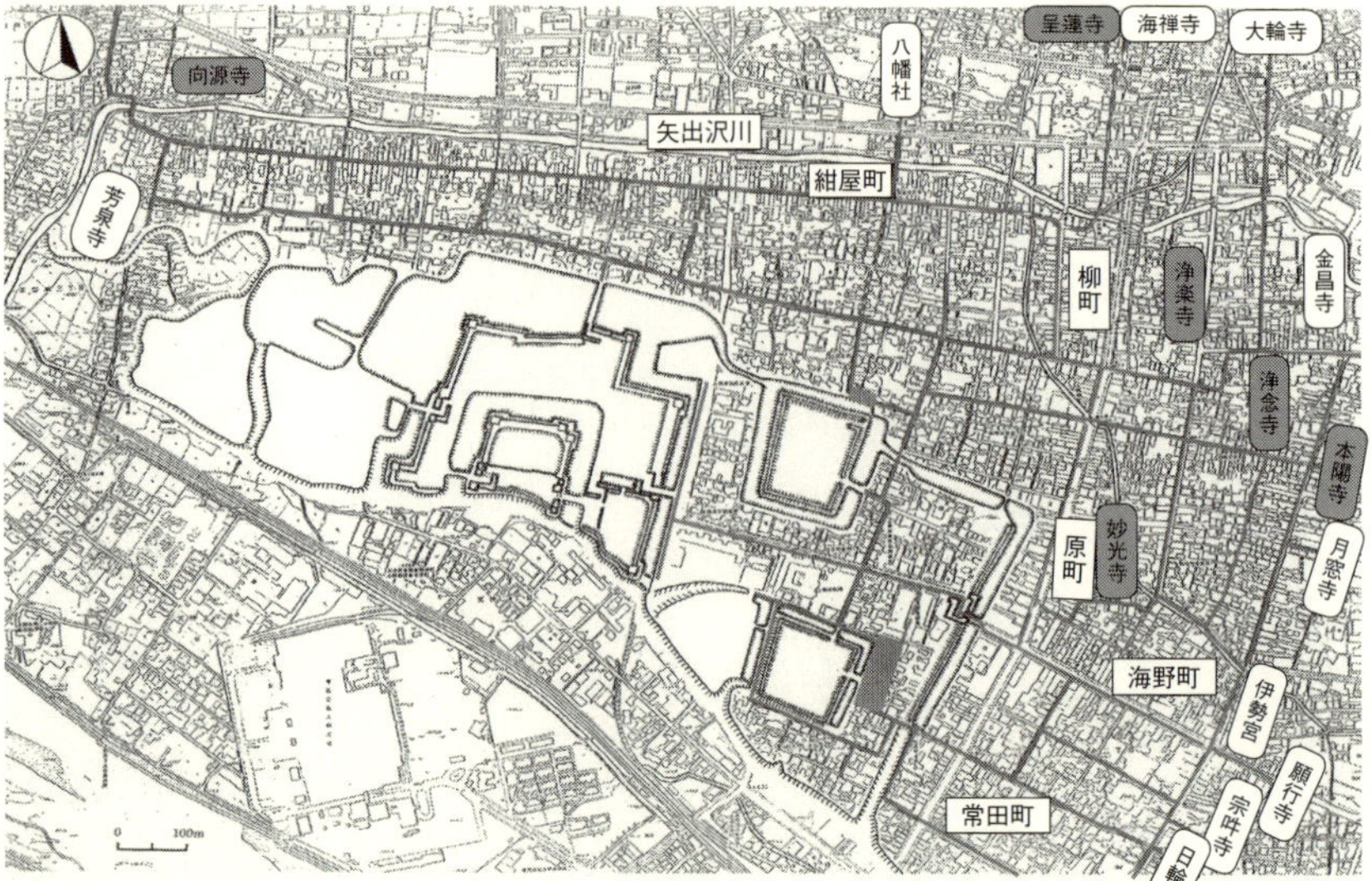

図２　上田城下町の寺社の位置

せているが、西では捨て堀などの大きな堀が連続しており、人家は集中させていない。

城下町は、城の正面となる大手口の前面に海野町と原町をL字状に配置している。海野町の通りは、大手口に直接つながる大手道の役割を果たしていると思われる。原町は、海野町から北に折れた通りとなっている。また、これらの町を間に挟むように武家屋敷群が馬場町と海野町の南側に配置されている。つまり、中心となる城下町を守るように武家屋敷が配置されていることになる。

さて、全国の城下町には寺社を集中的に配置させている場合が多くみられる。その配置状況を分類すると、①城下の縁辺部、②町中に散在、③城下に接する在方《ざいかた》に立地、の三種類に分けられる。一般的には、①城下の縁辺部に配置することが多いようである。上田の城下町については、ひる沢川より東方の城外となる鍛冶町や横町の通りに、北から本陽寺・月窓寺《げっそうじ》・伊勢宮《いせみや》・願行寺・宗吽寺《そううんじ》・日輪寺が西向きに並んでいる。北方の城外には東から金昌寺《きんしょうじ》・大輪寺・海禅寺・呈蓮寺・八幡社・向源寺《こうげんじ》が南向きに並んでいる。なお、月窓寺・願行寺・宗吽寺・日輪寺・金昌寺・大輪寺・海禅寺・伊勢宮・八幡社は上田城下が形

	寺社名	由　来
1	本陽寺	仙石氏が上田転封になった際、小諸から移したという日蓮宗寺院。
2	月窓寺	常田隆長の創建と伝わる曹洞宗寺院。天正 13 年(1585)の第 1 次上田合戦の際、鷹匠町に移され、同 15 年に現在地に再建。
3	伊勢宮	元和８年に常田松原から秋和に移されていたものを、現在地に移したという。
4	願行寺	本海野（東御市）にあった浄土宗寺院を真田昌幸が移したと伝わる。
5	宗吽寺	上田城の大手の堀際にあったとされる真言宗寺院を移したという。
6	日輪寺	天文 14 年（1545）に創建。海野幸義の法名日輪寺殿を寺号にしたという曹洞宗寺院。
7	金昌寺	武石村（上田市武石の小寺尾）にあった琴松禅寺を、慶長年間に昌幸の助成を得て現在地に造立したという曹洞宗寺院。
8	大輪寺	慶長年間に昌幸が現在地に移した曹洞宗寺院で、寒松院（昌幸夫人）の開基とされる。もとは畑山にあったが、兵火で焼失。
9	海禅寺	海野郷海善寺村（東御市）にあったものを、昌幸が上田城築城の際に移したという真言宗寺院。
10	呈蓮寺	もとは、太郎山眉間林の麓上平にあったという。天正 14 年に現在地に移ったと伝わる。
11	八幡社	海野郷海善寺村（東郷市）にあったものを、上田城鎮護のために昌幸が移したという。

表２　上田城下町の寺社一覧

成された頃に別の場所から移された寺社である。こうした寺社は城下町方向を向いており、城郭の防衛拠点となりえるものである。配置状況の分類では、城の東方の寺院は①城下の縁辺部、北方の寺院は③城下に接する在方ということになる。なお、これらの寺社には本陽寺のように門前長屋をもつものもみられるが、寺社を中心とした町場はつくられていない。

　次に、城下とともに城郭関係の施設の配置関係をみると、新たな上田城の様子がみえてくる。大手口から続く堀は藩主居館前方まで延びており、現在は車坂と呼ばれる坂道となっている河岸段丘崖から延びている堀との間は喰い違い虎口となっている。この虎口は古い城郭の形態を残していることになり、商工会議所前が大手口となる以前に大手であった可能性もある。藩主居館が常田《ときだ》屋敷とよばれ、居館に直接つながる東の通りが常田町と呼ばれていることは示唆的である。

　また、本丸・二の丸と中屋敷についてみると、方位は揃っているが、本丸・二の丸と藩主屋敷および大手口の土塁や堀とは方位が揃っていない。この原因として、本丸・二の丸・中屋敷と藩主屋敷および大手口の土塁や堀とは築造された時期が異なることが想定される。つまり、江戸時代初頭に上田を治めた真田信之は城を破却したまま藩主居館で藩政を執っていたことから、この居館が藩政の中心となっただけでなく、城下町整備の基準としていたことが考えられる。同時に、この頃に大手口も整備されたことが考えられる。

おわりに

城と城下町は、どちらが欠けても成り立たない。一体となってつくられたことを前提として考察する必要がある。上田城とその城下町は南側を千曲川および河岸段丘によって区切られており、北側は太郎山山脈が迫っている。また、西側は千曲川の河岸段丘が太郎山山脈方向に湾曲しながら延びている。すると、城下町の開発・発展は東側に限られることになる。このような制約のなかで形成された上田の城下町だが、最後に、その特徴を挙げてまとめに代えたいと思う。

一般的な近世城下町を概観すると、天正年間（一五七三〜一五九三）の頃は、安土（滋賀県近江八幡市）や長浜[1]（滋賀県長浜市）のように、これまでと違う場所に新たにマチが形成されているものは少ないようである[2]。また、慶長年間（一五九六〜一六一五）から元和偃武となる元和年間（一六一五〜一六二四）では、豊臣氏や徳川氏による全国的な支配のなかで政治的動向による国替え・転封が激増したことにより、城や城下町の移動・改造の動きが全国的に見られるようになる。こうしたことから、天正十一年（一五六三）に真田昌幸が上田城を築くとともに、真田や海野の地域からマチを移したことは、地方の戦国大名としては先進的で数少ない事例の一つといえそうである。

次に、城下町の形成にあたっては、町人町や寺院を取り込むとともに、城を取り囲む武家屋敷地の確保を第一に考えていたと思われる。これは、城郭・武家屋敷・町屋敷などの配置を総合的に判断したマチづくりと言い換えることができる。外堀（惣構え）を設けて城下町を保護する一方、町屋敷（郭外）と武家屋敷（郭内）を特定の地域に配置することで、庶民と武士の雑居状態を解消したものが近世城下町である。上田城下町についても、計画的に町屋敷や武家屋敷を配置している。上田城の三の丸内には武家屋敷のみで、城外では城に近いところに武家屋敷を配置している[3]。町屋敷は、城下に取り込んだ街道筋を中心に配置されている[4]。

また、城下町は大手口に直結する町人町をもつタテ町型と、街道沿いの城郭に対してヨコの形を取り街道と結ばれるヨコ町型に分類できる。タテ町型は天正・文禄期にできた城下町に多い形態で、ヨコ町型はその後に発展した城下町の形態とみられている。(5)城下町の形態がタテ町型からヨコ町型へ推移したことは、戦乱がなくなり安定したことにより、大手口に直結した町から、経済性を重視した街道沿いの町に城下の中心が移ったことを意味する。つまり、ヨコ町型の城下町は、街道を付け替えることにより、城下に街道を引き込み、城下の商業（宿場）を発展させることを意図したマチづくりといえる。

このような視点から上田の城下町をみると、真田氏以来のタテ町を基本とした古い形態の城下町に北国街道を引き込むことでヨコ町が形成され、城下町を交通あるいは商業の拠点としたことが想定される。つまり、上田城下町は、城の東側に海野町・鷹匠町・田町などの城に対して縦につながる町をもつ中世的な城下町の名残を残している。しかし、ある時期に街道が海野町から原町を通過し柳町・紺屋町へとつながるマチをつくったことから、街道を取り込んだヨコ町型の城下町として発展していったことがうかがえる。ただし、このヨコ町型の城下町に整備した時期が、真田氏時代か、仙石氏時代かはこれからの研究課題である。

さて、城下町形成の目的には、商工業などを発展させることに加えて家臣の城下への集住化がある。これは、武家の人口の増加および家臣団の管理・増強を図るために必要な政策だった。これを踏まえて、上田城下町絵図からみた武家と町人の居住地の配置状況をみてみたいと思う。城内となる三の丸内部は武家屋敷のみとなる郭内専士型の城下町だが、三の丸の外にも武家屋敷が存在している。江戸時代を通して、武士と庶民の居住地域は厳密に区別されているが、当初の城と城下町の設計計画段階より武士の人口が増えて、城外に居住地域を求めたことが考えられる。つまり、江戸時代の上田城は真田昌幸が築城した当時の縄張りを基本としているものの、当初の想定以上に武士が増加したことが考えられる。こうした武士の増加は、一方では城下町の発展につながっている。

今回は、上田城とその城下町を概観しただけだが、多くの発見があった。今後は、より詳細な分析を行い、新たな視点により上田城とその城下町の理解を深めていきたいと思う。

【註】

（1）織田信長の安土城は、天正四年（一五七六）に築城が開始され、羽柴秀吉の長浜城は、天正二年（一五七四）に築城が開始された。

（2）松本四郎『城下町』（吉川弘文館、二〇一三年）。

（3）江戸時代になると、上田城の大手口の堀が北側では用水状の排水路となり、三の丸の範囲が不明瞭となったことは、城の近くに武家屋敷を配置するための措置だったと思われる。

（4）真田昌幸の時代には、伊勢宮・願行寺・宗吽寺・海野町などは大手口の内側にあったともいわれ、これが事実だとすると、城内と城外が明確に区別されていなかったと推定できる。

（5）註（2）と同じ。

【参考文献】

上田市教育委員会　一九九七『史跡上田城跡』
上田市教育委員会　二〇一三『上田城史料調査報告書』
上田市誌刊行会　二〇〇一『上田市誌歴史編（5）室町・戦国時代の争乱』
上田小県誌刊行会　一九八〇『上田・小県誌第一巻歴史編上（二）古代中世』
平井　聖　一九八〇『日本城郭体系』第8巻（新人物往来社）
小県郡役所　一九二二『小県郡史』
長野県　一九三六『長野縣町村誌　東信編』
松本四郎　二〇一三『城下町』（吉川弘文館）

【付記】本稿を転載するにあたり、他の収録論考に合わせて文末形式を改めた。

V 上田城における「鬼門除け」――縄張り研究の視点から

高田　徹

はじめに

上田城には、「鬼門除け」とされる遺構が残されている（写真1）。本丸北東隅の土塁および土羽を「⅂」状に折り曲げた遺構である。上田城ほど明瞭なものは少ないが、類似した遺構（滅失分も含む）は近世城郭のいくつかに認めることができる。

ただ、近世の史・資料において、城郭の北東隅塁線の折れを指して「鬼門」「鬼門除け」などと記すものは皆無に近いのではないだろうか。それらが「鬼門」「鬼門除け」と呼ばれ、注意が及ぶようになるのは、おそらく戦後以降のことと思われ、それらにおいても多分に個別事例の指摘に止まるきらいがある。

後述するが、城郭研究における「鬼門」「鬼門除け」に関する専論はきわめて限られている。史・資料にほとんど表れないうえ、軍事論を基本とする縄張り研究においてマジカル的な「鬼門」「鬼門除け」は俎上に挙げにくく、どちらかと言えば敬遠されてきたためではないだろうか。それ以前に城郭研究の分野では、用語としての「鬼門」「鬼門除け」の整理さえ、十分になされているとは言い難い現状にある。

本稿では、城郭に関係する「鬼門」「鬼門除け」の概念を整理・確認し、併せて僅少な先行研究を振り返る。次いで、上田城の「鬼門」「鬼門除け」に関して、主に縄張り研究の視点からの検討を試みたい。

一、城郭研究における「鬼門」「鬼門除け」

戦国～近世初頭の語彙をまとめた『日葡《にっぽ》辞書』(1)で、「キモン」は「(北と東の間) 空の北と東との間の方向」とある。いわば、北東方向＝鬼門といった説明に止まるが、戦国～近世初頭には相応に周知された語彙であったことは確認できる。

これでは物足りないので、次に国語辞書として定評のある『日本国語辞典』(2)を引いてみる。「鬼門」には二つの意味が挙げられ、①艮(うしとら)、すなわち東北の方角。また、その方角にあたる所。陰悪の気が集まり、百鬼が出入りするという。②行くのがいやな所(以下の用例は略)、となる。同書では「鬼門除け」の項目もあり、こちらには「鬼門の方角に神仏をまつり、災難を避けること。艮除け」とある。

他の辞書類の「鬼門」も、およそ同内容である。そして、「鬼門除け」を項目として挙げる辞書は数少ない。そのうえで、重ならない範囲で「鬼門」の説明を拾い集めてみると、『大辞典』(3)では「鬼星の石室」のある方位であるとも、中国の陰陽家の説であり後に仏教に入ったとも、懼るべき人とも、困難の起こりやすい場所・事件ともいう。『古語大鑑』(4)では、「(前略) 陰陽道で鬼の居る方角。中心から見て艮、即ち東北の方向 (後略)」と記されている。

日本史辞典の『国史大辞典』(5)ではどうか。これも、前記の国語辞書類とほぼ同義ながら、「鬼門は諸事について忌むべき方角とされているが、特に建築に際してはこの方角に台所・風呂・便所などをつくることを避ける。鬼門除けとして屋根に鬼瓦をのせる風習がある(中略)鬼門除けとして神仏を祭ることが広く行われていた(後略)」と述べる。

上記を要約すると、もとは陰陽道の説で東北の方角を「鬼門」と言い、鬼が出入りする方角とされることから忌むべき対象となった。転じて、避けるべき人・場所となり、そこに神仏を祀って災難を排除しようとするのが「鬼門除け」ということになる。

では、城郭研究ではどのように「鬼門」「鬼門除け」について説明してきたのか。城郭研究の大家として知られる大類伸氏の監修による『日本城郭事典』(6)では、「(前略)城の場合東北の角を落としたり、凹形にしたり、神社を設けたりした(後略)」とし、裏鬼門にも同様の処置がなされたとある。鬼門の塁を屈曲させたものとして、松代城(長野市)・篠山城(兵庫県篠山市)を挙げている。

一方、大類氏と並ぶ城郭研究の泰斗、鳥羽正雄氏は、城郭と神社の関係を概観するにあたり、城郭の中心から見て東北(鬼門)方向あるいは南西方向(裏鬼門)に神社が置かれたものが多いとする(7)。事例として、江戸城(東京都千代田区)・仙台城(宮城県仙台市)・弘前城(青森県弘前市)などを挙げる。ただし、城郭遺構としての鬼門に関する言及はみられない。氏による『日本城郭辞典』(8)でも、鬼門の項目はない。

写真１　上田城本丸北東の折れ

現時点で、城郭用語を最も多く挙げ、詳述する『日本城郭大系』(9)別巻の城郭研究便覧でも、「鬼門」「鬼門除け」の項目は見当たらない。元より全ての城郭関係文献に目を通しているわけではないが、本文中で「鬼門」「鬼門除け」に触れていても、それに関する詳しい説明を行うには至らないものが多いといえよう。

ちなみに近世軍学では、縄張りに関してマジカルな面から語られる場合が少なくない。それでも、「鬼門」「鬼門除け」に関する言及は見かけない。山鹿素行『武教全書』(10)では、横矢に関して、横矢が掛かりやすくなるように隅を落とした「横矢角落」を挙げるが、鬼門云々に触れるところがない。北条流の『師鑑抄』(11)でも、荻生徂徠の『鈐録《けんろく》』(12)でも取り上げられることはない。城郭や陣場の縄張りを図示するなかでも、「鬼門」が特に意識された形跡は見当たらないのである。精査すれば見つけられる余地はあろうが、少なくとも近世軍学では縄張り上、「鬼門」が取り上げられる機会はほとんどなく、あまり意識される対象ではなかったといえるのではないか。

こうしてみると、遺構としての「鬼門」「鬼門除け」をどのように呼称するか、統一的な見解が示される機会はなかったといえるし、用語としての整理もなされていないのが現状だろう。

二、縄張り研究と「鬼門除け」

個別城郭での指摘を除外すると、先述したように城郭研究において「鬼門」「鬼門除け」に触れたものは限られる。縄張り研究に関する専論となると、管見の限り角田誠氏の論考(13)しか見出せない。

角田氏は、現代人からは不合理に見える城郭構造に表れた地相術（風水）、特に鬼門の観点から筒井城（奈良県大和郡山市）の縄張りの検討を行った。北東隅の塁線を折り曲げるものを「鬼門落し」と呼称し、それには「┐」状となる隅欠きと、「╮」状となる隅落としがあるとする。

中世城郭の事例として筒井城、吐田平《はんだひら》城（奈良県御所市）、富松《とまつ》城（兵庫県尼崎市）、稗田《ひえだ》環濠（奈良県大和郡山市）の四つの平城・環濠集落が挙げられる。筒井城に関しては、北東隅の水堀にのみに多折した状況が認められ、これは横矢掛かりや先行地形の影響ではなく、風水の地相術によるものと言う。他の三つの平城にも、戦国末期には「鬼門落し」が採用されていたと述べている。

氏によれば、城郭は防御機能を専一とするものの、平城では居住機能を備えたものが多かった。そのため、平城では武家社会の思想として定着していた風水術が表され、徳川期の江戸城（東京都千代田区）や彦根城（滋賀県彦根市）

などに採用されていく経緯が考えられるという。近世初頭には風水に基づき、江戸城・鹿児島城（鹿児島県鹿児島市）・日出《ひじ》城（大分県日出町）・彦根城などで、当然のごとく鬼門落としが用いられるようになったとされる。

角田氏が説く風水の影響云々は、とても筆者の手におえる検案ではない。ただ、縄張りとの関わりでは、疑義がある。各城郭では往時の絵図が残されているわけでも、全面発掘が行われているわけでもない。縄張りや周辺の景観の全貌が不明瞭な状況下、先行地形の影響を排除できるとは思えない。筒井城に関して言えば、北東方向に存在する佐保川流路との関係が気になるところである。

これに関連するが、橋口定志氏は赤野館（岡山県真庭市）の北東の折れに関して、横矢掛かりとしての機能を考えつつも、鬼門除けでもあったと考え、縄張りと宗教思想の関連性について触れている。(14) 福島克彦氏も、赤野館の北東の折れについて、鬼門除けであった可能性が高いとする。(15) そのうえで、鬼門除けに関わる生活面や信仰面などがいかに軍事性を制約・変更させているかといった面まで踏み込んで考察していく必要性を説く。これらは、鬼門除けを扱ううえで、重要な指摘といえよう。

ただ、上記のように中世城郭ではそれが鬼門除けであるのか、地形の影響なのか、はたまた軍事的な折れなのか、判断が難しいのは否めない。

近世城郭ではどうか。近世城郭では同時代の絵図類を通じて、縄張りの全貌をほぼ把握しやすく、北東方向の「┐」や「╮」の折れを見出しやすい。もっとも、近世城郭全般では、中世城郭以上に塁線が多折する傾向にある。それらのなかで、北東方向の折れだけを特別視できるかどうか、鬼門落としの基準となるべきものがあるのか、何（どの部位）が鬼門落としと捉えるべき対象となるのか、などについて角田氏は触れるところがない。まずはこのあたりから検討を進めていく必要があるだろう。

なお、先述した辞書的説明に基づけば、「鬼門」≒東北、「鬼門除け」≒神仏を祀ることによる悪難排除、ということになる。すると、遺構に関しては角田氏の言う「鬼門落し」と呼ぶのが妥当なのかもしれない。もっとも、管見の限り「鬼門落し」の用例を他の文献などで確認できず、その是非も判断できなかった。呼称については、今後も用例を見出し、妥当な呼称を求めていくべきである。本稿では、今日の上田城をめぐる諸研究・文献・現地案内板などにみられる「鬼門除け」の呼称を主に用いる。あくまで、当座の呼称として用いることをご了承いただきたい。

三、上田城の鬼門除け

北東隅の折れ

上田城の本丸は約百四十メートル四方の規模だが、ややいびつに曲がり、歪んだところがある。上田城の本丸塁線は、虎口および虎口近くに設けられた櫓台等に関しては石垣を設けているが、大部分は土造りで、土塁・土羽で占められている。そのため、築城時以来、崩落・修理を繰り返すうちに変化している部分もいくらかあるだろう。近代以降の公園整備等で改変された部分も存在する。例えば、本丸西側の虎口石垣は、明治になって撤去されたままの状態となっている。こうした点を差し引いても、江戸期以来、本丸全体はおよそ正方形を呈していたことに疑いはない。そのなかで、本丸北東隅の土塁は天端と外側法面が「ᒣ」状に折れている。土塁の天端と堀の水面とは、約九メートルの比高差はあるが、本丸のほかの部分で同様の折れが見られるわけではない。「ᒣ」状の折れは、土塁の外側となる水面際でも、「ᒣ」状に折れている。

先行地形等の影響を受けて、こうした折れが生じているとはとても思えない。また、「ᒣ」状の折れにより、強力な横矢掛かりが期待できたとは考えにくい。

塁線が「┐」状に折れることによって、本丸北東部には二つの角が生じている。江戸期の絵図[16]を見ると、この二つの角にはそれぞれ二層二階の櫓が建っていた。本丸全体でみると、合計七棟の二層二階の櫓が塁線上に設けられていた。基本的に本丸の各櫓はほぼ正方形となった角部と、虎口を挟んだ北側に配置されている。そのなかにあって、北東角だけに二つの櫓が近接した距離間で設けられていた。本丸全体の構成から見ても、北東隅の櫓配置は明らかに基本構成を乱している。絵図では、「┐」状に折れるように描くものもあるが、「╮」状に折れた描写をするものもある。

北東部に並ぶ二つの櫓から堀を隔てた対岸の隅部は、現状では緩やかに湾曲している。ほとんどの絵図は、「╮」状に折れるように描く。これも、地形的に「╮」状に折れる理由が見出しにくい。実際、北西隅の堀対岸では、直角状に折れているのである。例えば、高く築いた土塁を維持するためならば、少なくとも北西角も同様に折れてしかるべきであるが、そうはならない。

こうしてみると、上田城本丸北東の「┐」状の折れは、やはり意図的に造り出された鬼門除けであったと考えられる。他に理由を求めるのは困難である。「┐」状に折れた部分と対岸の堀端は、五十メートル近い距離間がある。これだけ離れていれば、「┐」状の折れに横矢掛かりとしての効果は期待できそうにない。櫓が近接して存在していても、軍事上の有効性が何ら向上するわけではないのである。

かえって、水面の高さからでも約九メートルを有する土塁法面を、「┐」状に折れた状態で構築・維持するのは煩雑ではなかったかと思われるほどである。現状では、土塁上は樹木に覆われた部分が多いけれども、往時は櫓が近接した状態で設けられ、櫓と櫓の間を塀でつないでいた。すると、本丸北東対岸一帯から眺めたのであれば、塁線の折れは強調されたようになり、きわめて目立ったことだろう。視覚効果も強く意識された折れであったと考えられる。

ところで、鬼門除けと考えられる「┐」状の折れは、本丸の中心とどのような対応関係にあったのだろうか。前述

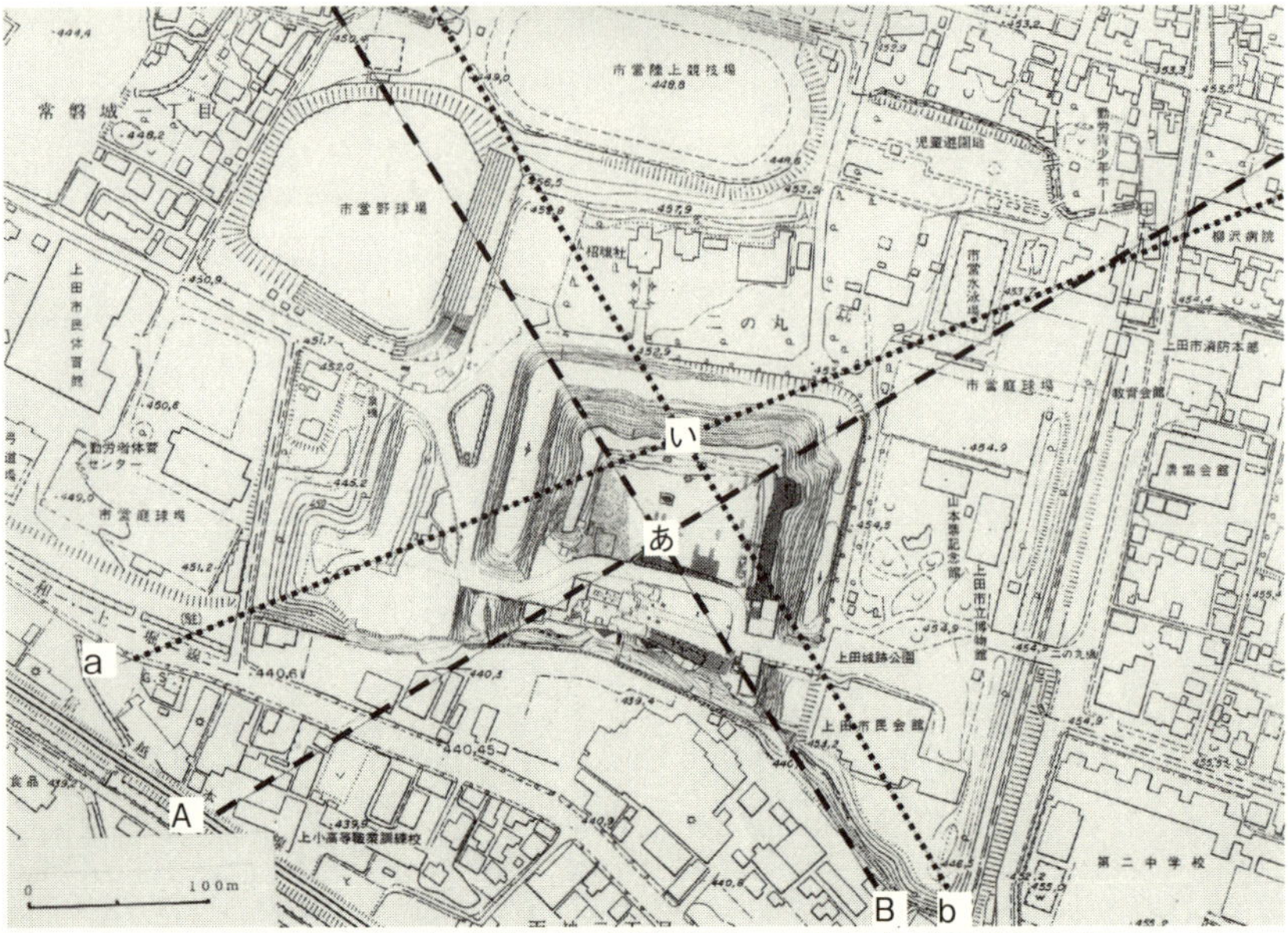

図1　上田市教育委員会『史跡上田城跡保存管理計画書　史跡上田城跡整備基本計画書』（2012年）・同『史跡上田城跡』（1997年）・上田城都市計画図を合成・加筆し、作図

のとおり、本丸は正方形に近い。また、北東隅は「ᒣ」状に折れているが、東辺・北辺の塁線を通じて正方形として見立てた場合の北東隅部が想定できる。

上記の条件で正方形（本丸）内に対角線A・Bを引くと、その中心が求められる。すなわち、図1の「あ」付近が中心となる。江戸期の本丸は、南東側と南西側にある二つの虎口を結ぶ平坦面は低く、その北側部分の平坦面は高くなっていた。江戸期には、段差部分は石垣で仕切られていたが、今は一部が土羽と化している。「あ」は、この段差に近い位置となる。

では「あ」は、本丸あるいは上田城全体の縄張りにおいて重要な地点であったのだろうか。江戸期を通じて、塁線上の櫓・塀・門を除くと、本丸には目ぼしい建物は建っていなかった。この点、「あ」も変わりない。少なくとも、縄張り上からも、諸資料からも「あ」の重要性はうかがえず、「あ」と鬼門除けの「ᒣ」状の折れの関係性もはっきりしない。

一方、本丸の外側には二の丸が広がっていた。現状では、二の丸東側は堀・土塁が比較的旧態を止めるが、他の部分では土塁は崩され、堀は埋められ、わずかに段差として名残を伝える部分が多くなっている。

絵図類によれば、二の丸の北東隅の塁線（堀・土塁）は大きく折れており、これも鬼門除けを思わせる。ただし、二の丸の塁線は、先行地形の池沼の影響を受けていた形跡がある。実際、北西付近はかなり堀幅が広くなっており、かつ地形に即したためか、外縁部は湾曲するところが多かったようである。これに対して、北東側は内側・外側とも、直線的なラインが多いけれども、地形的な影響が皆無だったとは言い切れない。

二の丸塁線の折れのなかで、北東隅は最も大きな折れとなり、目立ったものとなっている。さりとて、二の丸の塁線は、北西隅あたり、南側の尼ヶ渕に面した部分、そして西側虎口周りでも折れを伴っていた。そもそも、鬼門除けにおいて、隣接する部分よりも大きな折れを設けるというパターンがあったかどうかも明らかになっていない。築城した側の意識はともあれ、少なくとも遺構面から積極的に鬼門除けの折れと捉えることは困難である。

ちなみに、先の本丸で行った方法と同様に、二の丸全体および北東隅の折れを通じて対角線a・bを引くと、「い」付近に中心が求められる。つまり、「い」と「あ」は重ならない。また、「あ」から本丸北東隅の「鬼門除け」部分に引いた延長線と、二の丸の北東隅の中央部とは、ずれてしまう。もちろん、中心をどこに定めるかで調整はできようが、少なくともきっちりと整合しそうにない。

「正保城絵図」では、二の丸の東方にあって堀・土塁に囲まれた「古屋敷」（他の絵図では御作事・中屋敷など）は、北東隅が「ㄱ」状に折れ曲がる。これも地形的な影響を受けるような場所でもないし、横矢掛かりと言えるようなものでもない。ただ、この部分では内側の土塁が開口しており、あたかも虎口のようになっているのが注意される。天保期に描かれた絵図では、同じ部分が「ㄱ」状に折れ曲がっているが、すでに開口部はなくなっている。

文献史料に表れた「鬼門」

上田城に関しては、「鬼門」に触れた史料が存在する。「腰原文書[17]」の「おほへ書」は、仙石忠政が家臣である原五郎左衛門に対して、上田城の普請について指示を与えた内容で、寛永三年（一六二六）に比定される。周知のように、上田城は関ヶ原の合戦後の慶長六年（一六〇一）に破却された。寛永三年に上田城主となった仙石忠政が、復興を進めるにあたり、城内の普請について細かな指示を与えたのが、「おほへ書」である。縄張りを行うにあたっての丁場割、館の柱の据え方など、実に微にいり細にいりといった指示内容となっている。

史料の四条目では、「□□相定候時、東西念を入ひつミ□□仕候、並鬼門堀どて共に□□候事」と記される。判読できない箇所があるのがもどかしく、意味が十分読み取れないのは否めない。しかしながら、「ひつみ」（歪み）や堀・どて（土手）とともに記されることから、縄張りとして表わされる鬼門（≒鬼門除け）について触れている可能性が高い。断定はできないが、東西の堀と土手を念入りに歪ませるとともに、鬼門の堀・土手も折り曲げるよう指示したものではなかったか。

「おほへ書」を通じてうかがえるのは、仙石忠政による上田城普請に対する意気込み、そしてこだわりの強さである。みずからの居城の普請なのだから、当然と言えば当然の話である。居城普請に対して、強いこだわりを持ち、家臣に同様の細かな指示を与えている大名としては、藤堂高虎（宇和島城〈愛媛県宇和島市[18]〉）、加藤清正（熊本城〈熊本県熊本市[19]〉）、酒井忠勝（小浜城〈福井県小浜市[20]〉）らがいる。たまたま史料が残されているだけなのか、それとも彼らの個人的資質なのかは、ここでは立ち入らない。

それでも、城主が直接家臣に指示した史料に目を配ってみても、縄張り的な「鬼門」に触れたものは、「おほへ書」くらいしか見当たらない。そもそも、通例的に扱うべき対象だったのならば、あえて「鬼門」について触れる必要はなかったであろう。

この点、縄張り上における鬼門は、忠政にとって強くこだわるところだったと考えられる。あえて忠政が鬼門に触れている状況を通じて、逆に当時の城郭普請一般において鬼門除けは決して必要不可欠なものではなかった、と考えることもできるのではないか。

なお、本丸北東隅の「ᒣ」状の折れを指して「鬼門除け」と呼ばれるようになった時期は、定かではない。寺島隆史氏の教示によれば、昭和六十一年発刊の『上田の歴史』[21]ではすでに「鬼門除け」を指摘している。今後、精査していく必要はあるが、比較的近年になって指摘（呼称）されるようになったものである可能性が高いだろう。

上田城北東方向の寺社

上田城の北東方向にあたる寺社といえば、八幡神社（中央西二丁目）・上田大神宮（中央北二丁目）・呈蓮寺（中央北二丁目）・海禅寺（中央北二丁目）・大輪寺（中央北二丁目）・金昌寺（中央五丁目）が挙げられる。各寺社は二百五十メートル円内に収まる、近距離間に存在する。また、作事場の北東方向には金昌寺（中央五丁目）、藩主居館の北東には妙光寺（中央三丁目）がある。

このうち、上田城の本丸のAと鬼門除けの延長線上、あるいはBと二の丸の鬼門除けの延長線上に位置するのは、上田大神宮と大輪寺だが、それらも境内の一画に延長線が引っかかるにすぎない。藩主居館と妙光寺の位置関係も、基本的には同様である。

もっとも、寺社が密に配置されているのは、城下町の北東方向に止まらない。東方向には、日輪寺（中央二丁目）・願行寺（同前）・伊勢宮（同前）・宗吽寺（同前）が固まっている。それらの北には、月窓寺（中央六丁目）・本陽寺（同前）がある。城下町で寺社が固めて配置されるのは、上田城下町に限ったことではない。大抵の城下町に認められる状況なのであり、寺社が北東方向に配置されることだけをもって、鬼門除けとただちに結びつけることはできないの

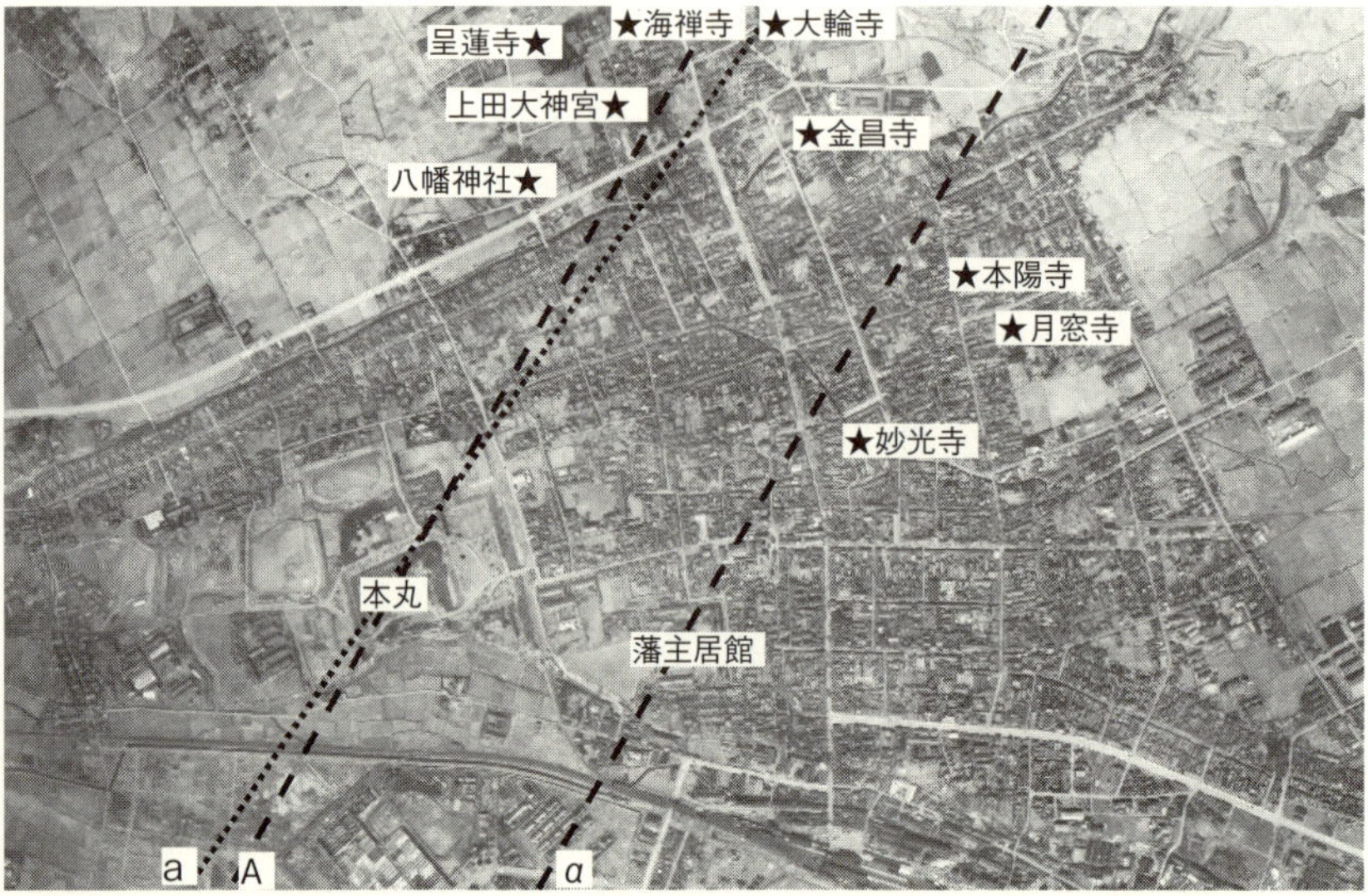

図２　上田城周辺の寺社　国土地理院「地図・空中写真閲覧サービス」より転載・加筆　USA－M165－A－6－127

である。

そこで、各寺社の由緒にも目を向けてみよう。明治十六年に当時の上田町（市政が敷かれるのは大正八年から）より長野県宛てに出された『長野県町村誌』によって、関連しそうな事項を確認する。

八幡神社（八幡社）は、天正十二年の上田築城時に真田昌幸が海野郷から移したという。上田大神宮（皇大神宮）は、元和八年に現在地へ遷座したとされ、呈蓮寺は永享五年に現在地へ移転したという。海禅寺は天正十一年に昌幸が「上田松尾に城《きず》くに方《あた》り、鬼門鎮座の為めに本寺を遷して建立」したといい、大輪寺は慶長年間に昌幸が現在地に再建したもの、金昌寺は慶長年間に現在地へ移ってきたものという。妙光寺は、元和八年に仙石政俊が「上田城の丑寅に当るを以て、鬼門除けの為建立」したという。

注意すべきは、各寺社が東北方向に配置・移動している時期や背景が、さまざまであることである。近代の調査であることは留意すべきだろうが、上田築城以前から現位置に存在したものも含んでいる。八幡神社や海禅寺は天正期に移されたものだが、上田城自体は慶長六年に破却されている。破却されていた期間の寺社配置は、方位上の関係云々を問えるものではない。城の再興時にも従前の位置を保っていただけ、との捉え方もできる。少なくとも、上田城再興時に鬼門除けの伝承を残していたのは、金昌寺のみとなる。

金昌寺にしても、上田城本丸の鬼門除けを通過する対角線A、二の丸の北東隅の折れを通過する対角線aよりも東に寄った位置にある。むしろ、藩主居館の北東隅の折れを通過する対角線αに近いが、それでも西に寄りすぎている感がある。真田昌幸の時代に鬼門除けのために移されたという呈蓮寺に関しても、A・aの西にある。塁線が変更されているとしても、真田期も仙石期も本丸の位置には大きな変化がないと考えられる。

藩主居館の北東方向にあり、鬼門除けの伝承を有した妙光寺はどうか。これも、藩主居館の北東となる「α」に対して東に寄った位置にある。

なお、城下町を抜ける北国街道は二の丸の北東方向となる柳町付近で「⅂」状に折れている。また、藩主居館の北東にあたる大手通りも「⅂」状に折れている。こうした折れも鬼門除けとみなすことができるかもしれない。もっとも、鬼門除けとして道を折り曲げる確実な事例を、筆者は存知しない。そして、城下町を抜ける道は直線的な部分が多いが、北東方向以外でも「⅂」状に折れるところは存在している。したがって、全否定はできないけれども、現状では鬼門除けかどうかの判断は保留せざるをえない。

四、「鬼門除け」の折れの考察

上田城の本丸北東隅の折れは、従来から指摘されるとおり「鬼門除け」の折れと捉えうるものである。上田城こそ、「鬼門除け」の折れを遺構面から検討するうえでの好事例といえる。

もっとも、それは本丸の中心、本丸の主要地点・建物などに対応するものではなかった。本丸の主要塁線自体が正方位でもないため、本丸を中心とした正方形の対角線も北東の正方位を形成するものではない。そもそも、北東の折れた塁線の長さも、揃えられた形跡がない。つまり、方位や曲輪の外形、折れの程度もきっちりとしたものではない。言い方を変えれば、「鬼門除け」の好事例である上田城本丸でも、かなりアバウトな設定だったといえる。

一方、上田城二の丸北東隅の塁線も折れているが、本丸の北東方向のラインとは一致してない。二の丸は本丸と相似形ではないため、当然といえば当然である。それでも、二の丸自体が複数の折れを伴う以上、北東隅の折れのみをもって「鬼門除け」とみなすことはできない。

上田城の事例を通じて、近世城郭に「鬼門除け」の折れが存在していたことは動かし難い。とはいえ、遺構面からその抽出・特定は必ずしも容易ではない。上田城のように、①地形的な影響を排除できる、②軍事上の横矢掛かりと峻別できる、③他に同等の折れを持たない、④折れに伴う櫓・塀などが存在し、視覚的にも明瞭である、などの場合において特定できるという話になるだろう。

北東方向に折れがあった場合、築城した段階では、築城者が「鬼門除け」として構築していたとしても、史料的な裏付けがなければ遺構面（絵図上を含む）から「鬼門除け」として判断することは難しくなる。こうした条件で、「鬼門除け」の折れが見られる近世城郭を探してみると、名古屋城（愛知県名古屋市）の塩蔵構、弘前城（青森県弘前市）の本丸、篠山城（兵庫県篠山市）の二の丸などとなる。これら事例を通じて、「鬼門除け」と考えられる折れは本丸以外の他の曲輪にも適用されていたと考えられる。こうなると、鬼門除けとしての基準的なもの、定型化したものはそもそも存在せず、城郭ごとの採用は多分に個性的だったとみなされる。

櫓の北東隅の壁面を「╮」状にしたことで著名なのは、日出城（大分県日出町）の鬼門櫓である。しかし、本丸北東隅自体が「┐」状に大きく折れた角部の一つに鬼門櫓は存在しているうえ、同様の折れは周囲の塁線にもみられる。

鬼門櫓と鬼門除けを二重に施した可能性もあろうが、他例がない[22]。特徴的な構造である鬼門櫓がなければ、日出城とて鬼門除けを語ることは難しくなる。

鹿児島城（鹿児島市）本丸北東隅は、「┐」状に石垣が折れ曲がっている。これも、先の①〜④の条件を満たすため、「鬼門除け」と認識できる。ただし、折れは小さいから、絵図では描かれるものもあれば描かれないものもある。つまり、小規模な「鬼門除け」の場合、存在したとしても絵図に表現されるとは限らない。築城者の立場に立てば、鬼門除けの存在を遠方からでも、絵図によっても視認しやすくできるが、その逆も可能となる。鹿児島城が後者とすれば、上田城は前者である。上田城でも後者とする選択肢、つまり目立たなく、かつ普請量を減らすこともできたはずだが、そのような形にはしていない。注意したいのは、北東方向に折れをまったく持たない近世城郭も相当数存在する事実である。これは城郭構造上、鬼門除けが必要不可欠な存在ではなかったということであろう。

こうしてみると、「おほへ書」で「鬼門」について触れていた点も、上田城で視覚的に目立つ鬼門除けが設けられた点も、仙石忠政の趣向・好み・こだわりに帰するところが多かったのではないか。

同じことは、北東方向に配置された（元々あった）寺社についても言えそうである。方位に関してもアバウトで、寺社に対する中心が明確化されていた形跡はない。上田城の北東方向に存在する寺社の由緒来歴もさまざまで、必ずしも築城・再興時に配置されたものではなかった。

実はあえて触れなかったのだが、民俗学での「鬼門」は、「（前略）鬼門とされる空間は方角のみが尺度になっていて、北東という方角は計測地点から無限に続くのであるが、計測地点からの距離がどの範囲に鬼門除けを置けばよいのかという基準がまったく存在しないこともこの方位観の特色といえる[23]」とあるように、かなりアバウトな概念とされる。

本稿で述べたように、鬼門除けに対する中心・方位・形態・規模などは城郭ごとで相当バラついており、一律に捉えることは難しい。特に、遺構面からはノイズが入りやすく、認定できるものはかなり限られてしまうであろう。今回は触れることができず、見通しを述べるに止まるが、「裏鬼門」の検証はいっそう難しいと予測される。

おわりに

本来であれば、上田城をはじめとする確実な鬼門除けの折れがみられる近世城郭に対して、縄張り全体のなかで検討を進めるつもりであった。しかし、すでに与えられた紙数を超えてしまっている。上田城に関しても、鬼門除けの折れが設けられることで、縄張り全体にどのような影響を及ぼしているのか検討すべきだったが、これも他日を期したい。

【註】

(1) 土井忠生他編『邦訳日葡辞書』（岩波書店、一九八〇年）。
(2)『日本国語大辞典6』（小学館、一九七三年）。
(3)『大辞典』（平凡社、一九三六年）。
(4) 築島裕編『古語大鑑　第2巻（か～き）』（東京大学出版会、二〇一六年）。
(5) 大野時彦「鬼門」（『国史大辞典』4、き―く、吉川弘文館、一九八三年）。
(6) 大類伸『日本城郭事典』（秋田書店、一九七〇年）。
(7) 鳥羽正雄『日本の城』（創元社、一九四〇）。
(8) 鳥羽正雄『日本城郭辞典』（東京堂出版、一九七一年）。
(9)『日本城郭大系別巻Ⅱ　城郭研究便覧』（新人物往来社、一九八一年）。
(10) 廣瀬豊『山鹿素行兵学全集第5巻　武教全書講義中』（教材社、一九四四年）。
(11) 有馬成甫監修『日本兵法全集3北条流兵法』（人物往来社、一九四七年）。
(12) 今中寛司他編『荻生徂徠全集第6巻』（河出書房新社、一九七三年）。
(13) 角田誠「筒井城と鬼門―築城と地相術―」（大和郡山市教育委員会・城郭談話会『筒井城総合調査報告書』二〇〇四年）。

(14) 橋口定志「最近の中世城館の考古学的調査例から」（物質文化研究会『貝塚』一五、一九七五年）。
(15) 福島克彦「城郭研究と考古学のあいだ」（帝京大学山梨文化財研究所『帝京大学山梨文化財研究所研究報告第8集』一九九七年）。
(16) 本稿では、上田市教育委員会『上田城史料調査報告書――平成二十一～二十四年度史跡上田城跡整備事業に係る史料調査報告書』（二〇一三年）年所収図を主に参考にした。
(17) 信濃史料刊行会『信濃史料第廿四巻』（一九六五年）。
(18) 福井健二『築城の名手藤堂高虎』（戎光祥出版、二〇一六年）。
(19) 新熊本市史編纂委員会『新熊本市史　史料編近世Ⅰ』（一九九二年）。
(20) 小浜城跡発掘調査団『若狭小浜城――小浜城跡発掘調査報告書』（福井県立若狭歴史民俗資料館、一九八四年）。
(21) 上田市立博物館『郷土の歴史　上田城』（一九八八年）。
(22) 日出城の本丸北東隅の「ᒣ」の折れは、『正保城絵図』にも描かれている。同図には「鬼門櫓」も描かれているが、「⌝」状の折れは認められない。当初、本丸北東隅の「ᒣ」の折れを鬼門除けとしたが、のちにその意識が薄れ、鬼門櫓に「⌝」状の折れを施して、新たな鬼門除けとした可能性もあるのではないだろうか。
(23) 福田アジオほか編『日本民俗大辞典』上（吉川弘文館、一九九九年）。

【付記】本稿を記すにあたり、寺島隆史氏・関口和也氏・和根崎剛氏からは資料のご提供並びにご教示を賜った。この場を借りて厚くお礼申し上げる。

Ⅵ　上田城の石垣――その修復

横沢　瑛

一、仙石忠政の石垣構築

元禄一五年（一七〇二）、上田城主仙石越前守が「二之曲輪之内ノ東之方石垣壱箇所孕云々」と石垣の修補を幕府に願い出たさい、それに添えられた絵図の、本丸を囲む塀の部分に狭間が明瞭に見られるごとく、こうした建造物には、矢狭間・鉄砲狭間が設けられていた。

「旧城主」（松平神社所蔵）に、狭間総数六一八のうち、矢狭間五一に対し塀の一〇二を最高に総数一八八と三倍以上の鉄砲間狭（残りは窓狭間）が記されることでもわかるように、上田城の防御の主力は鉄砲であった。

こうした一六世紀における新武器鉄砲の普及は、河川、断崖といった自然の防御とあわせ、石垣等の発達を促した。ことに本丸の石垣囲饒《いにょう》の傾向が進み、松本城本丸なども石垣で囲まれている。

当城については、昌幸から信之に至る、いわゆる真田時代の石垣構築や修築を示す文書は未見である。しかし、永禄一〇年（一五六七）の「依田頼房等連署請文」（『信濃史料』一三巻）に、

　真田
石井　鉄砲衆

桜井
とあることをはじめとして、天正一四年（一五八六）湯本三郎衛門等に与えた真田昌幸書状に「（上略）鉄砲十五丁宛名□桃へ早々可有御移候、□不可有御油断（下略）」（「河原文書」『信濃史料』一六巻）とあることや、慶長六年、信之が飯島市之丞、河原右京助等にそれぞれ三〇人近くの鉄砲同心を預け置く旨伝えた文書（「大鋒院殿御事蹟稿」「飯嶋文書」『信濃史料』一九巻）などは、新武器鉄砲を主武器とした軍団編成が、昌幸・信之によって、かなりはやくより組織だって行われていたことを示すものである。

これらの事実は、築城期より鉄砲を主武器とした新たな戦に備えた防壁として石垣を構えたことを推察させるものであろう（しかし、当城は石垣に主力をおかず、むしろ土塁をその守りの要とした点で特徴を有するものである）。

当城の石垣について記した史料が見られるのは、元和八年（一六二二）八月、松代へ移封になった信之に代わり、小諸より入部した仙石忠政の上田城修築にかかわってである。

□□石材木何程上田へ相届候哉、□□　孫右衛門、小堀木工助引加、其方相添、主膳、草川三右衛門手前相改、目録ニ仕可申越候云々

（「腰原文書」『信濃史料』二四巻）

（上略）
二之郭
北ノ方
（中略）
東ノ堀口十五間、深サ三間、水下　一間土居、石垣ノ高サ揔二間（下略）

（「改撰仙石家譜」『信濃史料』）

この二文書であるが、前者は、忠政が、築城主任原五郎右衛門に石材（石垣用）を上田へ運搬完了したか否かを問い、

目録をもって報告せよとの指図（以下「忠政覚書」）であり、後者の二の丸の石垣の高さをすべて「二間」にしたことを示すものである。

しかし、原五郎右衛門に与えた石垣についての指示はこれのみで、高さ二間の石垣構築に使用した石材をどこより運搬し、いかなる築石工法をもって築いたかなど詳らかにしない。

そして、忠政は寛永五年病を得て江戸に卒したため城普請は中止となるが、この工事により、本丸の櫓・塀、二の丸の堀・土居・虎口・石垣、三の丸の大手の堀と虎口桝形石塁等が完成されたという（『上田市史』）。

その後、元和一国一城令に次いで発せられた「武家諸法度」の徹底により城普請は縮小、限定される。

二、その後の石垣修復

しかし、大がかりな城普請は困難とはいえ、石垣の構築、修復などはその後も続けられた。

寛永一八年（一六四一）から万延元年（一八六〇）までの間に幕府に差出された主なる伺書、もしくはその許可状ほかによって石垣修復をまとめると表の通りである。

これによると、各時代にかけて、本丸を中心としたかなりの部分に修補の手が加えられたことがわかる（石垣の積み方にもその差異を認めることができる）。

大は享保一八年（一七三三）の新規工事から、小は簡単な孕《はら》みの手なおし程度まで、さまざまであるが、このうち注目されるのは「孕、破損、崩、新規」などと記されたその修復理由である。

石垣築きで、もっとも警戒されるのは基本的な積み方に起因する孕みであるといわれる。

石垣の最大の弱点はここにあり、これを防ぐには勾配の存り方など高度の技術が必要とされた。ちなみに同城の石垣の勾配をみると、

本　丸　東虎口南（西北角）　八八度
〃　　　東虎口北（東南角）　八四度
〃　　　東虎口北（西北角）　八四度
〃　　　西虎口南（北西角）　八四度
〃　　　西虎口北（北西角）　八六度
二の丸　東虎口南（西北角）　八〇度
〃　　　東虎口北（西南角）　八〇度

であるが、これによると上田城の本丸の勾配は下の方で八四度～八八度までにあり、なかでも八四度の傾斜の多いことがわかる(1)。

二の丸は八〇度前後であり、本丸に比して勾配がゆるい。ただし、二の丸の勾配は上に行くにつれて垂直が目立ち、本丸の・ゆるやかな曲線と対象的である。

なお、松本城の天守石垣の勾配は四八度～五〇度であるが、土木工学上の自立安定曲線とほぼ等しいという(2)。また、石垣の天端附近は垂直になるのが普通であるが、上田城の櫓台の石垣は全体の四分の一くらいが垂直に近いもの、最上段のみが垂直に配されているものなど積み方にも多少差異が認められる。

当城の修復理由にも孕みが何か所かあげられているが、崩れにもつながるものであり、堅固第一を願う城主の最もおそれる点であった。「石垣之義、随分念入、丈夫ヲ第一ニ可レ致事」といった定書が享保年間の工事の際に出されているのを見ても、石垣積みの技術の困難さが理解されよう。

表　上田城の石垣普請

年次	城主	修復箇所	寸法	修復理由	備考
寛永一八年	仙石政俊	本丸 東之虎口、土橋南脇石垣 南方川手石垣 坤門脇石垣 二の丸 北口、土橋南脇石垣 西方石垣 西方土手両所		破損 崩 破損 崩 〃 〃	（届出） 寛永一八年
貞享三年	仙石政明	本丸 北方土橋内水道 両脇石垣			（届出） 貞享三年
元禄一五年	〃	二曲輪（二の丸） 東方石垣 北口、土橋下水抜木樋 西方鉄炮薬入穴蔵 （後略）	弐十間	孕 朽損 湿・浅水	（届出） 元禄一五年 石樋ニ仕直
享保一八年	松平忠愛	本丸 西矢倉下石垣 同所東方石垣	四拾八間 高二回	享保一七年千曲川洪水による崩壊 破損 新規 （崩壊心配箇所）	幕府より 三千両借金 （同一七年届出） 同二一年完成

表によると、およそ一〇〇年単位に大きな修復がなされたことになる。

仙石忠政の死後一三年目にあたる寛永一八年（仙石政俊の代）、本丸、二の丸などの石塁と土塁の修補が見られはするが、本格的な大工事は九二年後の享保一八年のものである。

その直接のひきがねとなったのは、享保一七年五月一八日の千曲《ちくま》川の洪水であった。

同支流の尼ヶ渕の北岸に接して築かれる上田城の泣き所は、その南壁にあった。忠政の修築時、南崖の危険性は築城主任原五郎右衛門に指摘されたとも伝えられる所である。享保年間だけでも二年、六年、一三年、一五年と同川の洪水におびやかされ続けた上田城南壁の修復は城主松平忠愛にとって一大決心事であった。

享保一八年四月忠愛から出された申渡書

		同右所東方石垣	西方隅一間四尺 六五間	新規	
寛延三年	〃	本丸 御門枡形石垣	高二間		
宝暦七年	松平忠順	本丸外 東石垣一箇所	高二間二尺 横五間 幅三間		(届出) 宝暦七年
天保一四年	松平忠固	石垣六箇所		孕	
弘化四年	〃	櫓二ヶ所 三の丸 石垣六箇所		傾 崩・孕	(届出) 弘化五年
安政元年	〃	本丸 西多門塀三箇所 石垣九箇所		傾 孕・崩	(届出) 安政三年
安政六年	〃	本丸 東南隅櫓台下岸一箇所 土留石垣		大雨にて崩	(届出) 万延元年

※「松平家文書　日乗」・『長野県史』より作成

に「此度御城御修覆之義ハ、御拝借金ヲ以、段々被㆓仰付㆒候事故、全御自分之御普請にても無㆑之、殊連々之儀ニ候得者、面々相励み、聊不㆑可㆑有㆓怠慢㆒義思召候。且又御城之義ニ候へば、後々迄相残人々之及㆓批判㆒候条、随分念入可㆑申候」とあるが、幕府より三千両の借金をしたこともあろうが、後々の批判に耐えられる堅固な石垣を切望する忠愛のきびしい姿勢がうかがえよう。この姿勢は享保一八年五月の定書に「石垣之義、随分念入、丈夫ヲ第一ニ可㆑致事」とより明確に打ち出されてくる。

この時の工事箇所は岡部九郎兵衛から村上亘理に差出された伺書によると、西櫓下の石垣とその東方下方で、いわば最も洪水に悩まされた危険性の高い所であり、その新規構築は四拾八間、六拾五間という長大のものであった。現在信越線の車窓より見える西櫓下方の石垣の多くはこの時新規に構築されたものである。

二度目の天災が同城石垣を直撃したのはこの大工事の一一五年後にあたる弘化四年で、いわゆる善光寺地震によるものであった。

（上略）当三月廿四日夜地震強、其後数十日之間強柔者御座候得共昼夜新十度宛之震動ニ而、城内櫓構、石垣、囲塀、住居向、家来居宅等震潰或者震崩又者傾及破損、（下略）　（『長野県史・東信地方（二）』）

当時の状況について青山下野守に差出された上田領震災届にこう報告されているが、城の損害は、

櫓の傾　弐箇所
本丸囲塀傾所之損　弐箇所（五拾八間）
本丸石垣孕　壱箇所
三之丸構石垣崩　弐箇所（拾八間）
三之丸石垣孕　三箇所

であり、石垣の孕、崩も記されている。しかし、「稲垣史料」の弘化四年三月二五日の項に、

（上略）上田追手より松原へ廻る石垣、中程より北の方四五間の場ゆり崩し、松平氏の方石垣はらみ立車坂御番所脇河原境の石垣、高塀ともゆり崩し云々

とあるように、三の丸の石垣は四五間にわたって崩れたのをはじめとして城下の所々の石垣にかなりの損害を与えたものであった。

しかし、この時幕府に出された修復願いは翌五年三月二二日付というほぼ一年も経過した後のものである。安政元年、上田を襲った地震によって、本丸、西多門塀石垣などに損害を与えたさい、その修復を願い出たのは安政三年九月一〇日であるなど、こうした届出は概して日数を要するものであった。

なお天保六年、本丸修復工事を行なうにあたり横町宗吽寺に申付け御初穂百疋下賜の上、工事の無事安全を祈祷させ、怪我除の守札を出させているが、巨石相手の石垣修補であってみれば大工事の際の、これに類した行事は欠くこ

とのできないものであったと思われる。

安政六年八月、本丸東南隅櫓下岸が大雨のために崩れた。翌万延元年四月絵図を添えて土留石垣築き立てを出願した。この絵図によると、崩れ箇所は東南隅櫓の下南より下へ折廻り櫓東西八間半、南北三間、高さ五間半の場所であった。この時の修補は享保年間のものに比べるとそれほどのものではなかった。しかし、「万延元年　御本丸御普請ニ付御上納金高掛被仰付候割合帳　国分寺組」（上田市立博物館）を見ると、この普請ではそのための上納金が各村毎に割りあてちれていたことがわかる。これによると、国分寺組での本高は「金百二十五両三分三朱」とあり、現在の金に換算すると概算二五〇万〜三〇〇万ほどの金額にあたろうか。さらに、それは染屋村、岩門村など一三村にふりわけられている。染屋村の場合を見ると、「為金四両一分二朱ト百四十八文、但シ三つ割」とある。三回分とすると概算二五〜二六万ほどになるが、かりに「染屋村百姓惣家数三拾七軒」（宝永三年信濃国小県郡染屋村差出帳一）で割ると、一戸当たり七〜八千円の金額となる。かなりの負担であったといえよう。

三、石材の調達

「検地帳類より収録した上田・小県地方の地名」には、「石打場」（元禄元年神科金剛寺・承応三年別所）、「石切場」（明和八年神科金剛寺）「石きり田（畑）」（寛永七年祢津新屋・慶長一〇年前山手塚）「石切」（承応三年東前山村）と石の採掘もしくは加工場と思われる地名が見られる。

また、同検地帳には石の加工場と思われる「石の町」の名が「承応三年・神科野竹」「寛政十二年新町」「文禄三年・秋和之御料所手御見地帳」の三ケ所に見られる。

いずれも、上田城の石を採ったという太郎山麓もしくはその周辺のものである。

とりわけ、新町の「石の町」は太郎山眉見林（上田城石垣の多くはここからという）の直下にあたるものであり、秋和のそれは真田時代の石加工場とのかかわりにおいて注目されるものである（慶長以降の石垣は自然石にやや加工を施したいわゆる打込ハギという手法がとられたが、上田城の石垣にもこの手法がみられる）。

「忠政覚書」に記された「□□石材木上田云々」も、これらの石切場もしくは石の町などから運ばれたものであろうか。

太郎山麓には西端の和合城から東端の戸石城まで十指に余る山城が築かれているが、和合城・持越城・矢島城・喜古屋城・米山城・戸石城などには今なお石塁が見られる。

矢島城・喜古屋城の土塁などは土石混合のものであり、山城の防禦として所々に石が多用されたことを物語るが、これらの石は最大でも一メートル以下のものの積み重ねであり、切り出したというよりその周辺の石を寄せ集めたといった積み方である。

中には矢島城のように、その上の眉見林からのみ出る六角石をそのまま用いたのもあるが、多くは周辺の石と同質のものである。

太郎山神社と上田城を結ぶその中間地点に、矢島城と牛伏城がある。矢島城の東を流れる虚空蔵沢をはさんで対峙するかに立つ二城であるが、その沢を経て牛伏城へのぼるほぼ中間地点に、石ノミ跡をとどめた方一〇メートルばかりの窪地が見られる。

牛伏城の主郭の南直下にあたり、その下方の段郭に接する所であるが、そこには方五センチほどのノミ跡をいくつか残した緑色凝灰岩の岩山がみられ、その周辺はえぐられたような窪地となっている。

明らかに石切り場跡と考えられ、窪地部分はすでに切りとられた跡と思われる。牛伏城にも、その上方尾根先に築かれる荒城にも同石質の石塁が認められないことから、他所に利用されたと思われる（この石切り場から南東下方に同質の石で築いたみごとな石塁がみられるが、同所より切りだされたものの一部が使用されたのであろう）。

太郎山に見られるこうした石切り場から運び出された緑色凝灰岩が上田城の石垣に使用されたのであるが、城石垣のみでなく、市街の古い町並みの側溝のふたや家屋の土台石などにも同質の石が見出されるという（3）。

甲田三男氏は、上田城の石垣の大部分は太郎山の緑色凝灰岩であり、残りは河原石であるともいう。この河原石は享保年間の石垣工事にはかなり多用された。上田城の石垣修復の歴史を見ると多くは時々の孕、崩れの手なおし等であるが、この享保年間のそれは今後、崩壊のおそれのある所にあらかじめ手を打っておくというやや狙いの異なるものであった。そのため、規模も今までとは比べものにならない長大のものであり、当然石材も多くを必要とした。この修理用石材の運び寄せは享保一七年一二月三日に着手された。

享保一八年五月七日の岡部九郎兵衛から村上亘理宛の工事伺書（「覚」）によると、西櫓下の石垣の修補の後はその東方四拾八間新規に積むことが提案されているが、そのさいの文書に、

（上略）西御矢倉下之石垣之石、当秋末にも、切任廻候ても、寒気ニ成候ハバ、右御普請難レ成可レ有御座候ニ付、
四十八間之所之石、春迄の内、少々にても切らせ可レ申候哉の事

とあることから、新規用の石はかなり前から少しずつ切り寄せられていたことがわかる。それほど長大な石塁であったともいえよう。また、同文書には四八間に次いでその延長として六五間という更に大規模な石垣構築が予定されていた。

右之場所より又東の方六拾五間之石垣ハ川原石にて被二仰付一候ても、苦しかる間敷様ニ奉レ存候事

右の史料でわかるように、一一三間にもわたる上田城石垣構築はじまって以来の大工事であり、その石材については川原石をあてるプランであった。西櫓下の石垣の根石の据え付けば同年一〇月五日に行われた。しかし、翌一九年四月一一日に至り、西櫓下石垣の高さ二間を積みあげたところで準備した石材を使いはたしてしまった。

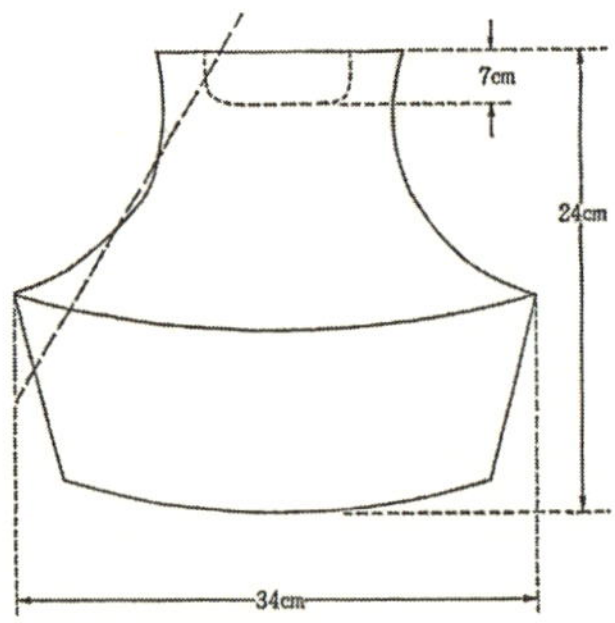

図　五輪塔の笠部

当然、工事は中断され急ぎ山石の切り出し石拵えにとりかかった。しかし、この時までに幕府に修復を願い出て以来、足かけ三年経過していたので、その手前もあり、西櫓下の石垣は高さ二間のまま次の大工事にとりかかることになった。享保一九年一〇月一日、四拾八間の石垣の根石は川原より城下へ集められ急ピッチで工事は進められた。

享保二〇年三月二二日、四拾八間、高さ東方二間、西方の角一間四尺の石垣は出来あがり、二四日に見分済となった。

続いて東方六五間の石積みがはじめられたが、享保一八年五月七日の「覚」の記す通り、この石垣の石は川原石をもってあたる予定であったが、それのみでは間にあわず、眉見林からの切石と用意しておいた川原石とで積むことになった。この工事は順調であった。

享保二一年三月一日、同石積は開始され、翌二二年四月一日には無事完了した。いわば、この石垣積は享保一七年から二一年まで足かけ五年の長い年月を要した大工事であった。

そして、この石垣積みでは、その技術史上いくつかの収穫があった。当地方の石工善兵衛の優秀な技術に対する褒賞などもその一つである。それまで筑摩の石積工を頼った当地方の石工も四拾八間、六五間の石垣積の中でその技術を高めたものであろう（「師岡史料」）。

緑色凝灰岩と河原石を主たる材とした上田城の石垣に、墓石の一部（五輪塔の笠部）が使われていることはあまり知られていない。

城砦の石垣に仏石の類を使用する例はすくなくない。安土城の石垣にも多数の墓石が見られるし、姫路城に至っては格狭間のついたみごとな台石から古墳の石棺まで使用されている。当城の墓石利用は現在一～二箇所ほどしか認められないが、図のごとき五輪塔の笠部がその横の大石の角度にあわせ斜に立ち切られ、たくみにはめこまれている。しかし、笠部の裏面が使用されているので、一瞥したのみではそれと認めがたい。
五輪塔の笠部は軒の勾配その他からさほど古い時代のものとは思えないが、安政年間に同墓石の見られる櫓の周辺の修復がなされているので、あるいはその頃、大石と大石との間げきを埋めるためにはめこまれたとも推察される。

四、普請道具

「忠政覚書」に、「□□与こしらへ置候普請道具之儀、屋敷東前ニならべ置、八くみ普請頭めしよせ、小堀杢助ニ見せ候て、［　］道具可相渡候、不及申頭之手形□□道具奉行へ可相渡事」とあることから、道具類の調達は前々から考慮されていたことがわかるが、「〜道具、手を［　］候てはふしんはか行間敷候」と今と比較にならないわずかな道具でも、それに頼らざるをえない苦心がうかがえる。しかし、当城の普請ではいかなる道具類が使用されたか詳らかでないが、「忠政覚書」に「あさを」とあることから、運搬用に使うと思われる「麻苧」などが多量に用意されたと考えられる。

寛永一三年、江戸城普請に使われた細川藩の道具目録をまとめた岡本良一氏(4)によると、

A運搬用
土台木　　道の敷木
石持棒　　石入橋の木林
手子木　　橋の下敷木

持子棒　井桜用木材
修　羅　橋上の敷板
南蛮ろくろ　上り梯子
車　かけや
足代木　丹波ゆかき
綱　苧　平太船
かつら　かすがい

B石工用
つるはし　はさみたがね
大玄能　かは手木
中玄能　栗石折
石切槌　鍛冶炭
同のみ
同　矢

C掘さく用
水取道具
竜骨車
水賛桶
あき俵

もっこ縄
鍬柄ふち共
銑　付

（後略）

などがある。江戸城などの天下普請とはスケールが異なるので、これほど多くの種類が使われたとは思えないが、この中から先ほどの「あさを」のように使用されたのも何点かあった。

たとえば〝修羅〟であるが、江戸城、大坂城はもとより、ほとんどの陸上の巨石運搬にはこれが利用された。修羅の上に石と先導人を乗せ人海戦術で引いたのである。上田市立博物館に展示されている修羅は全長二〇五センチの大きさのものであるが、Y字形で『古事類苑』などに記されるものとやや異なるが、近年まで染屋の英神社で使用されていたものである。上田城の石垣にかかわった修羅は発見されていないが、最近、他所（殿城下郷）でも見つかっており、太郎山眉見林あたりから切り出された石を加工場に運び上田城まで運搬するに役立てられたことは十分考えられる。本丸東虎口にある通称真田石（東西二七〇センチ、南北二二四センチ、厚さ東方三六センチ）などもこれら道具類が駆使され、彼所に据えられたものであろう。

また、石工用中に〝同矢〟とあるが、上田城の石垣中にもこれを使い、矢穴をあけて巨石を二つに割った跡が所々に見られる。

しかし、こうした普請は道具もさることながら主力は人力にあった。「忠政覚書」にも「二之丸堀日用候も、年内可付候条云々」と日雇のことが記されており、また文化十三年の大手堀の浚渫《しゅんせつ》では人夫延人員三万五千人を使役したという。また享保一八年の大工事ではおくれを日雇を増してでも追いつけと指示されている。

問題は、これら未組織の集団をどのように一つにまとめ大きな力と化していくかにあった。

大坂城・江戸城などの天下普請では遠慮して表むきは日雇など使用しないことにされたが、結局は人力に頼らざるを得ないのが実状であり、そのためそれらの組織化が重要視された。「忠政覚書」に割り普請のことが記されるのもその一つのあらわれで、そうしたきびしい就労規則によって組織化・能率化がはかられたのであろう。

享保一八年五月八日の「定書」には、

一、当城修覆、諸事大切ニ相心得、大小之役人末々迄、行義猥りニ無之、作法能可二相勤一事
一、笠かぶらず、頭巾可レ致二無用一候事
　附　於二普請場一諸勝負ハ勿論、音曲大酒、急度令二停止一候末々之者迄、堅可二申付一事
一、本城之裏手にて、火之元随分念入可レ申事
一、普請場へ紛敷者八木レ申候様ニ心懸義肝要事
一、用事有レ之者、矢倉本丸之高塀へ、妄りに人登らせ申間敷事附登らせ木レ申木レ叶義有之候節ハ、目付之者を以て、惣奉行へ相断可レ任二差図一事
一、石垣之義、随分念入、丈夫ヲ第一ニ可レ致事
一、城之切岸之椽通り、から堀之内の土石、決して取申間敷候事
一、於二普請場一、別而喧嘩口論堅可レ令二制禁一、若難二黙止一子細在レ之共、堪忍ヲ用可レ申事
　右之条々違背無レ之急度可二相守一者也

と記されるが、これなどもそうした規則の一つであろう。

笠をかぶってはいけない。頭巾の着用も禁止、かけ勝負は勿論、大声で歌い酒を飲むことをさえ禁じているなど、いわば気をぬくすべての自由がうばわれたといえる。

右の定は士分に対してであるが、「末々之者迄云々」はもっと広い範囲にわたると考えられ、まさに縦一線のきびしい統一下におかれていたことがわかる。

なお、南側を本城の裏手と呼び、火の用心を呼びかけていること、櫓や本丸の高塀などで城内を透視されることを危惧し、みだりに人を登らせてはならない、また、どうしてもという者には目付の者を通して惣奉行の指図を受けることの指示、石垣積みについて念を入れて行ない堅固を第一に心がけるべきことなどの諸注意は、この工事現場の位置、性格などを語っていて興味深い。

【註】

（1）『鈴録』（荻生徂徠）によれば野面積みの勾配は、石垣の水平面に対して六七・五度、打込みハギは七二度、そして上五分の一を垂直の雨落しにとり、切込みハギは七二度、上四分の一を垂直の雨落しにとるという。

（2）『松本城とその周辺』（日本城郭協会編、一九六一年）。

（3）甲田三男・郷土の地質『上田・小県』三四号。

（4）岡本良一『大坂城』岩波書店、一九七〇年。

Ⅶ　石垣の特色について

森岡秀人

はじめに

信濃上田城は関ヶ原合戦後、破却され廃城となったため、松代一〇万石（長野県長野市）に移封された真田信之の遺構は地上石垣として残っていない。元和八年（一六二二）に移封されてきた仙石忠政は、廃墟の上田城を再興する。その許可が江戸幕府から下りたのが、寛永三年（一六二六）四月のことであった。寛永一三年（一六三六）、江戸城外堀修理の普請奉行も務めた有能な原五郎右衛門を普請の総指図役として起用し、準備工は前年より始まったようだ。大坂城と対比するなら、徳川第二期工役と第三期工役の間に該当する。

真田古城の堀を掘り直す指示は、完工までの日数を早める当然の便法と考えられる一方、元和元年（一六一五）に幕府が発した武家諸法度の制限下における苦肉のプランでもあったから、埋め堀の踏襲はそれなりに意味があったと解される。

一、石垣の変化に関わる上田城の沿革

さて、上田城の石垣は城域のなかで限られた存在で、全体としては少ない。石垣も作事も足りない状況が目立ち、

仙石家の復興が中断したようなイメージが訪れた人の心に残る。かつては七棟の本丸重層構造隅櫓があったとされるが、作事の遺構として現在も残っているのは三棟で、また二棟の櫓門が備わっていた点が注意される。

寛永五年（一六二八）四月、江戸で築城の指示を出していた藩主の忠政が、病のため上田の現地入りもなく死去する。継いだ仙石政俊も、寛永一二年（一六三五）まで在所への入部を果たしていない。城の工役の進捗については詳しくないが、二の丸塀の指示内容から察すれば、その完成が寛永五年を下限とする蓋然性が高く、この段階までの矢穴技法が緑色凝灰岩の石垣には適用されている。ただし、矢穴の型式学的特徴は切石加工の年代を示すもので、転用材にも矢穴痕や矢穴列痕がそのまま残るため、矢穴型式のみに頼った石垣築造年代や改修年代の割り出しはたいへん難しく、その点をまず特記しておきたい。

写真１　寛永初期の矢穴痕を残す石垣　尼ヶ淵本丸空堀付近

真田昌幸時代の上田城の頑強さは、四万に近い数の徳川軍勢撃退などでよく知られていることだが、ひと回り小さく本丸主体となった仙石氏の上田城との決定的な違いが、残存石垣の有無だろう。もし、真田氏築城時期の石垣があれば、慶長六年（一六〇一）前半期頃までの所産で、真田信之時代のものであれば、地下に残存していることを否定はできない。当然、矢穴施工期に併行しており、矢穴は古A型式やA型式古相のものを使用している。現存する上田城の石垣材には、矢穴による切石を積んで大型石材を一部含む打込み接ぎが用いられ、近世城郭の態をなす。ただ、矢穴を個々に観察する限り、古AタイプやAタイプ前半期の型式は確認できず、その上限が比較的小さめのAタイプを使用する寛永年間であることは疑いない。石材自体の調達は寛永初期の段階が最も顕著で、仙石忠政期の年代としてよいものが多い（写真1）。矢穴口長辺は一〇センチ以下のものが主に用いられている。慶長前半期では長辺一五センチに達するものも珍しくなく、そうした不揃いなありようは示していないといえる。

また、この段階までの石垣は織豊期城郭でもあり、とくに豊臣期段階の石垣には、①数種以上の石種、色彩的な多様性、②矢穴の施工率の低さ、③切石を用いず、粗割石加工、④自然石多用、⑤小面の不整、⑥控えの短さ、⑦寺院礎石・中世石造物類の転用、などの諸特徴が認められる。天正期に築造を開始した豊臣期大坂城、文禄期後半の豊臣期指月伏見城、慶長最初期の豊臣期木幡山伏見城などの調査では、そうした特徴を重ねて確認し、これが天下人の居城の実態でもある。最近確認された静岡市駿府城石垣の中村一氏期における豊臣期天守台の例では、矢穴技法の適用はまったくみられなかった。徳川期天守台では、円磨度の高い石を盛んに再利用している。

したがって、仙石期の真田期石材の大規模な転用はほとんどなく、真偽の判明しない泥岩・火山岩系の河原玉石利

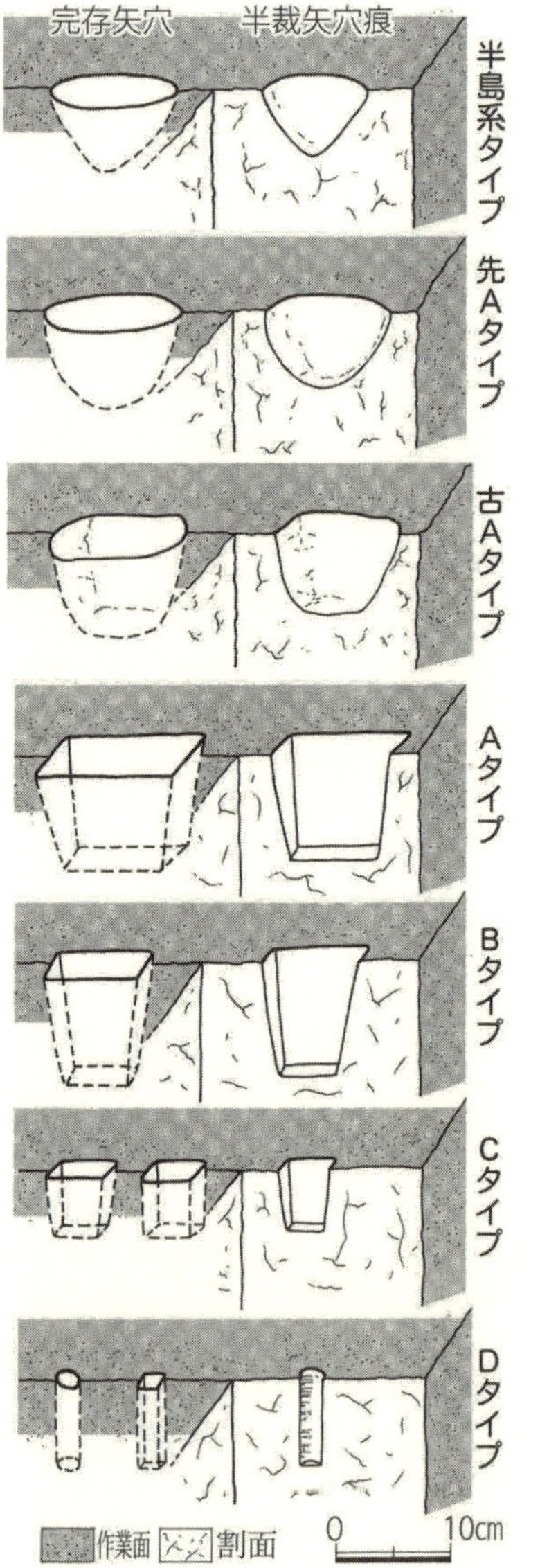

図　矢穴の基本型式分割類案（森岡・藤川 2011 より）

用を除けば、野面積み・乱石積み主体の石垣は限定された場所に遺存するのみである。溶岩・安山岩・五輪塔部材・石臼などの使用部位は、転用材の補填・再利用などが考えられよう。太郎山産緑色凝灰岩といった自然石的な形質の石材も当然、真田期からの使用が考えられる。発掘調査による伴出遺物で証することが可能な石材は、この点において注意が必要で、最も供給可能な石材の一つが緑色凝灰岩であることは言を俟たない。

寛永年間では、寛永一八年（一六四一）に城内本丸・二の丸の石垣五ヵ所の破損箇所で修復がみられる。孫の政明時代の改修は、二度実施されているのである。

宝永三年（一七〇六）に松平家へと城主は交代し、石垣の孕みなどの小規模修復が実施されている。しかし、享保一七年（一七三二）の崖の護岸用石垣は新規築造である。千曲《ちくま》川の洪水に備えたもので、この崖は下二～三メートルが河床礫層（染屋層）、上部一〇メートルが火山泥流固結層（上田泥流層）である。この下部の脆弱な部分を対象とした石垣であり、防災第一の堤防と城郭側の崖際の基盤層崩れ防止策を兼ねたとの見方ができる。見るからにオーバーハングしているようで、要危険箇所であると同時に、本来は総石垣を必要としない自然の高い絶壁、いわゆる切岸であり、見上げて唖然とする場所である。西・南の櫓下は、特別に高さ五メートル前後の石垣を築いている。櫓台をはじめ、土塀や土居が崩落した記録がないというのが不思議なくらいである。この石垣普請の正確な完工は享保二一年（元文元年・一七三六年）とされるので、石垣構築技術も享保年間を下限とする特徴をとどめているかどうかが判断の基準となるだろう。同年を示す屋根瓦葺きの作事の紀年銘瓦も遺存する。大規模な屋根工事に伴ったもので、櫓下の石垣工とあわせて実施されたと考えられる。

上田城は、計画的な拡張を伴うような石垣の改修は少ないが、松平氏が在城した年代の修復工事は比較的長期間なので多発しており、石垣を構成する石材は取り替えや積み替えなどの改変が加わっている。原因は地震災害によるところが大きく、善光寺地震を受けた弘化五年普請や安政大地震に伴う安政三年普請などは石垣改修が顕著だったはずである。正式な許可を幕府から受けている石垣普請は、前述の二件に加え、寛延三年（一七五〇）・宝暦七年（一七五七）・天明八年（一七八八）・天保一四年（一八四三）・万延元年（一八六〇）で、合計七件である。

このような改変に加え、各地の城郭では、明治時代以降の近代の補修や改修記録がかえって乏しいという実態もあるため、処女的な石垣をどの範囲に限定するか、観察の結果は限られていた。ただ、矢穴技法による編年的時期を見る限り、その基盤に寛永期所用石材が長く再利用されている蓋然性が最も大きいといえよう。

二、石垣の年代と様式

上田城の縄張り・郭配置は、真田氏時代から大きく変化していない。しかし、仙石氏時代に石垣普請を本格的に行い、その後は傷みや災害に伴う修復がかなり加えられているため、寛永初期の石垣築造時から幕末、近代までの改変は塁重的に認められる。また、昭和・平成時代の補修や改修工事も受けているため、さまざまな要素・属性を比較し、観察しなければならないという難しさがある。特に、昭和五六年（一九八一）の石垣解体修理工事を経ており、平成五年の復旧や再建石垣も存在する。

これらの経緯や経過は、過去に石垣の基礎調査が実施され、香川県高松城などの調査記録方法をモデルとして取り組まれているため、多くの情報を比較検討することができ、有用である。三次元レーザー測量や石垣カルテの作成、崩壊危険度調査、そのランク付け、また、発掘調査が行われた箇所については、北櫓台東側石垣、南櫓台西側などの調査が進められている。文献史料調査に関しても、充実した報告書がすでに刊行されている。

仙石氏在城の八四年間（三代）、続く（藤井）松平氏も藩主として七代一六〇年以上にわたって藩政を務めている。

現在、本丸・二の丸の大部分が国史跡となっており（昭和九年）、石垣は本丸北側の高台部分がかつて「上ノ台」「上之台」と呼ばれて城跡公園となっており、この地域には高低区画の石塁（高さ六尺前後）以外に石垣は視認されていない。以下では、主要な石垣面の時期的検討を行い、現状の理解を提示しておく。

調整石と隅角部

上田城石垣は切石加工を施した石材を主要部に用いており、構築手法として打ち込み接ぎや一部切り込み接ぎ、現代工法的切り込み接ぎが目立っている。しかし、自然石や粗割石を用いた野面積みと呼ばれる石垣も一部にあり、時期差などの分析・検討が不可欠である。

凝灰岩の築城石は、花崗岩や安山岩、玄武岩などの石種とはやや様相を異にし、調整石が少ないように思われる。「調整石」とは、角石・角脇石・築石など積まれる箇所がすでに石切場にて定まった形態で調達された石材を指し、目的材として石場の現地でも多分に意識されたもので、個数や大きさなどの計画性・規格性が備わったものである。例えば、江戸城・名古屋城・大坂城などの近世（慶長〜元和期）の築造石垣では、方三寸・方四寸・方五寸など正面（小面）の大きさ、特に一辺の長さを規準とした切石が用いられ、石の控えもこれと対応した長さをもち、三メートルを優に超すような調整石が角石用や角脇石用として用意されている。六甲甲山のE地区やF地区（兵庫県西宮市）では佐賀藩鍋島家、小豆島東海岸の岩ヶ谷石丁場では福岡藩黒田家、瀬戸内前島では松江藩堀尾家、塩飽諸島本島の細川家など、各大名による専有石切丁場がみられるが、こうした規格的な大きさの刻印をもつ角石や角脇石が多く残石となって遺存する。築石は平石とも呼ばれ、調達石材の大部分を占めるものである。

精度の高い調整石は、法量の一致するものが石切場で必要個数調達され、絶えず石垣普請場の割丁場先と緊密な連携により用意されたとみられる。石垣の隅角部の算木積みが、様式的に寛永期の様相をみせている箇所は多い（例えば、本丸東虎口・本丸搦手口・二の丸北虎口などの石垣、各櫓台石垣、南面急崖面石垣の埋込み算木部分なども該当する）。

写真２　本丸西虎口土橋の石垣

天守台石垣の痕跡

さて、上田城には石垣の面からみて、興味深いものがいくつかある。城内の石垣や縄張りを検討すればすぐ判明することだが、本丸に天守台石垣がない。もちろん、天守が築かれなかったためで、本丸御殿や二の丸御殿も存在しない。江戸時代には、藩の中枢の政治的施設・軍事的シンボルを大きく欠くのである。真田築造の上田城が破却された後に入った真田信之の段階で、本丸や二の丸には藩政の政庁施設は避けられたが、後に入った仙石忠政の時期にも藩主と関わる目立った施設は築かれていない。

また、本丸の北側半分のエリアは六尺ほどの落差をもつ高台となっている。「上ノ台」とも呼ばれているが、その上の段、西にやや寄る位置に「御天主跡」と記された絵図が残っており（寛永年間作成、上田市立上田図書館蔵）、それが天守台のあった場所を示すとすれば、かつて天守台があったことになる。石垣の天守台があってもよいが、仮に完成していても、伝え程度になる年代が推移しているため、真田昌幸時代に築造された蓋然性も高い。

もし、天守台石垣があったとすれば、用材は粗加工の割石や自然石を主に使用し、切石の使用はほとんど認められなかっただろう。転用材として仙石氏時代に散在的に再利用されていれば、その摘出は難しく、不用意に自然石などが間に合わせ的に積まれた場所といったことは指摘できる（過去の研究では、二の丸北虎口北側石垣・本丸西虎口土橋南壁石垣〈写真２〉など）。ただ、それらの箇所の石垣が転用なのか、文禄以前の古いものかは現地で調べ直す必要がある。

天守が塁線から離れている節があり、織豊期に帰属する要素の一つからは遊離するが、これも当てはまるか否かは注意が必要だろう。

本丸を二分する上と下の段差には、東西方向に四段積み前後の近世石垣が築かれ、主に小面を平滑に整えた緑色凝灰岩の石材を布積み崩しで構築している。角石を切石としつつも、築石部は不揃いの自然石・割石を乱雑に補い積み、隅角部との精度のバランスがないのも（二の丸北虎口石垣など）、一つの特徴として指摘できる。

虎口部分の石垣

「真田石」と呼ばれる鏡石をもつ石垣として有名な本丸東虎口は、いわゆる布積みで、横矢掛け機能の北側石垣は大石を含み込むも精緻な積み方である（写真3）。そのうえ、やや規模の大きい石を多用する傾向にあり、同様に南側石垣の用石も一メートルを超える大きいものを使用し、隅角部の算木積みも角石・角脇石に精加工材を用い、通用の要の門としての映えが意識されている。東虎口には、鎌倉時代の五輪塔地輪（幅六〇センチ）が入っている。間詰石として五輪塔の火輪がうまく詰められた場所もあり（本丸西虎口）、それぞれ織豊期の石垣解体石の再利用とみれば、関心を引く。

写真3　本丸東虎口石垣にある真田石

最も懸隔を感じるのは、自然石や粗割石を粗雑に積んでいる二の丸北虎口北側の石垣で、間詰空間も多く、詰石の欠如も顕著である。一方、修復部に顕著だが、精度の高い切り込み接ぎ風の石材が、緻密に谷落しで密着面をもつ石垣を構成する江戸時代末期頃の例も存在する（二の丸東虎口石垣）。この場合、左手側に残存する古拙な当初部との差違がたいへん明瞭となる。

尼ヶ淵沿いの石垣

上田城内で相当に違和感を感じるのが尼ヶ淵沿い本丸堀南東端の石垣で、太郎山産緑色凝灰岩にはまったくこだわったものではない。寛永年間に遡ることが明らかになっているが、石垣固有の観察ではもっと新しい手法にみえる。黒色安山岩など火山岩が多く、緑色凝灰岩も交える。

享保年間の松平在城時代の石垣は、前面に堤状に造られたものだが、千曲川産の枕のような河原石が多用され、川の氾濫との関係で石材調達が行われたことも考えられる。本丸南面石垣は、間詰石も多く古拙な積み上げだが、小面では分割加工した平坦面の割面が確認できる。火砕流に含まれる塊石も築城石になっているのは珍しい。白色、暗赤色や漆黒色の石材もあり、巨塊もみられる。溶岩塊として無秩序に包含された石も利用して石垣に用いられている。この部位には石仏・五輪塔・宝篋印塔の基礎材が再利用され、織豊期城郭のような使用法だが、時期的に合わず、洪水などで流された墓石の再利用といった見方もできるものの、確証はない。

整った矢穴列痕がみられ、平滑な割面が見受けられる石材も含まれるが、Aタイプ新相の寛永期所産である石材（緑色凝灰岩）の再利用が行われたと考えられる。崖面の本丸南側の石垣に「見せる」要素は僅少で、早さやたび重なる改修の多さと因果関係があるのかもしれない。

自然の防御線といえる最も特徴的な高切岸を、石垣により強化し守るとみなすなら、威圧的な「見せる」部分として評価することも可能と考える。

おわりに

以上をまとめると、上田城石垣の構築手法は俗に打ち込み接ぎと呼んでいるものが主流となり、改修・補修が施された部分も、その復古形式が多分に目指された改修が繰り返されているように思われる。とりわけ虎口や櫓台の石垣は、人目を意識した丁寧かつ精緻な技術を駆使して築造が進められたことを知りうる。築造の基礎はすべて関ヶ原の戦い以降のもので、矢穴型式に先A・古A・Aタイプ慶長前半期の特徴がうかがえない。元和・寛永期でも、寛永期に属する矢穴・矢穴痕・矢穴列・矢穴列痕が中心で、矢穴型式の年代は寛永三～五年（一六二六～一六二八）を上限とするものが多い、場所によってはC型式が確認され、補修期・改修期の新材の調達が考えられ、石切丁場でもその段階の操業がうかがわれる。

用材の再利用を図りながら、加工やノミ調整を新たに加えた石材も見受けられ、特に粗割の小面の精度を高くするなど追加調整が行われ、矢穴年代はとどまるものの、用材の進化や配慮が行われている。緑色凝灰岩は思うほど柔らかくはないが、花崗岩・安山岩などの硬質石材とは異なり、石垣面となる石材の正面（小面）を整えるのには便利である。

現在の石垣を見る限り、真田時代の石垣築造面はなく、比較的少ない矢穴施工率から考え、なお自然石や割石の粗加工材を使用する状況で、算木積み箇所との技術的駆使の差異も大きな特色である。調整石が石切場から搬出された可能性は高く、隅角部の進化速度は近畿中枢部の天下人の築城技術が慶長後半期の平準化を経て、充分に流入していることがわかる。表面ハツリ（小面を企図した調整加工・整形加工）や簾ノミ調整も導入され、精加工石の度合いも徳川大坂城第二期工事と比べて一段階遅れる程度である。築石部との釣り合いが悪い石垣面をもつ箇所が認められるのもそのためと考えられる。なお、裏グリ（石垣背面の裏込めに使用された円礫や角礫などの堀方充填石材と粘質土の混土層）については、情報は少ないが、下端で二メートルほどになる報告例はある。

最後に、刻印の確認できる石垣はなかった。用材調達から築造まで家中組による割普請の採用は考えられ、丁場境を想起させる箇所や追加構築の証左も認められる。しかし、そうした分析に必要なさまざまな刻印情報については、ないことに意味があるだろう。

【参考文献】

浅倉有子 二〇一三「史資料からみる近世・近代の上田城」（『上田城史料調査報告書―平成二十一～二十四年度史跡上田城跡整備事業に係る史料調査報告書―』上田市文化財調査報告書第一一五集、上田市教育委員会）
上田市 一九四〇『上田市史』上巻
上田市教育委員会 二〇一三『上田城史料調査報告書―平成二十一～二十四年度史跡上田城跡整備事業に係る史料調査報告書―』（上田市文化財調査報告書第一一五集）
上田市教育委員会 二〇一五『史料に見る真田氏の歴史―人物編― 上田城歴史年表』
上田市・上田市教育委員会 二〇一〇『史跡上田城跡 石垣基礎調査報告書―平成二十一年度国庫補助事業石垣基礎調査報告書― 附 平成二十一年度本丸東虎口周辺発掘調査報告書』
上田市立博物館 二〇一五『郷土の歴史 上田城』
加藤理文 二〇一二『織豊権力と城郭―瓦と石垣の考古学―』（高志書院）
木越隆三 二〇一五「戸室石切丁場の総合調査を顧みて―城郭史研究と学際研究について―」（『織豊城郭』第一五号、織豊期城郭研究会）
北垣聰一郎 一九八七『石垣普請』（法政大学出版会）
北垣聰一郎 二〇〇三「石材加工技術とその用具」『古代近畿と物流の考古学』（学生社）
北野博司 二〇一一「天下普請にみる石垣技術」（『金沢城研究』第九号、石川県金沢城調査研究所）
藤井重夫 一九八二「大坂城石垣符号について」（『大坂城の諸研究』名著出版）
増田行雄 二〇一七「増位山は姫路城を支えている―〔速報〕近世・増位山石切丁場跡概要報告―」（『歴史と神戸』第五六巻第六号〈通巻三二五号〉神戸史学会）
森岡秀人 二〇〇八「築城石・石切場と切石規格化をめぐる一試考」（『橿原考古学研究所論集』第十五、八木書店）
森岡秀人 二〇一七a「木幡山伏見城跡の桃山陵墓地内観察と『豊徳』期城郭提唱の意義」（『京都橘大学大学院研究論集』第一五号、京都橘大学大学院文学研究科）
森岡秀人 二〇一七b「遺構論 矢穴技法」（村田修三監修、城郭談話会編『織豊系城郭とは何か その成果と課題』サンライズ出版）
森岡秀人・藤川祐作 二〇〇八「矢穴の型式学」（『古代学研究』一八〇、古代学研究会）

森岡秀人・藤川祐作　二〇一一「矢穴調査報告」（『額安寺宝篋印塔修理報告書』大和郡山市教育委員会）
森岡秀人・武内良一・久保孝・中川亀造・青地一郎　二〇一五『伏見城関連の石切場について―「豊徳」期における石垣石材調達をめぐる所見の二、三―』（山科石切場調査・研究グループ）
山上雅弘　二〇一三「近畿地方における織豊系城郭研究二〇年の課題」（『織豊城郭』第一三号、織豊期城郭研究会）
山上雅弘　二〇一四「近世城郭における技術発展と規格化―城郭の完成と技術者の凋落―」（第三十一回全国城郭研究者セミナー報告レジュメ）
山上雅弘　二〇一六a『築城―職人たちの輝き―』（特別展図録、兵庫県立考古博物館）
山上雅弘　二〇一六b「慶長期〝築城ブーム〟」（講演会資料、兵庫県立考古博物館）
善積美恵子　一九六八「手伝普請について」（『学習院大学文学部研究年報』第一四輯、学習院大学）

コラム①

上田城の仏教関連遺物
——築城以前の景観

尾見智志

上田城の南を流れる千曲川《ちくま》は、本丸の崖下で流れの緩やかな淵となっていた。この淵を尼ヶ淵と呼んでおり、上田城の別名も尼ヶ淵城という。

「尼ヶ淵」という名称の由来は、この淵に尼が身を投げたとの伝説による。すると、尼→尼寺→寺院の連想から、上田城の本丸付近には、かつて寺院があったことが推定できる。これを裏付けるかのように、昭和四十五年には、水田となっていた尼ヶ淵から瓦経が見つかり、平成三年の本丸堀の浚渫《しゅんせつ》工事では行基瓦が出土している。

尼ヶ淵出土の瓦経

瓦経は経典を粘土板に刻んでから焼いたもので、仏教における末法思想のなかで、経典を後世に伝えようとしたことから生まれた。その製作は、十一世紀後半から十二世紀後半にかけて流行した。瓦経は地中に埋納されることが多く、近畿地方から北九州にかけての西日本を中心に発見されている。また、写された経典は「法華経」・「無量義経」・「般若経」・など密教系のものが多いという。尼ヶ淵出土の瓦経では「法而」・「(先)誦无」・「護浄」の文字が読み取れることから、無量寿経の一部とみられる。無量寿経は大乗経典で、浄土教では根本聖典となっている。

行基瓦は、奈良時代に僧の行基が考案したとされる瓦で、一端が太く、その反対側が細い瓦となる。瓦の葺き方は丸瓦の細い方を上にして、少しずつ重ねながら屋根の上の方へと葺いていく。この瓦は、あまり普及しなかったものの、畿内の寺院を中心に使用されている。

一方、現在の北大手と藩主居館の正面付近からは、五輪塔の残欠が出土している。藩主居館の正面付近は大手の堀の内側で、現在は横町にある宗吽寺《そううんじ》があったとされる場所に該当する。これらは室町時代後半のものとみられ、築城などの造成にあたって埋められたと思われる。

こうした仏教関連遺物の存在からは、上田城が築城される以前は民家や耕作地とともに寺院や墓地が点在していた景観が想定される。真田氏は、このような場所を城郭や城下町用地として造成したのだろう。

第二部　発掘調査の成果

尼ヶ淵の石垣群

Ⅰ

本丸・二の丸の発掘調査

和根崎　剛

はじめに――発掘調査の履歴

上田城跡が国史跡に指定されたのは、昭和九年（一九三四）十二月二十八日のことである。当時、上田城跡では、二の丸にて市公会堂の建設（大正十二年（一九二三））や運動施設（庭球場・市営野球場・陸上競技場）の開設（昭和二～三年）、上田温泉電軌北東線の軌道の敷設（昭和三年）など、大規模な開発工事が目白押しであった。廃城以来、ほとんど畑として利用していた二の丸が市当局により公有化され、史跡公園として大きく姿を変えた時期といえる。また、昭和七年は築城三百五十年にあたり、記念事業のひとつとして、西櫓を徴古館として開館（昭和四年）するなど、上田城跡を取り巻く環境が大きな転機を迎えていた。こうした動きを抑制するために史跡指定されたのではないだろうが、国史跡となった上田城跡の歴史的価値を市民に周知することで、これを後世へ大切に保存していこうという機運の高まりを期待していたはずである。

ただ、国史跡の保護に対する措置や配慮が十分ではない時代がこの後も長く続いた。上田城跡も例に漏れず、史跡指定後も、特に昭和三十年代前後だが、市民会館や博物館、市営プール、動物園舎の建設などの公共事業により、土塁が破壊され、堀が埋め立てられるなど、公園としての整備が優先されてしまった。城跡が経験してきた近現代の歴史を否定するつもりはないが、「史跡の本質的価値」の保護が後回しにされてしまったのは、はなはだ残念である。

こうしたなか、上田市は平成二年（一九九〇）度に「史跡上田城跡整備基本計画」を策定し、失われた遺構を史実に忠実に復元整備する方針を定め、前提となる発掘調査を継続的に進めることとした。調査は平成二年度から開始され、本丸の上の台と下の段（眞田神社の境内を除いた部分）では、東・西虎口の櫓門や隅櫓の遺構などを検出した。また、二の丸の北・西虎口では石垣根石や門礎石を検出するなど、多くの成果を残した。その結果、初期写真史料に乏しいという制約のなか、平成五年度に東虎口櫓門の復元整備が完了した。また、本丸堀の浚渫《しゅんせつ》に伴って実施された試掘調査の際、堀底から除去された堆積土中から、真田昌幸の上田城の遺物と考えられる桃山期の瓦に混じって、金箔鯱瓦の破片が検出されるなど、遺物資料のデータ蓄積もこの時期に大いに進んだ。こうした平成二年から七年に行われた調査を、「第Ⅰ期発掘調査」と仮称する。

「第Ⅱ期発掘調査」は、平成十二年から二十一年にかけて実施された。これは、本丸や尼ヶ淵の石垣の解体修復工事、あるいは尼ヶ淵の崖面修復工事に伴って行われたものである。第Ⅱ期発掘調査では、後世に撤去されてしまった西櫓東側の雁木石について、一部が地中に残存することが明らかとなった。また、尼ヶ淵に現存する、享保年間に松平忠《ただ》愛《ざね》が築造した石垣の背面構造に初めて調査の手が入るなど、大きな成果があった。なお、尼ヶ淵石垣の背面構造の調査成果は、本書第二部のコラム「上田城の石垣」で、解体修復工事を担当した尾見智志氏が詳しく紹介している。

上田城跡では現在、二の丸南東部にあった武者溜りとその周辺の復元整備に取り組んでいる。これに関連する発掘調査は平成二十四年度から進めており、これを「第Ⅲ期発掘調査」と仮称する。調査は現在も進行中だが、これまでの調査区では石垣や土塁、堀などについて、近代以降に改変された状況を確認することを調査の目的として取り組んできた。今後、旧市民会館の建物撤去が完了した際には、遺構が未確認の三十間堀や、すでに失われてしまっている石垣根石の検出などが調査の中心となるだろう。

以上で述べたように、上田城跡の発掘調査は、目的により大きく三つの時期に区分できると考える（表1）。次節では、それぞれの調査区について、その結果と成果を詳しくみていくこととする。

表１　上田城の発掘調査一覧

年度	調査箇所		区分	調査の原因・目的	遺構・遺物の有無等
昭和 56	二の丸	招魂社	試掘	玉垣設置工事	なし※地下 50 センチ付近で地山に到達
昭和 57	二の丸	北虎口ほか	試掘	下水道管埋設工事	なし
平成元	二の丸	東虎口	試掘	電線地中化工事	地下 40 センチ付近で蔀塀台石垣の根石と裏込栗石を検出したため、遺構を避けて施工
平成 2	本丸	東虎口	本掘	櫓門の遺構を確認	地下 30 センチ付近で旧地表面と礫群を検出
		堀	試掘	浚渫	なし※堀底から厚さ 1 ～ 1.5 メートルの堆積物を確認
	二の丸	北虎口	本掘	石垣の遺構を確認	石垣の根石を検出
平成 3	本丸	西虎口	本掘	櫓門と石垣の遺構を確認	櫓門の礎石と石垣の根石、裏込栗石、版築土を検出
		堀	本掘	浚渫	真田氏時代の瓦が出土
	二の丸	北虎口	本掘	石垣の遺構を確認	石垣の根石を検出
		東虎口	試掘	トイレ設置工事	なし
平成 4	二の丸	西虎口	本掘	櫓門と石垣の遺構を確認	櫓門の礎石と石垣の根石、裏込栗石を検出
		北虎口	本掘	石垣の遺構を確認	礫群を検出
平成 5	本丸	上の台（西側）	本掘	近世の遺構を確認	検出されず
平成 6	本丸	上の台（北側）	本掘	近世の遺構を確認	仙石期と推定される水路跡を検出
		土塁（西・北辺）	本掘	隅櫓と土塀の遺構を確認	２棟の隅櫓と土塀の遺構を検出
平成 7	本丸	上の台（東側）	本掘	近世の遺構を確認	検出されず
		上の台（南側）	本掘	石垣の遺構を確認	厚さ２メートルの裏込石を検出
		土塁（東・南辺）	本掘	隅櫓と土塀の遺構を確認	１棟の隅櫓と土塀の遺構を検出
平成 12	本丸	西櫓台石垣	本掘	土塀の遺構を確認	検出されず
			本掘	石垣東側の石段を確認	２段目まで残存していることを確認
平成 13	本丸	尼ヶ淵南櫓下	試掘	享保石垣の解体修復工事	天端の調査を実施
平成 15	本丸	尼ヶ淵南櫓下	試掘	中段石垣の修復工事	石垣の積み増し順序が判明
平成 21	本丸	土塁（南・東辺）	試掘	尼ヶ淵崖面の崩落防止対策工事	中段石垣裏に近世に盛った土層を確認
平成 24	二の丸	東虎口	本掘	二の丸整備事業	東虎口石垣の根石などを確認
平成 25	二の丸	東虎口	試掘	二の丸整備事業	東虎口石垣の根石などを確認
平成 26	本丸	下の段	試掘	眞田神社社務所移転工事	検出されず
	二の丸	東虎口	試掘	二の丸整備事業	東虎口石垣の根石などを確認
平成 27	二の丸	東虎口北側	本掘	二の丸整備事業（トイレ）	検出されず
	二の丸	東虎口付近堀	本掘	二の丸整備事業（スロープ）	堀法面を確認
	二の丸	鬼門除け付近	本掘	二の丸整備事業（北駐車場など）	堀法面を確認
平成 28	二の丸	南東櫓台付近	本掘	二の丸整備事業	櫓台と土塁の版築の一部などを確認
平成 29	本丸	下の段	本掘	本丸整備事業	土塁の版築の一部などを確認

一、本丸の発掘調査の成果

【本丸東虎口（平成二年度）】　東虎口櫓門の復元整備のため、礎石などの遺構を確認することを目的とした。ライフラインの集中的な埋設により、遺構の残存状況は良好ではなかったが、地下三十センチから旧地表面と推定されるものが検出され、櫓門礎石を撤去した跡と推定される小礫群などが確認された。なお、平成五年度に復元した櫓門の礎石は遺構を砂などで被覆して据えている。

【本丸隅櫓跡（平成六年度・七年度）】　近世の絵図から、本丸土塁上に存在したと推定される隅櫓四棟と、それぞれを繋ぐ土塀の基礎などを確認することを目的とした。調査の結果、北西の一棟と鬼門である東北隅を除けて建てた二棟、計三棟の隅櫓の痕跡（真柱礎石、礫列など）と、土塀の基礎とみられる石列を検出した。遺構が確認された隅櫓三棟は、現存する隅櫓（西櫓）と同様の規矩《きく》をもった建造物だったことが確認できた（写真1～3）。

【本丸上の台（平成五～七年度）】　近代以降、「上の台」と呼ばれた本丸上段の構造を把握し、仙石忠政が復興した上田城、あるいはそれ以降の時代の遺構が存在するか確認をした。結果、明治年間にここに鎮座した招魂社など、近代以降の建造物の痕跡が広範囲で検出されたが、これらの撤去が原因と思われる撹乱が著しく、近世の遺構は検出できなかった。土塁は内側の法面がほぼ全域で削平を受けているが、一部で旧規を残していることが判明した。

また、本調査区と下の段との段差を形成する石垣の範囲・規模の確認をあわせて行ったところ、この石垣は本来、高さが二メートルほどと推定され、裏込石が約二メートルと異常な厚さで充填されていた。なお、この調査の折に、仙石氏の頃の鬼瓦の破片が搬出する水路跡と推定される配石遺構を検出した（写真4）。

上の台で平面的な掘り下げを行う前に実施したトレンチ調査の結果、現地表面より約二メートル下付近に、真田昌幸が使用したと考えられる桃山期の瓦が出土する包含層を確認した。このことから、仙石氏復興以前の生活面は、現地表面より下二メートル付近に密封されていると推定できる。

【本丸西虎口（平成三年度・十二年度）】　平成三年度の調査は、本丸西虎口の北側にあった石垣の位置と範囲、あわせて本丸西虎口櫓門の遺構を確認するために実施された。調査の結果、かつての石垣根石と、栗石と推定される小礫群、石垣内部の版築土が確認された。櫓門は礎石が良好に遺存し、現存する石垣の切り欠きから西虎口櫓門の規模が推定できた。

一方、平成十二年度の調査は、現存する西虎口南側の石垣（西櫓台石垣）上に土塀の基礎が遺存しているか確認し、

上から、写真１　本丸の北西隅櫓跡／写真２　本丸の北北東隅櫓跡　／写真３　本丸の東北東隅櫓跡・近代建物跡／写真４　配石遺構における仙石期の鬼瓦出土状況　写真提供：上田市教育委員会

あわせて石垣東側にかつてあった雁木石の一部が地下に残存するか確認することに注力した。その結果、石垣天端の裏込の状況などが明瞭に確認できたが、絵図に描かれている土塀の控柱の痕跡などは確認できなかった。ただし、雁木石は最下部から二段目までが地中に遺存していることを確認した。他の部分は現在の西櫓に上がる通路（石段）を造る際に撤去されたと考えられる。

【本丸下の段〈眞田神社境内〉（平成二十六年度・二十九年度）】　眞田神社社務所の新築移転候補地で遺構の有無を確認し、現状変更許可の判断材料とした。江戸時代の絵図から、当該地付近には侍番所の存在が予想されたが、調査区内からこれに該当する遺構は検出されなかった。ただし、近代に東京鎮台第二分営が設置した建物（病院？）に関する痕跡と思われる小規模の石列を検出した。社務所新築の際、この石列が破壊されてしまう恐れがあったため、社務所の設計変更を依頼し、石列を地中に保存することとした。

なお、平成二十九年度には下の段の尼ヶ淵崖に面した土塁の調査を行い、現存する土塁を半裁して現状を確認し、あわせて失われた土塁の痕跡の現況を確認するための調査を行った。結果、現存する土塁について、北側の法面は後世の盛土だが、南の崖側は遺存状態が比較的良好なこと、削られてしまった土塁上には、約一メートルの埋立土が存在していることを確認した。この埋立土には、仙石氏や松平氏城主期および近代の瓦が大量に混じるが、そのなかから一点、金箔が押された鬼瓦と推定される小破片が見つかった。撹乱層からの出土ではあるが、他にもわずかに桃山期と推定される瓦が混じっていることから、上田城の金箔瓦と考えてよいと思う。上田城跡では昭和以降、記録と現物が残る金箔瓦の出土はこれで五点目となる。

【本丸堀（平成二一～三年度）】　長年の堆積物により堀水の濁りと匂いがひどくなったため、本丸堀の浚渫が行われた。工事の前に、まず試掘調査を行い、堀底の土層と遺物の包含状況を確認し、必要な保護措置を講ずることとした。結果、堀底から一～一・五メートルの厚さの堆積物があり、上層に遺物を含まないヘドロ状堆積物の存在を確認した。

　翌年、ヘドロ状堆積物が浚せつされた後、本丸堀の底に散布する遺物の状況を確認したところ、南西部と北西部の堀底から大量の桃山期（真田昌幸の頃）の瓦が発見された。また、金箔鯱瓦の破片が採集されている。こうした状況から、第二次上田合戦の当時、昌幸の上田城にあった「瓦を載せた建築物」の有無について、その一端が判明した。

【本丸 南櫓下尼ヶ淵石垣周辺（平成三年・十五年度・二十一年度）】　南櫓下にある石垣の解体修復工事に伴い、下段石垣（享保期）の天端の状況を確認し、修復工法の検討材料とすることを当初の目的とした。また、中段石垣（幕末以降）を積む際、下段石垣の天端上で盛土した部分の版築などの状況も確認した。中段石垣は、基礎の二ヵ所で試掘し、後補の痕跡から、石垣が四次にわたって積まれたものであることがわかった。上段石垣（南櫓台石垣）は、隅石の基礎部分を試掘したところ、根石の設置方法と土層の状況が判明した。

　下段石垣と中段石垣の修復後、側面に水みちができたため、平成二十一年に石垣の上場にあたる南櫓台石垣の西側で発掘調査を行い、暗きょ排水路の整備を行うこととした。ここには、仙石氏による復興以降、絵図から高一間の土塁と土塀があったことがわかっている。調査は、土塁基礎の残存状況などを確認し、工法の検討材料とするのが目的だったが、残念なことに土塁の版築などはすでに失われていることが判明した。

二、二の丸の発掘調査の成果

【二の丸北虎口（平成二～四年度）】　石垣の復元整備を念頭に、失われていた北側と南側の石垣の根石などを確認することを目的に実施した。あわせて、二の丸北虎口櫓門、番所などの遺構を確認することにも注力した。その結果、北虎口の北側と南側の石垣の根石を検出し、位置と範囲が明確となった。北側の石垣は一部（西側）が解体されずに残っていた（ただし、近代以降に積み直した可能性がある）が、調査結果に基づき、平成二年度に失われた部分の積み直しを行った。

一方、南側の石垣は、昭和末年頃まで付近に住宅があり、移転後の平成三年に調査を行ったため、こうした建物や園路による地下の撹乱が予想された。しかし、遺構の残存状況は思いのほか良好で、緑色凝灰岩の根石と、栗石と推定される小礫群、土塁接続部分の構造、土塁内部の版築が確認できた。翌年には、この石垣と土塁との接続状況などを確認するための調査を行い、根石は検出されなかったが、栗石と推定される小礫群の存在から、南側石垣の西面を特定した。結果、南側石垣の規模は全長二十六・五メートル、幅六・八～七・五メートルと判明した。平成五年には調査結果に基づき、南側石垣も復元された。

櫓門の基礎は、南側半分について礎石が確認でき、本来の規模を推定できるデータを得た（ただし、仙石氏復興の際には工事が中断され、櫓門は基礎が据えられたものの建物は建造されていないと考えられている）。また、番所の遺構とも推定される円礫数点の集中箇所が確認できた。

【二の丸西虎口（平成三～四年度）】　この調査では、二の丸西虎口の遺構の位置と規模を確認することに主眼を置いた。南東石垣跡の南面では、根石・栗石がまったく検出されず、一部の絵図に描かれているように、南側は土坡であった可能性も否定できない。根石は緑色凝灰岩を使用し、石垣の規模（東西約三十一メートル、南北約三十四メートル、幅約十一メートル）も判明した。北西石垣跡の遺存状態は良好ではなかったが、栗石とみられる小礫群を確認した。石垣の規模は明確にはならなかった。

ここでは、櫓門の礎石跡が四ヵ所で確認された。仙石氏による復興の際、北虎口と同様に櫓門を設置する計画があったことをうかがわせる。

【二の丸東虎口（平成二年度・平成二十四〜二十六年度）】　平成二年度の調査は、二の丸東虎口一帯で実施した電線地中化工事に伴い、事前に敷設経路内の遺構の有無を確認するための試掘調査を行い、必要な保護措置を講じるためのものである。この調査で、二の丸東虎口蔀塀台石垣の基礎とも推定される遺構が検出されたため、遺構を避けて施工した。

平成二十四〜二十六年度に実施した二の丸東虎口の調査は、将来、二の丸東虎口石垣を復元整備するための根石などを確認することを目的とし、あわせて籾蔵・三十間堀・水路（弘化三年、善光寺地震後に設置）などの遺構確認も行った。蔀塀台石垣（東）は古写真や積石の状況から、近代に一度解体されて積み直されたことが明白だったが、発掘調査により、根石はすべて据え直されており、近代の石垣よりも大規模になっていることが判明した。蔀塀台石垣（西）は、近代に解体されてすでに失われているが、根石の大部分も持ち出されていることが判明し、現場では根石を据えた痕跡でさえも確認できなかった。ここでは、北虎口のような櫓門の礎石などは確認できなかった。ただし、近世の史跡面より下層から、栗石の集積土坑が二ヵ所確認されている（写真5）。調査中、近世の史跡面より下層の遺構であることに気づき、検出後に撮影してただちに埋め戻したため、詳細は不明である。

二の丸橋の東西の石垣は、近代に積み直されていることは明白で、将来、古写真をもとに積み直すのがふさわしいと思うが、調査の結果、二つの石垣は、二の丸堀の法面側（東側）の根石を堀側にせり出して据えていることが判明した（写真6）。これは、中世以降に山城などの傾斜地で散見される「顎出し石垣」に酷似する手法である。また、南側の石垣の南側には、近世の石垣根石と推定される遺構が残存していることを確認した。

【二の丸東虎口北側・籾蔵跡地周辺（平成二十七年度）】　昭和時代に建設されたトイレの改築工事に伴い、事前に遺構などの有無を確認し、現状変更許可の判断材料とした。江戸時代の絵図から、当該地付近には籾倉六棟の存在が予想されたが、調査区内からこれに該当する遺構は検出されなかった。ただし、近現代にてここに動物園を設置した際に並んでいた獣舎の礎石、あるいは排水設備の一部と考えられる石組が検出された。

【二の丸堀・東北隅の鬼門除け付近（平成二十七年度）】　平成二十八年度に放送された大河ドラマ「真田丸」に対応するため造成した「観光北駐車場」、および「多目的広場」の工事に伴い、事前に遺構などの有無を確認し、現状変更許可の判断材料とした。江戸時代の絵図から、当該地付近は二の丸堀の鬼門除け一帯にあたり、近世には二の丸堀や土塁、樹木屋敷（実際には屋敷がなかった鬼門除け施設）が存在したことがうかがえるため、遺構の有無を確認したところ、発掘調査区内からは昭和年代に埋め立てられた二の丸堀の法面が検出された以外、遺構は検出されなかった。

ただし、築城当初の二の丸堀の原形となった旧矢出沢川の流路と思われる痕跡を検出した。仙石氏による上田城復興の際、地下に土塁の下に埋没させた部分と推定される。真田氏時代の縄張りとも考えられる痕跡で、位置を確認したうえ、砂で被覆して埋め戻し、地下に保存した。

上：写真５　仙石期以前の時期不明の遺構
下：写真６　近代の顎出石垣の調査　ともに写真提供：上田市教育委員会

【二の丸南東隅櫓台付近（平成二十八年度）】　武者溜りの整備に備え、二の丸南東隅櫓台と土塁などの遺構の残存状況、あわせて調査区内の埋め立ての深さなどについて調査を行った。現在みられる土塁状の地形で、半裁やトレンチ調査、天端の平面的掘り下げなどを行って状況を確認したところ、これらの遺構は二の丸堀側の一部に江戸時代のものが残存していたが、ほとんどが近現代の盛土であることが判明した。おそらく、市民会館建設の際、いったん周辺の土塁や櫓台が切り崩され、残土を再び盛って土塁のように見せたと考えられる。

おわりに――今後の課題

以上みてきたように、本丸と二の丸の発掘調査は、ほとんどが史跡整備事業に伴って実施されてきた。その結果、本丸隅櫓や虎口の遺構、二の丸では虎口や堀などが確認できた。ただし、遺物については、本丸の発掘調査の際に比較的多くの出土を確認したが、二の丸ではわずかである。仙石氏による復興以降、二の丸には建造物は籾蔵しかなかったことを考えれば、至極当然のことだろう。一方、出土点数はわずかだが、図化できないような「かわらけ」の小破片が、発掘調査や表面採集で確認されている。型式的見地から、仙石氏よりも前の時代のものと考えられ、注目される。

また、本書コラム「上田城の仏教関連遺物」で尾見智志氏が指摘しているとおり、上田城跡からは瓦経（お経が刻まれた瓦）や行基瓦、五輪塔の部材といった仏教関係遺物もわずかではあるが出土している。こうした遺物から、築城前の環境や仙石忠政による本丸の復興状況などについて、より考究を進めていく必要があるだろう。

国史跡である上田城跡の発掘調査では、史跡面を保存するという至上命題のもと、調査が進められてきた。「真田氏の城が出てくるまで、どうして掘らないのか」とお叱りをいただくことがあるが、「史跡を将来に残す」ことの意義を私たちはもう一度噛み締め、いっそうの努力を心がけていきたいと思う。

【参考文献】

上田市　一九八七『史跡上田城跡西櫓・南櫓・北櫓修理工事報告書』

上田市教育委員会　一九九二『史跡上田城跡』（国指定史跡上田城跡平成三年度発掘調査概報）

上田市教育委員会 一九九三『史跡上田城跡』（国指定史跡上田城跡平成四年度発掘調査概報）
上田市教育委員会 一九九五『国指定史跡上田城跡本丸東虎口櫓門復元工事報告書』
上田市教育委員会 一九九七『史跡上田城跡 国指定史跡上田城跡本丸内発掘調査報告書』
上田市教育委員会 二〇一二『史跡上田城跡保存管理計画・史跡上田城跡整備基本計画〈平成二十三年度改訂版〉』
上田市立博物館 一九八三『真田氏史料集』
上田市立博物館 一九八四『仙石氏史料集』
上田市立博物館 一九八五『松平氏史料集』
上田市立博物館 二〇一三『郷土の歴史 上田城』
河西克造 一九九八「国立国会図書館所蔵の『日本城郭史資料』について―信濃国（一）・（二）所収資料の紹介―」（『市誌研究ながの』第五号）
黒坂周平・東信史学会 一九八六『定本 信州上田城』（郷土出版社）

コラム②　上田城の石垣
——修復工事の成果を中心に

尾見智志

上田城では、石垣は虎口周辺（各曲輪の虎口部分、虎口前の土橋部分、虎口から続く本丸の北櫓・南櫓・西櫓の櫓台）と、尼ヶ淵に面した本丸南側の崖にみることができる。その多くは、寛永三年（一六二六）から始まる仙石忠政の上田城復興により築かれたと考えられている。

虎口周辺の石垣をみると、比較的大きな石が使われている。これは城の入口を特別な空間とみなし、城の堅固さや格式を主張しているようにみえる。特に、本丸東虎口には、石垣を含む南北の櫓・櫓門・真田石・土橋の武者立石と、見せることを意識したパーツが集中している。

そのなかで、「真田石」と呼ばれている石は高さが約二メートルもあるが、厚さは三十センチほどしかなく、石垣本来の役割は考えられない。この巨大な石は、本丸正面入口脇の目立つ場所に置かれた鏡石として呪術的な意味を含んでいると考えられる。

また、上田城の石垣には五輪塔の地輪や火輪が散見される。これらは石垣の間詰め石として使用されているが、単なる石材不足を補うための行為とは考えられず、「真田石」と同様に、呪術的な意味を含んでいると推定される。

次に、尼ヶ淵に面した崖に築かれた護岸用の石垣をみてみたい。かつて、上田城の南を流れた千曲《ちくま》川は本丸の崖下で淵となっていた。この淵を尼ヶ淵と呼び、上田城の別名も尼ヶ淵城という。この千曲川に洗われる崖は高さ約十二メートルで、上部の約十メートルは火山泥流の固結した固い地層、下部の約三メートルはもろく崩れやすい河床礫層となっている。そのため、崖はたびたび崩落した。特に、享保十七年（一七三二）五月十八日の千曲川の洪水で大きく崩落したことから、上田藩では護岸用の石垣を築くこととした。

この普請については、上田市立博物館に享保の「上田城普請之絵図」が残されている。この絵図をみると、石垣普請前には、本丸堀の東側で尼ヶ淵に接する部分の石垣と西櫓下で尼ヶ淵に接する石垣、そして真田神社下の石垣が、すでに存在したことが確認できる。普請後は、南櫓下から西櫓下まで続く護岸用石垣が完成し、現在に至っている。

ところが、平成十四年（二〇〇二）と十五年の九月に、この石垣の一部が秋の長雨により崩落したことから、石垣の内部構造が判明することとなった。崩落した場所は南櫓下の石垣で、応急処置として、モルタルを吹き付けて現状を維持した。まず、この箇所の石垣の石材をみると、そのほとんどが緑色凝灰岩だった。形態的特徴としては、奥行きが普通の石垣の石よりも短めの八十センチほどしかないことがわかった。その理由は、石垣から崖面まで最大で四メートルほどしかないことから、石垣背後の裏込め部分と盛土部分に余裕をもたせる意味が考えられる。

次に、石垣背後の状況をみると、裏込め部分の下部に大きな石を入れていた。これらは、丸い河原石が多いものの大きさが不均衡で、拳大や人頭大のものから丸くなった人間大のものまでみられた。

南櫓下の石垣内部の状況

また、石垣が水没するあたりまでは裏込め石のみが充填され、水面より上になるあたりから、盛土もみられた。ただし、盛土には版築が認められず、土質も砂質土であった。こうした石垣の状況は、千曲川の流れを考慮に入れた普請の結果とみることができる。

一方、眞田神社直下の石垣に目を移すと、十二メートルの崖面の上から下まで石垣が積まれている。よく見ると、その中に左右を算木積により区切られた台形に見える箇所がある。この部分は最も早い時期に積まれた石垣とみられ、石材の積み下ろし用の船着き場の一部だったとも考えられる。すると、千曲川の流れのなかでの石垣普請の痕跡とみることができる。

最後に、本丸堀が東側で尼ヶ淵と接する部分の石垣をみてみたい。ここでは、尼ヶ淵から堀を抜けて城内に侵入することを防ぐために崖面に連続するように石垣が築かれている。本来は、本丸堀の西側と同様に、堀は連続する崖面を掘り残してなければならないはずだが、崩落したことから石垣としたのだろう。

なお、西側のものは、現在は崖面のほとんどが崩れ、痕跡が残るのみとなっている。

Ⅱ　三の丸の発掘調査――藩主居館・中屋敷を中心に

和根崎　剛

はじめに

梯郭《ていかく》式の城郭構造をもつ上田城跡は、本丸・二の丸（一部を除く）が国史跡に指定され、それを囲む総構え（三の丸や小泉曲輪）の範囲は埋蔵文化財包蔵地として保護されている。史跡内は、平成二年（一九九〇）度から発掘調査が継続的に行われてきたが、三の丸や小泉曲輪で開発行為に伴う試掘調査が軌道に乗ったのは平成十七年度からで、松本や松代の城下町のように、詳細なデータが蓄積できていないのが現状である。

さて、上田城三の丸には二つの居館跡が存在する。ひとつは藩主居館で、もうひとつは「中屋敷」である（写真1）。「本丸・二の丸の発掘調査」とあわせて、これらの居館跡と三の丸大手堀で行った発掘調査の結果を紹介しておきたい。

一、上田藩主居館跡

遺跡の現状と発掘調査の履歴

真田昌幸・信繁（幸村）父子は、関ヶ原での合戦に向かう徳川秀忠軍を上田城で迎え撃ち、数日の間、足止めさせた。そのため、合戦後に昌幸らは紀州九度山に配流され、上田城は悉く破却される。この合戦で真田家は父子分立の途を

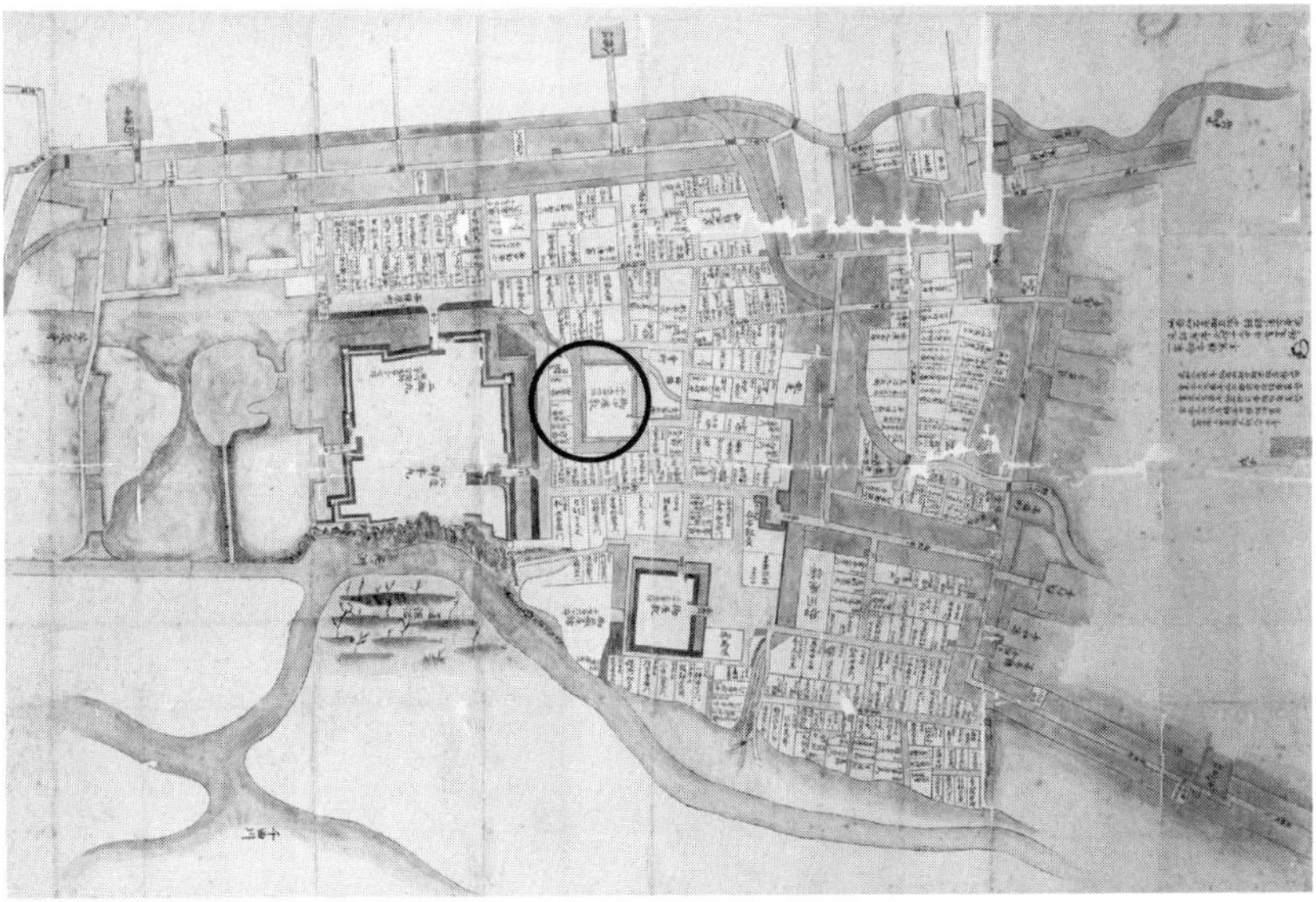

写真1　元禄年間上田城下町絵図　丸印をつけた箇所が「中屋敷」　上田市立博物館蔵

選び、徳川方についた長男・信之は初代上田藩主となる。信之は上田城を修復せず、居館を三の丸に置く陣屋支配により藩政を担い、以降、仙石氏三代、松平氏七代の政庁となった。現在、居館跡は長野県上田高等学校の校地となっている。

居館跡は近代以降、学校として利用され、校舎などの建設で地下遺構はほぼ破壊されていると考えられる。ただし、現在も高校の正門として利用されている表門（寛政二年〈一七九〇〉再建）と土塁等が保存されており、上田市指定文化財となっている。昭和五十年（一九七五）以降、校舎の全面改築工事が進められたが、現在とは中近世の遺跡に対する認識の違いもあり、事前の発掘調査が行われることはなかった。しかし、県内の松本城本丸御殿跡や高梨氏館跡などの発掘調査の成果が報告されると、その重要性が認識されるようになり、上田藩主居館跡でも平成二年度に第二体育館改築工事に伴って初めて発掘調査が行われた（写真2）。

その後、居館跡では軽微な工事に伴う試掘調査などがたびたび実施されたが、遺構・遺物は確認されなかった。そのようなか、平成二十一年度に実施した合宿所の改築工事に伴う第二次発掘調査で、近世の遺構（堀・土塁跡）が初めて確

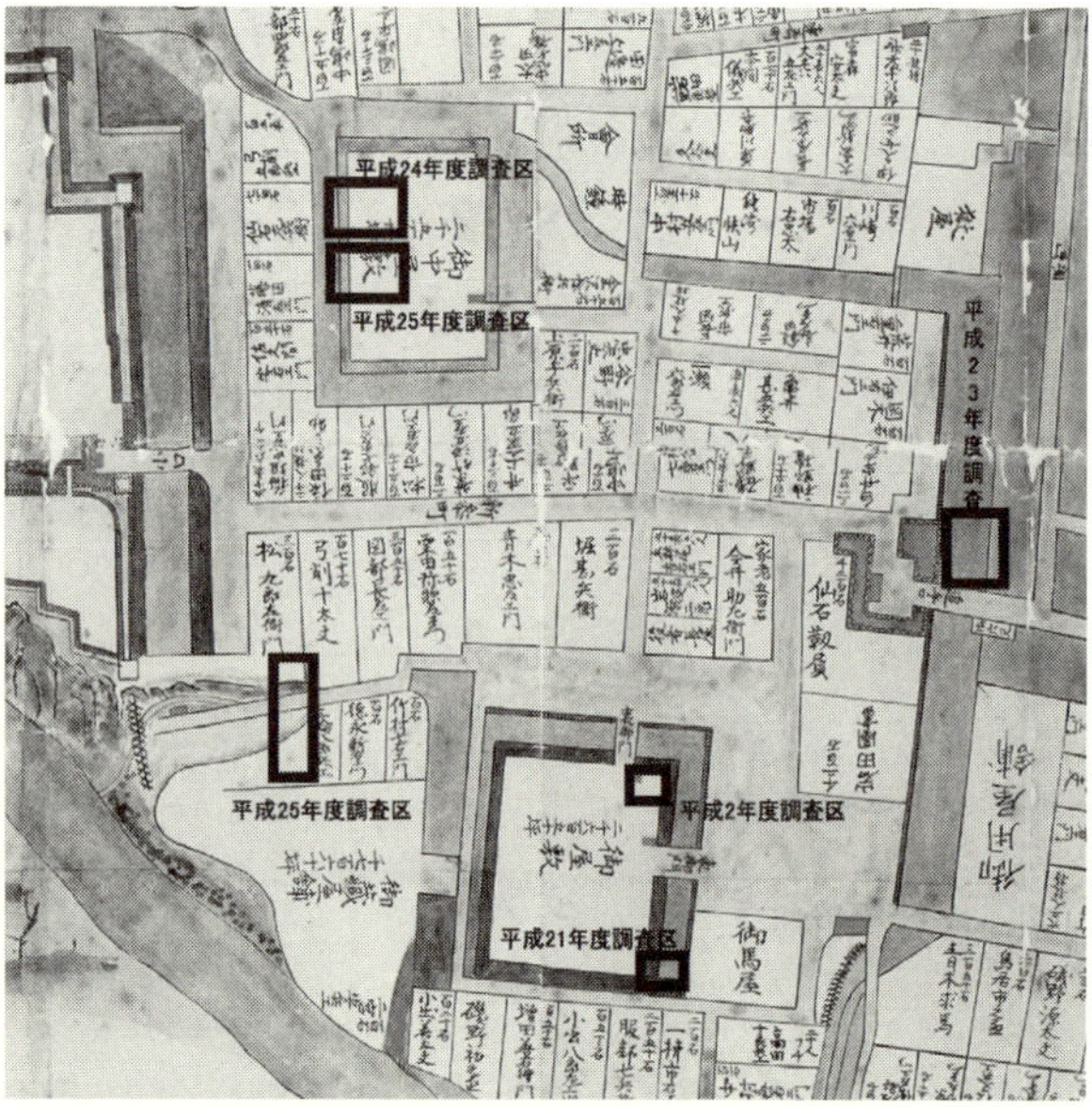

写真２　発掘調査地点　写真１に加筆

認された。また、平成二十五年度に実施した上田第二中学校の校舎改築に伴う発掘調査では、自然地形を活かした空堀跡と、多数の近世陶磁器・土師質土器を投棄した近代の土坑を検出した。

第一次発掘調査（平成二年度）

発掘調査は居館跡の北東隅で実施され、旧制上田中学校の寄宿舎の基礎と推定される遺構が検出されたが、近世の遺構は確認されなかった。わずかに出土した遺物も、近代に属する陶磁器などがほとんどだった。

江戸末期の絵図をみると、発掘調査をした区域は鬼門の位置となるため、物置が置かれただけのスペースだったらしい。一見、成果が伴わなかったようにもみえるが、これが三の丸の発掘調査の嚆矢となったのはいうまでもない。

第二次発掘調査（平成二十一年度）

発掘調査は居館跡の南東部で実施し、人為的に埋め立てられたとみられる堀跡が検出された。埋められた時期や理由は詳細な資料がないため判然としないが、出土品や校地内の建物配置図などから、明治初年（一八六八）から同四十年前後までの間と推定している。

調査は、まず試掘調査を実施して遺構の有無や規模を確認することとした。現存する堀の南側延長線を横断するトレンチを掘削したところ、堀底の堆積土とみられる黒色泥質土を確認した。この結果をもとに、本調査では堀の南限を確認するため、堀を縦断する方向にトレンチを設定し、掘削を始めた。ところが、黒色泥質土まで掘り下げた時点で、大量の湧水が発生した。そのため、重機で黒色泥質土の検出面までの埋め立て土を取り除いて、堀の法面ラインを確認し、ただちに埋め戻す作業を行った。堀の南限付近では湧水がやや治まったため、堀上部の断面図が作成できた。結果、居館跡南側に所在した堀の土塁は、現在の地表面から二十センチほど下にその版築を確認し、堀の構造の一端をうかがうことができた。その後、南側のラインを検出するために同様の作業を行い、堀の概略線を掴むことができた。ただし、堀の東側はすでに道路造成に伴って一部を失っており、居館南側の土塁の南面も大きく削り取られていることがわかった。

遺物は、わずかに近世の陶磁器・瓦片・貨幣が出土した。陶磁器については、堀の埋め立て土からの出土ではあるが、茶碗や甕、擂鉢といった日用品が主体である。時期は幕末のものがほとんどで、伊万里や瀬戸美濃、京焼が含まれるが、それほど高価なものではないため、これらを藩主居館で使用した什器と考えるのはいささか難があるだろう。堀の埋土を居館跡内から採取したとは考えにくいこと、完形資料に乏しく、破片接合もままならないことから、外部から持ち込んだ土砂の中に混じっていたものと考えたい。

その他、瓦片には江戸時代後期のものがわずかに含まれるが、居館創建当時の古いものは見当たらない。

第三次発掘調査（平成二十五年度）

藩主居館跡の西側には、自然の谷地形を利用した空堀が設けられている。この空堀は、藩主居館と尼ヶ淵の河原を繋ぐ（緊急時の）通路としても利用されていたようだ。多くの城下町絵図に描かれ、尼ヶ淵側の末端部に柵や門が描

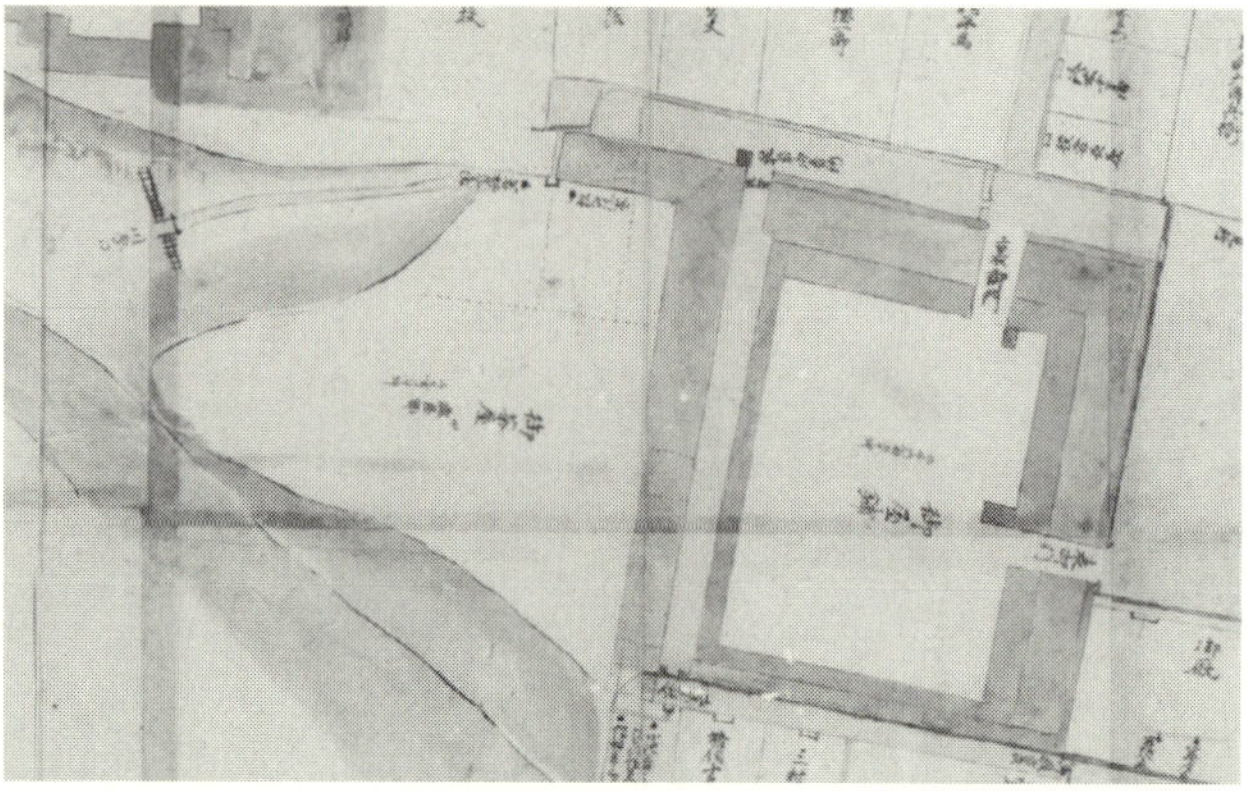

写真3　安政年間上田城下町絵図（部分）　上田市立博物館蔵

かれるものがあること、空堀の中に道路の表現がみられるものがあることから、通路としても利用されていたことがうかがえる。「安政年間上田城下町絵図」（写真3）に「川原口」と記される、空堀の尼ヶ淵側端部に描かれる冠木門と柵は、往来を制限するために設けられたものだろう。また、この空堀に接続する藩主居館北西側の道には「乾角御番所」と記され、居館への通路として、一定の危機管理がなされていたと想定できる。ただ、今回の調査では側溝など、「道路」であることを積極的に示唆する遺構は検出できなかった。

いわゆる正保絵図（正保四年〈一六四七〉）の「信州上田城絵図」（写真4）では、この谷地形に「から堀」と注記しているが、通路の表現はみられない。今のところ、いつから通路とされたのかは不明である。空堀は上田泥流層の段丘崖面と同様の表現で描かれ、ここからも自然地形を利用していることがわかる。

この谷地形は、もとは自然流路で水が流れていた可能性が指摘できる。上田城跡総構えの詳細な縄張り調査を行った尾見智志氏によると、藩主居館付近にはもともと城下町東方からの河川があり、堀にはその水を引き込んでいた可能性が認められるとのことである。居館が築造される以前は、この谷地形に河川が繋がっていたのではないか。「元禄十五年上田城下町絵図」には通路の脇に水路が描かれ（写真1）、旧状をうかがえるものとして注目される。また、発掘調査の際に堀底（上田泥流層の地山）と考えられる部分まで到達したところ、湧水が著しくあり、現在でも水みちが通じていることがわかる。

尼ヶ淵の上田泥流層の崖面は、冬季には凍み上がりによる崩落がみられ、特に水みちとなっている崖面付近でそれが著しい。崩落の際、泥流層に含まれる軽石状の礫が土砂とともに剥落するため、崖面下にはそれらがたいへん多く堆積している。今回の調査で、空堀の法面下にも同様の状況を確認した。

空堀が埋め立てられた時期は、大きく二つの契機が考えられる。ひとつは廃藩による藩主居館の廃絶、もうひとつは昭和三十年（一九五五）に施工された第二中学校の校舎改築である。藩主居館とともに役割を終えた空堀は、まず東側の部分が埋め立てられたと思われる。明治五年（一八七二）の状況を記録した資料があり、当時、すでに埋め立てが完了していたことが判明した。調査の結果から、比較的混入物の少ないきれいな土砂を用いていることがわかった。

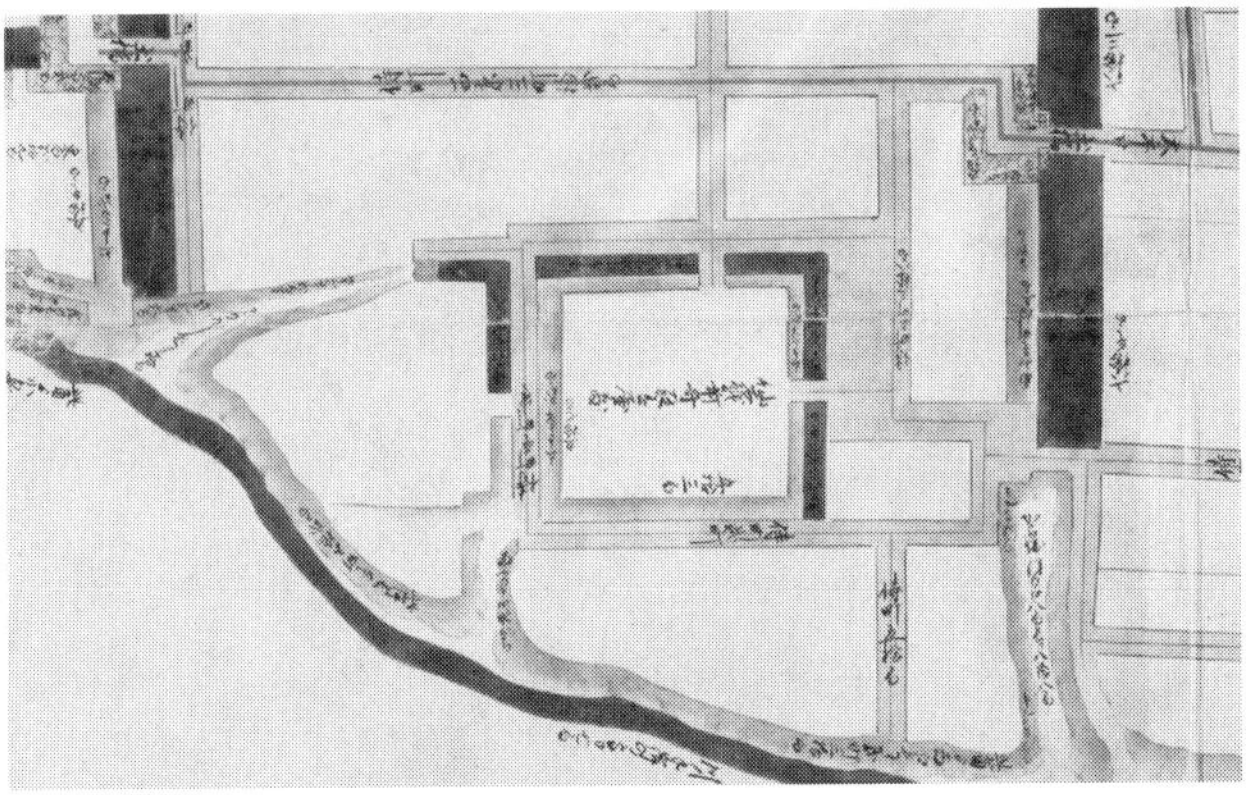
写真４　信州上田城絵図（正保絵図。部分）　国立公文書館蔵

では、空堀の西側部分は埋め立てられるまでどのような状況だったのか。昭和三十五年にはすでに埋め立てが完了していることは、学校関係の記録からわかる。それ以前の状況は、複数の資料から、空堀跡の底地と法面は桑畑として利用されていたことが判明した。当時は私有地であり、これを上田市が公有化して校地となった。公有化当時は、谷底に第二中学校のプールを作る計画もあったようだが、地形などの事情から断念し、谷地形を埋め立て、発掘前のような平らな校庭を造成したと思われる。

今回の発掘調査区の設定にあたり、空堀西側部分は上記のような状況で遺構が明確に把握できないことが明らかだったため、調査範囲からは除外した。現地表面から谷底までの深さが最大で六〜七メートル、幅も最大で三十四メートルほどあるという試掘結果などから、搬出する土量やそれに伴う安全確保を考え、掘削は現実的ではないと判断したことも一因である。そのため、空堀の東側部分に発掘調査区を設定し、まず空堀の状況を精査し、道路遺構が明確に検出できることが判明した場合に可能な限り調査区を広げることとし、調査に着手した。堀底と思われる堅緻《けんち》面まで掘り進めたところ、湧水が著しく、遺構の検出が不可能な状況だったため、調査区をさらに広げることはせず、調査を終了した。

一方、近代の遺構としては、学校に関わる建物の基礎や土坑（暗渠排水施設）などが見つかったが、時間的制約や埋蔵文化財包蔵地の上田城跡に関わる遺構ではないため、調査は見送った。ただ、空堀跡を埋め立てた過程は、居館跡や城下町が解体されていく様子を知ることができる重要な情報であるため、堀跡がいったん埋まった後に、重複して新たに掘られた土坑から出土した遺物は調査対象とした。結果、第二号土坑は空堀が廃絶された後（近代）に掘られているが、近世の肥前陶磁や土師質土器を主体とする遺物群を出土する遺構であることがわかった。

第二号土坑は、土層の切り合い関係から、空堀が埋め立てられた後に掘られた遺構であることが明瞭だった。また、空堀の法面を破壊しているため、少なくとも空堀が機能していた間に掘られたものとは考えにくい。この二点および空堀（東側）が明治五年には埋め立てられていた（先述）ことから、第二号土坑は少なくとも明治五年以降に掘られたものと考えておく。また、第一号土坑との切り合いにより、昭和三十一年（一九五六）以前に埋められたことも明らかである。また、第二号土坑の覆土から出土した近代磁器の破片は、空堀跡を明治・大正年間以前に埋め立てたことを想定させる。

出土した陶磁器のほとんどは、器形、施文などから肥前産と推定できる（写真5）。製作時期は大橋康二氏の編年によれば、おおむねⅢ期（一六五〇～一六九〇）に属すると考えられる。出土品のなかには在地の製品と思われるものもわずかにあるが、上田により近い生産地である瀬戸・美濃の製品と考えられるものが目立たないのも特徴といえる。なお、坑内の分層が可能なことから、層位ごとに一括性の高い資料ともいえるが、それぞれの層位の時間的な差は、

写真５　第２号土坑出土陶磁器（藩主居館空堀跡）
上田市教育委員会蔵

それほど大きくないと考えている。

なお、第二号土坑からは近代の磁器片は出土したが、ガラスびんはまったく出土しなかった。このことから、ガラスびんが一般に普及する明治三十年代までには埋められた土坑であると考えたい。このように、大橋編年Ⅲ期に属する肥前陶磁が明治時代に第二号土坑で廃棄されたのであれば、生産から百七十〜二百年近く経過していることになる。この大きな時間幅をどう考えるか。高級陶磁器ならともかく、日常で使用されていた一群で、伝世品とも考えられないとしたら、どのような事情によるものか。第二号土坑の周辺は、江戸時代には上級武士の屋敷だったことから、何らかの事情で保管してあった陶磁器を明治になって廃棄したということも考えられようか。

また、肥前陶磁の時期を大橋編年Ⅲ期と考えたが、宝永三年（一七〇六）には藩主が仙石氏から松平氏に代わっており、当然、上級武士たちの面々も変わっているはずである。あるいは、肥前陶磁が上田に直接もたらされたのではなく、松平氏が治めていた出石藩にいったん持ち込まれたものが、国替えで二次的に上田にもたらされたことも考えられないか。ともに出土した焙烙などの土師質土器も、肥前陶磁と同じ頃のものと考える。

第一号土坑とした遺構は暗渠排水施設で、年代決定に用いたのは出土した牛乳びんの破片である。牛乳びんの容量は昭和三十一年（一九五六）年に百八十ｃｃと決められ、びんの胴下部に「正」の陽刻がされたものが登場した。今回出土した牛乳びんの破片には「正」の陽刻が認められるため、少なくとも昭和三十一年以降、この排水施設を造った際に混入したと考えられよう（牛乳びんの容量が現在のように二百ｃｃと定められたのは、昭和四十五年のことである）。

これまでの発掘調査では、近代の遺構は「撹乱」として扱い、図面を作成することもなく、遺物を採集しないことも普通だった。しかし、東京都汐留遺跡（旧新橋停車場跡）などでの近現代の遺構・遺物の報告を契機に、陶磁器やガラスびん、歯ブラシといった道具類などについて全国で報告例が増えている。県内では、松代や松本城下町跡などでの報告があり、上田城下でも藩主居館の堀跡、中屋敷（作事場）の堀跡に続く報告例である。近現代の遺構・遺物を取り扱ううえで、まだ越えなければならない課題は多いが、遺物を持ち帰ることで、近現代の「撹乱」の時期をより正確に把握することが可能になるのであれば、まったくの無駄とはいえないのではないか。今後、類例が増え、調査研究がさらに進展することを期待している。

二、中屋敷（作事場）跡

遺跡の現状と発掘調査の履歴

上田市立清明小学校の敷地は、仙石氏の時代には「古屋敷」「中屋敷」と呼ばれていたことが正保絵図などからわかっているが、利用形態は資料が乏しく判然としていない。「古屋敷」という呼称から、真田氏の頃にはすでに存在した施設である可能性もある。屋敷は、仙石氏末期には作事場へと姿を変え、堀は徐々に埋め立てられて幕末を迎えたとみられる。

中屋敷（作事場）の敷地が学校用地となったのは、明治三十四年（一九〇一）に小県郡立上田高等女学校が置かれたのが最初で、民有地を買い上げて校地とした記録が残る。明治四年（一八七一）頃の「上田城郭并士族卒持屋敷総絵図」（上田県庁文書・長野県立歴史館蔵）では、旧作事場のなかに赤線（道路敷）が記され、家屋と思われるものが数軒記載されている。

学校はその後、改組・改称があったが、大正九年（一九二〇）に上田実科高等女学校が置かれてから、校舎の増築が進んだとみられる。大正十四年には家事教室が竣工し、今回発掘調査した堀跡の上に建てられていたことが判明している。よって、作事場の廃絶後も残存していた堀に、長期間にわたって生活用品・学校用品が投棄された後、最終的に埋め立てが行われて整地された時期は、大正十二～十三年頃と推定され、出土品の時期とも矛盾しない。

なお、発掘調査は平成二十四年（二〇一二）度に実施したものが初めてで、藩主居館跡と同様、校舎建設などの際に多くの遺構が失われたと考えられる。

発掘調査の結果

調査は、平成二十四年度と二十五年度の二ヵ年で実施された。そのため、調査区を二つに分け、二十四年度の調査区（屋内運動場改築に伴う発掘調査）をⅠ区とし、二十五年度をⅡ区（プール新築に伴う発掘調査）とした。どちらも中屋敷（作事場）の堀跡が地中に存在することが絵図から推定されたため、その確認を目的に行った（図2）。

【堀跡と土塁跡（写真6）】　調査区付近は、近世の絵図に堀が表現され、痕跡の所在は着手前から予想されていた。発掘調査は今回が初めてで、これまで明確な堀の平面プランは把握されていなかった。近世の上田城下町絵図では、作事場を囲む堀は正四角形で描かれる事例がほとんどだが、正保絵図や明治四年の絵図などでは、堀の西側ラインが南北方向ではなく、北北西―南南東方向に斜めに描かれる台形となっており、今回の調査では堀の西側ラインがどんな方向で検出されるかが最大の関心事だった。そこで、試掘調査の際、調査区内を東西に横断するトレンチを設定して掘削したところ、屋内運動場とプール予定地で、堀底の堆積土と考えられる黒色泥質土を確認した。この結果をもとに、本調査は堀の法面ラインと土塁跡を確認し、史料との整合性の確認を念頭に着手した。

上：写真６　堀の断面（中屋敷〈作事場〉跡）
下：写真７　炉跡（中屋敷跡）　ともに写真提供：上田市教育委員会

調査の結果、正保絵図などに描かれているとおり、堀の西側ラインが居館側に斜めに入り込んでいる状況を確認した。ただし、今回の調査範囲では堀の法面は東側しか確認できず、堀の全幅が検出できた箇所もなかった。

また、土塁はすでに失われていたが、調査区北端部で版築が確認された（幅約五・五メートルで粘土質の土をつき固めている。土塁の基礎が削平されずに残存したものだろう。

【炉跡（写真７）】　Ｉ区では、近世の炉跡と推定される配石と焼土が検出された。ただし、周辺は近代の校舎建築による撹乱が著しく、建物の礎石やピットなどは検出できず、炉が設けられていたとみられる施設の性格などは判明しなかった。炉の周辺の床面は硬化していた。出土遺物は次で詳しく触れるが、内耳鍋などの土師質土器が配石周辺から集中して出土している。

【近代の遺構】　学校建物の基礎や暗渠排水路などが見つかったが、時間的制約などもあり、調査は見送った。ただ、近世から遺された堀跡を埋め立てる過程は、居館跡が解体されていく過程を知ることができる重要な情報であるため、埋め立て土から出土する近代の遺物は調査対象とした。遺物の調査検討の結果と、文献記録や写真・図面などの検証結果を援用し、最終的に堀を埋め立てた時期は大正末期（十二年頃）という結論に至った。

明治四年頃に描かれたという「上田城郭并士族卒持屋敷総絵図」（前出）では、堀跡の幅が場所によって狭くなったりしていることから、当時、すでに埋め立てが始まっていたと考えられる。今回の発掘調査区からは、この絵図に描かれている法面の状況や幅が狭められた状況が確認できた。Ⅱ区で見つかった石積みによる堀の埋め立ては、まさにこの絵図に描かれた状況と一致する。

出土遺物の特徴

出土した土器・陶磁器のうち、近世のものが占める割合は少なく、大半が近代（特に明治末〜大正期）である。これは、作事場が役目を終え、跡地が民地や学校敷地となり、堀が廃棄物投棄の場として利用されたことが一番の理由だろう。

近世の土器は主に土師質土器で、かわらけ・内耳鍋・焙烙などがみられる。炉跡からまとまって出土した一群は、現場調査時には一見して使用時の器種セットを示す資料として有効と考えたが、接合が思いのほかうまくいかず、図化できたものはわずかだった。このことから、炉の廃絶に伴って土器が投棄された可能性や、香炉が出土したことから、祭祀的な行為がなされた可能性も検討しなければならないだろう。

近世の陶磁器は堀跡からの出土品がほとんどで、出土量はごくわずかである。これは、今回の発掘調査では堀底まで調査ができた範囲が狭かったことも一因と考えられる。Ⅰ区の堀底付近から出土した白磁の小皿は十七世紀初頭、伊万里の染付は十七世紀中頃の製作と考えられる。白磁小皿は半分程度しか残っていないが、器面に獅子が描かれている（写真8）。慶長年間前後に朝鮮半島から持ち込まれたと推定される。製作年代のみを考えれば、真田氏または仙石氏が上田を治めていた当時のものといえる。

また、近代の土層から出土した一群には、伊万里・瀬戸美濃系など大規模産地の陶磁器のほか、松代焼（長野市）や東馬焼（上田市）といった地元の陶器の破片がみられる。わずかに全体形のわかる資料があるが、ほとんどは小片である。堀に投棄された時期は、後述する近代の陶磁器と同じ頃と思われるが、小片の遺物は投棄する以前にすでに

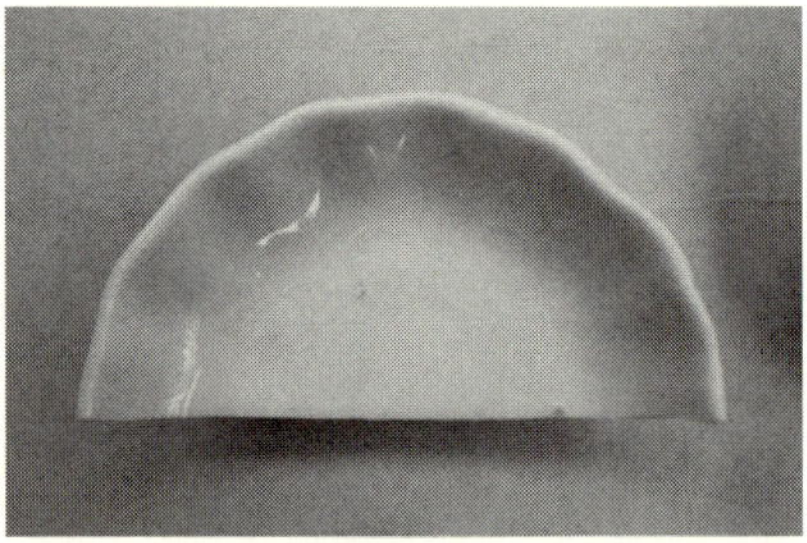

写真８　白磁（中屋敷跡）　上田市教育委員会蔵

破片となっていた可能性もあるだろう。

他方、近代の陶磁器はまとまった量が出土した。上田実科女子高等学校の当時の記録や、出土した「飯茶碗」の型式学的特徴（浅川二〇〇七）から、二十世紀第２四半期間にて堀に投棄されたと考えられる。今回の調査区については、大正十二年（一八七九）頃に最終的に堀を埋め立てて平地とし、上に校舎を建築したことで堀は密封されたため、一部の撹乱孔を除き、堀からの出土品にこれ以降の時代の遺物が混入した可能性はきわめて低いと判断できる。出土品には、碗・猪口・小碗・皿・徳利・蓋・鉢・香炉・火入・植木鉢・壷・擂鉢・土瓶・片口・仏飯器・灯火具・仏花瓶・蓮華などがみられる。やはり、伊万里・瀬戸美濃系が多く、地元の陶器の破片がわずかに混じる。

おわりに

平成二十三年（二〇一一）度に、三の丸大手の堀跡で開発行為に伴う発掘調査を実施した。工事が及ぶ範囲内での調査となったため、堀の全体形状などの詳細は判明しなかった。しかし、堀跡が現在でも水みちとなり、水分が多い泥が地下に堆積していること、近代になって石積みをして堀の幅を狭くし、井戸を設けたり、水路を設けたりしていることがわかった。また、近世の陶磁器・かわらけが出土したが、近代になって投棄された陶磁器・木製品なども大量に検出した。市街地の地下に存在する遺構で、これまで平面的な発掘調査を実施したのはこの一ヵ所のみである。今後も注意して保存活用を進めていくべきだろう。

三の丸の発掘調査においては、こうした居館跡や堀跡では遺構が確認されたが、城下町の他の遺構は明確ではない。上田城下町では近世の遺構面がそのまま近代の生活面になっており、近世の遺構が失われている場合がほとんどである。今後も引き続き、試掘調査などで調査例を増やし、城下の様子を知る手掛かりとなることを期待したい。

【参考文献】
浅川範之 二〇〇七「「飯茶碗」の考古学」（鈴木公雄ゼミナール編『近世・近現代考古学入門』慶應義塾大学出版会）
上田市教育委員会 一九九一『上田藩主屋敷跡　長野県上田高等学校第二体育館解体新築事業に伴う試掘調査報告書』
上田市教育委員会 二〇一〇『上田城跡（上田藩主居館跡）』（長野県上田高等学校合宿所等改築工事に伴う埋蔵文化財発掘調査報告書 上田市文化財調査報告書第一〇八集）
上田市教育委員会 二〇一二『史跡上田城跡保存管理計画・史跡上田城跡整備基本計画（平成二十三年度改訂版）』
上田市教育委員会 二〇一三『上田城史料調査報告書』
上田市教育委員会 二〇一四『上田城跡（中屋敷跡・作事場跡）』（上田市立清明小学校屋内運動場及びプール新築工事に伴う埋蔵文化財発掘調査報告書〈附 上田地域広域連合上田中央消防署耐震化工事に伴う試掘調査報告書〉上田市文化財調査報告書第一一九集）
上田市教育委員会 二〇一五『上田城跡（上田藩主居館跡）』（上田市立第二中学校校舎等新築工事に伴う埋蔵文化財発掘調査報告書 上田市文化財調査報告書第一二〇集）
上田市誌刊行会 二〇〇三『学校教育のあゆみ』（上田市誌　近現代編〈8〉）
上田市誌刊行会 二〇〇四『上田市の年表　付 索引』（上田市誌　別巻〈3〉）
上田市立博物館 一九八八『郷土の歴史 上田城』
大橋康二 一九八九『肥前陶磁』（考古学ライブラリー55、ニューサイエンス社）
大橋康二 二〇〇四『世界をリードした磁器窯 肥前窯』（シリーズ「遺跡を学ぶ」005、新泉社）
桜井準也 二〇〇四『モノが語る日本の近現代生活―近現代考古学のすすめ―』（慶應義塾大学教養研究センター）
桜井準也 二〇〇六『ガラス瓶の考古学』（六一書房）
森本伊知郎 二〇〇七「近世陶磁器研究の現状と課題」（鈴木公雄ゼミナール編『近世・近現代考古学入門』慶應義塾大学出版会）

Ⅲ　石切丁場の分布調査

森岡秀人

はじめに――春の信濃上田をたずねて

二〇一七年一二月、信州から珍しく石切丁場や石垣の専門調査に関する便りが舞い込んだ。長野県上田市教育委員会生涯学習・文化財課の和根崎剛氏からで、上田城の石垣や石切丁場が調査対象という。これまで、長野県における城郭の石切丁場関係の具体的調査は寡聞にして知らない。各地で盛んなのかを尋ねると、県下では初めてのことだといい、市として調査・研究を本格的に進める方針となったので、現地の検証をまずはお願いしたいとのことだった。

関西でも名が通っている信濃上田城のことである。行き先を石垣事情に詳しくない周囲に話すと、真田氏の関係ですかと即座に言われたりもする。真田による上田在城は四〇年近いが、その後に美濃国の土豪を出自とする仙石氏が入る。筆者は真田父子・兄弟の数奇な運命、豊臣滅亡期の真田の活躍ぶり以上に、仙石氏にはたいへん親しみをもつ。なぜならば、仙石氏は天正一一年（一五八三）に淡路国の洲本城主となっており、その後、宝永三年（一七〇六）には現豊岡市の但馬出石藩に移封されるなど、上田城在城の前後には兵庫県の城郭、さらに言えば土地と深く関わる大名だからである。

信州上田は今度で三度目の訪問になるが、信州には一〇回近く足を運んでいる。一番思い出深いのは、昭和五五年（一九八〇年）、旧石器文化の研究で有名な山中一郎氏（当時は奈良大学助教授、その後、京都大学教授。故人）と一緒に長野県の松本市や長野市の縄文・旧石器の遺跡・遺物を訪ね、上田市にも立ち寄り、上田城や上田市立博物館、信濃国分寺跡を訪ねたときのことである。森嶋稔・桐原健・笹沢浩の各氏の自宅や職場も訪ね、宮下健司氏の篠ノ井にある家にも泊めていただいた。広い長野県で、信濃国府や信濃国分寺があるのは、降雨量が最も少ない土地柄とはよく聞くものの、上田盆地にある理由は、善光寺平や松本平、佐久平との違いを住んで実感しないことには、その中枢性・上田らしさはわからない。

上田城については、関連石切丁場の分布調査や測量調査などをこれから進めていくようで、長野県教育委員会の指導のもと、将来的には発掘調査なども視野に入れた予備調査に着手したとのことである。事情はともあれ、今年（二〇一八年）春先の調査に関する指導・助言の依頼があったため、現地入りを快く承諾したのである。きっかけは長野と兵庫をよく知る城郭談話会の髙田徹氏で、和根崎氏と三人揃っての踏査は叶わなかったが、上田市の調査は今後本格化するという。今回の実査は、現地をよく知ることと上田城との実質的な関連性究明を主な眼目に据えたため、その要請に基づく調査の詳しい報告は後日のことになる。本稿では、石切丁場跡でのわずかな所見を紹介しつつ、石切丁場とはどんな遺跡なのかに力点を置いて述べ、西日本の実例との比較なども試み、その重要性を喚起したい。

調査の概要

上田城の石垣石調達は、その北方約二キロの場所にある太郎山山塊の石場から行っている。市街地の北郊麓に表参道とする登り口がみられる山である。急勾配が続くが、石切丁場の中心に行くまでの道はハイキング路で歩きやすい。この丁場は未見ではなく、従来から知られているが、本格的にその性状を調査し始めたという。特に、石垣本体との時期や年代など具体的解明が必要なため、今回の実地調査となった。

踏査した石切丁場は二ヵ所で、いずれも緑色凝灰岩を利用しており、城地の石垣主材と一致する。緑色凝灰岩はグリーンタフとも呼ばれる。新生代新第三紀漸新世～中新世の海底火山活動により、火山灰や火山岩で生成された岩石

図1　太郎山系における石切丁場等の分布図　①虚空蔵堂裏地点、②牛伏城南地点、③表参道十二丁石地点、④ぼこの首、⑤眉間林（指差しゴーロ）、⑥「石之町」地名　※①〜③は仮称

で、東北部日本の日本海側から北海道にかけて分布する。

フォッサマグナ地域で分布圏が屈曲して中部地方に入り、太平洋岸に向かうため、長野東部の上田はこの緑色凝灰岩が顕著に存在するのである。色合いも、淡緑色・緑白色・灰緑色など太陽の照り具合なども影響して差もみられるが、比較的堅い凝灰岩である。七〇〇〇万年前に生成された兵庫播磨竜山石などと比べると、その生成は新しく、三三〇〇〜一三〇〇万年前に遡る。転石型の石切丁場ではなく、この緑色凝灰岩の岩体や節理により崩壊した部材を中心に石垣用材を調達したもので、良好な場所は限られるため、分散的なありようを示している。また、上田城以外、近代に至っても用いられているようであった。

仮称牛伏石切丁場について

午前中に調査に入った石切丁場で、「牛伏」は山城の名から付けられている。牛伏城は、常盤城虚空蔵にあり、標高は六八七メートルである。沖積地からの比高はおよそ一八〇メートルで、堀切・郭石積み・土塁などの遺構が残るとされる。虚空蔵堂の裏にある岩盤に石切丁場が存在し、複数の矢穴列が良好に残っている（写真1）。上方への登り口にあり、標高五二〇メートル付近である。緑色凝灰岩の岩肌が広く露出し、切り拓かれた場所にお堂が営まれる。そこから山道に入り、上方へと歩き進む。勾配のきついところもあるが、尾根上の石切丁場は標高六八〇メートルあたりにあり、平坦地造成型の石切丁場がみられる。形態は不整ドーナツ状に中央が窪み、周囲が高く堤状を呈する。

径一五メートル前後のクレーター形態の比較的規模が大きい丁場で、コッパも散布し、採石活動の跡がみられる（写真2）。上田城の森が遠望でき、南斜面にも人工的な段状の加工面が展開する。これらも、石材を切り出していた作業面かもしれない。矢穴は、Aタイプ新相とCタイプの二種類が存在する（矢穴のタイプは第一部Ⅶ参照）。Aタイプの列は大型や超大型の不揃いな矢穴はなく、慶長期前半や後半に遡るものはない。元和期と思われる例もなく、古い矢穴はほぼ寛永初期、一七世紀前半と推定される。石材の岩種は緑色凝灰岩で、城内の石垣の主要石材と同一であり、この牛伏から切り出されたものとみて大過ない。ただ、Cタイプの矢穴もあるので、一八～一九世紀にも改修・補修用の石材調達があるようだ。尾根の奥にも窪地があり、石切丁場の別のユニットがみられる。周囲の岩盤面には矢穴列が認められる。

各地の城の石切丁場には、経験上、数タイプの立地類型がある。転石の多い場所では、谷や沢の石材を調達する。これらは運搬しやすい石

上：写真１　虚空蔵堂裏地点岩体の矢穴列
下：写真２　牛伏城南地点の平場

曳道にもなり、ストックヤードのような集石地があったりする。ルート上で運搬途中のような石材も発見できるが、上田城のこの石切丁場の場合、高所で展望のきく場所に径二〇メートルほどの平場を設け、加工作業を行い、それが進行して石材を運び出し終わったような状態で残っている。いくつか残石がみられるが、調整石のような切石加工の整美なものはみられない。西側から小径を回り込むと、そこにも岩盤を中心に石材の加工を行う窪地状の石切丁場が遺存する。コッパの散布が確認でき、採石の作業を行っていることがわかる。矢穴にはCタイプも散見され、石切丁場の経営は長期に及び、一八世紀後半～一九世紀頃までと二〇世紀にも採石活動を複合的に行っている。以前から判明している石切丁場だが、今回は本格的に調べる予備調査のようなことになった。発掘調査などを学術的に行えば、さらにさまざまなことがわかりそうである。

自然石の粗割・割加工・切石加工などの目的石材と切石には、矢穴やそれが列をなす矢穴列がみられ、切断が終わった石材には矢穴痕や矢穴列痕が残存する。矢穴彫りにはノミを用い、下地線などを彫って進める。矢穴口は短辺と長辺があり、Aタイプでは矩形を呈するが、先行する古Aタイプには隅角が丸く、あるいは紡錘《ぼうすい》状になるものがある。その縦断面形が舌状、U字状を呈するものが古く、石造物には先Aタイプが導入される。矢穴を用いる硬質石材の切石加工は、一二世紀末頃に中国から日本に伝来した。最も古い紀年銘をもつ石造品は、奈良県大和郡山市に所在する額安寺宝篋印塔で、文応三年（一二六〇）である。その数年後には、大型宝篋印塔の用材切り出しに初期矢穴技法を用いている。筆者は、僧重源と関わる奈良市東大寺の石彫群に、導入時の矢穴技法が中国工人によって駆使されたと考えている。

このように、矢穴による切断手法は、城郭石垣のために日本列島へ入ってきた石材調達技法ではないが、矢穴先A型式→古A型式を経て、永禄～元亀期頃から石垣城への導入が始まり、近江湖東地域での例が城郭初見になるのではないだろうか。観音寺城には存在するが、安土城には見当たらず、古い城から新しい城に採用されていったものではないのである。矢穴の縦断面形も、基本的に天正〜文禄期以前の例で、この石切丁場にはまったく見当たらなかった。つまり、真田氏は矢穴技法を用いた石垣材調達は行っていないのだろう。石取りの古法によって採捕していると考える。なお、割石・切石の控えは短いものが多かった。

仮称太郎山石切丁場について

黄金沢橋が見える太郎山の登り口から、比較的緩やかと感じる斜面を石切丁場まで登る。石切丁場は、尾根伝いの道がやや平坦な頂部をみせて痩せ尾根となる部分にある。幅をもつハイキング登山道で、石切丁場に至るルートの難易度は三〜四ランクであり、所用時間はおよそ四〇分だが、比高は比較的低い。上田盆地・上田城へは、先の牛伏石切丁場より眺望がきき、尾根は南東方向に伸び、先端付近の標高六二〇メートルから盆地に向けて下降する。登り道は、高圧線鉄塔の付近から左、右と大きく屈曲しつつ上がるが、尾根上七一〇メートルあたりに花古屋城と呼ばれる中世の土城が立地する。高圧線鉄塔の南方、道を少し外して、突端の主郭が眺められる地点に来ると、山肌に堀跡、尾根に堀割が認められる。

石材調達は岩体が露呈した緑色凝灰岩の岩盤を利用するもので、標高八五〇メートルを超すあたりから露岩が面的に現われてくる。ちなみに、登り口の山体の裾部から東方一帯は、黒灰色を呈する泥岩が目立ち、東西で地質構造の差異がはっきりと認められるようである。

現地をさらに尾根伝いに北西方向へ辿ると、一一四五メートル前後の太郎山の山頂があり、そこに太郎山神社が鎮座する。北西から南東に軸線をもつ馬の背状の尾根は、東斜面が急勾配で、谷があるものの石材を引き下ろせそうにはない。このような高い位置からの築城石運搬の方法、とりわけ石曳道の想定には強い関心がある。一二丁石を目印にできる石切丁場は良好に残っており、その日のうちに寛永初期段階とみられる矢穴と矢穴列痕が検出された。岩盤

写真３　表参道十二丁石地点の矢穴列

利用の切石加工のため、長い矢穴列一列に実に二六個も確認することができ、どれも一〇センチ未満の矢穴口長辺をもつ痕跡が明瞭だった。作業のしづらい側面列で行っているのは、回転割の技法が不可能な巨岩だからであろう（写真３）。この石材は、長期間にわたって全容を見きわめ、清掃・測量することになった。全体が平場となっており、飯場や簡易な鍛冶炉などが出土しそうな雰囲気を直感した。広く発掘調査をすれば、採石関連の遺構が伴いそうな作業場で、予想以上にはっきりした江戸時代初期の石切丁場の認定ができたのではないかと思う。石切丁場として、一種の凍結感が漂っていた。

他にも和合沢（御廟の沢）と呼ばれる場所や、山口北方の山腹の大きな岩（ほこの首）にも石切丁場の伝承があるというが、これらの現地には行っていない。

おわりに

石切丁場は、「石垣城」には欠くことのできない存在である。城郭における発掘調査を伴う考古学的研究がスタートした一九七〇年代に、石切丁場の関心がなかったわけではない。すでに、日本古城友の会の分科会である築城史研究会（代表・藤井重夫）は、大阪城の石垣刻印調査を手掛けると同時に、西日本一円、とくに瀬戸内海沿岸部・島嶼部の同城と関わる石切丁場調査に乗り出し、地道な調査を兵庫県芦屋市の歴史研究団体である芦の芽グループとともに実施してきた。六甲山系では、一九六八年に一人の高校生により花崗岩石切丁場の第一号刻印石が発見され、以降、若い人たちによる分布調査が全国に先駆けて進んでいった。筆者は文化財担当者という公の立場に身を置いていたが、一九七四年に初めて築城石の矢穴列を実測するという貴重な経験を得ることができた。石材調達技術の歴史についての関心と研究意欲はその頃から高まり、全国の自治体や民間研究者の調査レベルも気になり始めていた。

一九七九年には六甲山の一部、市街地も含めた分布調査を芦の芽グループの協力を得て実施し、翌年には「周知の埋蔵文化財包蔵地」分布地図に刻印石や矢穴石などの点在状況を示して、その保護活動に乗り出した。おそらく、文化財保護法にいう「周知」の位置付けにしたのは、全国で初めてのことと思われる。

発掘調査は一九九〇年代とかなり遅れたが、開発で破壊の憂き目にあう石切丁場から、国庫補助事業による記録保存調査をスタートさせた。当時の埋蔵文化財の行政調査では、城郭の石切丁場の発掘調査は前例がほぼなく、調査基準や発掘方法、記録化の手順、保存や活用の方法など、すべて手探り状態だった。しかし、東京都江戸城伊豆石の石切丁場や石川県金沢城の戸室山石切丁場をはじめ、全国に調査マニュアルやアイデアを発信する側の立場となり、最近では、各地で大学や行政による石切丁場の調査が常態化するまでに発展した。兵庫県の六甲では、徳川期大坂城の東六甲石切丁場が半世紀以来の国史跡に追加指定される朗報も最近もたらされた。信濃上田城は、長野県下では先鞭ともなる城郭石切丁場の調査が今回行われ、よいスタートが切れたと思う。数値化された調査データはまだないが、第一所見は重要であるため、現地踏査をふまえた事柄を粗いものながら集約し、この調査のまとめとしておきたい。

石切丁場は、残念石や残石、石取り場の亡骸などと呼ばれるが、れっきとした生産遺跡、労働活動の場であり、今では埋蔵文化財包蔵地になっている場所も多い。文献史料に残る実例はきわめて少ないが、城郭研究では表裏一体の人間活動の痕跡で、その調査と研究は城の重要性、土地とのネットワーク性をいっそう高める。石材を直線的に切断するために矢を挿入する目的の穴を列状に彫るが、それを矢穴と呼んでいる。多くはミシン目のごとく列状を呈し（矢穴列痕）、矢穴型式は森岡・藤川編年によるAタイプとCタイプが確認された。先A・古A・Dの諸タイプはまったく認められなかった。傾向を捉えると、牛伏石切丁場にはCタイプが、太郎山石切丁場にはAタイプが中心に分布し、近世～近代にかけて時期差をみせて石材調達活動を行っている。Aタイプは、慶長前半期の古相や慶長後半～元和初期の中相に遡るものではなく、寛永期に下るもので、石場の経営の上限を示している。通常のAタイプより小振りのものが多く、大きさは比較的安定しており、仙石氏時代の石垣築造に対応するものだろう。Cタイプには、松平氏時代の改修に供されたものが加わっている。詳しく調査すれば、上田城石垣との対照も可能になるだろう。

石切丁場の永続性や信憑性の一端は、残存古地名にも表われやすい。近在の村の一部について眺めると、山口村の「七切」（望月家文書、承応三年八月二日）や「石の町」・「石福」（寛政一二年、関家文書）などが注目される。石材の調達が行われたことにちなむ場所を示しているとみてよい。

余談になるが、全国の遺跡や古墳の解説板には、ミスリードが多く見受けられる。石切丁場もその一つで、瀬戸内一帯の一部には、徳川期大坂城の石切丁場を豊臣秀吉の大坂城のものとするような例がある。経営主体・年代などの把握に齟齬があるからで、信頼のおけない説明となる。上田城の場合、著名な真田氏と結びつけて誤解されることは関西ではままあるため、その部分は遺跡の本質を損なうものではないにせよ、注意が必要である。時期的な位置づけなどはあえて最も強調すべき点と考えられる。

以上、踏査のみの乏しい情報から応急かつ簡略にまとめたが、今後の調査のガイドライン程度は示せたかと思う。測量や発掘を伴う継続調査により、さらに明らかになることを期待したい。

【参考文献】

浅倉有子　二〇一三「史資料からみる近世・近代の上田城」（『上田城史料調査報告書―平成二十一～二十四年度史跡上田城跡整備事業に係る史料調査報告書―』上田市文化財調査報告書第一一五集、上田市教育委員会）

上田市　一九四〇『上田市史』上巻

上田市教育委員会　二〇一三『上田城史料調査報告書―平成二十一～二十四年度史跡上田城跡整備事業に係る史料調査報告書―』（上田市文化財調査報告書第一一五集）

上田市教育委員会二〇一五『史料に見る真田氏の歴史―人物編―　上田城歴史年表』
上田市・上田市教育委員会二〇一〇『史跡上田城跡 石垣基礎調査報告書―平成二十一年度国庫補助事業石垣基礎調査報告書―　附平成二十一年度本丸東虎口周辺発掘調査報告書』
上田市立博物館二〇一五『郷土の歴史　上田城』
大国正美二〇〇三「文献にみる近世初頭の採石場の変質と豊臣・徳川両大坂城」（『徳川大坂城東六甲採石場Ⅲ 岩ヶ平刻印群（第一二次）発掘調査報告書』芦屋市教育委員会）
木越隆三二〇一五「戸室石切丁場の総合調査を顧みて―城郭史研究と学際研究について―」（『織豊城郭』第一五号、織豊期城郭研究会）
北垣聰一郎二〇〇三「石材加工技術とその用具」（『古代近畿と物流の考古学』学生社）
坂本　俊二〇一六「大坂城再築普請における石材運搬経路の一考察」（『ヒストリア』第二五八号、大阪歴史学会）
高田祐一・合田茂伸・森下真企二〇一八『「大坂城石垣石丁場跡 東六甲石丁場跡」とは何か』（国史跡指定記念セミナー資料集〈三月二十五日〉西宮市教育委員会）
乗岡　実二〇一五「山陽・山陰の城郭むけ採石場」（『織豊城郭』第一五号、織豊期城郭研究会）
兵庫県教育委員会二〇〇八『徳川大坂城東六甲採石場―国庫補助事業による詳細分布調査報告書―』
藤井重夫一九八二「大坂城石垣符号について」（『大坂城の諸研究』名著出版）
増田行雄二〇一七「増位山は姫路城を支えている―〔速報〕近世・増位山石切丁場跡概要報告―」（『歴史と神戸』第五六巻第六号〈通巻三二五号〉神戸史学会）
森岡秀人二〇〇三「徳川再建大坂城の石切り丁場の調査と保護―芦屋市の行政的取り組みと成果を中心にして―」（『石垣普請の風景を読む―城の石垣はいかにして築かれたか―』東北芸術工科大学）
森岡秀人二〇〇八「築城石・石切場と切石規格化をめぐる一試考」（『橿原考古学研究所論集』第十五、八木書店）
森岡秀人二〇一四「大坂城・伏見城の石切場」（『織豊期城郭の石切場』二〇一四年度金沢研究集会、織豊期城郭研究会）
森岡秀人二〇一七ａ「遺構論 矢穴技法」（村田修三監修、城郭談話会編『織豊系城郭とは何か　その成果と課題』サンライズ出版）
森岡秀人二〇一七ｂ「遺構論 石切場」（『織豊系城郭とは何か　その成果と課題』前掲）
森岡秀人二〇一八「「研究動向」」六甲山系における大坂城石切場跡調査・研究半世紀の基盤的課題と展望」（『ひょうご考古』第一五号、

兵庫考古学談話会）
森岡秀人・天羽育子　二〇〇九「丁場類型によりみたる花崗岩の石切場」（『兵庫発信の考古学』間壁葭子先生喜寿記念論文集刊行会）
森岡秀人・藤川祐作　二〇〇八「矢穴の型式学」（『古代学研究』一八〇、古代学研究会）
森岡秀人・藤川祐作　二〇一一「矢穴調査報告」（『額安寺宝篋印塔修理報告書』大和郡山市教育委員会）
森岡秀人・武内良一・久保孝・中川亀造・青地一郎　二〇一五『伏見城関連の石切場について―「豊徳」期における石垣石材調達をめぐる所見の二、三―』（山科石切場調査・研究グループ）
山上雅弘　二〇一四「近世城郭における技術発展と規格化―城郭の完成と技術者の凋落―」（第三十一回全国城郭研究者セミナー報告レジュメ）
山上雅弘　二〇一六a『築城―職人たちの輝き―』（特別展図録、兵庫県立考古博物館）

第三部　上田城研究の進展

信州上田城図　国立国会図書館蔵

Ⅰ

上田城用地と「城下囲」西部の村々

寺島隆史

はじめに

上田城西端（奥）の郭は「小泉曲輪《こいずみくるわ》」と呼ばれていた。正確な上田城図としては最古のものである、十七世紀半ば正保年間の図[1]によると、掘割で東西二郭に分かれたどちらにも「小泉曲輪」と書き込まれている（図1）。したがって、本来は二郭ともに小泉曲輪であったとみてよい。しかし、その後の大部分の上田城図は、東半部だけを小泉曲輪としている[2]。現在、東半部は主に上田市民体育館の、西半部はアート金属株式会社ほかの敷地となっている。

小泉氏の本拠小泉の地は、上田城とは千曲《ちくま》川を挟んで対岸の左岸になる。だが、右岸のこの小泉曲輪も小泉氏の砦であったとみられ、天文二二年（一五五三）に、小県郡全域が武田氏支配下になったおりに破却された「小泉ノ城」（高白斎記）にあたる可能性が高いと思われる。この小泉曲輪には仙石氏による寛永の上田城復興以降は、城郭建築は設けられなかった。しかし、小泉曲輪（東半部）からも本丸堀底から出土のものと同じ桃山様式の菊花文軒丸瓦が発見されている[3]。また、金箔押しの鯱瓦が延享四年（一七四七）に小泉曲輪西の空堀（東西二郭の間の掘割か）から掘り出されたと伝える[4]。

このように、真田昌幸の上田城は小泉氏の城・砦も取り込んで構築されたとみられるのだが、本稿でみるように、小泉曲輪は、江戸前期に一旦払い下げられ農地となったあと、その東半部分については中期に再接収されていたとみられる。そして、明治の廃藩直前には再度払い下げられていたものだった。

筆者は『上田市誌⑨　真田氏と上田城』の中で、上田築城・城下町形成に付いて執筆を担当したが、そのおりには、上田城中心部は常田《ときだ》村からの接収、と考えてもいた。それもあり、今まで右の小泉曲輪払い下げの事実については、特には取り上げないできたし、他にもこれについて触れているものはない。しかし、その後、この動きに注目する中で、「城下囲」とされる村々のうち鎌原《かんばら》村ほか特に城下町の西に続く村々の形成と上田築城との間には、見過ごすことのできない密接な関わりがある、と考えるようになった。以下、この観点からの考察を中心として述べさせていただく。

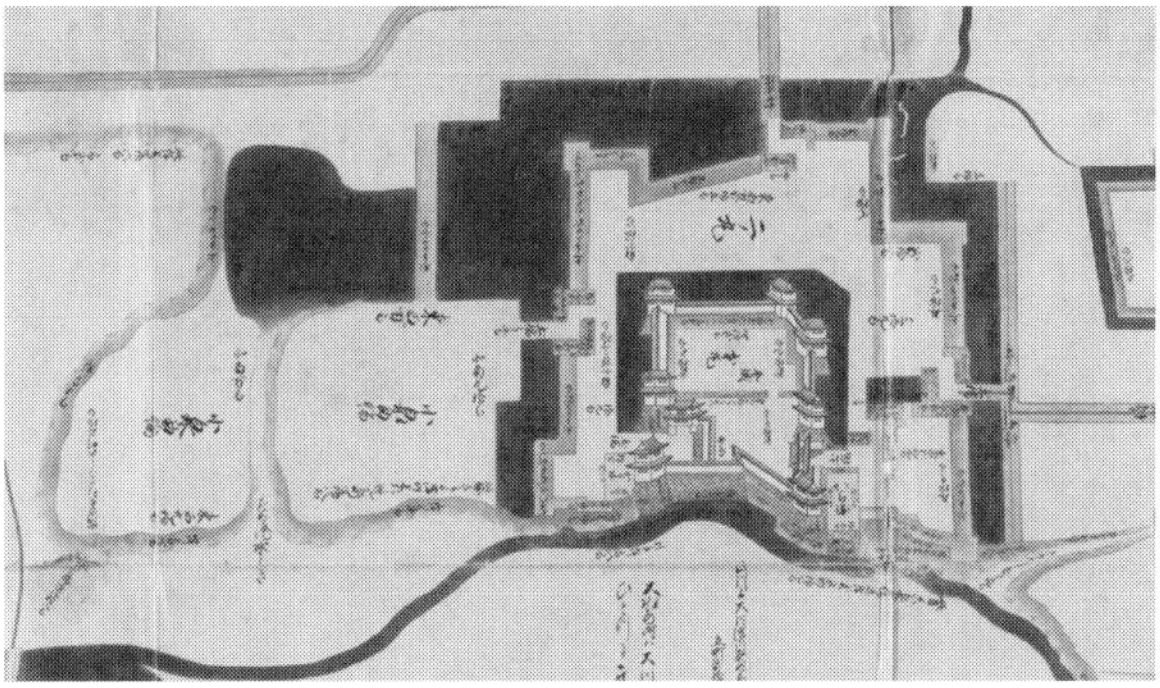
図１　信州上田城絵図（正保城絵図。部分）　国立公文書館蔵

一、上田築城と慶長の上田城破却

上田築城普請は天正一一年（一五八三）四月に始まっている。これは、真田昌幸が徳川家康に申し入れて、上杉方に対する徳川方最前線の重用基地として、家康の命令で築城工事が始められたものとみられる。[5] そして、同十三年の第一次上田合戦後の上杉・真田と徳川の対陣の間の九月には、徳川軍の再攻に備えての、上杉勢による上田城増強普請が盛んに行なわれている。[6] このとき、上杉勢はそれについて「御普請」と言っている。つまり、上田城は、建て前上は、当初は徳川家康の城であり、次いでは上杉景勝の城であった。

しかし、縄張りは真田昌幸によってなされたとも伝えるし、[7] 昌幸は「城代」の期間はほとんど経ずに、天正一一年の一応の竣工直後より実質的な城主に納まっていたとみられる。[8] 昌幸は、徳川・上杉という二大勢力をたくみに使って居城を

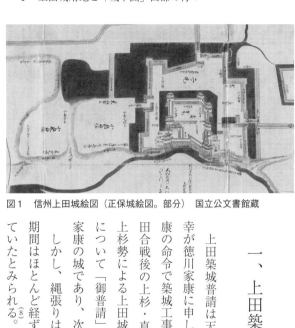

築いたものでもあった。

一般に、江戸時代には藩士屋敷街も「城中」「城内」と呼ばれた。上田でも同じだが、ここでは、現在の感覚と同じ、いわゆる城郭部分である本丸・二の丸と小泉曲輪、及びそれに付属する堀（ほぼ現在の上田城跡公園の範囲）だけを上田城と称することにする。

この真田氏上田城は、慶長五年（一六〇〇）の第二次上田合戦・関ヶ原合戦後は、徳川方により「堀をうめ屏こぼちて」廃城とされた。

二、破却された上田城跡は鎌原村付属の農地に

真田信之が上田の領主であった時代の末期、元和七年（一六二一）のものとみられる上田城図[9]には『古城本丸」「ウメホリ」「畑」などと記されている。

この図以外の農地となった真田氏上田城跡の記録については、元和八年（一六二二）に真田氏から仙石氏に上田藩主が交代したおりに作成された「上田領惣貫高帳」の鎌原村分の記載[10]がまず上げられる（以下、傍線は筆者）。

高五拾七貫五百五拾五文　　鎌原村
内一七貫弐百三拾五文　　入下
一拾弐貫七文　　城堀町ニ成
一弐貫文ノ内　壱貫文　　きもいり免
一弐貫百弐文内　壱貫五拾壱文　　寺社領

合弐拾壱貫弐百九拾三文
残而三拾六貫弐百六拾弐文
此籾　弐百五拾三表一斗六升六合
古城廻
高三拾五貫弐百弐十文
内一三貫三百八拾文　入下
一四百弐拾文内　弐百拾文　大林寺領
一八百六拾六文　不作
一五百文　海野町きもいり免
一五百文　原町きもいり免
一壱貫五百文ノ内七百五拾文　きもいり免
合六貫弐百六文
残弐拾九貫拾四文
此籾弐百三表壱升九合
二口合四百五拾六表一斗八升五合
内一拾八表　鎌原当免ニ遣
一拾八表　古城廻り免
残而四百五拾表　戌定納
内一三百拾四表　金兵衛殿納

一三拾八表一斗七升五合　　　野崎兵衛納

合三百四拾表一斗七升五合

残而百九俵二升六合　未進

このように、鎌原村の附属地の形で三五貫二二〇文の「古城廻」が書き上げられ、鎌原村分と古城廻分の二口合せ籾四五六俵一斗八升五合が、元和八年戌年の鎌原村の年貢高とされている。

ところで、右の史料で「金兵衛殿納」とある金兵衛とは、この領主交代の折に立ち合った幕府代官高室金兵衛昌成であった。その金兵衛が上田の新領主仙石忠政に交付した上田領石高帳も伝わっており、その中に次の一項が見える。(11)

三拾五貫弐百弐拾文

一高八拾六石九斗九升三合　上田城廻明屋敷

この「上田城廻明屋敷」の貫高は、上田領惣貫高帳の「古城廻」の貫高と一致することより、両者は同じものであることを確認できる。なお、八六石九斗余という石高は、貫高一貫文を二石四斗七升として石高に直したものである。このとき小県郡の村々の石高は、すべて同様に換算された。特に、これ以降も上田藩領として残った五万石分の村々については、その大部分で近世を通じて石高制による検地がなされず、貫高による表示が明治の地租改正まで続いた。その中で、一貫文＝二石四斗七升で換算された数値が正式な村高となったのだが、これは対幕府関係の中で使われただけの数字であった。

次の史料は、慶長一五年（一六一〇）に真田信之の重臣矢沢頼幸・宮下藤右衛門が、上田城下海野町《うんのまち》の肝煎蔵之助に発給したもの。(12)肝煎免二貫文の内、一貫文の地について指定しているのだが、これにも「上田明屋敷之内」でとある。

以上

海野町肝煎免弐貫文被下候内、壱貫文ハ近年篠井ニて請取之由候、残而壱貫文ハ上田明屋敷之内ニて、石井甚

（喜？・）左所より可請取者也、
戊之　　矢　但　馬（黒印）
三月十日　　　頼（花押）
宮下藤右衛門（黒印）
□（花押）
海野町蔵之助殿

前掲の上田領惣貫高帳の「古城廻」の内に「海野町きもいり免」の記載もあり、これもまさしくそれに対応する。なお、同帳では一貫文ではなく五百文となっているのは、この領主交代時に寺社領などと同じく減免分が半減されたことによる。ともかくも、右の文書と上田領惣貫高帳によれば、上田城下町の親町とも言える海野町・原町《はらまち》という両町の肝煎免のうち計二貫文の地については、真田昌幸の上田城の跡地である畑で支給されていたのであった。

以上三点の史料よりみて、「古城廻」「上田城廻明屋敷」「上田明屋敷」は同じもので、破却され農地＝畑となった真田昌幸の上田城跡をさしていることは明らかと言える。

これについては、右の元和八年に幕府より交付の所領目録である上田領石高帳に記載されていた故だろう、この後も、正保・元禄・天保の信濃国郷帳にも[13]「上田城廻り明屋敷」「上田城廻り」とあり、明治新政府編纂の『旧高旧領取調帳』に至っては、これに相当するものが「上田町」として記されている[14]。

江戸時代前期の寛文四年（一六六四）に交付された上田藩主仙石政俊宛ての領知目録[15]にも、既に「上田城廻村」とある。このよう、に「廻り」という字に惑わされて、近世前期から近年に至るまで、この「上田城廻り明屋敷」が上田城下町にあたると考えられてもいた[16]のだが、これは明らかな誤りだった。

真田信之と交代した新上田藩主仙石忠政による寛永三年（一六二六）からの普請により、上田城は復興される。上田城廻り三五貫余は、その間、つまり真田信之が父昌幸に代わって上田の領主になった慶長五・六年以降、寛永初年までの間だけの農地・年貢地だった。もちろん、同地は城郭復興のために再び接収されたわけで、この名目は消されるべきはずのものであった。それにもかかわらず、これも仙石氏上田入封当初の正式な拝領地・拝領高ということもあってだろう、その後も江戸時代を通じて領知目録・郷帳等に、そのまま記載され続けたため混乱を生じたわけである。

それにしても、その間、一旦は農地になった城跡が鎌原村の附属地として扱われたのはなぜだったのだろう。筆者はその理由は、鎌原村が単に真田昌幸の「古城」に近かったからだろう、としか思っていなかったのだが。

三、仙石氏による小泉曲輪の鎌原村への払い下げ

仙石氏上田在城時代に小泉曲輪が鎌原村に払い下げられている。これについて、天保一四年（一八四三）に上田藩に提出された「上田城・城下町用地接収地覚書」(17)には、鎌原村の接収地貫高書上げにあわせて「此外、御先代切起之内小泉曲輪御用地、当御代御引上ニ相成申候」と記されている。「御先代」とは仙石氏のこと。つまり、仙石氏上田在城時代に上田城地の一部が（払い下げられ）切起こされて農地となったが、「当御代」すなわち松平氏在城の時代になってから、小泉曲輪の「御用地」として引き上げられたというのである。

次は、その仙石氏在城時代の寛文一二年（一六七二）に城郭用地が鎌原村に払い下げられ、農地となった折のものとみられる検地帳(18)（写）の、冒頭部分である。表紙には「寛文拾二年子八月七日　鎌原分田畑切起御改帳」とある。

　　鎌原村切起覚
西脇南裏

一中畑弐畝三歩　此分米壱斗八升九合　西わき　市兵衛
同所
一中畑弐畝三歩　此分米壱斗八升九合　同　所　くに
同所
一下畑壱畝九歩　此分米壱斗四合　西わき　市兵衛
同所
一中畑弐拾壱歩　此分米六升三合　西わき　長兵衛
同所
一中畑壱畝九歩　此分米壱斗壱升七合　同　所　くに
同所
一上畑弐畝歩　此分米弐斗　右同断　くに
西わき裏
一中畑弐畝弐拾壱歩　此分米弐斗四升三合　西わき　市兵衛
同所
一上畑弐拾七歩　此分米九升　羽田宇兵衛殿
同所
一中畑壱畝歩　此分米九升　右同人
（「西わき裏」田畑八筆分略）
上城曲輪

一中畑七畝九歩　分枚六斗五升七合　新町　代右衛門
　内三畝三歩つふれ、内拾五歩
同所
一中畑四畝九歩　同　三斗八升七合　同人
　内壱畝三歩右同断
同所
一中畑三畝弐拾七歩　同　三斗五升壱合　同人
　内弐畝三歩右同断
同所
一中畑弐畝三歩　同所　瀬太夫
　内壱畝九歩右同断　（「上城曲輪」畑三七筆分略）

この「切起」地は「西わき南裏」「西わき裏」「上城曲輪」であった（表参照）が、このうち西脇とは、鎌原村の西に隣接する北国街道沿いの街村であり、その南裏というと、上田城小泉曲輪北側の蓮堀または捨堀と呼ばれる大きな水堀に隣接する地であった。西脇村の北側は、条里地割のよく残る古くからの水田地帯であり、「西脇裏」も「西脇南裏」と同じ、西脇村の南裏の地を指すとみられる。つまり、西脇村の南方に接していた城郭用地の一部の地が払い下げられて農地となったものとみてよい。

もう一か所の「上城曲輪」とは、いかにも城郭の一画らしい地名だが、この「上城曲輪」分の切起しは計四三筆で、面積合計は一町三反八畝二七歩（四一六七坪）、石高では十一石八斗九升六合と見積もられている。かなり広い土地でもあり、これは「西脇（南）裏」に続く小泉曲輪部分以外には考えられない。

ただし、小泉曲輪東半部か西半部かは確定できない。面積からは、狭い方の西半部かともみられる。しかし、小泉曲輪西半部については、明治の地字図[19]によると、こことその北・西の周辺の窪地をあわせ「下城」という字名になっている。これは旧来のいくつかの地名を統合した字名と見られるが、仮に小泉曲輪西半について「下城」と古くから呼んでいたとすれば、東半を「上城」と称していた可能性も高いわけである。

表

地名	等級	筆数	面積	名請人
西脇（南）裏	上畑	2	2畝27歩	西脇村4人 新町村1人 鎌原村1人 仙石家家臣2人
	中畑	7	1反1畝 9歩	
	下畑	3	1反4畝 3歩	
	下々畑	1	6歩	
	下田	3	2畝 9歩	
	小計	16筆	3反　24歩	（小計8人）
上城曲輪	上畑	8	1反8畝	西脇村1人、新町村9人 鎌原村1人、海野町1人 仙石家家臣3人、不明2人
	中畑	28	1町1反	
	下畑	6	1反　18歩	
	下々畑	1	9歩	
	小計	43筆	1町3反8畝27歩	（小計17人）

寛文12年（1672）「鎌原分田畑切起改帳」より等級別面積ほか

小泉曲輪は上田城二の丸に続く半島状の台地であり水利はないので、切起し後はすべて畑地となっている。ここは寛文当時もおそらく樹木のない平坦地で、畑地に起こすのは容易であり、切起し地の検地にあたっても表の通り大部分が切起し当初より「中畑」と評価されたということだろう。

最初にふれたとおり、江戸中後期の上田城図では、その東半部だけを「小泉曲輪」としていて、西半部については何の記入もない中で「捨曲輪　畑」あるいは「捨曲輪ト云」と記している図もある[20]。いずれも年次は不詳だが、江戸中期以降のものには違いない。捨曲輪という立派な城郭用語もあり、攻め込まれたときに放棄してもよいように築かれ、主郭側には塀などの遮蔽物は作られず、主郭からの攻撃が可能なように築かれた郭をいうとのことで、沼田城にも「捨曲輪」がある。しかし、上田城の場合は城郭用地から外され、農地に払い下げられた文字通りの捨てた曲輪という意味もあっての呼び名ともとれる。いずれにせよ、江戸中期以降は、小泉曲輪西半部については、小泉曲輪と言わないようになっていた、つまり、城郭用地からは、ほぼ完全に外されていたことは確かとみられる。

なお、この切起し検地帳の名請人には、右に一部上げた中にも見える「羽田宇兵衛殿」のほか、「中嶋八郎兵衛殿」「岡部善右衛門殿」「中西作右衛門殿」あるいは「御大工太右衛門」といった、明らかに仙石家家臣の名も見える。近世史の常識とは相容れないところだが、このほかにも、仙石氏家臣で城下町周辺村々の農地の名請人になっている者もかなりいた。上田藩士が田畑の名請人として、その農地のある村の庄屋を通じて、年貢を上田藩へ納めていたのである。右の羽田・中嶋・岡部らも、城郭用地の払い下げを一般農民同様の立場で受けていたものとみてよいだろう。また、「上城曲輪」の「中畑壱反壱畝歩」については、「鎌原村与次兵衛」が当初の名請人だったものが、「善右衛門様分ニ成」と追記されている。これは、右でも上げた藩士岡部氏であり、その後に与次兵衛より岡部が買ったということになろう。同様のケースがほかにも見られる。

宝永三年（一七〇六）に仙石氏が上田から出石へ移封するにあたって、家臣がやはり鎌原村の地の内で「高弐百文」の畑を房山村の者に代金一二両二分余で売り渡し、鎌原村庄屋が奥書・奥印で保証している証文も伝わっている。[21]仙石氏は、真田氏の移った跡の上田へ入った全くの新来の領主でもあった。だが、その家臣には、農地を知行地としてではなく一般農民同様に年貢地として保有するという、兵農未分離のような面も持つ者もいたのであった。

四、松平氏による小泉曲輪東半部再接収

前項でも触れたように、仙石氏により払い下げられた上田城地の一部が、「小泉曲輪御用地」として、「当御代」つまり松平氏在城時代になってから「御引上げ」になったとあった。

これについては、明和元年（一七六四）に幕府代官手代宛てに出された鎌原村の「御城地幷御用地引貫高」の「覚」[22]

には「古切起」一七石四斗四升三合の内、「永引永川」を除く一六石二升四合を、「正徳四午年、小泉曲輪御用地ニ指上申候」とある。よって、城郭（小泉曲輪）用地として再接収されたのは、正徳四年（一七一四）だったことがわかる。前項でも見たように、江戸中後期には小泉曲輪西半部は城郭地からは外されて「捨曲輪　畑」となっていたとみられる。この点からも、また、石高からみても、この再接収分は東半部と考えられる。

つまり、小泉曲輪は仙石氏により、前項で見た寛文一二年の折ほかで、一旦は東西二郭ともそっくり農地に払い下げられたということになる。城郭用地が払い下げられたのは、必要度の低い郭を農地にして有効活用しようとの判断だったのだろう。しかし、仙石氏が転封した後、新たに上田藩主となったのは松平忠周であった。忠周は五代将軍徳川綱吉の側用人から京都所司代、次いでは老中まで務めている。幕政の中枢で活躍したこのような人物が新たに上田城主になったのだった。そこで、仮にも城郭用地を農地・百姓地に（勝手に）替えているようなことはまずいという判断があって、二の丸に直接続く東半分だけにしても再接収して小泉曲輪を復活させたということだろう。

小泉曲輪は、仙石氏上田城復興以降は特段の構えもない郭であったが、面積はかなり広く東西二郭合わせると一万坪以上もあった。

五、廃藩直前に小泉曲輪を鎌原村に払い下げ

明治維新後、全国の城郭は新政府に接収され、その大部分は民間に払い下げられている。上田城についても同様だった。ところが、上田城については、その前に上田藩によって一部が払い下げられるという経過もあった。

廃藩置県は明治四年（一八七一）七月に断行されたが、その直前の同年三月に作成された鎌原村の「下ヶ地改帳(23)」

によると、小泉曲輪六八四九坪が上田藩より払い下げられている。前述のように、江戸時代中後期には同曲輪東半部だけを小泉曲輪と称するようになっていた。かつ、七千坪近いという面積からみても、もっと狭い西半部ではなく東半部であることは明らかと言える[24]。

ともかくも、明治四年三月の上田藩による小泉曲輪払い下げでは、鎌原村の全農家とみられる五〇戸に七千坪近い土地が分けられている。この内三三戸までが、一律に二筆計一三二坪ずつというものだった。同時に、小泉曲輪の北側に隣接する蓮堀（二四〇〇坪）については「村持ち」つまり鎌原村の共有地として払い下げられた。

そして、蓮堀分まで含めて「冥加金」という名目で土地代金が徴集されている[25]。その額は大部分が一戸当たり二〇両ずつであった。よく言えば平等に分割したということになるが、もちろん強制的な売り付けという側面もあったとみてよい。当然ながら、そのような多額な金を用意できない者も多かったわけで、払い下げ直後から「質流れ」の形で土地が動いている[26]。

一般に、幕末維新期の諸藩の財政は極度に行き詰まっていたと言われるが、上田藩の場合も明治三年の負債総額は七〇万一〇二〇両という莫大な額に上っていた[27]。このような状況下で上田藩は、城の切り売りにまで手を初めていたものなのだろう。右の小泉曲輪などのほか、二の丸の堀の一部である百間堀の内の千坪余までが、やはり明治四年三月に上田藩より払い下げられてもいる。

六、条里地割と上田城周辺の村々

今まで見てきたとおり、慶長の破却後の上田城跡（古城廻り、上田城廻り、上田明屋敷）は鎌原村の附属地とされ、仙

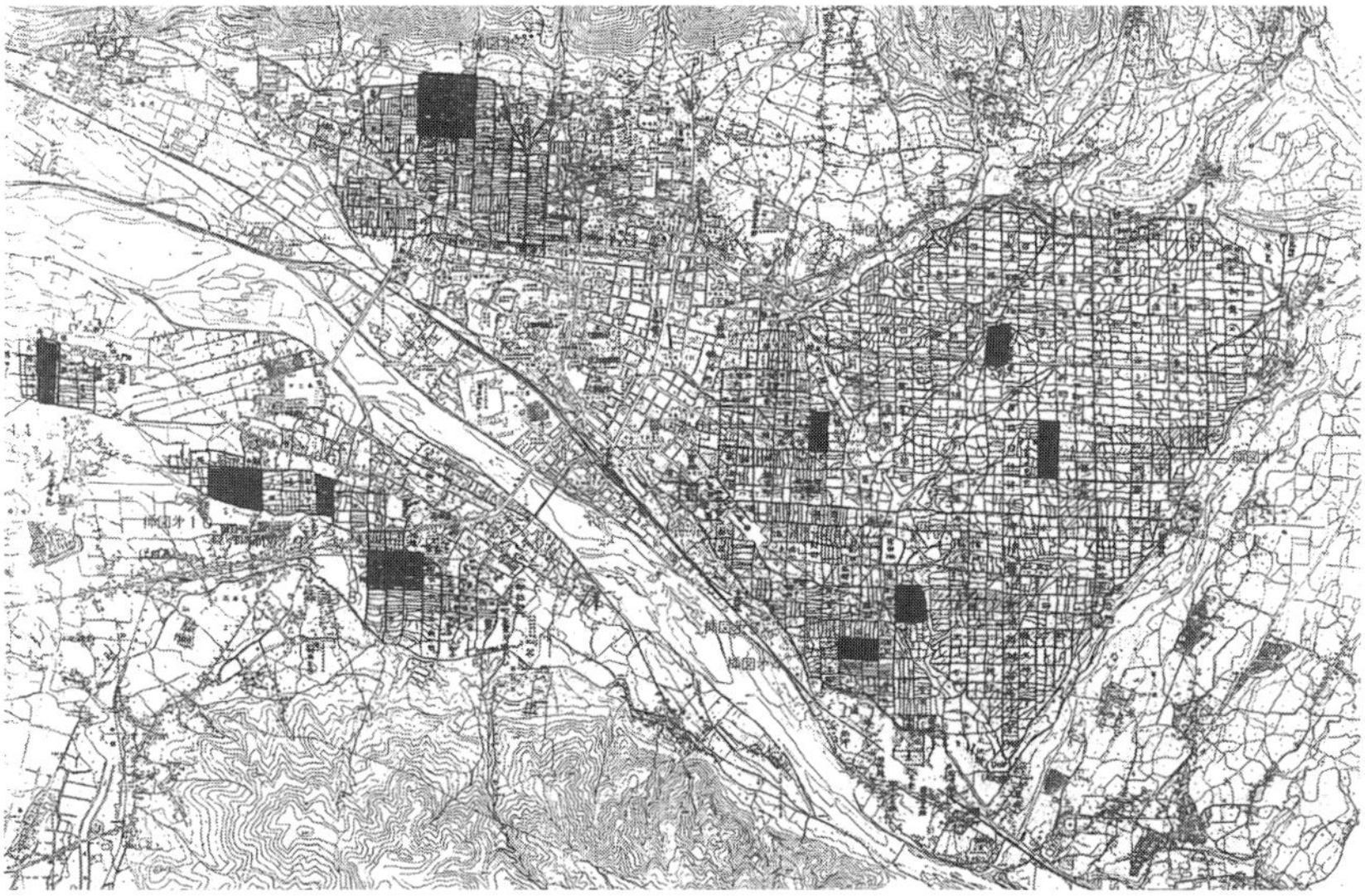

図２　上田市北部の条里区画分布図（上田市教育委員会『条里区画分布調査概報』より）

石氏による上田城復興後の寛文一二年の小泉曲輪払い下げでも、やはり鎌原村の地とされた。さらに、明治四年の松平氏上田藩からの小泉曲輪払い下げでも、同地はやはり鎌原村に払い下げられている。この理由はどこにあるのだろう。

　話の趣は一転するが、上田城の周辺は、信濃・長野県では近年まで条里遺構が最もよく残っていた地域であった。条里遺構とは、水田が畦畔や用水路などによって碁盤の目のように正方形に、広範囲にわたって区画されているものを言っている。一町（六〇間＝約一〇九メートル）四方の地割（これを坪という）で区分するという特徴がある。ただし、従来言われていたような大化の改新による公地公民制のもと、班田収授制にともない条里開田が行なわれた、という説は疑問視されるようになり、条里開田は奈良時代半ば以降とみられている。

　上田市街地周辺には、千曲川右岸の染屋台地区、国分・常田地区、常磐城・秋和地区および千曲川南西地区（左岸）に条里遺構が広がっていた[28]（図２）。このうち染屋台地区のものだけでも、一町四方の坪が三五〇以上に及び長野県下最大規模である。そして、国分・常田地区の条里地割と染屋台の条里地割は、段丘面が違うが、東西および南北の坪区画線ともに真っすぐつながっている。また、上田市街地北部の条里遺構は、千曲川をはさんで千曲川南西地区の南北の坪区画線と直線でつながっているし、やはり川を挟む東西の基本的中軸線があったのでは、とも考えられている。(29)

このように、千曲川の両岸東西約八キロメートル南北約三キロメートルにわたって一体的に開発されたのではとみられる、信濃では桁外れに広大なこの条里遺構については、長野県下最古の条里遺構の存在が想定されてもいる。(30)

ちなみに、長野盆地の最初の条里的開発は、八世紀末から九世紀初めであったことが、更埴・石川・川田の埋没条里の調査から確実視されている。(31) 右の上田の条里的開発も同時期と見てよいだろう。

筑摩郡（松本）へ移る前、奈良時代から平安初期までの信濃国府は信濃国分寺の所在地でもある小県郡（上田）に、それも信濃国分寺に近接する国分・常田の条里遺構地区にあった可能性が考えられている。(32) 右のような広大な条里遺構の存在は、やはり律令国家（信濃国衙）による開発の可能性が大きいのではないかとの指摘もある。(33)

その当否はともかくも、上田城・同城下町は、その条里遺構が、右のように千曲川をはさんで広く展開する、上田盆地北部のほぼ中央に位置していたのでもあった。

七、「城下囲」村の一つ鎌原村と上田城

上田城下を通る街道の城下町の出入口には、「城下囲」と呼ばれる村々が置かれた。いずれも街道に沿った街村で、城下町の延長部分でもあった。北国街道では東南（小諸・江戸方面）の口に常田・踏入《ふみいり》、北西（善光寺方面）の口に鎌原・西脇（新町を含む）・生塚《うぶづか》・秋和、松本方面への保福寺街道口に諏訪部《すわべ》、上州（沼田）街道口に房山《ぼうやま》の八か村であり、いずれも屋敷地の年貢は免じられての配置であった。(34)

前述のように、条里地割がよく残る上田城・城下町周辺の村々の区域を限る境界は、当然ながら条里地割に従って東西・南北の直線状になっているところが多い。

右の「城下囲」の村の内、上田城・城下町の北西部に隣接する鎌原村、西脇村、新町村、生塚村については、条里の坪の幅（一町、約一〇八メートル）で二坪ずつ並んでいることが指摘されている(35)（図3）。

これらの村々は、一キロメートル弱ほど北にあったいくつかの太郎・虚空蔵山麓の集落が、屋敷年貢は免除され、北国街道沿いに移って形成と伝えており(36)、今も鎮守社は旧地にある。そして、条里の南北の区画線が村境になっていることよりみて、それらの集落は、東西二坪分の村の範囲の中で、それも旧集落を結んでいた旧街道とともに、北から南へ移動したことが想定される。

そして、鎌原村の東と西の境界線を南に延長すると、上田城本丸は堀を含めて全域が、二の丸も三分の二はその範囲に収まる。つまり、上田城の中心部の大半は、築城以前は鎌原村の地であったとみられるのである。当時もそのように、つまり鎌原村の土地を接収して上田城中心部を造成、と認識されていた故に破却された上田城跡（本丸・二の丸・小泉曲輪）が畑となって三五貫二二〇文（八七石弱）と見積もられた地は、鎌原村の附属地とされたとみてよいだろう。

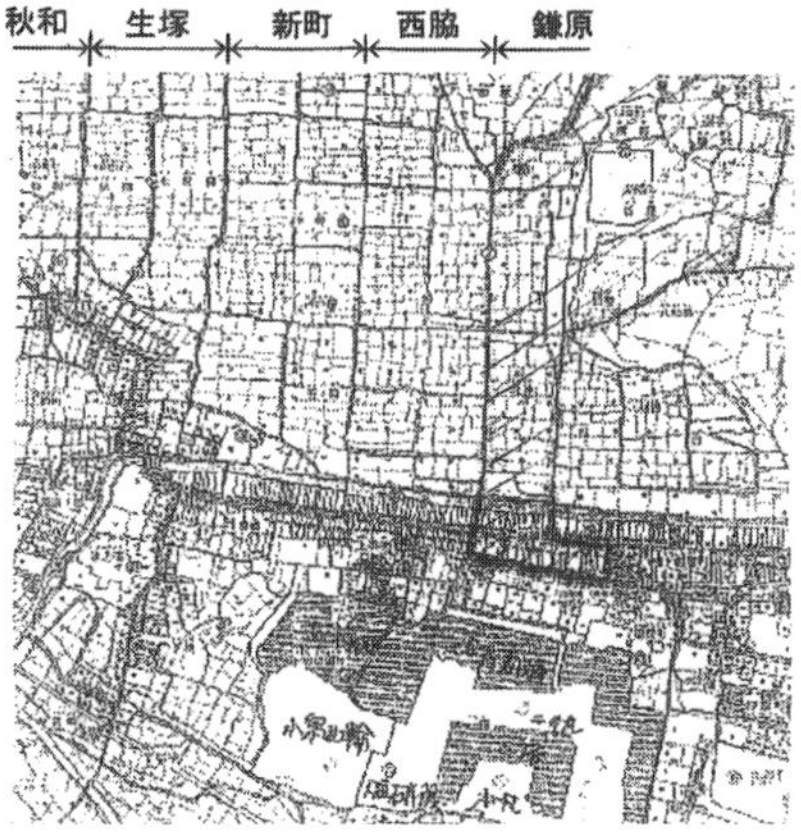

図３　常磐城地区条里遺構の坪区画によって並ぶ「城下囲」の村々（『鎌原の歴史』所収図を一部改変）

八、築城以前の上田城周辺の郷村

上田城・同城下町の展開する千曲川第二段丘上（常入・上田・常磐城）は、

中世は「常田庄」であったと考えられている。[37]この西に隣接する秋和・塩尻地区まで含む中世史料に見える後の上田城近辺の地名を挙げると、次のようであった。いずれも諏訪社の造営（御柱）料負担について書き上げられたものである。[38]

・長享二年（一四八八）春秋之宮造宮之次第
「常田庄　房山・矢手・中村・踏入」、「秋和・塩尻」
・天正六年（一五七八）下諏訪春秋両宮御造宮帳
「常田庄房山之内上西脇分・下西脇分・中村分・矢手分・踏入分」「同庄上常田之分・中常田分・落合分」
・天正六年（一五七八）下諏訪春宮造宮帳
「常田庄房山之郷上西脇之分・下西脇分・中村分・矢手分・踏入之分」「同庄上常田之分・中常田之分・落合分」
・天正七年（一五七九）諏訪下宮春宮造宮帳
「常田庄本郷」「房山之内上西脇・下西脇　中村・矢手」「同庄之内踏入之郷」

房山郷西端の西脇村

これより、西脇は元は房山郷の内だったことと、地形的にであろうが、上下に集落が分かれていた状況がわかる。また、新町村は西脇新町とも言うように、元は西脇村と一体であり、新町村が西脇村から分かれたのは江戸前期のことだった。そして、この「西脇」とは、元来が房山郷の西の脇にあった村故の村名とみられる。というのは、新町村の西端に「秋和境」という字名が見えるのである。[39]つまり、ここまでが中世の元々の房山郷の地であったとみてよい。

秋和郷の内だった生塚・諏訪部

西脇新町の西に隣接する生塚・諏訪部の両村も「城下囲」の村であったが、文禄三年（一五九四）九月作成の「秋和之御料所午御見（検）地帳[40]」の中に「すハへ・諏訪辺・すハへ森下」という、いずれも諏訪部とみてよい土地が三七筆もある。また、「生塚」についても同帳に一三筆あり、ほかに後の生塚村の「田畑貫高御帳[41]」に見える「柳内」が一八筆などもある。これより、少なくともこの文禄三年までは、生塚と諏訪部は秋和郷の内であったとみられるのである。

したがって、文禄三年以降に諏訪部・生塚両村は秋和から分立したとみられる。とすると、秋和・塩尻境が条里の南北の区画線であるのと同様に[42]、房山・秋和の元の境界線も条里の区画線どおり北から南へ一直線に千曲川まで延びていたとみてよいだろう。

諏訪部村は、今の地の南西の「古屋敷」から移ったと伝える[43]。城下囲村々の形成にあたり諏訪部は、元の秋和郷の東端であった生塚村の南半に移動して保福寺（松本）街道口に街村を形成とみられる。これに関連しては、やはり元和八年の上田領惣貫高帳の生塚村の項に、五貫文余の「常福寺屋敷」が記されていることも上げられるだろう。常福寺はこの後芳泉寺と改称しており、以後は諏訪部村の内になっている。ともかくも、秋和郷の東端に位置した生塚の南部が、城下町・城下囲い形成に際して、諏訪部に分けられたとみられるのである[44]。それにせよ諏訪部は、広い意味の秋和の範囲で移転したものでもあった。

また、生塚村図（図5）を見ると、南部で条里の幅二坪分西（左）へ張り出している。これは、諏訪部に生塚南部の地を分けた代替え分だろう。

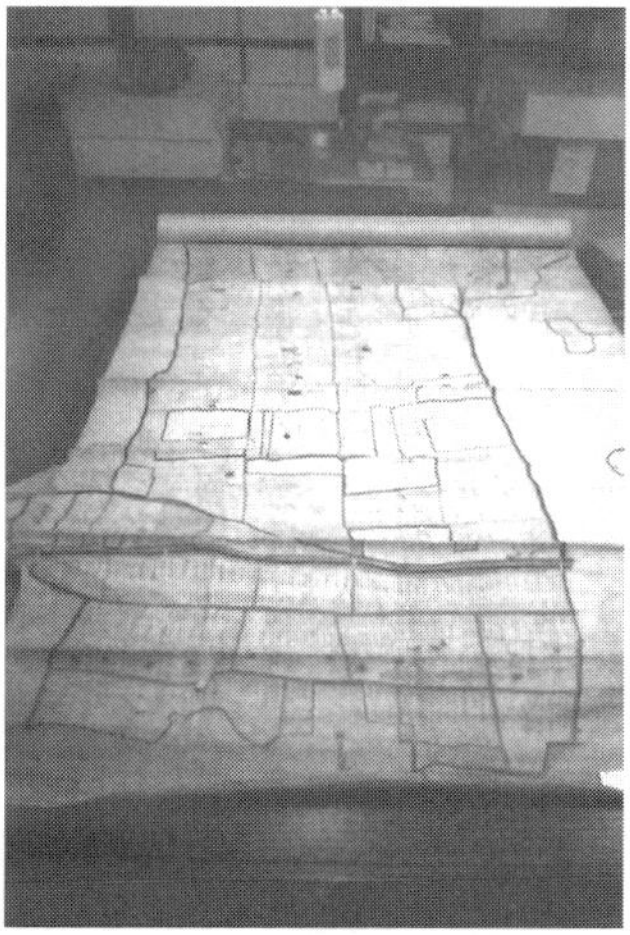

図４　明治初年の西脇村・新町村絵図（部分）

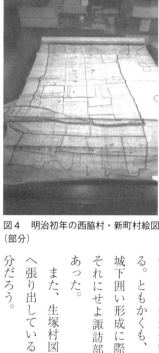

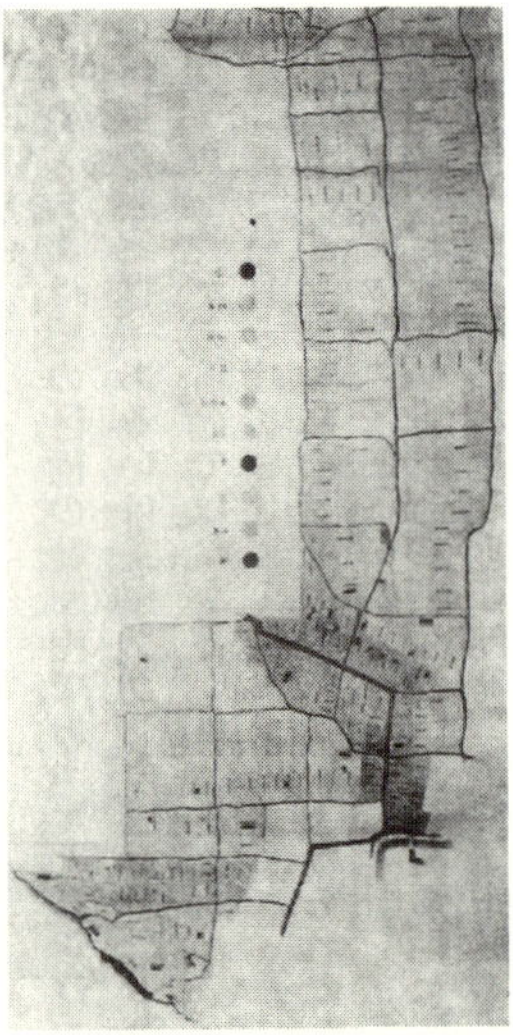

図５　明治６年の生塚村図（『生塚誌』）より

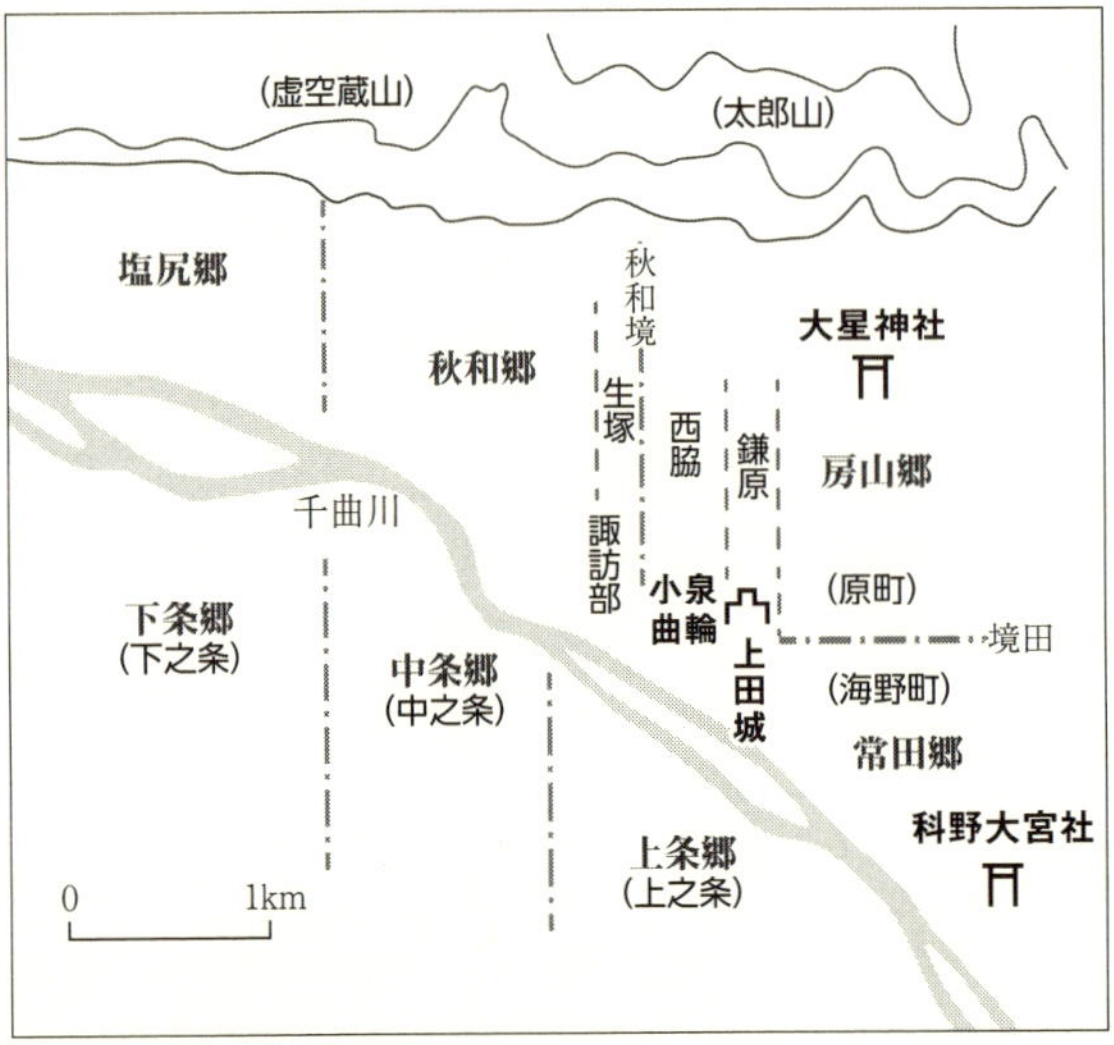

図６　上田城付近の中世における郷の推定図

鎌原村は？

「鎌原」という集落名は出てこないが、真田氏上田在城時代に「鎌原村」があっただけでなく、「鎌原町（ちょう）」または「東鎌原丁・西鎌原丁」という侍屋敷街があったことからみても、「鎌原」も房山の内に元々あった地名・集落名とみられる。

築城以前からそのままの城下囲の村名

上田城の東方の城下町部分は、南側は元は常田村分で北側は房山村分であったとみてよい。両村の境界を指す「境田」という地名もあり、城下の鍛治町も北側は房山からの接収分であり、南側は常田からの接収分であった[45]。

右で見てきたことより、上田築城以前の上田城の北側、太郎山・虚空蔵山系の麓には、中世の郷村としては、東から西へ「房山郷」「秋和郷」「塩尻郷」が、条里の坪の区画により、南北一直線の境界線によって隣接して並んでいた様子がうかがえる（図６）。それにしても、江戸時代の宝永三年（一七〇六）ほかの書上げ[46]等に見られる城下囲いの村々の旧地の村落名は、確かな文書（中世史料）には全く見当たらない。ただし、古い地名・

字名としては、散見されるので、その地名の辺に小集落があったということではあっても、そのような村落名であったわけではないとみられる。これらの集落・村落が集まって新たな城下囲いの村が編成されたわけではない。江戸時代にあった村名は、集落移転はあったにせよ、房山・秋和・常田・踏入（これらは郷名か）はもちろん、鎌原・西脇・生塚・諏訪部（これらは房山・秋和の枝村名か）とも、すべて上田築城以前からの郷名または村落名とみられるのである。また、これらの郷村の範囲は条里区画に規制されていたことは明らかで、集落の移動も元々の村の、または郷の区画の範囲内であったとみられる。その区域の設定は、あるいは条里プランの施行当時までさかのぼる可能性があるのではなかろうか[47]。

九、小泉曲輪はなぜ鎌原村に払い下げられたか

ところで、上田城北西部の村の内、鎌原村の西に隣接する西脇村と、そのまた西の新町村の二坪ずつ計四坪の範囲を南に延長すると、その中に小泉曲輪はそっくり納まる。つまり、やはり小泉曲輪は中世の城跡であり、天正の上田築城以前には、村（具体的には西脇）の土地には繰り入れられていなかったとみてよかろう。そのため無主の地として、その払い下げにあたっては、すぐ北に隣接する西脇または新町ではなく、慶長の破却後の城跡が鎌原村に附属されたのと同じように、鎌原村に払い下げられたということになろう。

小泉曲輪の地は実際には西脇・新町両村に隣接した地であり、寛文の切起し帳の名請人も「西脇（南）裏」では八人中五人、「上城曲輪」では一七人中一〇人までもが、両村の者であり、鎌原村の者は、それぞれで一人ずつしかいない。それでも「鎌原分」とされたのは、やはり築城にあたり接収された城郭中心部は、鎌原村分だけであったためだろう。

城地の村への附属・払い下げにあたっては、小泉曲輪分まで含めて、終始鎌原村分として扱われ、さらに明治初年廃藩直前での小泉曲輪払い下げでも、同様の原理が働いたということになるのではないか。房山郷の一部ではあったが、中世の西脇村の成立前から、小泉曲輪の前身の「小泉ノ城」が存在したことの反映とも言えよう。

一〇、貫高・町高がなかった上田城下町

近世の上田藩領は塩田組・洗馬組（旧真田町域）等いくつかの組に分けられており、上田城下町（藩士屋敷街は除く）はそれと同等の扱いでもあった。上田城・城下町の周辺は塩尻組であったが、その塩尻組より天保一四年（一八四三）五月に上田藩に出された訴状の中に次の記述がある。[48]

御城地御家中幷町割等迄当組御高辻之内ニ而、御収納者御引被下置候得共、従　御公儀様被　仰付候御国役・高掛金・加助郷人馬御触、当　御領主様御用金・御国役高掛金等惣高江被　仰付、其外夫役掛り物等割合之儀者、当時之有高を以組中平均ニ而差出し候儀ニ而、町分屋敷迄当組中ニ而相勤候ニ付……

このように、上田城郭用地・家臣屋敷街・城下町のすべてが塩尻組の高の内であったのである。当然ながら、その用地接収分についての、塩尻組村々から藩への年貢は免除されていた。しかし、村高自体は築城以前の戦国時代と同じ村高[49]――房山村が六〇一貫余（一四八四石余）、常田村が四四九貫余（一一一〇石余）――がそのまま維持されたため、「御公儀様」（幕府）より命ぜられる国役・高掛金や助郷の負担については、旧来の貫高・村高に対して課せられていた。

このため塩尻組からは、地面が接収されてないにもかかわらず役儀がかかるという問題についての訴状が何度も出されることになった。城地（藩士屋敷地分を含む）の役儀の負担については、城下に住んで領主の恩沢を蒙っている

ことでもあり、それは当然とは考えるが、町人屋敷地についてまで負担するのはおかしい、などとしている。

上田藩領では、真田氏在城時代に石高制による検地がなされず、以後も本田畑については、そのままになっていた。そのため、海野町・原町等の上田城下町についての独自の貫高・石高はなかったのである。上田城下町は、築城以前、城下町形成以前の戦国時代以来の村の貫高に含まれたままであった。拝領高・郷村高帳の上からは、房山・常田の両郷（村）の中に城下町があるという形で、明治の地租改正にまで至ったものでもあった。

中世の貫高表示が近世を通じてそのまま維持されたことに関わる矛盾の一つの表れでもあり、その解消を求めて繰り返し訴えが出されていたわけでもある。しかし。これにより、城郭・城下町用地の接収の状況が、いつまでも忘れられずに書き伝えられることにもなった。

おわりに

上田城下町が展開している千曲川第二段丘面は、東南東から西北西に向かって流れるに千曲川に添って、比高一五メートル程の段丘崖が形成されている。そして、この地形を有効利用するため、上田城下町も段丘崖の線に添っている。東西の通りは崖の線に平行しており、南北の通りはそれに直交している。したがって、南北の通りは東へふれており、いわば町全体が東へ傾いているとも言える。

城下町周辺部は近年まで、前述の通り条里地割の水田地帯が広がっていた。だが、千曲川よりの城・城下町の主体部は微高地でもあり、その大部分は畑地でもあって、ここについては条里地割があったとしても、大方は城・城下町の形成により消えたということだろう。しかし、外縁部・周辺部には、東西・南北がほぼ正確な条里区画の通りが多く残り、旧城下町部分でも、条里区画の延長とみられる通りがみられる[50]。

また、上田城下町には町だけの鎮守社はなく、藩士・町人ともに、城下の北半は房山村の大星神社を、南半は常田村の科野大宮社を、それぞれの産土社としていた。[51] 上田の町の大きな祭事にあたっては、今でも房山獅子と常田獅子が舞うのが恒例となっている。これについては、真田氏の築城に際して舞い込んだのが始まりと説かれるが、これも上田の城と町が、房山（鎌原・西脇も含む）・常田両郷の地に形成されたことによると見るのが自然だろう。

「城下囲」の街村形成にしても、本稿で見てきたとおり、中世の各郷村の範囲を、できるだけ変えないようにしながら形成されたものとみられる。

実質的には、城下町の延長部分でもある城下囲を含む上田城下町には、中世以来の村の区域とその伝統が今に生きているとも言えるのである。また、少なくも平安初期までは開発がさかのぼる、とみられる条里地割の名残りをとどめてもおり、中世はもとより古代からの歴史の面影をも、うかがうことができる、跡付けることができる、とも言えよう。そのような意味では、信濃はもとより全国的にも稀な城下町、ということにもなるのではなかろうか。

天正年間とされる「上田古図」が、築城当初の上田・上田城図としてよく使われる。[52] しかし、これでは上田城周辺は沼沢地が卓越する水郷のように描かれており、実際には条里地割の広がっていた地域の実情を全く反映していない。「大君は神にしませば水鳥のすだく水沼を都となしつ」という万葉の古歌のイメージそのままに、偉人の出現により荒蕪地が立派な土地に一変という、よくある伝説のパターンを踏襲して、観念的に描いた想像上の産物でしかあるまい。真田氏の活躍は昔から著名であったため、様々な物語が作られ、さらには偽文書まで作成されている。その歴史の検証には注意を要する点も多い。

本稿は『上田市誌』の記述の拙稿部分を補完するものでもあり、上田城用地について、城下町の特に西側に接続している「城下囲」の村々の形成との関わりを中心に、考えてみたものである。管見の限りの話でもあり、御叱正をいただければ幸いである。

【註】

（1）内閣文庫　正保城絵図　信州上田城絵図（一九八一年刊）。
（2）『上田市史』挿図「享保年代上田城下之図」ほか。なお、正保以後のものでは、元禄一五年かとみられる上田城・城下町絵図（上田市立博物館蔵、インターネット上の「上田城城下町絵図アーカイブ」で閲覧できる）だけが、西半部も「小泉曲輪」としている。
（3）上田市立博物館蔵。
（4）上野尚志『信濃国小県郡年表』（上小郷土研究会、一九七九年刊）一一一頁。
（5）拙稿「上田築城の開始をめぐる真田・徳川・上杉の動静」（『信濃』六〇巻一二号、二〇一〇年）。
（6）『信濃史料』一六巻三七〇頁、須田満親書状等。
（7）「真武内伝附録」『信濃史料叢書』第四巻九一頁。
（8）拙稿「第一次上田合戦前後における真田昌幸の動静の再考」（『信濃』六二巻五号、二〇一二年）。
（9）註（4）所収、第一二図。
（10）『信濃史料』二三巻五九九頁。
（11）『信濃史料』二三巻五七九頁。
（12）『信濃史料』二〇巻五二一頁。
（13）『長野県史』近世史料編九巻（全県）所収。
（14）『旧高旧領取調帳』中部編、三八八頁。
（15）『長野県史』近世史料編一巻（一）一九頁。
（16）『角川日本地名大辞典20長野県』ほか。
（17）『上田市誌歴史編史料』（2）八三頁。
（18）上田市立博物館保管、関家文書一六―六。
（19）『上田市誌㉚　図でみる街や村のうつりかわり』第19図。なお、紛らわしい話だが、小泉曲輪（東半部）は、明治四年に「上田城廻り」という字名に改称されている（『長野県町村誌』常盤城村の項）。もちろんこの「上田城廻り」は、慶長からの「上田城廻り」とは別のもの。
（20）「捨曲輪　畑」とあるのは、『上田市史』上巻七八頁所収の図。「捨曲輪ト云」は、尾崎行也・佐々木清司編『上田歴史地図』（郷土出版社、一九八三年刊）№21。
(21) 上田市立博物館保管伊藤家文書、丸山忠右衛門等宛太田忠兵衛等畑売渡状。
(22) 註（18）文書三二五。
(23) 註（18）文書二一四。
(24) この関わりでは、明治七年の「上田城趾等代価見積取調書」（『長野県史』近代史料編第一巻）に、「練兵場」三三〇〇坪余と「馬場」五〇〇坪余が上げられている。これは小泉曲輪内の施設とみられる。したがって、この分については払い下げ後再度接収されたものかもしれないが不詳。
(25) 註（18）文書二三六「小泉曲輪・蓮堀御下ヶ地冥加金取集帳第七区鎌原村」。
(26) 註（18）文書二一五「明治四年十月ヨリ　屋敷田畑奥印帳」。
(27) 『上田市史』下巻四七〇頁～、弁官役所宛文書。
(28) これについては、『条里遺構分布調査概報―染屋台地区―』（上田市教育委員会、一九七三年刊）・『条里遺構分布調査概報―国分・常田地区、常磐城・秋和地区・千曲川南西地区―』（同、一九七四年刊）がある。なお、上田市内には塩田、小泉、塩川等にも条里遺構が分布する。
(29) 白井恒文『上田付近の条里遺構の研究』（二〇〇五年刊）。
(30) 『長野県史』通史編一巻、六七七頁。
(31) 福島正樹「古代における善光寺平の開発について」（『国立歴史民俗博物館研究報告』第九六集、二〇〇二年）。
(32) 倉澤正幸「小県郡における信濃国府跡推定地に関する考察」（『信濃』五七巻八号、二〇〇七年）。なお、現国分寺周辺、つまり右の国府推定地出土の瓦は信濃国分寺「創建瓦」よりやや古いとする見解も提示されている（鳥羽英雄「信濃国分寺造営初期段階の様相」〈『長野県考古学会誌』一四九号、二〇一四年〉）。
(33) 註（30）に同じ。
(34) 上田藩主が仙石氏から松平氏に交代した宝永三年からは「下畑」として課税されている。
(35) 『上田市誌㉚　図でみる街や村のうつりかわり』五一頁。
(36) 『長野県史』近世史料編一巻（一）二〇〇、宝永三年十月、常田村外八ヵ村居屋敷年貢免除願。
(37) 『上田小県誌』第一巻歴史編上（2）三〇三頁。

(38)『新編信濃史料叢書』第二巻。
(39)註（35）二八頁。
(40)『信濃史料』一八巻一四頁〜。
(41)『検地帳類より収録した上田・小県地方の地名』（上田小県誌刊行会）所収による。
(42)秋和の西部と上塩尻の条里遺構は、千曲川の氾濫により消失とみられるが、秋和・上塩尻の境界線は南北の直線。
(43)註（36）による。
(44)「常福寺屋敷」が生塚村にあるということは、常福寺（芳泉寺）の地、つまり諏訪部の内の坂上・坂下集落の成立は、元和八年以降ということになろう。西部の他の「城下囲」諸村は、何れも北国街道の入口に配置された街村だったが、諏訪部だけは保福寺（松本）街道口に配された街村でもあった。諏訪部村は矢出沢川を挟んで東西に、南北の通りが二本あるが、ここは千曲川の諏訪部の渡しのある村でもあり、道の付け替えがあった——矢出沢川の西側から東側へ——ことによる変動か。
(45)『上田市誌⑨　真田氏と上田城』一一八頁、表2。
(46)註（36）のほかに『上田市史』挿図「城下囲の諸邑の図」（天保一四年）もある。
(47)秋和・上塩尻の村境は南北の直線であるが、それを千曲川を越えて延長した線が下之条・中之条両村の境界であることも指摘されている。
(48)『長野県史』近世史料編一巻（二）七五八頁、在町　商物一件留。
(49)註（11）の元和八年「上田領石高帳」による。正保・元禄郷帳とも同高。
(50)城下町では賑町など。また実質的な城下町の一画でもある上房山（川原柳通り）、城下外郭に配置された寺院である大輪寺や海禅寺の参道など。
(51)高野豊文『ふるさとの地理』（菅平研究会、一九八二年刊）。上田城下の二つの中心の町のうち原町は旧房山村分に、海野町は旧常田村分に形成ともみられている。また、かつての海野町と原町の境は、旧常田村と旧房山村の境界「境田」の境界線を西に延ばした線と一致している。
(52)上田図書館花月文庫本、上田市立博物館松平家文書本等がある。『信濃国小県郡年表』（上小郷土研究会、一九七九年刊）ほかに収録。

Ⅱ

新資料にみる上田城と城下町絵図
――真田の上田城絵図と明治廃城後の城下町絵図

富原道晴

はじめに

信州の上田市は、大阪市と城郭姉妹都市を提携されている。いわずと知れた真田幸村つながりである。二〇一六年の大河ドラマ真田丸では上田や真田郷は六文銭がたなびき、人気の上にさらに活況を呈している。富原文庫が発足のきっかけとなった平成一〇年の「戦国時代の城と合戦絵図展」は上田商工会議所の主催により、会議所五階の大ホールで戸石城をパノラマのように眺め、約一三〇点の真田と武田の古城絵図・合戦図・錦絵を紹介した。この展示会は池波正太郎真田太平記館開館記念で計画され、地域活性化を目的とされた。近年も三年続きで上田市真田氏歴史館を会場に「真田家の城郭と戦歴展」・「大坂冬の陣展」・「大坂の陣展」を開催し、来場者が一万人近い盛況であった。富原文庫が所在する上州安中（群馬県安中市）は武田・上杉・北条の騒乱地であり、信州軽井沢とは隣接しているため、真田の多くの城郭展示企画に対応できる。これからもご期待いただきたい。

上田城跡は上田市のシンボルであり、全国ブランドの真田も相まって、地元上田市では保存管理・整備基本計画・史料調査と非常に力を入れて対応されている。本丸東虎口櫓門の復元、櫓の整備と非常に美しい城跡である。将来は資料が整えば本丸櫓すべての復元も計画されている。そのための調査も、文書・古絵図・建築指図・写真・絵葉書と多岐に及ぶ。現在、目にする上田城は寛永三年（一六二六年）仙石忠政によって築城された遺構で、そこに真田の姿を見ることはできない。さらに、宝永三年（一七〇六年）年松平氏が入封し、明治維新を迎える。この間に多くの修築工事が行われるが、基本は仙石氏の上田城である。そして、仙石氏の上田城については、城郭基本図といえる正保城絵図や修理絵図が残され、さらに、多くの絵図によって、その変遷はほぼ明らかにされている。今回、先に上田市が調査に来られた絵葉書以外の古絵図・古典籍・錦絵・古地図を整理し、真田の上田城絵図について、その真偽を調べ、さらに、富原文庫の基本図である明治政府陸軍省築造局作成「陸軍省城絵図」とも絡み、明治六年に長野県庁から大蔵省に提出された上田絵図について紹介することとしたい。

真田氏が拠った上田城

豊臣の大坂城が徳川元和大坂城によって、完全に埋没されたように、真田の上田城も関ヶ原合戦の後、破壊され、城番が置かれ、さらに、真田信幸（信之）の所領となった。元和年間（一六一五～一六二三年）の絵図では城地は畑となり、空堀の痕跡が残るのみである。発掘調査により、現城跡本丸・二の丸・小泉曲輪から豊臣系城郭の特長とされる金箔瓦の出土があり、真田の上田城が仙石氏の上田城と重なることは実証された。

では、真田の上田城とはどのようなものであろうか。築城は武田氏滅亡後、織田信長の本能寺の変での横死を経て、真田郷にいた昌幸が戸石城に移り、上杉景勝、北条氏直、徳川家康、さらに、天正一二年には沼田割譲を承知せず上杉景勝に臣従する。上田城は天正一一年三月ごろ、徳川陣営の時に取り掛かり、四月一三日にその知らせを受けた上杉景勝が「真田が、海士淵に城を造り始めたとのこと、追い払うように」という書状を島津左京亮に充てていることから、築城目的が対上杉であり、天正一一年真田昌幸の築城であることは明白である。ただ、文化庁の正保城絵図上田城の説明では、「本城はもと海野氏一族常田氏の館を真田幸隆が改修し、天正一一年より、真田昌幸がさらに改修を加え」とあり、幸隆の時代の上田城の存在を示唆している。幸隆の上田城はさらに謎のままである。

真田氏の上田城絵図

築城時期と城地は確定されたが、構造はどうであろうか。ここに一枚の絵図がある（写真1）。

信州上田　上田ノ庄尼ヶ淵城ト云
尼ヶ淵城ト云初海野氏後真田氏居ス村上ノ為ニ亡ヒ頓テ甲領ト成テ弾正幸隆再注近郷伊勢崎ニ此城ツナギノ砦アリ故ニ本城共ニ伊勢峠ノ城トモ云小県郡ニ在リ
正治曰軍鑑云真田居城吾妻按スルニ戸石ノ近所ニアカツマト云在所アリ又上州ニモ吾妻郡アリ何レ沼田迄真田領ナレハ此二ヶ所ノ内イツレモ定カタシ後学可考
正治云古ノ城ハ上田ヨリ一里北戸山ニアリ一説初村上氏居城ト云此城図者真田幸隆ノ代ニ築城西向大手平城東ハ切岸川ニ副（以下８００字省略）
服部直方図之岡田藤原勝英　静幽正治写之

この絵図は調査の結果、伊那伊豆木旗本小笠原藩八代小笠原長著家臣、甲州流軍学者加藤正治によるものと判明した。加藤正治は寛政七～一一年（一七九五～九九年）伊那の古城を実地調査し、縄張りを書き留めている。今から二二〇年前の城跡の状況である。『甲州流兵法』によれば、「加藤正治は江戸麻布で明和八年（一七七　年）に生まれ、天明四年（一七八四年）小笠原家に仕、寛政年中甲信越東海の戦跡地利を探る。文化二年（一八〇五年）小笠原家を辞し」とある。服部直方は不明であるが、岡田勝英は寛政八年没の甲州流軍学者である。したがって、この絵図の作成は寛政七～八年とされる。先に述べたように、上田築城は昌幸であるが、ここでは幸隆と伝えられている。江戸中期にはそのように捉えられていたと思われる。

注目すべきは西向き大手という表現であり、上田築城が徳川方の昌幸の上杉対策とすれば、正しいことになる。絵図には西側虎口のみ馬出状の表現が三重にみられ、さらに本丸に枡形が構築され、四重の防備となっている。南に尼ヶ淵、東西と北に水堀、四方に虎口、城内を仕切る土塁が喰い違い虎口、捨て郭、枡形等巧みに表現されている。

では、この絵図について検証してみよう。一つ目の注目点は軍学上の絵図に珍しく、作者とその履歴が明確であること。二つ目は加藤正治が軍学者であり、本絵図以外に三〇城の絵図を残しており、特に伊那においては一一点の古城を実地調査し、縄張り図を残していることである。この二二〇年前の古城調査絵図は、平成二四年伊那の三洋グラビアみまよせホールで長野県の城絵図展を開催した際、伊那古城絵図として公開、現在の遺構図との比較で展示し、NHKの昼のニュースでも放映され、地元の研究者がすぐに来られたという経緯もあり、展示会後、当時未知の城跡が絵図に描かれ、発見されるというおまけも付いた。加藤正治は、現在の城郭縄張研究者と同じ視点で城郭調査ができる人物であった。

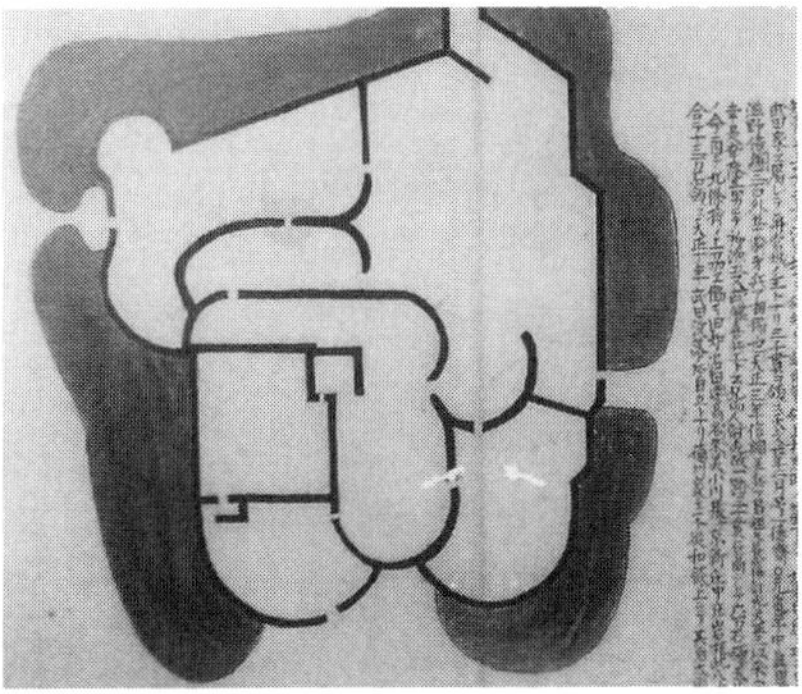

写真1　真田氏「上田城絵図」（部分）　富原文庫蔵

上田城は先に述べたように、天正一一年（一五八三年）に構築され、一六〇〇年の関ヶ原戦後に破壊され、一七年の生命であり、さらに、寛永三年（一六二六年）仙石忠政の上田築城によって、その地下に埋没した。真田の上田城を窺い知れるのはこの四三年間である。加藤正治が調査した寛政七年（一七九五年）では、すでに、真田の上田城が消えて一六九年が経過している。今から二二〇年前とはいえ、現地で真田の上田城を窺い知ることはできない。本図も服部直方の作図であり、岡田勝英の写しをさらに加藤正治が写したものである。岡田勝英は亀井家の家臣であり、甲州流軍学者である。服部直方も同様と考えられるが、判明しない。ただ、同様、服部直方とする絵図は海尻城・海野口城・桑原城・天飾為城とあり、いずれも岡田勝英伝来と記する。加藤正治はいずれにも自らの見解を正治曰くとして記載し、上田城についても長文の解説が記されているが、縄張りの根拠は明示されていない。加藤正治が城を観察できる人間として、どのように上田城を調査し、この絵図ができ上がったのか興味が尽きない。

三つ目は、築城を真田幸隆としたことである。いうまでもなく、真田昌幸の築城は明白であるが、それ以前に上田に何もなかったかについては、疑問が残る。戸石城の前進基地として、この地は有効であったはずである。

以上、真田の上田城とされる絵図について、検証を試みた。ちなみに、真田氏上田城と思われる絵図として、詳細を省くが、以下の四点がある。

A．信州上田之城見取図。北虎口がない他、建築が表示される。

B．信州上田城。城郭絵図集の一枚。

C．信州上田絵図・上田古城図。真田家事績稿等収載。

D．天正年代上田古図。上田市立上田図書館蔵花月文庫郷土史附地図。

仙石氏の上田城絵図

近世城郭の城絵図の基本は、正保年間に国絵図とともに提出された正保城絵図と幕府に提出された災害時の修復願絵図であり、これらは公用図できわめて正確なもので、この時代変遷を追うことで近世城郭の変遷をたどることができる。第三の基本図は明治五年明治政府陸軍省築造局が城郭の存廃を決める際に当時の七五都道府県に指示し、前年の三〇五都道府県が実行部隊となり、実施された城郭調査絵図、いわゆる陸軍省城絵図である。この絵図によって、幕末から明治、廃城時の城郭の最終形態を知ることができる。これ以外には藩の絵図方等で作成された藩用絵図群があり、さらに、軍学等築城研究で作成された主図合結記や郷土史研究、古城調査で作成された絵図、資料群が存在する。

上田城についてみれば、正保四年（一六四七年）に信濃国絵図とともに提出された「信州小県郡上田城絵図」が幸いに国の重要文化財となり、内閣文庫（国立公文書館）に収蔵されている。文化庁の調査では二・三五×一・八メートルで、閲覧に供するように復刻されている。正保城絵図は元一五〇城余り作成され、幕府紅葉山文庫に収蔵されていた。幕末の混乱の中で官軍が持ち出し、内閣文庫の現存は六三城である。ただ、先日、江戸東京博物館で展示された高田城絵図のように、今治城絵図等各地で散逸した絵図が発見されているが、全容は把握されていない。絵図の内容については各誌で紹介されているため省略するが、寛永三年（一六二六年）の築城後わずか二一年の絵図であり、仙石氏の築城当初の姿を伝えていると考えられる。

上田城修理絵図はこれまでの上田市の史料調査や各種出版物に紹介され、現在のところ以下の二点がある。

E．元禄一五年（一七〇二年）六月「上田城修復願絵図」仙石政明、信州上田城破損之所修復を願候覚。

F．享保一七年（一七三二年）五月一八日「享保年間上田城普請図」立面図、近藤三二郎氏所蔵絵図。

上田市や上田市立博物館、白峰旬の調査によれば、上田城の修理は仙石時代に寛永一八年（一六四一年）（改選仙石家譜）、貞享三年（一六八六年）（仙石家文書）、元禄一五年（一七〇二年）、松平時代の上田城の修理は享保一七年（一七三二年）、寛延三年（一七五〇年）、宝暦七年（一七五七年）、天明八年（一七八八年）、天保一四年（一八四三年）、弘化五年（一八四八年）、安政三年（一八五六年）、万延元年（一八六〇年）（城普請奉書留）と一一回に及ぶ。そして、これらの絵図が残されていれば、正保城絵図を築城時の絵図として以降は幕末までの変遷を追うことができる。残念ながら、現在見ることができる残された修理絵図は上記二枚のみであり、平面図は元禄一五年図のみである。白峰旬の研究によれば、「修理絵図は大名から幕府申請時に事前に表右筆組頭の査察を受ける下絵図、月番老中に提出される下絵図、清絵図、国元の控図がある」とされ、上田には幕府提出清絵図が幕府老中の裏書をもって返却された絵図か、国元の控図が残ることになる。各地に当時幕閣の関係者の控図が見つかる可能性がある。元禄一五年図一枚では変遷をたどることはできないが、藩政に持ち居られた多くの絵図でもって、上田市ではその変遷を明らかにしておられる。今後、新たな修理絵図の発見を願うのみである。

明治の上田城廃城絵図

明治政府陸軍省築造局は明治五年三月一五日の陸軍省達に基づき、三月一八日から八月二四日まで、五か月間、全国の城郭の存廃を決めるために、将校を派遣し、全国三府七二県に対し、調査を下命し、前年一一月府県統合される前の三府三〇二県が城郭調査を実施した。今日、陸軍省城絵図と総称している富原文庫所蔵九八城一一四絵図である。

これらの絵図は平成二二年パリで発見され、明治五年の年号と陸軍省築造局の朱印がある。これまで公にされることのなかった幻の絵図群で、そこにはリアルに廃城時の状況が描かれている。絵図は発見時から中国四国が欠落し、前年の調査である関東の絵図が漏れている。それ以外は全国に及び、特にほとんど絵図の残されていない陣屋遺構については唯一の史料も存在する。ところが、本絵図群には上田城は含まれていない。上田城跡は明治四年廃藩置県によって兵部省の管轄となり、八月には東京鎮台第二分営が置かれた。明治六年一月明治政府は全国の城郭を存城と廃城に分け、上田城は存城とされ、のち廃城となり、四月分営も廃止された。陸軍省城絵図の調査は明治六年の城郭存廃を決定するための調査で、明治五年に実施された。当時すでに軍営であった上田城は対象とされていない。平成二四年の長野県城絵図展では県下の陸軍省城絵図一〇城を公開したが、この理由で松本城と上田城のみ展示できなかった。小諸城絵図は本丸図と二の丸図で四メートルもあり、上田城も存在すれば上田城跡の基本図となる。

上田城は明治六年廃城とされ、陸軍省から大蔵省に引き渡された。上田市の調査では明治六年四月長野県権令立木兼善から大蔵大輔井上馨宛てに「管内城塞払下等処分方向」が提出されている。多くの謎に包まれた城郭遺跡の最終工程である。城下町屋敷地における新出資料は、

県庁ヨリ大蔵省江差出相成候控奉全図ニ仕建差出ス屋敷地全図　控　但六枚ニ切置　明治六年三月　第二十二区

小県郡上田

明治６年大蔵省提出「上田絵図」の区分図について、『定本信州上田城』に収録される「上田城郭並士族卒持屋敷総絵図」と比較検討してみたもの。第２、第５、第６区分図は省略した。ちなみに第２区分図には、北に新参町、南北に南から木町、連歌町、七軒町、丸堀が表示されている。第５区分図には、城郭東部城下町入口を表示。下部に断崖、中央に鷹司町、常田町は西大手前迄、北に海野町、堀際に蚕種原紙賣捌所とある。第６区分図は様式が総絵図と異なる、泉水のある庭園のような曲輪が描かれ、東に古屋鋪とその西堀が蓮池として描かれる。北に学校構、上屋敷、馬場、西中央から南に断崖、東の堀と喰い違い門２基がある。

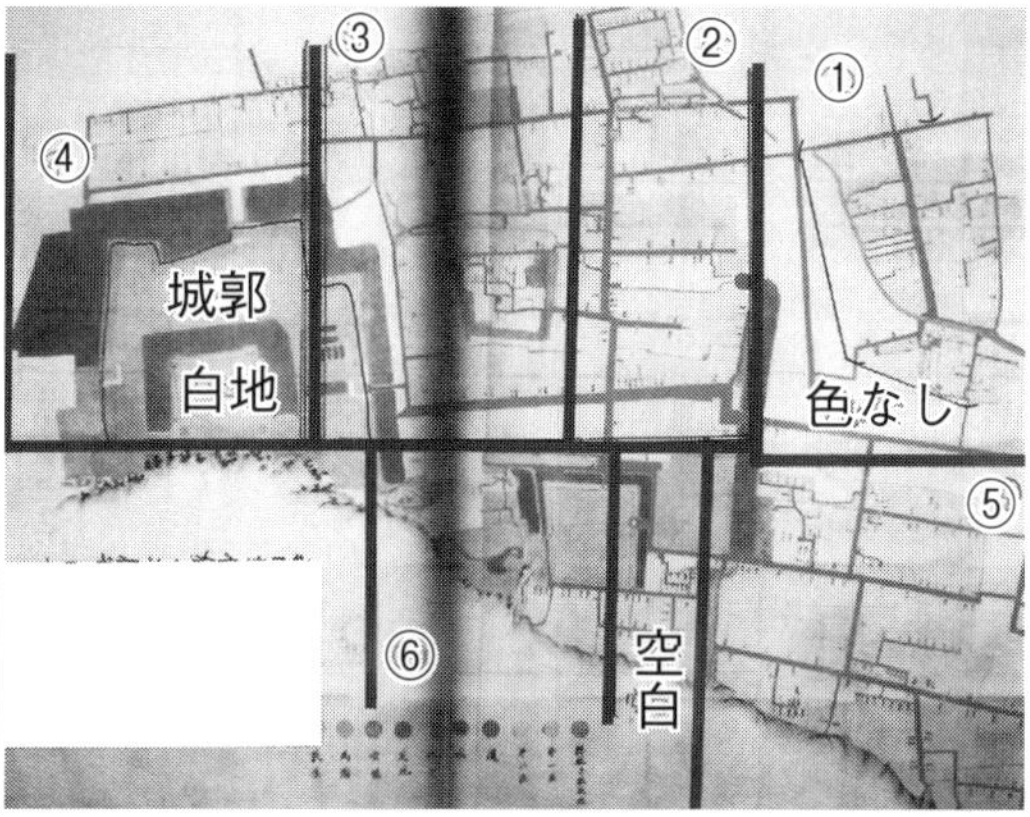

写真２　上田城郭並士族卒持屋敷総絵図　長野県立歴史館蔵

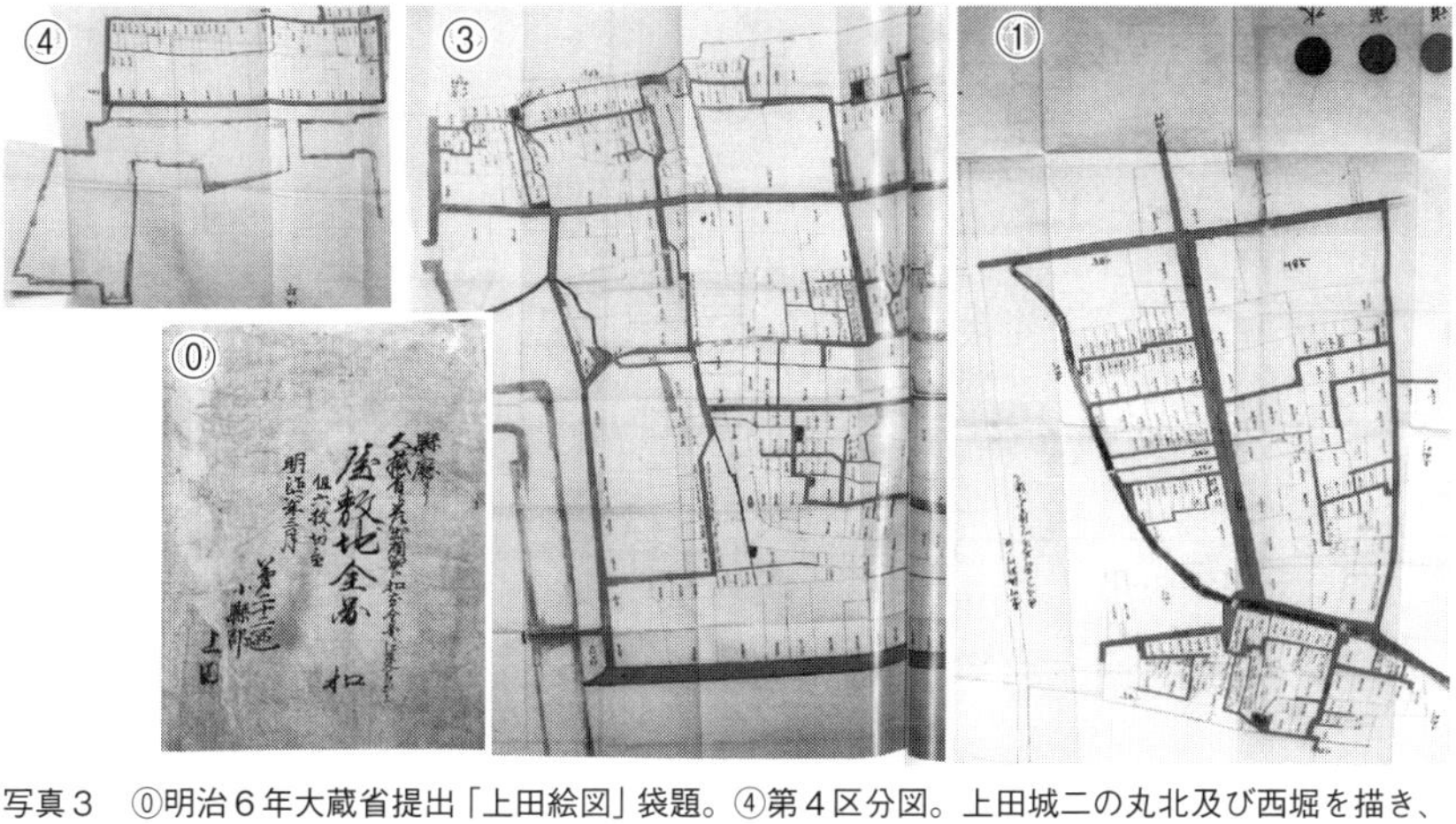

写真３　⓪明治６年大蔵省提出「上田絵図」袋題。④第４区分図。上田城二の丸北及び西堀を描き、北部鎌原村を表示。③第３区分図。上田城二の丸堀と東虎口を描き、東隣接地域南に新参町堀に沿って片平町、北に東鎌原町、木町、中央に元営繕、葭原町を表示。①第１区分図。上田城の東部、中央に水路がある馬場町通りと西の大工町（原町）、川を北に袋町までを地番と地番のないところには上田町と記入　富原文庫蔵

と袋に記された六枚の絵図である。提出は四月の管内城塞払下処分に先行している。

絵図は鉛筆で下書きされ、墨入れのち彩色され、番号が表示される。調査が城郭のみならず、屋敷地に到るまで実施されたことになる。大蔵省には「全図ニ仕建」とあり、多くの絵図を検証した結果、長野県所蔵の『上田城郭並士族卒侍屋敷総絵図』とされている絵図が切置前の全図と判明した。総絵図に六分割された絵図の範囲

写真４　上田遊園地及松平神社之図　富原文庫蔵

を入れてみたところ、描画内容、範囲とも明確に一致する。第六図が県庁のところで空白部分があり、県庁のところを除外して後に描き直した形跡がある。

県庁図に作成年次の書き込みはなく、明治四年頃と推定しておられる。六切置図は総絵図を南北二分割し、北を東西に四分割、東から一―四とされた、南は上田城の東のみ二分割し、五、六とされた模様であるが、付番は消されている。また、六は失われたか、意図的か後日改変されている。

上田遊園地及松平神社之図の明治二七〜四〇年頃の本丸

上田城跡本丸を詳細に描く銅版細密鳥瞰図（二六×三六センチ）、同じ絵図が長野県小県郡松平神社之図として、掲載されている物があるが、本図（写真４）は初見である。図は寸分違うことなしと思ったが、後者には料亭梅の家の文字のみが記載されていない。また、印刷は東京精行社とある。ここに、前者は料亭開業以降の明治四〇年以降、後者はそれ以前となる。前者は上田遊園地内桂頼母蔵版とあり、御手軽御料理遊園地内桜能家とあり、料亭開業後、版権を買い取り、梅の家の文字を追加刻印して引札として使われた。

作者はいずれも廣方とある。内容は、上田城の尼ヶ淵に面する城壁が細密に描写される。東虎口の北櫓台に丸山稲荷が奉納され、現存する西櫓がある。松平神社は本社・拝殿・鳥居・社務所・神庫があり、中央に藩校明倫堂・梅の家、西に堂弓場、北に招魂社。東虎口西に演武場が見える。同じく北に遊園とあり、本丸周囲に桜が描かれる。遊園という意味を勘違いしていた。そこに表現されているのは桜だけであった。

上田市の保存管理計画によれば、松平神社、現在の眞田神社が創立されたのは明治一二年、招魂社の移設が明治一四年、上田藩校文武学校の文学校明倫堂が移設されたのが明治一六年、演武場は明治二七年、料亭が明治四〇年、大正一四年に本丸に弓道場とあり、これが事実とすると本絵図は大正一四年以降となるが、先の後者の絵図にも弓道場は描かれており、絵図が銅版であることを考えると、弓道場の開設が逆に明治四〇年以前ということになり、絵図は明治二七年以降彫刻、四〇年改刻ということになる。

おわりに

真田の上田、明治六年切置上田城下町絵図、明治二七~四〇年上田遊園地松平神社之図を取り上げ、所蔵者の責任として、その検証を試みた。本稿作成に際し、絵葉書以外の上田関連資料を整理してみた。城郭図・古城絵図・合戦図・錦絵・古典籍・古地図・文献とあり、上田家御家中記、上田藩主大坂城代御行列帳、上田軍記、千曲之真砂《ちくまのまさご》の写本城絵図一〇枚、前田家調査の戸石城絵図、沼田城代記、上田合戦、戸石合戦、海野平合戦、地蔵峠合戦等の絵図、箕輪城絵図、長篠大戦の錦絵に真田兄弟、大阪陣錦絵に幸村、真田流遠町秘伝書、一五点ほどの戦前市街地図等、古資料一二〇点がある。いずれ、解き明かしたい。

Ⅲ　信濃国上田城下町の足軽長屋——松平伊賀守支配期

尾崎行也

はじめに

近世は「城下町の時代」といわれるほどであり(1)、城下町を抜きにして語ることはできない。したがって、城下町に関する書籍・論文は枚挙に遑がない。ここで対象とする信濃国小県郡（現長野県上田市など）の上田城下町も同様である(2)。しかし視点を変え、重点とすべきところを改め、さらにそれぞれの対象城下町における個別事象を取り上げるのであれば、なおも新たな事実の解明は十分可能であろう。ここでは信濃国上田城下町絵図を見直しながら、解明がすすんでいないとみられる部分を見出し、その端緒を捉えたいと考えている。

一、上田城下町絵図

信濃国上田城主（藩主）は、真田氏（～元和八年）、仙石氏（～宝永三年、五万八千石）、松平氏（～明治四年、五万三千石）と代わる。その城下町絵図は、『上田歴史地図』(3)などにまとめられている。それらの内容は、真田期の城下古図・合戦図、仙石期の正保及び元禄図などの他、ほとんどが松平氏支配期のものである。

興味深いものの一点は、越後国高田藩（榊原氏、一五万石）の中老鈴木重春（繁章ともある、雅号魚郡里《なつり》）が、文化七年（一八一〇）に完成させた『東都道中分間絵図』である。[4] このなかに上田城下部分が描かれている。高田から北国街道（別称善光寺道）を江戸に向かって下ってきて、上田へ入る手前の「秋葉（秋和）」では杉並木の記載がみられる。鈴木繁章はこの絵図の序文のなかで「此図森林ハ勿論並木に至る迄、松・杉・雑木・竹林等へ（中略）、みな其所々に於て其形チを以て画す也」と記している。そのことは、この絵図にみられる樹木は、写実的であったことを示している。

上田城下町に入ってからは、北国街道沿いの町人町の町名・寺社名など家並が描かれているが、この家並は戸数に応じているとはみられない。町人町からみれば裏側に当たる侍町や城郭については、遠望して描いたものであり、詳細な記述は不可能であるのは当然ながら、[5] 多くの樹木のうちに家屋の屋根が描かれている。中級以上の武家屋敷では敷地が広く、家屋部分より、樹木のある庭園（前栽）あるいは裏庭の畑地が広がったことを反映しているとみられる。

興味深い事例をあげてみると、安政二年（一八五五）正月のこととして、上田藩士勝俣東安（藩医）及び加藤有中の屋敷内に、それぞれ懸硯と銭入が投げ込まれていた記録がある。[6] それらは盗品の一部であるが、投入された理由の一つは、侍町が町人町の支配とは別であり、町方担当役人の探索が入り難いことによろうが、もう一点は、武家屋敷は樹木が多く、投入された盗品（ここでの場合は、その内の不用部分）の発覚が遅れることを計算にいれての行為であろう。

上田城下町を東に抜けた先の踏入村にも、杉並木が描かれている。[7] 以上から、城下町の侍町やその周辺の植生を僅かながら窺わせる数少ない絵図の一つとして貴重であることが分る。

やや時期は下るが、天保八年（一八三七）に作成された「上田城下町絵図」[8] は、一般的な城下町絵図の系統に属する。城下を屈曲しながら通過している北国街道筋、あるいはその枝道沿いの町人町が暗色一色に塗りつぶされているのに対し、侍町は屋敷割が示され、その多くは居住する侍の氏名などが記載されていて、現在の住宅地図に先行するものを思わせる。

侍町の屋敷割を詳細に検討すると、侍の個別氏名の記入されている屋敷の外に、「割屋」または「御徒士屋敷」、あるいは「組長屋」などと記入されているものが認められる。これは、士分のうちでも格式の最も低い徒士格と、士分以下とされていた組のもの、即ち足軽の居住地で、一戸建ての家屋は与えられず、割家あるいは長屋が与えられていたことを示す（なお、この外に「中間部屋」もみられるが、これについては省略する）。割家は徒士の場合で、一戸建の家屋を二乃至三世帯に分割したもので、居住面積は長屋より広い。当時にあっては当然のことであるが、身分・格式により居住形態やその敷地面積に格差のあったことを示す。

いずれにせよ天保八年絵図には、徒士および足軽について、その氏名は基本的に記載されていない。しかしいずれも上田藩主たる松平伊賀守の家中である。例えば明治四年一〇月の松平伊賀守家中人数を見るなら、士族四〇一人に対して、卒（足軽）は三九一人（卒一代限士族取扱三六人を含む）であり、ほぼ同数とみてよい。[9] それは、足軽の存在を無視して上田藩は語れないということである。

二、上田城下馬場町屋敷割

上田城下町絵図のうちには、徒士や足軽が記載されたものもある。ここではそのうちの安政期のものについて、特に侍町のうち馬場町の部分を検討してみることにする。[10]

上田城下の侍町は、本丸・二ノ丸（二の曲輪）を中心として、その周辺に広がる三ノ丸部分に存在するが、一部はその東側にはみ出し、外曲輪になっている。その内の鷹匠町・常田町・海野町裏は三ノ丸続きとなっているが、馬場

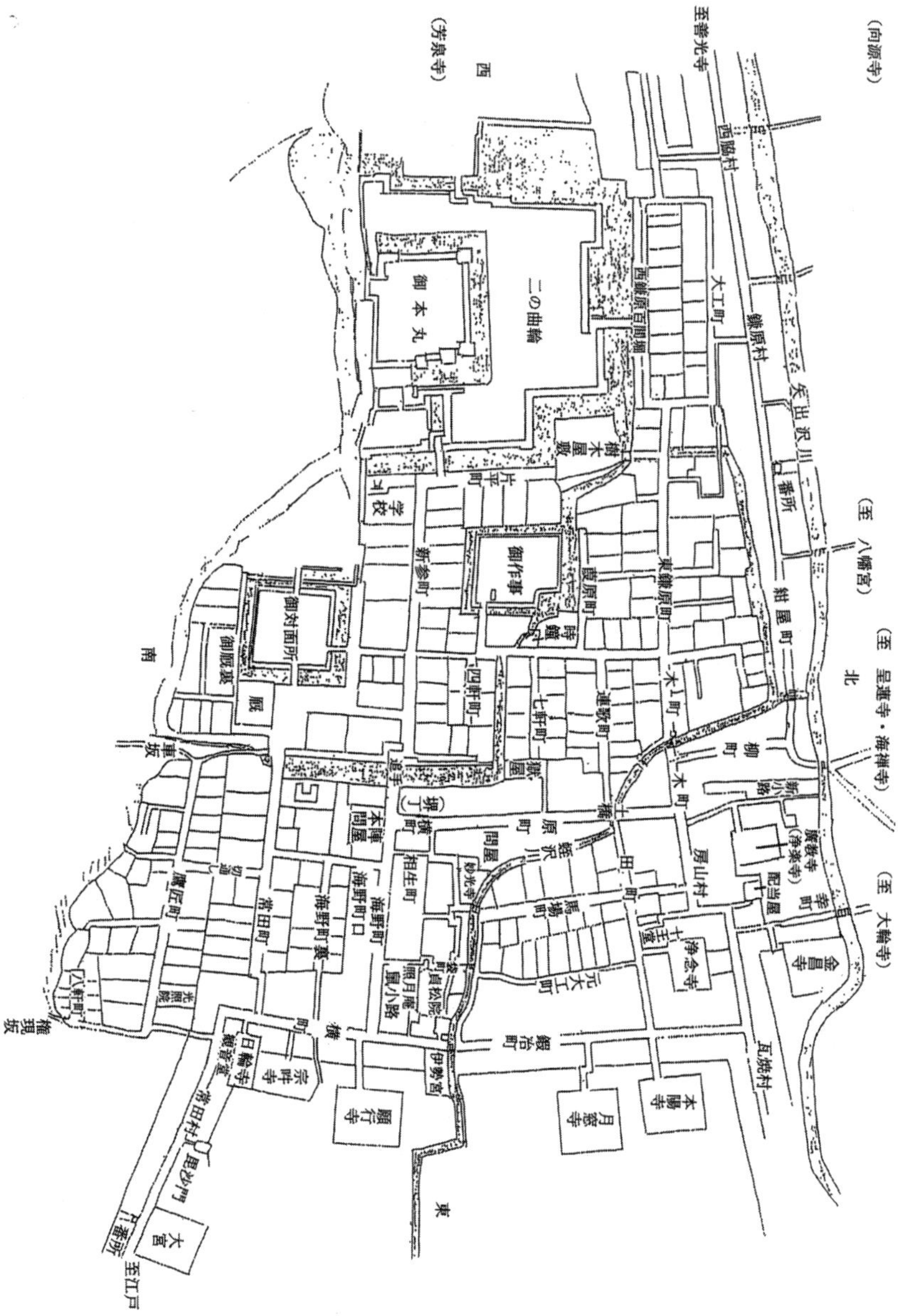
西
北
南
東
(芳泉寺)
(向源寺)
至善光寺
西脇村
大工町
鎌原村
矢出沢川
番所
紺屋町
御本丸
二の曲輪
西鎌原百間堀
片平町
学校
新参町
御作事
東鎌原町
御対面所
御厩裏
四軒町
七軒町
木町
柳町
房山村
海野町
原町
横町
鍛冶町
常田町
鷹匠町
八軒町
本陽寺
月窓寺
願行寺
日輪寺
伊勢宮
宗吽寺
浄念寺
金昌寺
瓦焼村
毘沙門
大宮
常田村
至江戸

図1　上田城下町の町名

町とそれに南接する袋町は町人町のうちにある（図1参照）。

馬場町部分の屋敷割に記載されている内容を、天保・弘化・安政各期の城下町絵図よりまとめたものが図2および表1である。

これによると、馬場町西側（W）六屋敷の内氏名記入（士分）は二屋敷、東側（E）七屋敷のうち六屋敷が氏名記入で、この分はその氏名からも推察できるように藩医である。大工町添い（D）は八屋敷のうち五屋敷に氏名が記入されている。

氏名記入でない部分を天保・弘化の絵図でみるなら、前述の如く「御徒部屋」または「割家」と「組長屋」となっている。

表1　馬場町屋敷割記載内容

	安　政	弘　化	天　保
W 1	○福西十蔵　+ 1	御徒部屋	割家
2	●古平休七　+ 9○1	御組長屋	組長屋
3	○宮下助三郎　+ 9	御徒部屋	堀　休五郎
4	●武井源十郎　+ 17	御組長屋	組長屋
5	天野通仙	天野通伯	（空家）
6	伊藤与一右衛門	原田雄平	原　善太夫
E1	松宮真得	松宮宗伯	松宮宗白
2	布施祐碩	布施祐碩	布施祐碩
3	林　修造	林　常省	林　常省
4	○成瀬文太　+ 3	御徒部屋	割家
5	山極松軒	山極休川	山極松軒
6	香山杏林	香山分碩	香山寿仙
7	金井玄亭	金井玄悦	天野通伯
D1	竹内善次郎	原沢一左衛門	中村八百左衛門
2	●花岡善兵衛　+ 2	御組長屋	組長屋
3	猪飼主殿	横川主殿	猪飼市之丞
4	○佐伯一助　+ 1	御徒部屋	割家
5	佐藤慶右衛門	神尾千左衛門	神尾五左衛門
6	●出野儀三郎　+ 8	御組長屋	伝田一太夫
7	松本左右右衛門	石川三右衛門	石川三右衛門
8	○河内舎三 犬飼宗芸	大平多喜治	大平多喜治

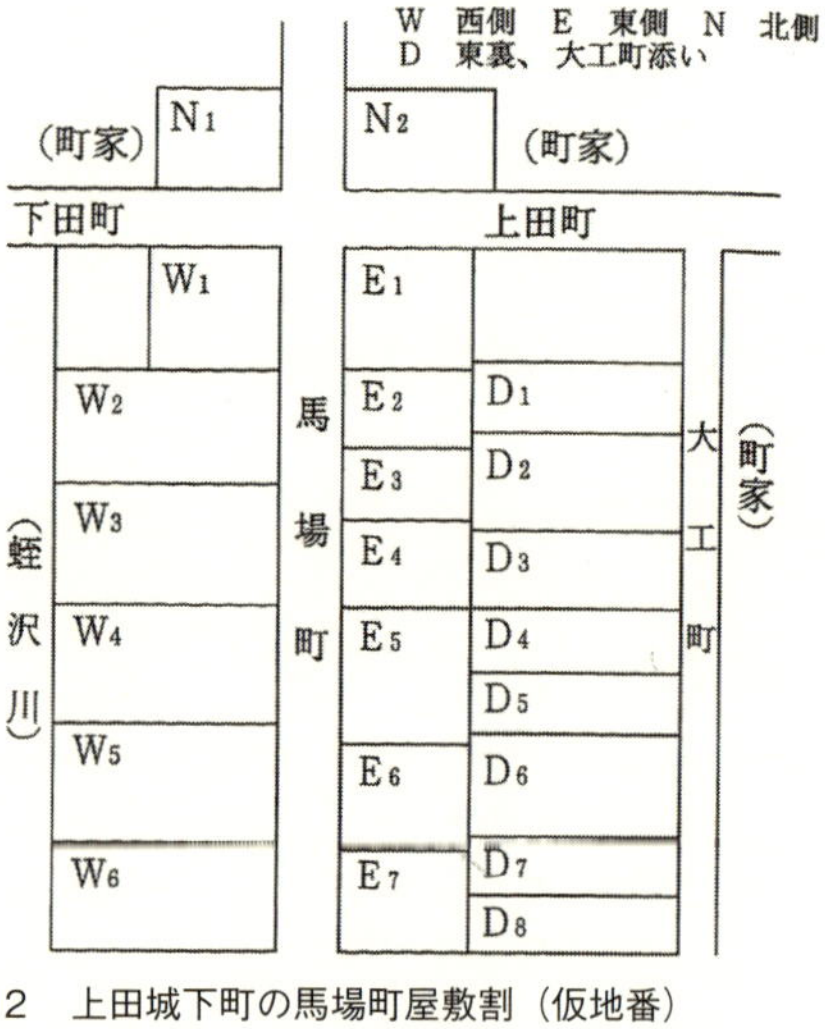

図2　上田城下町の馬場町屋敷割（仮地番）

この部分に具体的な氏名の記載がみられるのは安政期絵図で、凡例によると赤印（ここでは○印）は「以上（徒士）長屋」、黒印（ここでは●印）は「以下（足軽）長屋」と区別されている。表1では、それら長屋居住者のうち一人の氏名を示し、あとは数字で表わした。徒士と足軽では屋敷割が別になっているが、足軽のうちに徒士の混在する場合（W2）もみられる。これは足軽であったものが昇格して徒士となったが、居住場所としての徒士割家に空きがなく、そのまま足軽長屋に留まっていたためと考えられる。

徒士の割家について世帯数をみると、W1（河西十蔵）は二、E4（成瀬文太）は四、D4（佐伯一助）は二で、W3（宮下助三郎）の一〇を例外として、ほぼ二～四世帯から成る。いっぽう足軽長屋では、W2（古平休七）の一一、W4（武井源十郎）の一七、D6（出野儀三郎）の九で、D2（花岡喜兵衛）の三を例外として、九～一七世帯に及んでいる（但し、この場合一棟か二棟あるいはそれ以上かは不明である）。

上田城下の足軽長屋一世帯分については、その一例をかつて報告したが[11]、間口は二間半、奥行四間で、六畳二間と土間から成り、裏庭が一〇坪ほど付いていた。

三、上田藩足軽

上田藩の足軽が、藩内でどのような取り扱いを受けていたか、「組之者御制令御定[12]」でみておくことにする。

組之者御制令御定

一　雨天之節、足駄不相成、下駄相用候事

一　其身ハ不及申妻子等衣服下ニも絹不相成事

一　腰物藤柄・皮柄・木綿之類相用可申事
一　小頭者二間之内壱間ハ麁相成畳用捨、小頭役相放候得者平足軽同前之事
一　平組畳不相成候事
一　五月幟、紙たるへき事
一　墓印、長サ壱尺・壱重台、三方野面、壱方正面、此方決而難成事
一　白足袋不相成候事、紺足袋可相用事
一　雪駄不相成候事、諏訪部雪駄用候事
一　長羽織無用之事
一　小頭長屋　（記入欠）
一　平組長屋　三間　父子勤四間
　　　　　　　組外ハ四間
　右之外被仰出ニ而相心得候事
　　　　　　　　　　　（年月不詳、但寛延頃）

主なる内容をまとめてみると、雨天の節の足駄禁止、絹布の衣服禁止、腰物の柄の制限、畳の使用禁止（但、小頭は一部屋のみ用捨）、墓印の制限、白足袋の禁止、雪駄の禁止、長羽織無用などで、日常生活の目に見える部分での制限・禁止が多いとわかる。また、足軽長屋一世帯分については、三間（部屋）が基準で、「父子勤」すなわち父と子が共に藩へ出仕している場合には四間（部屋）となっている。因みに原則は一戸（一家）で一人の出仕である。「組外」とあるのは組外徒士を意味し、これは士分となる。

次に、上田藩の足軽がどのような職分にあたっていたかを、番方（軍事職）と役方（行政職）に分けてまとめたも

のを示すと、表2および表3のようになる。[13]
番方では、物頭に預けられた先手組・長柄組、奏者番に預けられた側筒組・側弓組と、旗奉行配下の旗組で、その外に箪笥組と町（同心）組があった。いずれも一組に一人の小頭が任命されていて、平組と称せられた足軽が四人乃至一五人宛配されている。平組足軽の人数が一五人と多い先手組（七組）が、その中心を成している。もっとも平組の足軽定数は時期によって変化がみられ、全般的には減少の傾向にあった。[14]
役方では、郡奉行・町奉行・勘定奉行・普請奉行および納戸などの支配下に、各種役割の足軽が配置されている。役方では、番方の小頭に相当する役職として、郷手代・町手代・下賄・普請手代があり、これらのうちから昇格して「其身一代取立徒士格」となるものがいた。[15]

四、先手組足軽の履歴

次に足軽のうち番方の先手組を構成していたものについて、天保三年（一八三二）一月に物頭となった大野木助太夫に預けられた一六人の履歴をみることにする（表4参照）。

物頭大野木助太夫に預けられた先手組は、小頭一人と平組一五人で構成されていた。そのうちの小頭柳原清次の履歴をみると、同家代々の履歴も記載されている。同家初代（高祖父）半太夫は、松平伊賀守家亀山期[16]の寛文一二年（一六七二）に先手組（足軽）として召し抱えられ、宝永五年（一七〇八）まで三八年（これは足掛けの年数である）勤めて病死している。この時期の家中記録は少なかったものとみられ、履歴は詳しくないが、三八年の長期にわたり生涯足軽を勤めていたことになる。

表2　上田藩　足軽　番方（寛正一一年）

- 御旗奉公——御旗組——足軽 旗之者（10人）
  - 兼帯（大寄合）木村八左衛門　小頭 日下部徳左衛門
- 先手組（譜代先手組を含む）
  - 物頭 木村八左衛門——小頭 福田茂太夫——※足軽平組（15）
    - 宇野政八
    - 村瀬長治郎
    - 古松領蔵
    - 臼井喜藤太
    - 中沢和助
    - 堤源右衛門
    - 山口政助
    - 寺田左助
    - 坪田一郎兵衛
    - 大石嘉六
    - 上羽周左衛門
    - 初川周治
    - 古川粂右衛門
    - 寺嶋兵次
    - 溝口嘉十郎
  - 物頭 村上左兵衛——小頭 古松仁太夫——足軽 平組（15）
  - 津田八郎右衛門——太田長太夫——足軽 平組（15）
  - 佐治八右衛門——古松領蔵——足軽 平組（15）
  - 井上四郎左衛門——村瀬長次郎——足軽 平組（15）

表3　上田藩　足軽　役方（寛正一一年）

- 郡奉行支配——郷手代・山廻り・塩尻口留番
- 町奉行支配——町手代（2人）
- 勘定奉行支配——小役人・表納戸小役人・物書・定番・広敷中番・下賄・下料理方・小細工方・椀方・塗師・桧物師・具足師
  - 厩之者——小頭 犬飼銀次——中間（9人）
  - 紙継・茶取
- 普請奉行支配——普請手代・勘定方・小奉行・人割・常田町常番・大工棟梁・畳師棟梁・木挽棟梁・瓦師・屋根師棟梁・鉄具師・畳師・石工方・大工・若手（15）
  - 普請組 中間（91人）——左官・大工・木挽・屋根師・鍛冶方・風呂師・鐘撞
- 納戸支配——奥坊主・広敷中番・塗師・桧物師・鉄具師・張付師・仕立方
- 勝手目付支配——茶屋番
- 大寄合支配——足軽（7）
- 上田手廻頭支配——小頭 出野乙右衛門・荒井金之丞
  - 陸尺（1）・手廻り（10）・夫丸（2）
- 上田賄支配——夫丸（2）・板之間（2）
- 留守居支配——物書

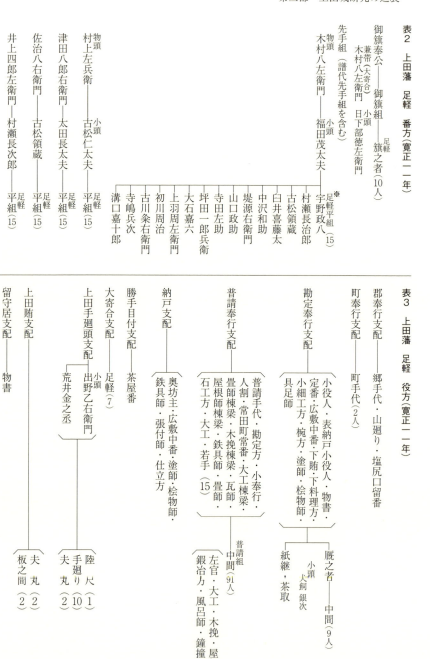

- 河村一郎左衛門―寺田鹿右衛門―足軽平組(15)
- 山本宇太夫―古川軍太―足軽平組(15)
- 長柄組
  - 物頭 石川藤左衛門
    - 小頭 石谷善八―足軽平組(4)
    - 小林市兵衛―平組(4)
    - 小川七郎太夫―平組(4)
    - 初川左太夫―平組(4)
- 側筒組
  - 奏者番 大野木保太夫―小頭 竹内久兵衛―足軽平組(6)
  - 菅谷三郎左衛門―山田領左衛門―平組(6)
  - 矢嶋久右衛門―栗山長右衛門―平組(6)
- 側弓組
  - 奏者番 尾崎次郎兵衛―小頭 佃嘉左衛門―足軽平組(6)
  - 山村五郎左衛門―山口政助―平組(6)
- 箪笥組
  - 彦坂三郎兵衛―小頭 楠本庄左衛門―足軽平組(6)
- 町（同心）組
  - 兼帯 村上左兵衛―小頭 中沢兵次―足軽平組(12)
- その他
  - 岩間浅右衛門―小頭 建部浜右衛門―足軽平組(20)夫丸(2)
  - 山本四郎右衛門―山浦条右衛門―平組(20)夫丸(2)

（註・箪笥組・町組・その他は正式には番方ではないが、ここへ加えた）
（※は寛二年のもの）

- 江戸
  - 勘定奉行支配
    - 作事小役人・小役人・物書・表納戸下役・定番・下料理・塗師・大工・椀方・茶取
      - 江戸部屋（部屋頭 小林儀右衛門）―中間(33)
      - 新部屋（部屋頭 小宮山菊右衛門）―中間(33)
      - 増部屋―中間(33)
      - 厩之者（小頭 山本万次郎）―中間(18)
  - 普請方支配―中間(8)
  - 賄方支配
    - 渡夫丸(3)
    - 表夫丸(7)
    - 留守居若党
  - 手廻り頭支配
    - 陸尺(10)
    - 手廻り(17)
    - 夫丸(3)
  - 大塚屋敷目付支配―中間(15)
  - 扇橋屋敷目付支配―小頭 斉藤作右衛門―中間(10)
- 在府勤番支配
  - 長柄代中間(35)
  - 上田部屋中間(38)
- 七本松京都屋敷―小頭 山崎利兵衛―足軽(5)―中間(4)

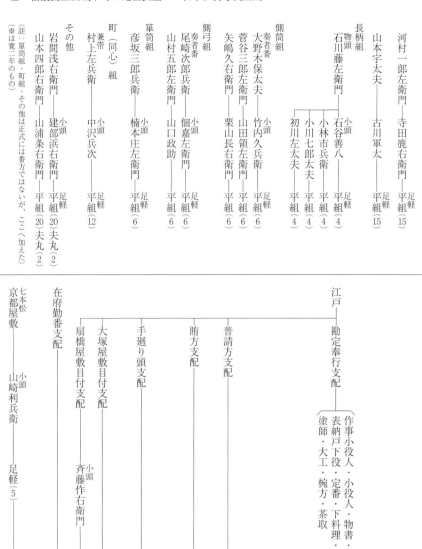

二代目（曽祖父）半太夫は、初代の跡を継ぎ、宝永五年に先手組となり、途中一旦役方の山廻を経て、享保三年（一七一八）に側組小頭に昇進している。平組から小頭への昇進は一〇年後で、早かったといえるのではないか。番方で小頭は最高職である。すなわち先代より職分の上で格をあげたことになる。しかし、同じ足軽組でも先手組ではなく、側組であったことには注目しておく必要がある。それは足軽組の内にも格式上の上下があったからである。二代目半太夫は寛延三年（一七五〇）引退、間もなく病死し、通算在勤は四三年に及ぶ。

三代目（祖父）伴六は、寛保三年（一七四三）に先手組ではなく側組で召し抱えられているが、これは父半太夫が側組小頭であったことに関係あろう。父子が同時に勤務することは珍しくないが、ともに給与があったことを考えれば、やはり恵まれた扱いを受けたといえよう。伴六は、後に同家先代と同じ先手組に移り、さらに役方の椀方を勤めた後、宝暦七年（一七五七）旗組小頭に昇進している。寛政二年（一七九〇）に病没したが、小頭役だけで三四年、通してでは四八年の勤務であった。もう一つ付け加えるなら、三代目で柳原家は足軽ながら小頭家筋になったということである。

四代目（養父）磯八は、宝暦一一年（一七六一）に若手として採用されたが、これは父伴六の在勤中ということで、父子同時勤務を意味する。先手組に入るが、特に先手譜代組となっている。これは先手組のうちに亀山期以来の譜代組とそれ以後の新参組(但、この呼称は使われてはいない。仮称)とがあったことを示し、格式は当然譜代組が上位となる。磯八はその後役方の椀方となっているが、この経歴は父と同じである。しかしここから先は相違がみられ、番方には戻らず、台所小役人から下賄にすすんでいる。下賄は、勘定奉行支配の足軽として最高職であり、小頭席に相当する。勤務は文政五年（一八二二）に病没するまで六二年に及んだ。

当人、すなわち大野木助太夫預け先手組小頭柳原清次(五代目)は、先代の養子ということになり、寛政七年(一七九五)に若手として召し出されて、先祖の例に倣って先手組に入り、一旦役方の御蔵米見に廻り、文政四年（一八二一）、

表４　天保３年御先手物頭大野木助太夫組年数改

番号	続　柄	氏　名	経　歴	引　退	在勤年数
1	(小頭) 柳原清次				
	1 高祖父	半太夫	寛文 12 亀山先手組召抱	宝永 5 ●	38
	2 曽祖父	半太夫	宝永 5 先手組、山廻、享保 3 側組小頭	寛延 3 △●	43
	3 祖父	伴六	寛保 3 側組、先手組、椀方、宝暦 7 籏組小頭	寛政 2 ●	48
	4 義父	磯八	宝暦 11 若手、先手譜代組、椀方、台所小役人、下賄、文政 3 大寄合支配	文政 5 ●	62
	当	清次	寛政 7 若手、先手組、御蔵米見、文政 4 先手組小頭	当辰 (天保 3) 当役○	38
2	松山十帰右衛門				
	1 祖父	文四郎	享保 19 板之間、宝暦 11 奥番	安永 2 ●	13
	2 義父	倉八	安永 3 若手、先手組、下料理、寛政 8 奥番	享和 3 ●	30
	当	十帰右衛門	寛政 11 先手組	○	34
3	田中忠之丞				
	1 義父	岡右衛門	元文 3 板之間、宝暦元奥番	安永 7 ●	28
	当	忠之丞	明和 8 若手、町組、側組、寛政 12 捕手出精・先手組	○	62
4	松原栄五郎 (本家唯七、享保 7 召抱)				
	1 父	新平	宝暦 2 若手、宝暦 8 側組	天保 5 ●	34
	当	栄五郎	天明 5 幼年救扶持、若手、側組、押定役、文化 7 元手組	○	45
5	保科弥休次				
	1 曽祖父	津右衛門	寛保 2 側組、延享 3 奥番	宝暦 13 ●	22
	2 (入夫)	水出広右衛門	宝暦 13 側組、明和 5 奥番	天明 5 ●	23
	3 祖父	津右衛門	安永 6 若手、先手組、奥番、先手組、町組、天明 7 表納戸小細工	享和 3 △カ ●	27
	4 父	桝太夫	寛政元若手、町組、表納戸小細工、台所下料理 (小役人席)、天保元表納戸	○	44
	当	弥休次	文化 13 若手、文政 2 先手組	○	17
6	細田休作				
	1 曽祖父	時右衛門	享保 3 江戸組、享保 13 籏組	宝暦 3 ●	36
	2 祖父	金右衛門	宝暦 3 籏組、大寄合支配、天明 7 紺屋町番所定番、(譜代)	寛政 12 ●	48
	3 養父	金十郎	寛政 12 側組、文化 7 先手組、(譜代)	○	33
	当	休作	文政 2 若手、文政 2 先手組	○	14
7	松山美之助				
	1 父	十帰右衛門	(2 を参照)		
	当	美之助	文政 2 若手、文政 5 先手組	○	14 (ママ)
8	鈴木彦兵衛 (本家 4 代　治右衛門次男)				
	A 本家初代	彦兵衛	慶安元亀山先手組、奥番	天和 2 ●	35
	B 本家二代	清右衛門	延宝 4 先手組	元文元●	61
	C 本家三代	治右衛門	享保 2 先手組	明和 6 ●	53
	D 本家四代	治右衛門	明和 2 先手組、椀方、元方支配金方、御手代、大寄合支配、天明 8 先手組	寛政 2 △	26
	E 本家五代	覚助	天明 6 若手、先手譜代組、山廻り、御手代、文政元取立徒士格		
	1 父	郷助	寛政 2 若手、同 6 先手組、御蔵米見、文化 7 勘定所物書	文化 9 ●	23
	当	彦兵衛	幼年救扶持二人、若手、文政 6 先手組	○	11
9	岡本虎吉		(次の参考を参照)		
	1 祖父	杢左衛門	明和 8 坊主、江戸定府、上田勤、還俗鳥方、普請奉行支配作事、(小頭格)、文政 6 普請手代	○	62
	2 父	伝兵衛	寛政 11 若手、先手組、勘定奉行支配椀方、小役人、文政 9 郷手代	○	34
	当	虎吉	文政 6 若手、文政 8 先手組	○	10

参考	岡本虎吉家履歴				
	元祖	杢左衛門	正保元於江戸召抱	寛文5●	22
	二代	杢左衛門	於亀山仕立方	享保3●	—
	三代	杢左衛門	坊主、復還俗、大寄合支配	寛延元●	—
	四代	作右衛門	享保15先手組、奥番	宝暦元●	22
	悴	仙哥	幼年二人扶持、宝暦4坊主	宝暦5●	
	養子	又平	不熟、離縁		
	五代養子	作右衛門	宝暦6先手譜代組、安永5先手譜代組小頭	寛政12●	45
	六代	作左衛門	寛政8先手組、文化5留守居物書、江戸引越、其後取立徒士		
	杢左エ門弟				
	初代	喜兵衛	正保3於江戸召抱	—	
	二代	喜兵衛	坊主（林斎）、徒士格	—	
	三代	安右衛門	宝永5仕立方、名跡相続7石	寛保3△	36
	四代	安右衛門	享保15元〆支配仕立方、同16江戸表先手組 元文2江戸表元〆支配、寛延3上田納戸支配 明和7坊主格、安永7定府	安永8●	50
	五代	安太郎	宝暦13一人扶持表御用部屋坊主代、明和5出府2両二人扶持仕立方、安永8父名跡6石	寛政元●	27
	六代	祐次	天明8二人扶持仕立方見習、寛政3青山勤	寛政4●	5
	七代	豊八	寛政4養子二人扶持、上田勝手・普請奉行支配若手、同6先手組	寛政9▼	6
10	鈴木祖郎次				
	1先祖	善六	元文3江戸組、中間小頭、安永元上田引越・大寄合支配	安永元●	35
	2高祖父	久右衛門	安永元若手、安永3側組	天明2●	11
	3曽祖父	善六	寛政4側組	寛政14●	14（ママ）
	4祖父	門内	寛政7側組	寛政9●	3
	5父	祖郎兵衛	寛政9普請奉行支配、側組、椀方、元組（側組）、押定役、先手組、作事道具定役、普請奉行支配、文政12勘定方庭受払助	天保3●	36
	当	祖郎次	文政7若手、文政8先手組	○	9
11	大沢種蔵				
	1祖父	七助	宝暦元長柄組、同11庭方	天明元●	31
	2養父	龍吉	安永3若手、先手組、元方支配定番、山廻り、捕手指範、普請奉行支配小頭格定釘番、文政3納戸支配坊主格	○	59
	当	種蔵	文政10養子、先手組	○	6
12	柳原工左衛門				
	1曽祖父	九左衛門	宝暦13板之間中間、部屋頭、奥番、大寄合支配、側組、茶屋番、寛政2側組	寛政7△	20
	2祖父	茂七	寛政7側組	寛政10□	4
	3父	杢右衛門	寛政10茂七養子、側組、広鋪中番	○	35
	当	工左衛門	文化元若手、側組、押定役、文政10先手組	○	29
13	柴田惣吉				
	1初代	久左衛門	慶安2先手組、長柄組小頭	元禄3●	42
	2二代	久左衛門	貞享3先手組、長柄組小頭、先手組小頭、元文2大寄合支配	延享2●	60
	3三代	久左衛門	延享元先手組、椀方、肴（ママ）方、側組小頭 天明5取立組付徒士	（欠）	
	4養父	代助	参代目久左衛門次男、明和8若手、大工職見習、作事小細工方、寛政10（譜代並）	文政11●	58
	当	惣吉	文政11代助養子、先手組	○	5
14	渡部熊吉				
	1高祖父	五兵衛	宝永3木挽職	享保18●	28
	2曽祖父	嘉七	享保18木挽職、元文3棟梁	天明7●	55
	3祖父	太喜右衛門	安永4若手、職分見習、天文6棟梁、文化2（譜代並）、文化3（本譜代）	文政元●	44
	4父	太喜右衛門	寛政2若手、木挽職見習、文化13棟梁並、文政3棟梁	○	43

	当	熊吉	文政5若手、同12先手組	○	11
15	宮沢又八				
	1高祖父	勘左衛門	安永5江戸組、寛政元上田引越、大寄合支配	文化3●	31
	2曽祖父	門作	寛政10側組、武石村在宅、文化5普請奉行支配	文化8●	14
	3祖父	源蔵	文化5側組、押定役、文政6先手組	文政9●	19
	4養父	武平	文政9先手組	文政11●	3
	当	又八	文政11普請奉行支配、文政13先手組	○	5
16	柳原喜久助				
	1父	工左衛門	（12参照）		
	当	喜久助	天保元若手、天保3先手組	○	3

（「物頭大野木助太夫組明細帳」）註○：当辰当役　●：没　△：隠居　▼：出奔　□：退身

柳原家としては初めて先手組小頭に昇進した。ここまでに初代から五代一六〇年を経ている。

柳原家は譜代先手組（足軽）の家筋で、役方の職務に回ることもあるが、小頭までの昇進がほぼ約束されていたとわかる。見方を変えるなら、五代一六〇年に及ぶ勤務を重ねてなお足軽に留まり、士分としての徒士に取り立てられることはなかった、ともいえる。

次に、平組のうち松山十帰右衛門（表4の2）の履歴をみることにする。初代（祖父）文四郎は享保一九年（一七三四）板之間（中間）として抱えられ、宝暦一一年（一七六一）奥番に進み、安永二年（一七七三）死去、勤務は一三年だった。二代目（養父）倉八は、その翌年安永三年若手として勤め始め、先手組に入った。その後下料理に出て、寛政八年（一七九六）に父と同じ奥番となり、享和三年（一八〇三）に没し、勤務は三〇年となった。

三代目は当人の松山十帰右衛門で、先代倉八の養子である。養父の生前寛政一一年（一七九九）に先手組へ入り、天保三年（一八三二）まで三四年の間、同役を勤めている。この十帰右衛門の子美之助は、父と同じ先手組に文政五年（一八二二）から加えられていた（表4の7参照）。ここでも父子同時勤務がみられるが、しかも両者とも同じ先手組に加わっている。このことについては、先手組足軽採用の実態から理解できる。先手組足軽には定数があり、転役・昇格・引退（老齢・病気）・死去・暇・出奔などにより欠員が生じた場合、その補充は次のようにすすめられた。先手組を支配する物頭から、まず組明（欠員）の生じた理由を示し、次に代わりの候補者を具体的に指名して上申する。[17]この指名は物頭自身の判断によるが、その前段階で他薦・自薦を受けていたと考えられる。その一例として、自ら支配する先手組足軽のうちから、その子弟が候補に上げられることがあったといえる。大野木助太夫支配の先手組でも、松山十帰右衛門家の外に、柳原工左衛門家（表4の12）でも、その子喜久助が同組足軽に採用されて、父子同時勤務となっている（表4の16）。先手組足軽となる家筋が成立する理由の一つがここにある。

松山十帰右衛門家についてまとめるなら、初代が松平伊賀守家とすれば最も新しい上田期[16]に、中間（板之間）として抱えられて足軽に昇格し、二代目で先手組入りを果し、それが三代・四代と受け継がれたことになる。

次に、岡本虎吉家（表4の9）を取り上げることにする。岡本家の場合は、本家の履歴も記載されている。すなわち岡本虎吉家は分家であることと、それが今後の人事に関わることを示している。本家について触れておくと、初代杢左衛門は正保元年（一六四四）江戸で召し抱えられ、二代が仕立方、三代が坊主を勤め、四代目に先手組入りした。五代は養子ながら先手組小頭となり、六代目は先手組から留守居物書にすすみ、徒士に取立てられ士分に加わった。それとは別に、初代杢左衛門の弟喜兵衛も正保三年に召し抱えられ、二代目は坊主で、三代が仕立方になると、以後六代まで仕立方を勤めている。兄杢左衛門家の二代目も仕立方であり、岡本家は本来仕立職であったと考えられる。喜兵衛家の七代目豊八は養子で、始めて先手組に入るが、三年後に出奔してしまった。

分家の虎吉家は、初代（祖父）杢右衛門が明和八年（一七七一）坊主として抱えられ、後還俗して普請奉行支配の作事となり、文政六年（一八二三）には小頭席に相当する普請手代に昇進し、当時（天保三年現在）現職であった。三代（父）伝兵衛は寛政一一年（一七九九）若年で採用され、先手組から勘定奉行支配に廻り、文政九年（一八二六）郡奉行支配で小頭席の郷手代に昇進し、これも現職であった。当人の虎吉は、父と同じく若手から先手組入りし、三世代同時勤務となっていた。しかも祖父・父とも小頭席で、全体として昇進が速い。これは優秀な人材が揃ったこともあろうが、本家が足軽からの取立徒士に昇格していたことと関わりがあると考えられる。大野木助太夫組足軽では、鈴木彦兵衛（表4の8）も先手組家筋からの分家である。

大野木助太夫支配の先手組足軽の履歴分類をこころみるなら、表5のようになる。

①召し抱えられた時期も早く（亀山期）、初代から先手組に加えられ、二代目からは小頭を勤めてきている。先手組小頭家筋ともみられ、むしろ取立徒士を目指しているといえよう。

表5　大野木助太夫支配先手組足軽の履歴分類

分類	初代　召抱期及び職分			代々履歴	先手組入の代数	当人の代数	表4の番号
①	先手組	寛文12		2～4代小頭又下賄	初代	5代	1
②	先手組家筋からの分家	宝暦2　側組			2代	2代	4
		明和8　普請手代			2代	3代	9
		寛政2　先手組			初代	2代	8
		明和8　大工職			2代	2代	13
③	父子同勤の先手組				（父）	（子）	7（父・2）
					（父）	（子）	16（父・2）
④	先手組以外の足軽組	寛保2　側組			3代	5代	5
		寛保3　側組			3代	4代	6
		宝暦元　長柄組			2代	3代	11
⑤	その他	江戸組	元文3	2～4代側組	5代	6代	10
			安永5	2代側組	3代	5代	15
		木挽職	宝永3		5代	5代	14
		板の間（中間）	享保19	初～4代側組	2代	3代	2
			元文3		2代	2代	3
			宝暦14		4代	4代	12

②先手組家筋からの分家で、初代から先手組入りしている家もあるが、初代は別組または別の職分を勤め、二代目に先手組入りを果している。

③前述のように父子同時同先手組勤めとなっている。

④先手組以外の足軽組から、二～三代目に先手組入りしている。

⑤通常の足軽組以外から、早い場合は二代目、一般的には三～五代目に、側組などを経て先手組入りしている。さらにまとめるなら、先手組を勤めることが当然となっている①・②・③、先手組家筋として定着しつつある④、昇任して先手組入りを果した⑤、となろう。

ここでは番方（先手組）を中心にみてきたが、履歴（表4）を見直せば明らかなように、それぞれが番方家筋として固定化されていたわけではなく、むしろ役方もまた勤めている場合が多い。さらに先手組勤務から役方に転役し、そちらが本役（最終役職）となっている家もみられる（表4の1・8の本家・9の本家・9・10・11）。

五、同一足軽長屋の居住者

次に、居住する長屋を共通にする足軽たちの支配関係をみることにする。ここでは前掲の馬場町（図2、表1参照）に戻って、その内の足軽長屋D6の居住者を取り上げる。

この長屋については、安政六年（一八五九）四月の火災により焼失したことから（後述）、関連の記録が残されている。表6から支配別にまとめ直してみると、次のようになる。

この長屋の世帯数は九家であるが、親子同時勤務が二家あるので、勤務人数は一一人になる。親子同時勤務二家のうち、一家（N1）は親子が同一支配（普請奉行）下であるが、もう一家（N2）はそれぞれ別支配で、しかも番方（父）と役方（養子）に分かれている。

全体をみるなら、役方六人に対して番方五人で、ほぼ同数である。さらに役方も支配は三つに分かれ、番方も二組に分かれている。これからわかるように、「組長屋」と記載されている足軽長屋は、その構成員が同一足軽組あるいは同一支配足軽に特定されたものではなく、さまざまな組あるいは支配下の足軽が混在していたのである(18)。

六、足軽家の実態（一）

足軽の実態を知ろうとする場合、それについてまとめられた史料は見当たらず、何等かの事件のなかからその一端を垣間見る外にないと考える。

ここではまず、前述した安政六年四月大工町（馬場町裏に相当、図2のD）組長屋焼失一件を取り上げ、その折に提出された口書[19]をみることにする。この一件については、別に次の二点の記録がある。

表6　足軽長屋D6の居住者一覧

D6の内	氏　名	安政6年大工町 新建曲輪長屋	支　配	安政6年4月5日 火災
N1	柳澤清左衛門	柳澤平左衛門 平左衛門養子慶太	普請奉行 同	類焼 手当2貫文
N2	上原友之丞	上原友之丞 友之丞養子友作	側組 普請奉行・若手	同上
N3	丸山庄兵衛	峯村与五兵衛	側組	同上
N4	古松藤七	古松藤七	勘定奉行 12/18 諸向吟味方兼帯	同上
N5	高桑柳吉	高桑龍吉	先手組 5/25 勘定奉行・台所椀方	同上
N6	杦田千蔵	杦田千蔵	目付 （安政6/2/6 大工丁・下目付）	同上
N7	近藤為之助	近藤為之助	側組 （安政4/12/20 弓調金弐歩拝借）	同上
S1	古平勇太夫	古平雄太夫	勘定奉行	出火 叱り之上急度押込 （日数15日）
S2	出野儀三郎	出野儀三郎	戸祭求馬（先手組）	同上

（安政六年四月）五日天気
一昼八ッ時大工町御家中御長屋野出（マヽ）（出野）義三郎殿より出火いたし、古平良太（勇太夫）殿並向《となり》御長屋江移り、類火鍵数七所、夫より佐藤慶兵衛（右衛門）様御類焼ニ而消留り申候、右中頃風出、北東江吹、鍛冶町路々飛火、瓦焼（地名）龍法院江飛火、何れも消留、鎮リ申候、[20]

この記録で気付くことの一点は、関係者の姓名に誤りが目立つということである。内容としては、火元を出野義三郎としているが、口書ではこの点が不確実とされている（後述）。次の一点は類焼について「向御長屋江移り」とある部分で、この組長屋は一棟だったのか向い合う二棟だったのかが問題になる。「向」であれば「向い合う」で別棟となるが、「となり」であれば並列ということになり、同一棟である可能性もある。

図3（安政年間城下町絵図より引用）をみるなら、向かい合う二棟であったような記述になっている。その場合、一方の棟が二家（二世帯）であるのに対し、向い側の棟が七家という不均衡に疑問が残る。あるいは手前（南側）の長屋には空家（空部屋）の部分があっ

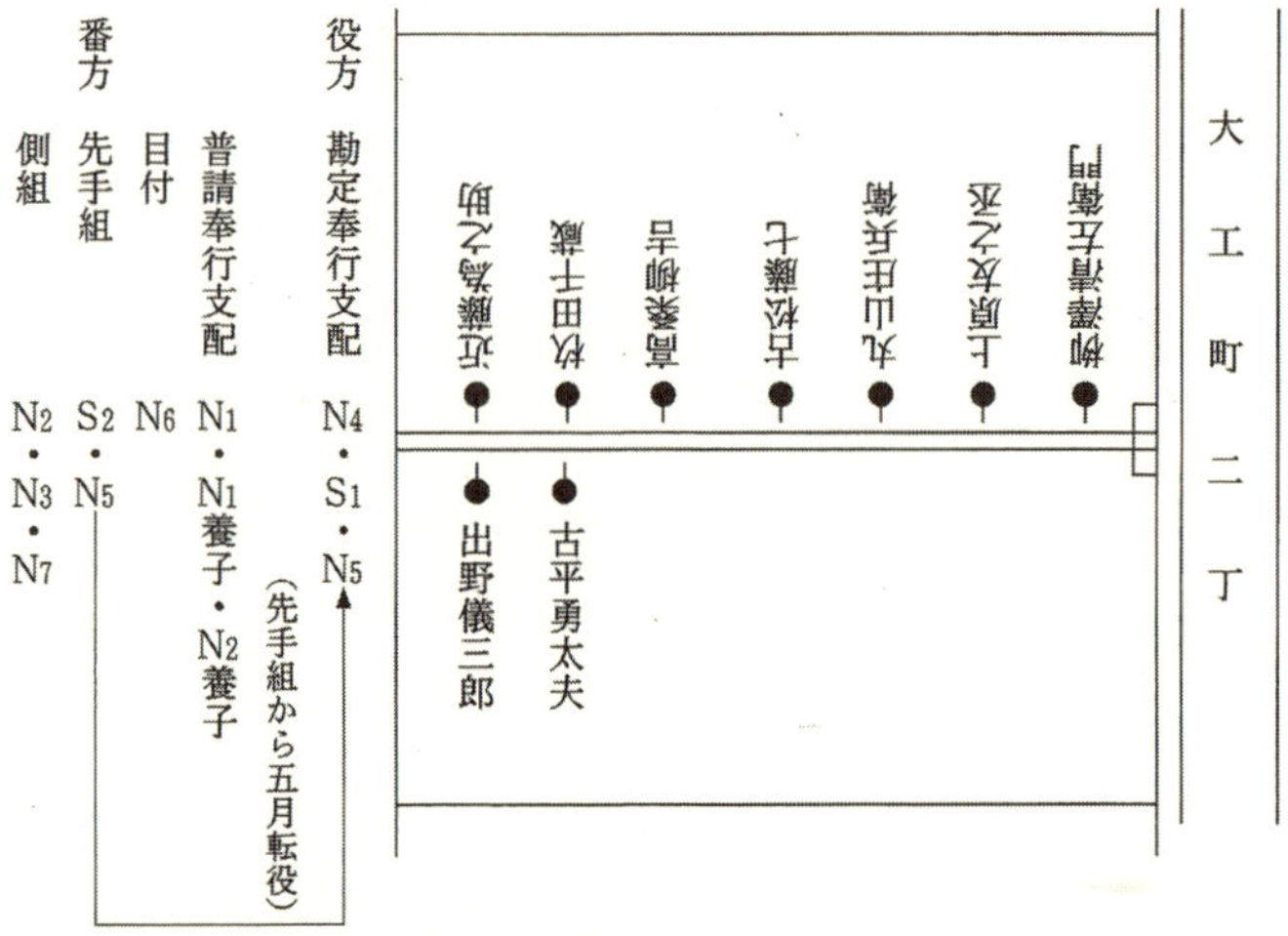

図３　安政年間馬場町内足軽長屋D6の明細図

たのであろうか。例えば、後述するようにこの長屋が新建（新設）であったところから、空家または未建築の部分があったことも考えられる。

もう一点付け加えるなら、敬称について出野義三郎と古平良太は「殿」付であるのに対して、佐藤慶兵衛が「様」付になっていることである。前者は足軽であるのに対して、後者は士分（徒士格以上）であることを示している（表1のD6と5、及び次項参照）。

（安政六年）四月七日　　金子宗元
私儀疝積痛過半快御座候ニ付、明何（ママ）日より出勤仕候、此段御届
申上候、以上（使ニ為持遣ス）、
御目付御月番之名切封也　　宮下弁覚
右ハ去ル五日昼後大工町足軽衆之長屋より失火ト一軒類焼、侍
屋敷は佐藤慶右衛門計、火事具不揃故、金子宗元老頼状遣ス処、
途中迄出候処俄疝積痛ニ而帰宅之由、私迄頼越候間、及御届候
と申呉候ニ依テ也、(21)

宮下弁覚（始め弁達、名は致道、四代目、藩医）は藩医としての記述を含むが、「大工町足軽家之長屋」の火災を記録している。この長屋に隣接する侍屋敷佐藤慶右衛門家の類焼もみられるが、「火事具不揃故」は、この火災全体に関しての理由の一つか、佐藤家を特定してのことか、不明である。前述したこの足軽長屋が新建であったことが関係あろうか。

出火に関連して提出された口書(19)は、次の通りである。

一大工町新建曲輪長屋御先手組出野儀三郎・御勘定奉行支配古平雄太夫《ママ》、両垣境ゟ一昨日五日昼八ツ半時頃出火ニ付、火筋吟味例之通御目付ニ而取斗左之通口書差出ス、

戸祭求馬組（先手組）

出野儀三郎

当未　拾七歳

右同人

養祖母

とみ

当未　六拾五歳

同

養母

かう

当未　四十三歳

右三人申口

今夕(ママ)八ツ半時頃隣家古平雄太・私両境垣より出火仕候ニ付、火筋之儀御呼出し御尋ニ御座候、此段儀三郎申上候、私儀者茶之間ニ罷在候処、祖母申聞候者古平雄太夫両境垣より出火之旨申聞候ニ付、直様駈出見受候処、最早居宅屋根江一円ニ火気相廻リ候得共、何卒防消申度存候処、雄太夫儀火事与申聲聞付、直様罷出、倶々相防候得共、次第ニ火勢強相成候ニ付、養祖母並養母儀兼而持病ニ而難義罷在候ニ付、夫々手当い

たし置、猶又精々相防候得共、弥火勢強相成、手段無御座焼失仕候旨申上候（中略）猶又被仰聞候者多葉粉呑候儀斗ニ而ハ無之、外火気持行候儀茂可有之哉与再應御尋ニ御座候得共、何ニ而も心当り之儀無御座旨申上候処、猶火之元之義者兼々被仰出も有之候処右様変事ニ相成候段如何相心得候与蒙御拶度一言之申啓無御座奉恐入迷惑至極仕候、養祖母義持病ニ積気有之並中風之症ニ而此節難儀罷在候所、今日之火災ニ而別而不相勝、言舌等更ニ不相叶並養母義持病之積気ニ而難義罷在候処、火災ニ而是又別而不相勝服（腹）痛いたし、且熱気も有之候故、言舌等不相分打伏罷在候、右両人共火筋之儀ハ私申上候通ニ而此上何ヶ度御尋御座候共可申上義無御座候、右之通少茂相違之儀不申上候、

安政六未年
四月五日　　　出野儀三郎
飯嶋吉兵衛殿
桂　蔵之丞殿

（中略）

御勘定奉行支配
古平雄太夫
当未　四十二才
同人娘
くに
当未　廿歳
町屋村

峯吉妻
厄介
きよ
当未　七十六才
右三人申口

今五日昼八ツ半時頃、隣家義三郎垣境ゟ出火仕候付、御呼出火筋之儀委細御尋ニ御座候、
此段私儀宿元ニ罷在候処、昼八ツ半時頃火事与申聲相聞候付、早速罷出見候処、隣家儀三郎、私両境垣より火燃上リ候付打驚駆着候得共、水之手悪儀三郎倶々手分いたし相防候得とも南風烈、弥火勢強相成、防候手段無御座故、諸道具取出候内、火気一円ニ相廻リ焼失仕候、最初より火筋之始末可申上旨被仰聞候得共、何ニ而も怪敷義無御座候処、娘義昨夕右垣根江灰捨候様申聞候、其節右灰ニ火籠居、右始末ニ相成候儀ニも可有御座候儀与奉存候、きよ義ハ持病之上老耄いたし候得ハ火筋之義委細不奉存候間別段不申上候、此上何ヶ度御尋御座候共、可申上義無御座候、くに義是又今朝より風邪ニ而熱気強言舌不相叶、火筋之義委細不奉存、私申上候外ニ何ニ而も可申上義無御座、昨夕垣根際江灰捨候節火籠居右之始末ニも相成候儀ニ而も可有御座、右様御長屋不残并御屋（敷脱カ）等焼仕候段、如何相心得候哉与蒙御拶度恐入迷惑至極仕候、外何ニ而も怪敷義心当り無御座候、
此上何ヶ度御尋御座候而も可申上義無御座候、
右之通少茂相違之儀不申候、
安政六未年
四月五日　　古平雄太夫
飯嶋吉兵衛殿

桂　蔵之丞殿

（下略）

ここで「新建曲輪長屋」となっていることについては、表1のD6をみれば明らかなように、天保年間までは士分の一屋敷であったものが、弘化期に「組長屋」と改められており、新設されたためである。

前掲の口書から、火元の特定は出来なかったとわかる。これについては出野・古平両者とも、自己の側に火災発生の原因を抱えていることを認めており、さらには隣家同士互いに庇い合っている様子も窺える。

次にこの口書から見えてくる足軽家の実態を読み取ってみることにする。まず両家の家族構成を見ると、ともに老齢の女性を抱える、女二人・男一人の三人構成である。出野家三人のうち当主儀三郎はわずか一七歳で、しかも養子である。あとの二人は養祖母「とみ」六五歳と養母「かう（こう）」四三歳とあるから、かうには子がなく、儀三郎を養子に迎えることで出野家は存続し、相応の俸禄を与えられていたことになる。養祖母とみは持病の積気（癪気、癪）に加えて中風の症があると説明されている。

いっぽうの古平家は当主雄太夫が四二歳とあるが、女房の記載はない。娘「くに」は二〇歳とあり、当主は結婚はしていたであろうから、女房を亡くしていたとみられる。その外に厄介「きよ」がいる。きよは町屋村（上田領塩田組）岩吉女房で、このとき七六歳になっており、持病があるうえ、老耄であったと記されている。この「厄介」について、雄太夫が娘を抱えながら女房を亡くしたことから、育児・家事のため下女として雇い、年を経て老齢化したとも考えられる。しかし一般的に、足軽が奉公人を雇う程の俸禄は与えられていなかった。[22]むしろ、「一家の当主の傍系親でその扶助を受ける者」[23]と理解すべきではないだろうか。すなわち女房の実家の母親が女房の没後古平家に入ったものと考えられる。

次に足軽の住居については、その規模については前述した通りであるが、[11]一〇坪ほどの裏庭があったとみられる。

この裏庭の隣家との境には垣根があり、その垣根越しに互いの交流があったのであろう。さらには、住人は男女の区別なくこの垣根の近くに出て憩い、煙草を吸っていたことや、垣根の近くに庭のごみなどを掃き寄せ、また台所で出る灰などを捨てていたことも分る。

この出火時に、それぞれの戸主は在宅していたうえ昼間のことであったが、消火は適わなかった。その理由として「水之手悪」と「南風烈（烈）」をあげているが、元来建材などが粗末で燃えやすいものであったことも考えられる。

七、足軽家の実態（二）

安政六年（一八五九）二月、上田城下町人町の一つ横町の菊五郎が、上田藩桂仁左衛門組足軽山部新蔵のところで死去した一件をみることにする。[23] 山部新蔵の住居は、表1のW4（武井源十郎）組長屋のうちに認められる。

私（桂仁左衛門）組
山部新蔵

右之者宅ニ而去ル廿四日夜、横町ニ罷在候宮下菊五郎与申者病死いたし候処、不宜風聞有之迷惑致し、相届候付、相尋候処、申立候ハ菊五郎与申者、兼而旧縁有之、殊ニ幼少之節ゟ熟意ニ有之候処、去ル正月十四日新蔵方ニ同人罷越申聞候者、坂木宿ニ而勤揚リ婦人ます与申者、年季明ケニ付身受いたし、宅ニ差置候得共、此節差置候義不都合之義有之候付、来ル四月者宅ニ入れ、妾ニ可致、夫迄之処新蔵居宅之端借受、夫ニ差置申度候間、貸呉候之様申聞候ニ付、聢与身元も不相知者ニ而者迷惑之段申述候処、聊子細無之者ニ而家内之者も一同承知之上之義ニ付、只管貸呉候様相頼候ニ付、素より熟志之義、無余儀菊五郎任申旨致承知候処、外々へも新蔵弟助四郎女房之形ニ相含居候之様申ニ付、是又承知いたし差置申候、右ニ付三度之食事ハ家内之者同様為給候得共、其外之儀者相構不申罷在候処、右菊五郎義酒肴持参罷越、酒食ニ及ひ候上寝泊り仕候義繁々御座候、然ル処、去ル（三月）廿四日横町分銅屋与七後家方へ被招、夕八ツ時頃罷越申候、新蔵義ハ夕刻宅ニ而酒給過熟酔致し罷在、ます罷帰候義ハ一向不存罷在候処、右ます方へ菊五郎参リ居、暁八時頃ニも可有之哉、同人不快之様子ニ相聞候得共、一躰同人義留（溜）飲疝積（癪）持病ニ而、折々腹痛致し候儀、是迄も承知罷在候之義ニ付、例之持病差起り候儀与相心得、其侭臥リ罷在候処、ます義女房を呼起し候付参リ見候処、甚大病之躰ニ相見へ候之段女房申聞候付、新蔵義打驚罷出見候処、差塞罷在むし之息程之様ニ而罷在候間、有合之薄荷為給候得共相聞（利カ）不申ニ付、新蔵義医者迎ひニ罷出候処、途中ニ而菊五郎女房・同人悴直助并関口道悦・悴賢三郎ニ出合候ニ付、直様罷帰不取敢同医診察之上灸治いたし呉候得共、聊験も無之、全卒中風之症ニ可有之、最早絶脈ニ而養生不相届死去仕候旨、右同医申聞候、右ニ付菊五郎家内之者并新蔵家内之者共ハ一同ニ而菊五郎宅へ同人連参リ、新蔵夫婦義ハ自宅ニ而病死之義ニ付、万々一入棺前何等有之候而者同人迷惑ニ相成候義ニ付、廿五日暁ゟ廿六日夜詰切居致世話、入棺之節立会帰宅仕候旨申之候、

右相尋候処、以口上書相届候趣与齟齬仕候廉々も御座候ニ付、其段も相尋候処、全取繕相届候義ニ而恐入候旨申之、前書申立候通相違無之段申立之候、

此段御年寄中江被仰達可被下候、以上

三月廿九日　（奏者番）桂　仁左衛門

管谷主税様

右の内容は一部不分明のところがあるが、山部新蔵悴山部賢三郎についても届けが出されているので、重複部分を

除いて見ておくことにする。

私（奏者番山田健雄）組
山部賢三郎

右之者宅ニ而去ル廿四日夜、横町ニ罷在候宮下菊五郎与申者致病死候処、不宜風聞も有之迷惑致し相届候付、猶又相尋候之処、申立候者（中略）然ル処去ル廿四日右ます横町分銅屋与七後家へ被相招昼八ツ時頃ゟ罷越候、賢三郎儀も用事有之付、同夜五時頃出宅ニ而町方へ罷越、用事相済候ニ付、四時過頃与存候頃ます迎旁分銅屋へ立寄候之処、菊五郎儀も参リ合居、ます義深更ニも可相成ニ付戻リ度申聞候之処、若き者斗両人ニ而ハ不安心ニ付倶々送リ候旨ニ而、菊五郎も同道帰宅仕、是迄も右同人ます方へ度々罷越寝泊り等も致し候儀、毎度之事ニ茂候得者賢三郎義者先江臥リ候処、九半時頃与存候頃、ます方ニ参リ居候菊五郎腹痛いたし候付、当人持合之あかにし相用候得共痛強、追々差塞候旨ニ而、ます儀賢三郎母を起候付、早速参リ見候処、其節者最早語舌も不相叶候旨ニ而賢三郎を起候付、早々病間江参リ見候処、ます持参之薬肖為相用候得共、弥不相勝甚大病ニて虫之息程之躰ニ有之候之処、其節ます申聞候者、右大病趣同人宅江早々為知呉候様相願候ニ付、賢三郎同人宅江罷越大病之趣申聞候之処、家内之者打驚、早々高橋俊岱相頼呉候様申聞候付、菊五郎召仕為三郎同道罷越、俊岱相頼候得共差支之旨ニ而参リ呉不申候付、鍛冶町医師関口道悦方へ罷越候処、承知ニ付、為三郎儀者薬相調候迚直様罷帰、賢三郎儀者道悦同道ニ而罷帰候途中へ、新蔵儀も又候医師為迎罷越候折柄、菊五郎家内之者共へも落合、倶々同道ニ而宅へ罷帰、不取敢道悦診察之上針灸等療養いたし呉候得共、最早絶脈ニ而針灸之験も無之、全卒中風之症ニ而養生不相届死去いたし候段、右同医申聞候、（下略）

ここでは、菊五郎の死亡とその取扱いには触れず、足軽山部家および菊五郎との関わりについてみてゆくことにする。

山部新蔵が足軽屋敷に居住していたことは前述の通りである。その家族構成は、新蔵夫婦と忰賢三郎の三人とみられる。賢三郎は父新蔵同様奏者番支配の側組に勤めていたが、父子とで支配奏者番は別人であり、従って別々の側組に属していた。これまでにもみられた父子同時勤務である。それ故、足軽長屋ながら四間（部屋）の住居を与えられていたとみられる。この四間のうち一間は、入口から台所を含む土間で、残り三間は板の間だったであろう。板の間三間のうち一間は新蔵夫婦、もう一間は賢三郎が使用し、残った一間は食事を始め家族共用の間だったのではなかろうか。なお、賢三郎については女房の記述がみられないので、独身かと思われる。

　山部新蔵と横町宮下菊五郎の関係については、「兼而旧縁」があり、殊に「幼少之節ゟ熟意ニ有之」と記されている。幼少期からの交友は、両者が居住地を共通にしていたことを考えさせる。菊五郎には女房と忰直助がいて、召仕を雇う商人であることがわかる。足軽の子が町人町に出て商人になるよりは、町家又は農家の子が足軽家の養子となることの方がはるかに可能性が高い。したがって、新蔵は幼少期に菊五郎の近くに居住し、後に足軽山部家へ養子に入ったとみる。いずれにせよ、町在の家が足軽家と縁組を結ぶことは、双方にとって都合のよいことがあった、と考えられる。

　菊五郎は北国街道坂木宿の飯売女ますを身請し、「家内之者共も一同承知」で「四月者宅ニ入れ妾ニ可致」としながら、「不都合之儀有之」として、安政六年一月一四日山部新蔵宅を訪れ、前記の関係を前提に、ますを「新蔵弟助四郎女房の形」で同宅に置くことを求めた。新蔵は最終的に同意し、ますには「三度の食事ハ家内之者同様為給」とあるから、同家の内の一間に食事付き同居人として住まわせたことになる。しかも、菊五郎は酒肴持参でますを訪れ、酒食の上寝泊することが繁々であったという。

　同年三月二四日、菊五郎が新蔵宅に同居するます方に来泊中卒中風で急死したことから、これらの事情が明らかになった。新蔵および賢三郎が提出した口上書には、事実と齟齬するところがあるとして尋問が行われ、その結果「全取繕相届」たことを認めている[24]。

足軽はその出身あるいは婚姻によって、在町との関わりのできる場合が少なくなかった。その背景には、何より経済的問題があったと考えられる。ここでは足軽家が町人と関わりからその妾を預かり、結果的には、せいぜい三部屋しかないその住居の一室を、妾宅代わりに利用されていたことが明らかになる。

八、足軽家の実態（三）

次に足軽家の女たちについての記録をみておくことにする。[25]ただし、日常生活での記録はみられず、何等かの出来事に関わっての場合となる。

①（安政四年一二月）三日

沼平試作懸
当分引受
大平多喜治江
二木兵太夫支配
丑場善三郎
母

一　白木綿手壱ツ二而織立致献上候儀、極老之身分二而奇特ニ付、為賞真綿弐百目被下候、右委細伺書被差出、則承届書面之通申付候間、例之通可被執斗候、尤被下品之儀御勘定奉行へ用意申達置候事、
十二月

足軽家の老齢の母が手織の白木綿を献上したのは奇特であるとして、褒美に真綿二百匁が与えられた記録である。これによれば、足軽家には織機があったことになる。勿論全ての足軽家にあったかどうかは別問題であるが、少なくともこの家では、「手壱ツニ而織立」たとある。しかも褒美が「真綿弐百目（匁）」であることに注目したい。これは紬一疋（二反）を織るのに十分な真綿の量であり、[26]この母親が機織のできることを承知しての給付であれば、当然紬の原料という意味が込められていたと考えられる。江戸時代の上田領において、上田縞（平絹）と上田紬（白紬及縞紬）は地域の特産物であったから、[27]その機織は十分内職になった。織機があれば、自家用の布（木綿）も織ったであろうが、内職としての上田縞・上田紬も織られた可能性はある。もう一つ付け加えるなら、「手壱ツニ而織立」という表現のなかに、篠巻（繰筒）から綿糸を紡ぎ出した上での機織という意味も込められているのではないか。そうであれば、真綿から紬糸は当然、取り出せるということでもある。

②（安政六年一二月）十日

郡奉行江
御分知（塩崎旗本領）手代
柳原　喜久助

生得貞実ニ而奉公向精勤いたし、且親又左衛門並女房等病気之処看病行届、養子へ教訓懇ニいたし、家内和合孝心厚趣奇特ニ付、給金勤金之外別段年分金弐歩ツヽ被下候、
右委細伺書被差出、則承届、書面之通申付候間、例之通可被執斗候之事、
十二月
（安政六年一二月）十六日
御奏者番江

各方組
小林　庄之助
同人　女　房

養父大助在生中ゟ養父母江事方宜趣相聞、気六ヶ敷養父母を和し、家内和合候趣、全孝道行届候之故之義、外々之鑑ニも可相成趣ニ付、庄之助江鳥目弐貫文、女房へ同壱貫文被下候、

右委細書付被差出、則承届、書面之通申付候間、例之通可被執斗候、尤被下鳥目之儀御勘定奉行江申達置候事、

十二月

右之趣御勘定奉行江も達申候事

いずれも孝養を尽くし、家内和合が褒賞の理由となっている。領民を対象とする孝子・孝婦の褒賞は知られているが[28]、家中においても行われていたのである。それは、孝養・家内和合が一般的な社会情況とは言えなかったためであろう。それについては、事実としての事例が上げられる。

③（安政二年三月）廿八日

御奏者番江
各方組
近藤林右衛門

家内不和合ニ而身持不宜、不相済風聞も相聞候付、去年中急度叱リ之上押込申付候得者、心底相改可申筈之処無其儀、今以身持不宜家内不和合ニ而勤向等閑ニ相心得候趣相聞、不埒至極ニ付急度も可申処、格別之以宥免金給取上・組取放、御普請奉行へ引渡申付候事、

三月

右書付御奏者番呼出し相渡し候事、

御普請奉行江

御側組

近藤林右衛門

鼻紙代年分金壱両被下、其許支配押込申付候

但、押込七日目差免候事

同人　女　房

一心底不宜、夫林右衛門江事方不宜趣ニ付、叱り之上慎申付候事、

但、慎五日目差免候事、

右之趣親類共江可申達候事

三月

右書付御普請奉行呼出し相渡し候事

(安政六年三月) 十三日

御普請奉行江

其許支配

木村　録太郎

右之者家事不取締之趣相聞、不埒ニ付叱り申聞候、

但慎申出候ハヽ、其侭差置、三日目不及夫候事

一

右同人

右之者身持不宜趣相聞、不埒ニ付急度叱り之上慎申付候、　母

但右慎五日目差免候之事

三月

（安政六年一二月）九日

町組

瀧沢　熊五郎

同人　女　房

瀧澤　教之助

家内不和合ニ付、夫々御咎被仰付候儀、委細御咎帳ニ有之爰ニ略ス

（安政四年二月）十五日

御勘定奉行江

各方支配

池田　柳次

右之者娘、当早春鍛治町於栄三郎宅過酒之上不相済風聞有之、必（畢）竟平日教訓不行届故之義、不埒ニ付押込申付、

かね（娘）義者急度為慎置可申候事、

但押込十日目差免候事、

かね義者慎三十日目差免候之事、

③のうち、近藤林右衛門は自身の「身持不宜」と「勤向等閑」に加えて女房の「心底不宜」で「家内不和合」を問われ、

金給を取上げられ所属していた側組から追放の上、「御普請奉行へ引渡」となっている。上田藩での普請奉行引渡は、幕府における小普請入に類似しており、職務上の過失その他で役職罷免となったものの処遇である。林右衛門は、普請奉行に預けられ、年分の鼻紙代金一両は与えられたが、押込七日を申付けられている。女房も慎五日を申付けられ家庭崩壊の状態だったとみられる。

その他の③を見ると、木村録太郎は母の身持から家事不取締を問われ、瀧沢熊五郎は女房ともども不和合を咎められ、池田柳次は娘の一件で押込となっている。このうち池田柳次の娘は、町人との交際が前提にあり、町方での過酒から「不相済風聞」まで問題となっている。(29) 足軽の家族が町人と関わりを持ったことは、例えば出身や婚姻関係からも考えられることではあるが、厳しい限界があったのも事実である。

④（安政六年二月）十四日

御普請奉行支配

林　宇左衛門

一次女義塩田組（上田藩）五加村百姓新兵衛悴新蔵妻ニ差遣申立願出候段、頭ゟ書付差出承届ル、

ここでは、婚姻願の書付が提出され、「承届ル」とある。当時は書類を提出する場合、予め内伺を通じて採用されることの確認を取っていたから、ここでも同様と考える。いずれにせよ、足軽の娘は確かに領内百姓の悴と結婚する場合があったことを示している。足軽層はこうして領内在町での婚姻関係を心掛けていたといえよう。

おわりに

近世城下町の解明は多角的・多面的にすすめられているが、地域ごとの諸相の実態については、なお十分に解明されているとはいえない。

ここでは、信濃国松平伊賀守上田城下町の侍町について、その内の足軽長屋を取り上げ、その生活実態にせまる試みの一端を紹介した。しかし、不十分であり、今後とも多くの事例の集積が必要である。許される時間のなかで調査をすすめたいと考えている。

【註】

（1）例えば、吉田伸之『都市　江戸に生きる』（岩波書店、二〇一五年）。

（2）上田の史誌類である。『小県郡史』本編（一九二二年）、『上田市史』上・下（一九四〇年）、『上田小県誌』第二巻歴史編下（一九六〇年）、『上田市誌』歴史編6・7（二〇〇七年）などは、いずれも上田城下町を取り上げている。

（3）佐々木清司・尾崎行也編（郷土出版社、一九八三年）。なお、佐々木清司・尾崎行也編『上田古地図帖』（しなのき書房、二〇一五年）もある。

（4）書名を『北国街道分間絵図』と改め、一九九八年に郷土出版社から復刻出版された。前掲註（3）の『上田古地図帖』には、上田城下町の部分のみ集録されているが、原典は別のものである。

（5）「伊能大図」（『上田古地図帖』に上田付近が集録されている）や「信州松本通見取絵図控」（長野県立歴史館、平成一六年度夏季企画展『善光寺道―街道を行き来した人・物・文化―』図録に上田町周辺が収録されている）についても同じことが言える。

（6）「安政二年上田藩御用部屋日記」（「松平神社文書」上田市立博物館蔵）。

（7）秋和村と踏入村の杉並木については、文化九年に作成された絵図があり、いずれも『上田古地図帖』に収録されている。

（8）『上田歴史地図』所収。

（9）『長野県史』近世史料編第一巻（一）資料一〇〇。

（10）『上田市古地図帖』所収。なお、文政三年上田城下町家中屋敷割図もある（『上田歴史地図』所収）。

（11）拙稿「上田城下町足軽長屋調査」（『上田盆地』三〇、一九九一年）。

（12）「大野木家文書」上田市教育委員会蔵。なお、『長野県史』近世史料編第一巻（一）資料七〇にも関連の記録がみられる。

（13）拙稿「上田藩（松平氏）の足軽層」（『信濃』三三―一二、一九八一年）。

（14）例えば享保一四年の松平忠愛家中分限帳（『長野県史』近世史料編第一巻（一）資料五三）によれば、

先手組　小頭一人　平組一六人
側手組　小頭一人　平組一〇人
側筒組　小頭一人　平組一〇人
長柄組　小頭二人　平組二三人
町　組　小頭一人　平組一三人

になっている。

(15) 前掲『長野県史』近世史料編第一巻（一）資料七〇。
(16) 藤井松平忠晴系（伊賀守系）の領知による区分は次の通り（拙稿「上田藩（松平氏）の家臣団編成」『信濃』二四―一一・一二、一九七二年）。

旗本期（忠晴　元和五年〜）
駿河、田中期（忠晴、二万五千石　寛永一九〜）
遠江、掛川期（忠晴、三万石　正保元〜）
丹波、亀山期（忠晴、三万八千石　慶安元〜
　　　　　　　忠昭、同　　　　　寛文八〜
　　　　　　　忠周、同　　　　　天和元〜）
武蔵、岩槻期（忠周、四万八千石　貞享三〜）
但馬、出石期（忠周、同　　　　　元禄一〇〜）
信濃、上田期（忠周、五万八千石　宝永三〜
　　　　　　　忠愛、五万三千石、享保一三〜
　　　　　　　以後明治四年廃藩まで）

(17) 安政二年上田藩御用部屋「日々御用向留」（松平神社文書）の「以下之部」に次の記録がみられる。

（三月）廿七日
　　御物頭江
　　各方組

一　曽根翠蔵外支配　　荒井菊次郎
申付候跡明江組替申付候、
御普請奉行支配
一　斉藤官太左衛門　　堤　壮次郎
出奔いたし候跡明江組入申付候、
右委細書付被差出、則承届、書面之通申付間、例之通可被取斗候、尤引渡之儀御普請奉行江申達置候之事、

(18) 足軽長屋の住人の移動については、栗村道子・森田由紀子「上田城下町の小路—馬場町、そして細田小路—」（『千曲』七〇号、一九九一年）を参照されたい。

(19) 安政六年上田藩御用部屋日記（松平神社文書、上田市立博物館蔵）。

(20) 瀧澤助右衛門家文書、「安政六年原町問屋日記」上田市立博物館蔵。

(21) 宮下致道「日々記」（宮下美生『宮下辯覺文書』菅平研究会、一九七六年）。

(22) 上田藩足軽の俸禄は、享保一四年二月「松平忠愛家中分限帳」（『長野県史』近世史料編第一巻（一）資料三三）では、先手組で並米給五石あるいは金給三両とあり、明治四年一〇月「士族・卒禄高人別表　上田県」（前掲書、一〇〇）でも卒（足軽）の元高は五石二人扶持が多かった。

(23) 註（19）と同じ。

(24) 註（20）と同一文書のうちに次の記録がみられる。

（安政六年三月）　廿九日
一海野町ゟ横町江借宅罷出候宮嶋（ママ）屋菊五郎与申者、染屋村水車家へ囲女いたし置、当（三月）当廿四日遊ニ参、同所ニ而急病ニ而相果て、葬式用意致候処、平生不身持故欤、色々変死之風聞有之ニ付、御内意伺候義ニ而、右掛り合御会所御呼出し、相成御聞糺之上、病死之申訳相立、御検使ニ不相成、昨日葬式致候由ニ御座候、

ここでは菊五郎が囲女（元坂木宿飯売女ます）を染屋村水車屋に住まわせていたことになっている。同女の足軽山部新蔵宅同居は、町方に対しては伏せられていたとわかる。ただし世間の噂になっていて取り調べは行われたが、病死は認められて検使派遣には至らなかった。

菊五郎の「不都合之義有之」については、個人的事情とも考えられるが、当時上田城下には、坂木宿旅籠召抱飯売女を呼び寄せ

下紺屋町に囲い置く事件があり、探索が続けられていたとみられ、菊五郎はその余波を恐れ、町方を避け侍町にますを匿ったこ
とも考えられる。

(25) 安政二年・同六年の「上田藩御用部屋日記」（松平神社文書、上田市立博物館蔵）。

(26) 紬一疋に必要な真綿の量については、次の記録がある。

（寛政二年）
戌秋紬元直段
一真綿百七拾匁　　　紬壱疋元綿
但　壱疋元綿百六拾匁ゟ百八九拾匁迄極り無之候、代金弐分銀六匁四分弐厘（下略）
（『長野県史』近世史料編第一巻〈二〉資料七一〇）

なお、『郷土の工芸　上田紬』（上田市立博物館、一九七五年）のなかでも触れられている。

(27) 前掲『郷土の工芸　上田紬』その他に上田紬研究会『信州上田紬』（郷土出版社、一九八四年）、「蚕都上田の栄光」（『上田市誌』
近現代編〈2〉、二〇〇三年）などがある。

(28) 拙稿「孝子伝考―信濃国上田領について―」（『信濃』三七―一一、一九八五年）。

(29) 拙稿「鍛冶町の茶屋で、再考」（『墾』二四号、二〇〇二年）。

【付記】本報告は、平成二十八年十一月二十六日、長野県立歴史館で開催された第二十八回信州近世史セミナーでの発表をもとにま
めたものである。史料閲覧に御理解を賜った瀧澤助右衛門氏・上田市立博物館・上田市教育委員会に感謝申し上げる。

Ⅳ

史資料からみる近世・近代の上田城

浅倉有子

はじめに

本章では、史跡上田城跡整備事業により、調査・収集した古文書や絵図等の史資料の分析を行い、それによって得られた新しい知見を中心に、近世・近代の上田城について述べていく。また、収集した史資料は膨大であり、すべてを分析できなかったことをお断りする。今後さらに検討を進めていきたい。

一、仙石氏時代の上田城とその修復

正保の城絵図に見る上田城

この節では、仙石氏が藩主であった時の上田城について、二枚の絵図を用いて考察する。

寛永三年（一六二六）、仙石忠政は、幕府の許可を得て上田城の再建に取りかかったものの、未完のまま死を迎えた。［図1―1］は、忠政の跡を継いだ政俊が藩主であった正保四年（一六四七）に、幕府へ提出した「信州上田城絵図」(1)である。この絵図は、正保の国絵図とともに制作・提出されたもので、信頼できる上田城を描いた絵図の中で最も古いものである。この正保の城絵図（以下、正保図）から、近世における基本的な上田城の姿を確認したい。

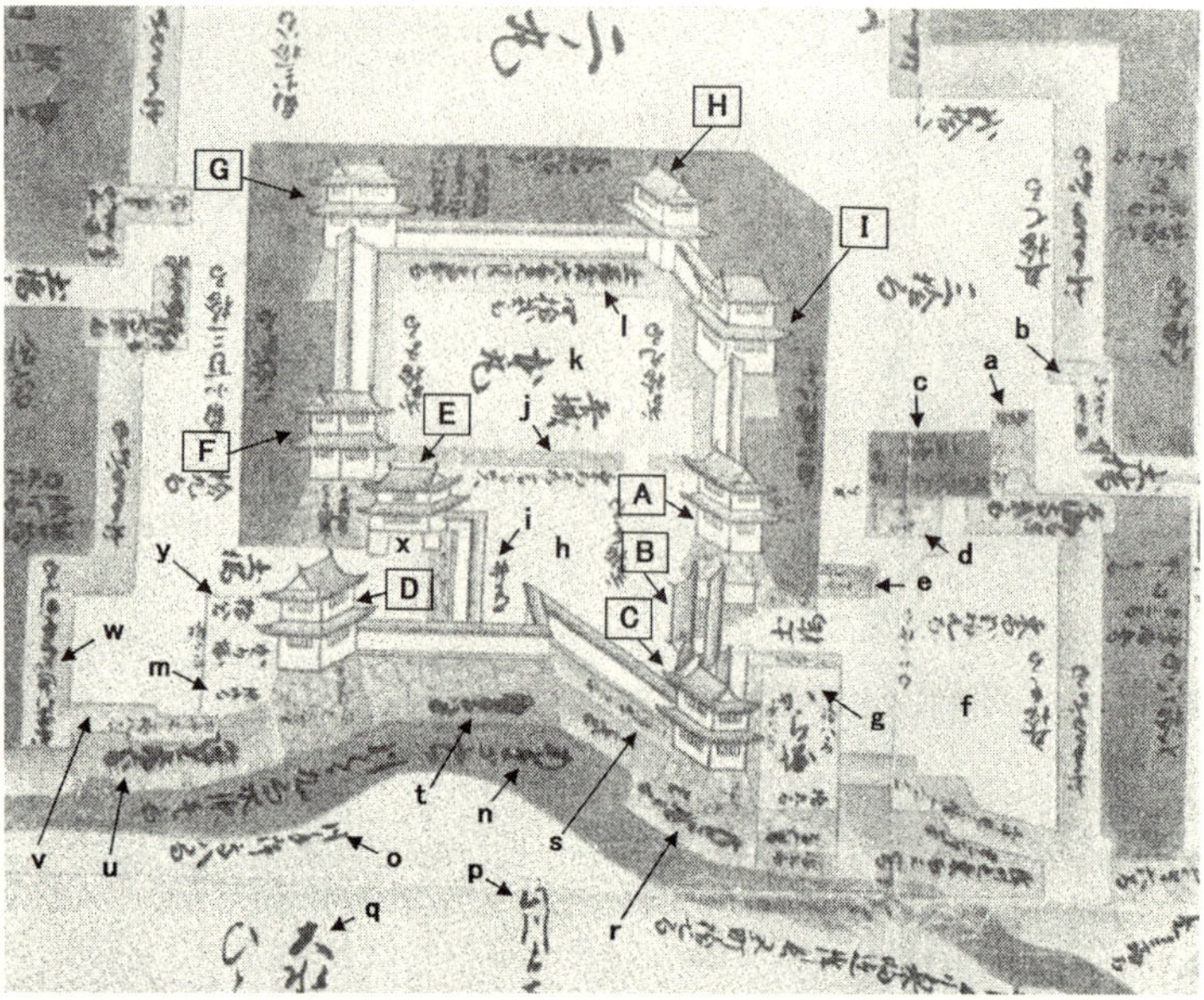

図１－１　正保４年（1647）信州上田城絵図（国立公文書館蔵）に加筆

〔図1—1〕は、堀や川が青で、土塁・土手、石垣は黄緑色に着色されている。上田城は、豊かな水を擁した城であることがわかる。

大手の橋をわたって二の丸に入ると、a・bのL字型の石垣が行く手を阻むが、aには「石垣　高二間、（東西—引用者注、以下同じ）拾間半、（南北）拾壱間、（幅）五間」、b「高弐間、（南北）弐間、（東西）拾三間」と記されている。高さ二間（約三・六メートル）の石垣と土塁は、入る者に圧迫感を与えたに違いない。aの背後には、水をたたえた「（東西）三拾間、（南北）拾間」、「深二間、水下弐間」のいわゆるc三十間堀（三〇間は約五四メートル）がある。この堀の水は、地下水の湧出によるものであったが、弘化四年（一八四七）の善光寺地震で湧出が止まったと考えられている(2)。

d・eの石垣を回ると、東西二九間（約五二・二メートル）、南北五一間（九一・八メートル）のいわゆるf「武者溜」で、そこから土橋を渡ると、本丸となる。土橋の南側には、南北一八間（約三二・四メートル）、東西一二間、深さ六間（約一〇・八メートル）のg「から堀」がある。Bの櫓門を入ると、h本丸の南側で、i井戸がある。南北の長さは、二一間（約三七・八メートル）である。本丸北側は一段高く、j「東西五拾三間、高五尺」の石垣の上の空間に、k「平城　本丸」と記されている。間数は、東側が二九間、西側二五間（約四五メートル）、東西四二間（七五・六メートル）、北側のl土塁は、「敷六間、めかくし高弐間」と、底面が約一〇・八メートル、高さが約三・六メートルである。

本丸には塀が廻らされ、さらに二つの櫓門と七つの隅櫓が設けられている。Bは大手口の櫓門、Eが搦手の櫓門、Dが明治以降も移築されずに存続した、いわゆる西櫓である。A（いわゆる北櫓）・C（いわゆる南櫓）・D・Fの櫓台は石積みであるが、G・H・Iは土塁の上に建築されており、明確に描き分けがなされている。Cの櫓台の石積みは、高さ二間、幅四間（約七・二メートル）・五間（約九メートル）で、D・Fのそれは高さ二間、幅六間半（約一一・七メートル）と記されている。櫓台の高さはいずれも二間である。Dの西側には、深さ五間、幅一八間（三二・四メートル）・一四間（約二五・二メートル）のm「から堀」が見える。

尼ヶ淵については、n「あまがふち（尼ヶ淵）、川はば（幅）九間、深壱間」、o「川手岸高八間」、p「此川ゟ大川辺川原の間、五町（丁）弐拾八間」、q「大水の時ハ大川とあまかふちとひと川に罷成儀も御座候」との記述がみえる。すなわち、尼ヶ淵は、約一六・二メートル幅の川で、深さは約一・八メートル、南側の岸の高さが一四・四メートルあるものの、大雨の時は千曲《ちくま》川と合流すると記されている。尼ヶ淵が、正保四年段階において相当の水量を有し、洪水が危惧されるとともに、それゆえに上田城の南側の防衛が堅固であることがうかがえる。尼ヶ淵に面した南側の切岸には、東からr「岸長四拾三間、高八間」、s「三拾八間、（塀）高一間」、t「拾壱間、高八間」、u「此岸長五拾六間」、v「土手長三拾八間」と記されている。尼ヶ淵に面した崖には、一部に高さ八間（約一四・四メートル）の石垣が築かれ、さらにその上に高さ一間の塀が廻っている。C（南櫓）とD（西櫓）の櫓は石積みの櫓台上に建築されているが、sの崖は地山に見える。西側のwからは、高さ二間の土塁が廻っている。xは搦手の虎口で、y空堀がある。

江戸時代の上田城は、基本的にこのような構造であった。

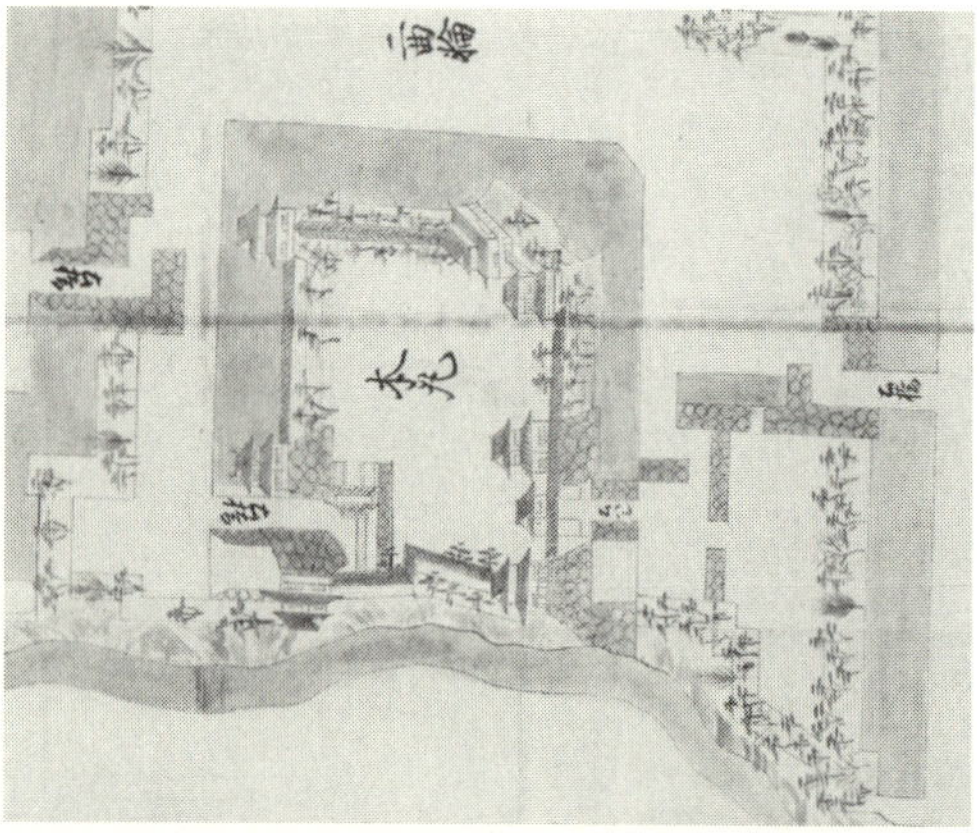

参考　（年代不詳）信州上田城図　国立国会図書館蔵

元禄年間の上田城の修理

上田市立博物館編集・発行『仙石氏史料集』(3)に掲載されている、「信州上田城破損之所修復奉願候覚」は、上田藩主仙石政明が、元禄一五年（一七〇二）に、幕府に上田城の修復を申請した際の絵図の写である。本図の鮮明なカラー図版は、黒坂周平監修・東信史学会編『定本・信州上田城』(4)に掲載されている。また、参考として、国立国会図書館所蔵の写絵図（「信州上田城図」）を掲載した。元禄一五年の修復個所は、大手前土橋の東側の石垣二〇間が孕んだのでその築き直しと、二の丸北口土橋の下に設置されている水抜用の木樋を石樋に交換すること、二の丸内の鉄砲用の火薬を入れる穴蔵が漏水するので、塗土蔵を新築すること、この土蔵の近くに番所を建てること、という四ヶ所に及ぶ。水抜き用に新しく埋め込まれた石樋は、現在でも確認することができるという。(5) また、穴蔵は、貞享三年（一六八六）に幕府に申請して新設したばかりであったが、(6)早くも不都合が生じたということであろう。

注目されるのは、この絵図においても、櫓の描き分けがなされていることである。大手櫓門両脇の櫓（南櫓等）や西櫓が石積みの台上に描かれているのに対し、北側の三棟の櫓の下には樹木が描かれ、これらの櫓が土塁上に設けられていることを表現している。前述の正保図ともあわせて、上田城の隅櫓が二通りの方法で設置されていたことが、より確実となった。また、本丸周囲の土塁や塀の周りにも樹木などが描かれ、尼ヶ淵の崖には背の低い草が見える。さらに、南の崖に沿って川が描かれていることにも留意したい。元禄期においては、尼ヶ淵が流量を保っていたということである。

【註】
（1）国立公文書館所蔵。本稿では、同館で作成した縮小図版を用いた。
（2）『郷土の歴史　上田城』（上田市立博物館編集発行、一九八八年）九九頁。弘化四年「大地震新堰堀用水引渡図」（上田市立図書館、上田市史編纂資料図50）。
（3）上田市立博物館編集発行、一九八四年、一〇三頁。
（4）碧水社、一九八六年、図版78。
（5）『郷土の歴史　上田城』（前出）五二頁。
（6）『郷土の歴史　上田城』（前出）六七～六八頁。

二、松平氏時代の上田城とその修復

この節では、松平氏が藩主であった時期の上田城に関して、とりわけ享保年間の石垣修復工事を中心に詳細に検討していく。

享保の修復絵図

享保一七年（一七三二）五月一八日、大雨により千曲川が氾濫し、上田城も大きな被害を受けた。上田藩は、尼ヶ淵の修復工事を幕府に申請し認可を受けた。あわせて、工費として三〇〇〇両の拝借金が交付された。［図2―1］は、洪水後の状況と修復後の完成予定図で、上下で一セットの図である。(1) このうち上の図は「本図」で、大雨による崩落箇所と従来の尼ヶ淵の姿を描き、ア「此所地山岸長六十五間崩申候」、イ「此所地山岸長四拾八間崩申候」、ウ「此所地山岸長弐拾四間崩申候」と記されている。アは①に相当する区域についての説明で、六五間（約一一七メートル）にわたって崖が崩れ、同じくイが②の区域で四八間（約八六・四メートル）、ウが③の部分で二四間（四三・二メートル）

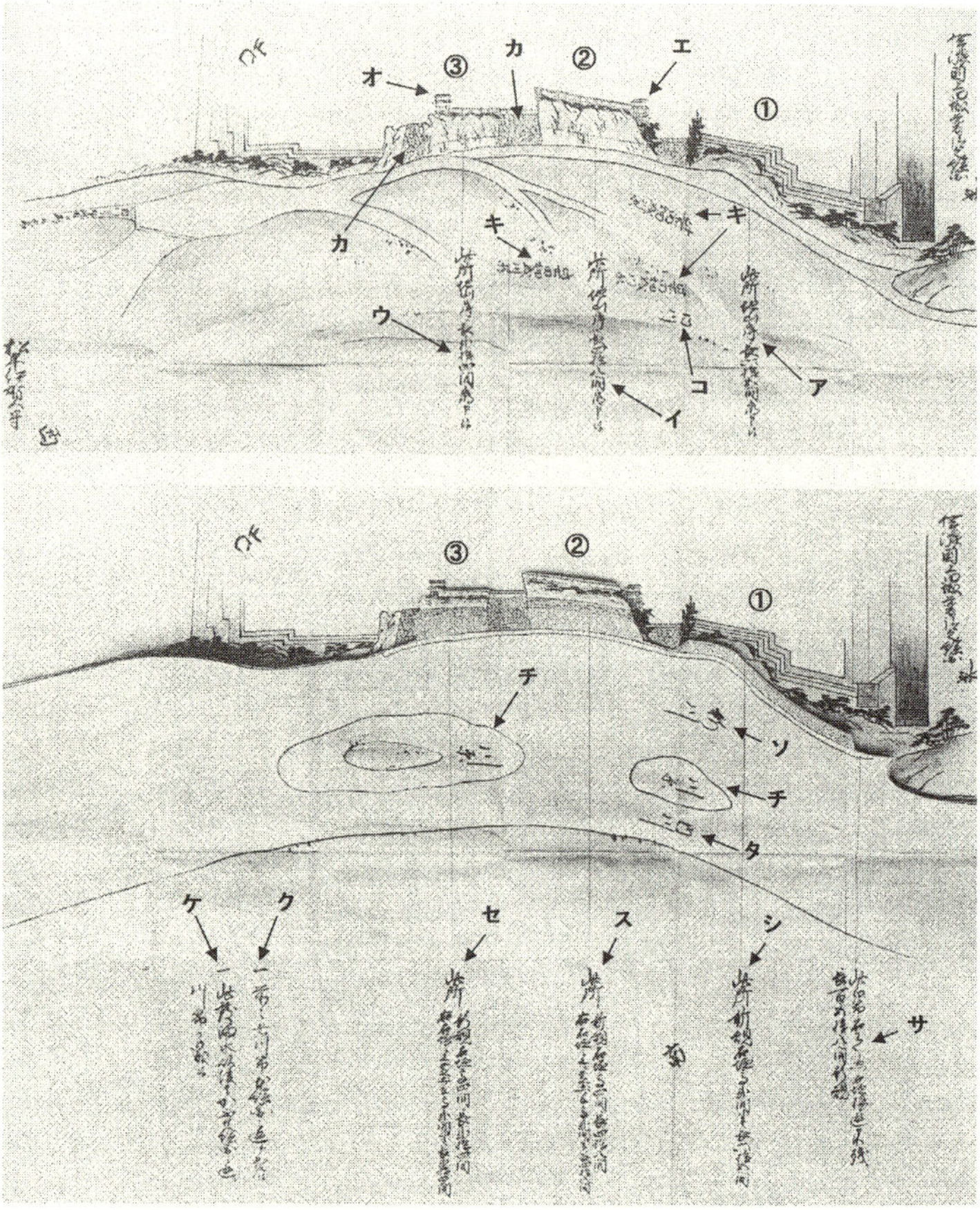

図２－１　享保年間上田城普請図　近藤三二郎氏蔵（『郷土の歴史　上田城』71頁から転載・加筆）

崩落した。エがいわゆる南櫓、オが西櫓で、カ尼ヶ淵の崖には一部石垣が描かれている。前節で検討した正保図にも、この部分には石垣が描かれている。

『郷土の歴史　上田城』によれば、尼ヶ淵の石垣の現状は、仙石氏時代の寛永年間の石垣と、その前面に張り出した堤防状の松平氏時代の石垣の両方が確認できるという。(2) また、西櫓・南櫓の崖下の石垣も、寛永と享保の石垣の両者が確認されている。(3) したがって、正保図のように、尼ヶ淵には、寛永年間に石垣が積まれた場所が一部あり、それが享保一七年までに崩落したものと考えられる。また、［図2―1］の尼ヶ淵には川筋が描かれ、三ヶ所にキ「此所田畑成川原」と、河川敷の一部が耕地化されている。これらの川筋は、ク「前々者川筋本絵図之通御座候」と、従来の川筋である。

下の図は、上の本図の「かぶせ絵図」で、尼ヶ淵などに石垣を設けた完成予定図と、洪水時の川の姿を描いたもので、ケ「此度満水以後者かふせ絵図之通川筋罷成候」と記されている。同様に東側から順に記述内容を確認していこう。まず、サ「此面筋石にて惣石垣根通不残長百五拾八間新規」とある。東の端から尼ヶ淵に面した西の端までの総延長が一五八間（二八四・四メートル）と計算している。①に当たる区域には、シ「此所新規石垣高弐間半、長六拾五間」と、高さ二間半（約四・五メートル）の石垣が築かれる。②の区間は、ス「此所新規石垣高四間、長四拾八間、右石垣之上ニ芝土手高弐間半、長四拾八間」とされている。①とは異なり、②には高さ四間（約七・二メートル）の石垣の上に高さ二間半の芝土手を設けるのである。正保図では、高さ八間の石垣が築かれていたが、享保の修復では、石垣の高さを四間におさえ、芝土手を設けることでそれを補うことになる。その上に塀が築かれた。同じく③は、セ「此所新規石垣高四間、長弐拾四間、右石垣之上ニ芝土手高弐間半、長二拾四間」と、四間の石垣と二間半の芝土手である。また、①②③の合計は一三七間（約二四六・六メートル）であり、サの一五八間とは一致しない。石垣を新たに積むのが一三七間で、上の「本図」に描かれているカ既存の石垣を加えて、一五七間になると解される。

また、洪水の状況を描いた部分の石垣側には、ソ「新川」と記されている。タ「内川」は、「本図」のコにも記されている。チ「川原」は比高地で、上の図では耕地になっている場所である。

享保一八年の石垣工事

享保の尼ヶ淵の石垣工事は、従来、「（城南の崖の）破損を修復し、今後崩壊の憂ある所には、石垣を新たに築く」[4]、「（崖の）破損を修復するとともに、崖の前面に護岸用の石垣」を新規に築く[5]と理解されてきた。しかし、享保の工事は、尼ヶ淵の水抜きと新たな掘割（流路変更）などの工事を行い、その上で石垣を築造するなど、従来指摘されていない内容を持つものである。すなわち、水が干上がっている現状の尼ヶ淵の前提となる工事が、この時に行われたと考えられる。以下に史料を示しながら検討していきたい。使用する史料は、「御城普請ニ付伺相済候覚」[6]である。この史料はこれまでも知られており、『上田市史』などでも叙述に用いられている。しかし、同史料は私的な覚書（メモ）で解読が難しく、必ずしも十分に活用されてきたわけではない。今回の報告書作成に際しては、可能な限り解読を試みた。この史料を詳細に検討していくことで、工事の概要を明らかにしていきたい。以下、特に断らない限り、引用・典拠史料は、「御城普請ニ付伺相済候覚」である。

［史料2―1］

①享保一八年三月八日条

一、山田有之丞裏手之〆切之絵図出来、七郎右衛門、伝兵衛委細承候而、其趣亘理ヲ以申上

②享保一八年三月一一日条

一、（前略）岡金左衛門裏ニ当り候旨役人申聞候、則右〆切之普請絵之通可申付旨被仰出候、委細は絵図ニ有之

③享保一八年三月一九日条

一、此度被仰付候岡金左衛門、裏手〆切之儀大水之節者崩レ可申と思了候、御ついへと何度（カ）可存候へ共、御城裏手へ石垣出来不申候内、右之〆切無之候てハ、大水にて又々御城裏岸損シ候へハ被仰分も無之御事候、右〆切被仰付候上崩レ候ては御無致方儀申候（以下略）

④享保一八年三月一七日条（二七日の誤ヵ）

一、此度被仰付候〆切、北ノ方岸之脇を流レ候水〆切ニ水門付候て、〆切之西方田ニかけ可然候、此田地ゟ南之方高キ田地有之候、此田地へ懸り候水ハ川ゟ水とり水門ヲ付候而懸ケ申度候、依之二ッ所ノ水門明ケ申度旨、沢井官兵衛申聞候、其通可然候と致挨拶、右之趣達御聴候処、〆切之よわミニ成不申候様ニ可仕旨被仰付、其

段官兵衛ニ申達候

［史料2―1］①②から、城の「裏手之〆切」が協議されていることがわかる。享保一八年三月六日に、「川原〆切場所見分」が行われ、それをふまえて八日に「裏手之〆切」の絵図を作成し（①）、藩主松平忠愛《ただざね》に上申したところ、同一一日に絵図の通りに進めるよう指示があった（②）。③には、上田城裏手の石垣が完成する以前に、この「〆切」を設けなければ、大水によって再度城の裏手が崩落するであろう、「〆切」を設けた上で崩落したのであれば仕方がないと、裏手の閉切、すなわち尼ヶ淵の水抜きが不可欠であるという担当役人の見解が述べられている。また、尼ヶ淵の水は、農業用水としても用いられていたようである。そのため、用水を確保するために水門を設けることが、建議されている。［史料2―1］④では、北側の崖の脇を流れる水を閉切って水門を付け、西側の田地の用水とすること、これより南側の比高地の田地の用水は、水門を設けて川から取水することが提言され、水門が閉切部分の弱点にならないようにとの条件付きで認可された。

しかし、三月三〇日に実地検分を行ったところ、以下のような問題点が浮上した。

［史料2―2］

下ノ〆切脇古河へ流入水道ノ西方、此流レ西ノ御矢倉へ水向落候故、大水ノ節如何にて、西方高キ所堀割水道付
可然と何も相談及候、此段達御聴候

すなわち、「下ノ〆切」の脇で、旧河道へ流れ入る「水道」の水が「西矢倉」に向かって流れ落ちるので、洪水時が懸念されるとして、西側の比高地に新たに堀割をして「水道（みずみち）」を付けることが協議されている。「下ノ〆切」は、後述の「御茶や下〆切」を指すと考えられる。御茶屋は、藩主居館内に設けられていた。藩主松平忠愛は、「右ハ水出候節之用心」と思量し、農繁期に入るので、大人数の人夫の使用をさけ、「堀割もあさく、大水ノ時斗通リ候様ニ可仕工面」と、洪水時のみの対策として、浅く掘るようにと指示した。また、享保期において、いわゆる西櫓

が同様に「西矢倉」と呼ばれていたことがわかる。後述するように、いわゆる南櫓は、「東矢倉」と呼ばれている。

享保一八年四月二日、「川原〆切両所共今日成就仕候」と、上・下二ヶ所の閉切工事が完成し、堀割工事を担当する請負業者選定の入札が行われた。工事を担当することになったのは、三原屋伝蔵である。工事は、同月五日に開始されて、一二日に竣工、「前方申付候通ニ無相違出来候旨、尤新水道水通リ候旨」と、新しい堀割に水が通ることも確かめられた。その後、石垣工事が本格化するのは、農業用水を必要としなくなる同年九月以降である。

なお、同年八月三〇日の大雨によって、「上ノ〆切」は無事であったが、「御茶や下〆切石堤ノ方廿間ほと埋、切岸之方へ流候」と、御茶屋下の閉切の石堤が二〇間（約三六メートル）ほど埋まる状態となった。調査の結果、「内川通河原江砂押入、川幅過半埋申、岸通ハ何之別状も無之候、東ノ御矢倉下迄岸通り水深見へ申候、是又砂川半分押入埋リ浅ク成申候、尼渕も右同断、則過半砂にて埋リ浅ク見へ候」と、内川（［図2―1］参照）が砂で埋まり、川幅が半分になったこと、「東ノ御矢倉」（いわゆる南櫓）の下までの崖側の川にも砂が入って浅くなり、尼ヶ淵も同様に砂で半分以上埋まったことが報告された。

さて、閉切工事に先立って、石垣用の石の調達が進められている。享保一七年一二月一一日には、普請方の役人が川原へ出て、一八〇人の在人足を指揮して「石寄」を行っている。川の水が少ない時期に、川原石を集めたものと考えられる。翌同一八年三月五日には、松本から招集された四名の石切職人が、権現坂から「いつな宮」付近の石割を始めている。同月一七日の見分により、虚空蔵の谷から「三見林（眉間林）」の間に一〇人ほどで持ち上げられる適当な石が多くあり、搬出にも適した場所であることが報告された。川原石の採取は同月一八日に終了し、「四条」あたりの道の付近で石切を行うよう指示されている。また、「城之切岸之脇通り、から堀之内之大石決而取セ申間敷事」と、空堀内の大石を石垣に使ってはならないと指示されていることも興味深い。石の搬出ルートは、虚空蔵沢から石を出し、鎌原から諏訪部坂を通って、川端へ運ぶルートが示されている。

次に石垣工事の手順について確認しよう。

［史料2―3］

①享保一八年四月二九日条

一、今日西御矢倉下へ左之面々為見分差遣、古石垣と新石垣取合是又崩候、高サ・東西ノ長サ間取セ、石垣之上岸と石垣之間、場ふミ（馬踏）ノ間とらせ申候

②享保一八年五月七日条

一、右之通書付相伺候処、伺之通可仕旨被仰出候

覚

一、西御矢倉下石垣之儀来図を以相伺候事

一、右之場所ゟ東之方長四拾八間新規石垣之儀、西御矢倉下之石垣致出来候ハヽ、其次ニ可被仰付哉、左候ハヽ、西御矢倉下之石垣之石、当秋末に切仕廻候而も、寒気ニ成候ハヽ、右御普請難成可有御座候ニ付、四拾八間之所之石、春迄之内少々にても切せ可申哉之事

一、右之場所ゟ又東之方六拾五間之石垣ハ、川原石にて被仰付候ても苦ケ間敷様ニ奉存候事

①から、西矢倉の下の「古石垣」と「新石垣」の取合部分が崩落していることが確認され、高さ、東西の長さ、石垣と石垣上部の崖の幅などを測量したことがわかる。この調査のために、本丸櫓の高塀に登ることが許可された。史料中の「古石垣」は寛永の石垣をさすのであろうが、「新石垣」がいつ積んだ石垣を指すのかは不明である。なお、正保城絵図にも西櫓下に石垣が描かれていることは、前述の通りである。

②には、石垣工事の進め方が記されている。同年五月七日には、西櫓下の石垣工事の絵図ができており、この箇所の石垣工事が完了した後に、その東側の長さ四八間の新規石垣工事に着手する。西櫓下の石垣用の石切りは、当年の

秋に完了し、東側四八間用の石は、来春までの内に僅かでも切らせておき、さらに東側の六五間については、川原石を用いても差し支えないとしている。

山からの石の搬出と石垣普請が本格化するのは、同年九月以降である。収穫が済んだ後に人足の動員が図られたことや、前述のように、尼ヶ淵の水が農業用水としても利用されていたためである。すなわち、「最早用水も入申間敷候へ者、石根固メ斗（ばかり）成とも致置申度儀と存候」と、年内の石垣根石の据置が企図された。松本から再び石屋二名が招集され、一〇月一日から「御城裏手根石」の城下への引寄せが開始された。それにあわせて運搬路の見分が行われ、「足場拵（こしらえ）」がなされた。八月末の大雨で損じた「御茶や下〆切之上廿間ほど」も石引きの道として利用され、石引き終了後に石堤が修復された。石の採取や運搬で損なわれた田畑の年貢は、「当引（一年間年貢を免除すること）」、または「永引（長期間年貢を免除すること）」とされた。同月二二日には、根石の河原までの引寄せが完了し、また「御城裏手之水ほし（干し）」が行われ、「会所前之水、右川へ落申候」とある。会所は、普請用に設けた小屋を指すと考えられる。小屋掛の場所は、毎年少しずつ異なるが、享保一八年には、西櫓の東南の川原に設けられた。

根石の据置に関する史料を、日を追って以下に［史料2―4］として示す。

［史料2―4］

①享保一八年一〇月二五日条

近日根固ニ取懸リ候事、且又西之御矢倉下石垣之儀、先石垣ゟ上之方之間数、絵図ニ相違無之様ニ可被心得候、子細ハ石垣高キも究有之事候へ共、水そこ（底）へふかく（深く）入候へハ、上ノ方夫ほとひきく（低）成候故、石垣上方間数取究メゟ高成可申候旨申聞候

②享保一八年一〇月二六日条

石垣之根固石川へ大方引寄候付、来ル廿八日ゟ根固石普請可仕旨可申付由於会所可申達候

③享保一八年一〇月（一一月の誤ヵ）三日条

根固メ二番め二遣候ふミ（踏）入之わり石引寄可申候（以下略）

④享保一八年一〇月（一一月の誤ヵ）五日条

今日石垣根石居（据）へニ付、御普請かた之面々不残罷越、両角石すへ申候（以下略）

西櫓下の石垣工事に関する史料を引用した。石垣最下段の根石の据置に際して、石垣と石垣上部の崖の間数が再度確認されている①。根石の据置が行われたのは一一月五日で、「両角石」が担当役人立会いのもとで据えられた④。寒気の強い時期となったため、担当役人の内には来春までの工事延期を進言する者もいたが、藩主の強い意向により工事は続行された。しかし、西櫓下の東側の角が図面と違って「かけ（欠）」が少ないとの指摘があり、見分の結果一間の「かけ」で適当と判断され、四つ、五つほど石が置き直された。「かけ」は、大水への対策として必要であるという。一一月一七日からは、「根固上二番目之石」の据置が始まり、二〇日に終了した。「東方角かけ所」の根固めも二〇日に行われ、「東之方角上二番目石」の据置は、石の見立てのみを済ませ、年内の工事を終了した。

以上、享保一八年の石垣工事について述べてきた。この年は、尼ヶ淵の閉切と堀割工事、石の引寄せ、西櫓下の根石の据置工事などが行われた。

享保一九年以降の石垣工事

享保一九年（一七三四）の工事は二月六日に始められ、「三見林（眉間林）」の切石を「六沢」から「西ノ宮」まで引くことや、鎌原裏橋の大石の引寄せが行われた。石垣工事の状況がわかる同年四月四日の史料を［史料2―5］として以下に掲げる。

［史料2―5］

一、西御矢倉下石垣最早高四間之内弐間一尺ぬけ（抜け）なし二つきあけ申候
（一ヶ条省略）
一、古石垣と新石垣之取合せ▽ぬけ之所引込せ筑（築）可然哉と申有之候、見分仕候処、引込も［　］存候、古石垣なミニ致可然存候

史料に示したように、四月初めの段階で、西櫓下の石垣が、当初予定の約半分の二間一尺（約三・九メートル）積み上げられたことがわかる。また「古石垣」との接合部が、「古石垣」並に「▽ぬけ之所引込せ」るよう指示されている。四月一一日には、河原へ寄せて置いた石がなくなったが、「今日ゟ用水通シ申候、依之御普請先仕廻候、明日ゟ山ニ而石拵申付候」と、用水を通すので、一旦工事を中断し、山で石材を調達することが指示されている。したがって、前項でも指摘したが、用水を使用する農繁期には工事ができず、工期は春先と収穫後から初冬までの時期に限られたことがわかる。あわせて、石引人足・普請人足の調達、石引きのための用地確保なども、農繁期に工事が中断された理由としてあげられる。

一方、幕府拝借金を受けての工事であるため、藩主松平忠愛は、一ヶ所でも石垣を年内に完成させるよう工事を督促し、江戸から国元へ戻った同年七月には、「お茶や口」から石橋、西櫓下までの普請場所を自ら見分した。さらに同年九月一八日にいたり、「西御矢倉下石垣先今迄高弐間つミ（積）候儘差置、東ノ方四拾八間之石垣つミ候用意いたし、根堅メ之石なと用意可申付候旨被仰出」と、西櫓下の石垣工事を終了し、その東側四八間の石垣積みの用意をするよう指示した。すなわち、当初の高さ四間の石垣を積むという予定を変更し、約二間を積んだところで中止するという重大な計画変更がなされたのである。工事の遅延を危惧する藩主の決断であった。

収穫が終わった一〇月一日から、四八間の石垣用の根石が川原から城下へ搬出された。一一月一日までの一ヶ月で、

約千個の石が集積された。さらに山から切出した石約千個が、芳泉寺川原へ下ろされた。さて、翌享保二〇年には、西櫓に続く四八間分の石垣工事が行われた。まず、「御城裏手石垣四十八間之前之川水脇へ通し堀割之縄はり仕」と、石垣工事の前提となる堀割工事の準備がされた。四八間の工事場所前の川水を南へ流すための堀割である。「右堀わり之下にて水ハ大川之方へ当分落し、せき（堰）水入用之節、せきの方へ落候積り之由」と、堀割の水は千曲川へ落とし、用水が必要な時は、用水堰に落とす計画であった。大石を引寄せる便宜のためと説明されている。二月一八日に縄張りが行われた後、翌日から堀割工事が開始された。次の史料は、四八間の石垣工事の史料である。

［史料2―6］

一、右之場所西之方之敷引込せ之儀ニ付、西御矢倉石垣之角ニ水強ク当り可申旨、（猪俣）要左衛門・（服部）十郎兵衛・（瓦崎）次郎兵衛申候ニ付、其通ニ仕、東ノ方之敷ヲ二尺か三尺引込せ候て水流レ能得心、西御矢倉下へ当リ申間敷候間、其通為致可然思候

西櫓の石垣の角に水が強く当たらないように、四八間の石垣の東側の敷（底面）を二～三尺（約〇・六～〇・九メートル）下げることが提言されている。西櫓の石垣の保持が優先されていることがうかがえる。上田城における西櫓のシンボル性を示すものであろう。四八間の石積みの縄張りは三月二日に行われ、同月二七日に根石を据置いた。約一月後の翌閏三月二二日、東側角の高さ二間、西側の高さ一間四尺七寸（約三メートル）の石垣が積み上げられた。また、石垣の石の間の「込石」については、閏三月二五日に作業が終了している。なお、石垣の上部の芝土手については、高さ二間半の予定であったが、工事が難しいとして「土手被仰付候節、ひきく（低）様可然存候」と、当初計画より低く築かれたようである。

四八間の石垣工事が終了した後、その東側の六五間の石垣工事が始められた。当初は、川原石を用いる予定であっ

たが、川原石のみでは不足として、「川原石、山石とませ（混）つミ（積）候積リ」と、川原石と山で切出した石を混ぜて積む方法に変更された。さらに畑の畔にある石が用いられるなど、雑多な石が利用された。享保二〇年中に芳泉寺川原へ石の集積が行われ、翌同二一年二月に縄張りが行われた。実際に工事が始められたのは同二一年三月で、一ヶ月後の四月一日に完成した。すべての石垣工事が完了するまで、およそ四年を要した。なお、六五間の石垣工事の前に、「御城下御茶や少川下」にある閉切が崩され、石堤の石が石垣の用材として用いられたようである。この閉切は、おそらく享保一八年に設けた閉切であろう。

もう二点の享保の城絵図

さて、石垣の修築が行われた同じ享保年間に作成されたとする「信州小縣郡上田城本丸二曲輪図」[7]と「上田城構之図」[8]がある。いずれも『上田市史』の附図とされている。次にこれらの絵図を検討する。まず［図2―2］として、「信州小縣郡上田城本丸二曲輪図」の本丸部分を掲げた。この絵図は、図中の書込みによれば、享保一四年に藩主の命による作成とするが、詳しい経緯は不明である。制作者は、山極昌章《やまぎわまさあき》という人物であるが、こちらも不詳である。そもそも機密であるべき城の測量を行い、作図をするということは、藩の許可なくしては不可能であり、また高度の専門的な技量を必要とする。図中には、以下のような記述がある。

［史料2―7］

①伊豆守信幸在城マテハ今ノ本丸・二丸ニアラス、元和八年仙石兵部少輔忠政当城ニ移リ、翌九年縄張、同十年ヨリ城ヲ築、然ルニ城全ク不成シテ忠政卒ニシテ止ム、故ニ本丸ニ計門・塀・櫓成テ、二丸塀・土居敷・堀而巳アツテ猶三ノ郭麁也、地俗于今当城ヲ新城ト云ハ此謂也、（中略）城ノ南ハ郭トモニ切岸高ク、川ヲ受テ本丸裏手ニ続ク也、城主命ヲ以テ、享保十四酉年初秋分間ヲ以、此城図山極氏昌章書

②昌章初秋本丸ニ登テ築間本川・枝川ノ地形ヲ考ルニ、本瀬ヨリ枝川昇シ、且水ノ象枝川へ向、大水ニ至テ枝川本瀬ト成、城岸ニ添テ大河流ル、トキハ、塀・櫓落ス難アルヘシ、水ヲ避ルノ方便アルヘキ義ト云人不容、然ルニ同十六亥中夏連日大雨洪水ニヨッテ果テ枝川本瀬ト成、予蟄居シテ不見、猶急雨満水アラハ本丸危キニ極ルヘシ、遠キ慮ナキ貶ハ皆如是、今ノ河此図式ト違フヘシ、故ニ其旨趣ヲ爰ニ記ス

山極は、城主忠愛の命によって、享保一四年の初秋に測量して、作図したと記している。また、総論として、上田城は「平城ニシテ所堅固ノ城ト云へシ」としつつも、尼ヶ淵に沿って流れる千曲川の枝川が、大雨の時には本流となり、塀や櫓に危険が及ぶと弱点を指摘している。はたして、享保一六年に大洪水となり、本丸が危うい状況となったが、自分は蟄居を命じられていたので見ていないと述べている。山極の記述通りとすれば、この絵図は、享保一四年に作図し上納した絵図の控絵図であり、それに同一六年の洪水のことなどを書込んだことになろう。ただし、上述の石垣工事は、享保一七年の洪水に対するものであり、年次が異なっている。

さて、この絵図で最も興味深いのは、図中に「小口二ヶ所、渡櫓二、鉄炮狭間四、窓サマ四十八」、「櫓七、二重、四間ニ五間、狭間矢廿二、鉄八十二、窓三百卅二」と記述されていることである。すなわち、七棟の隅櫓は、いずれも二階建てで四間（約七・二メートル）に五間（約九メートル）の大きさであると記されている。現存する三棟の櫓は、いずれも桁行五間・梁間四間と同じ規格であることが確かめられている。[9]したがって、この指摘は的を得ていることになる。以下、正保図と比較しながら見ていこう。

二の丸へ入る土橋をわたると、正保図では石垣であった'a'が、五間半四方の「櫓台」と、高さ一丈五尺（四・五メートル）の「冠塀土台」として描かれ、上部が黄色で着色されている。現状では、この場所に櫓台はなく、江戸時代の上田城図にも櫓は描かれていない。最近の発掘成果によれば、二の丸の諸虎口にも櫓門の礎石が確認されているというが、[10]この絵図と合致するのであろうか。

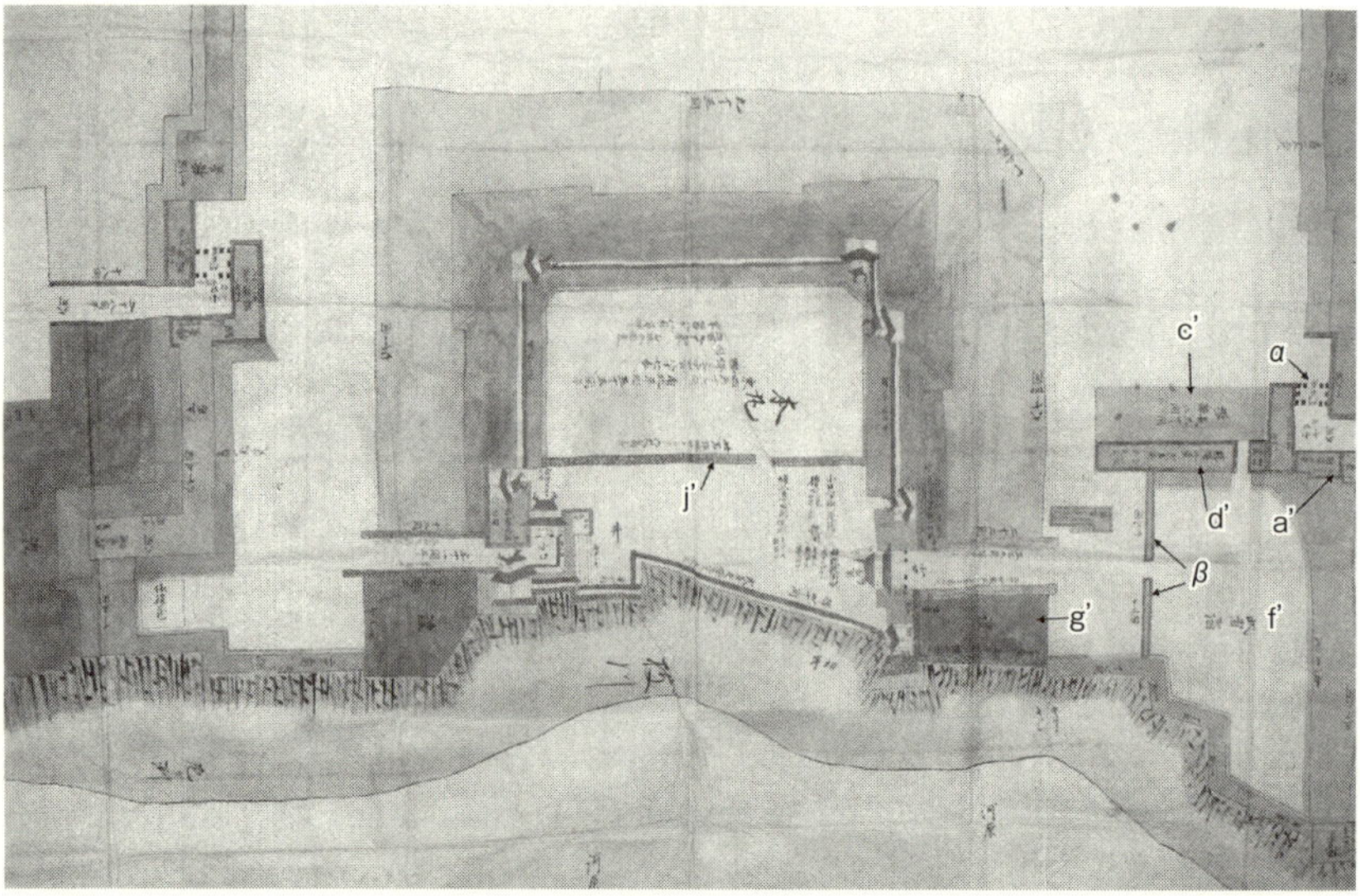

図２－２　享保 14 年（1729）信州小縣郡上田城本丸二曲輪図　上田市立博物館蔵　「松平神社文書」513

さて、虎口の内側にはα「門居石」が見える。c'三十間堀は「長三拾間、横八間」と正保図より横幅が短い。d'も「冠塀土台、武者走、二十四間、高一丈二尺」と、石垣ではない。f'「武者溜」には、正保図では描かれていない、長さ一三間（約二三・四メートル）と一二間（約二一・六メートル）のβ張出のようなものがある。さらに正保図のg「から堀」の場所は、g'「湟（ほり）」とある。堀と湟を使い分けているので、空堀の意味で「湟」の字を使っているのだろうか。ただし、諸橋轍次『大漢和辞典』（大修館）では、空堀に限定した「湟」の用例はない。本丸を横断するj'石垣の高さは六尺（約一・八メートル）と正保図より高い。現存する石垣の高さは、約二メートルで、図の数値とおおよそ合致している。[11] さらに、「枝川」と記された尼ヶ淵の崖には、石垣がない。これは、本節第一項で取り上げた享保の修復図や、石垣の現状（寛永期と享保期の石垣の両者が見られる）とは異なっている。他方、隅櫓は、石積みの櫓台のものが四棟、土塁上のものが三棟である。

以上の検討から、本図は本丸の内部を描いた興味深い図ではあるものの、記載内容に当否があり、この図の情報が正確かどうかについては、制作者の特定を含め、さらに検討の余地があると考える。この図の描写の通りとすれば、正保以降に相当の改変が加えられたことになる。この「上田城図」と同系統の絵図に、上田市立図書館所蔵の「上田古図」[12]、昭和二年に松平家所蔵の図を写したとの注記がある「城構図」[13]などがある。

他方、「上田城構之図」から本丸部分を［図2―3］に示した。現在は、上田市立図書館の花月文庫に収蔵されているが、『上田市史』附図では、享保年代の成立、松平神社所蔵の絵図としている。絵図中に、「此上田古図原本家弟茂芳所蔵、不其時代、蓋宝永・享保ノ間歟、尚須追考、明治三十二年九月写　飯島茂経　識」との記載があり、宝永～享保の成立と推測していることが、根拠とされたのであろう。現図は、明治三二年の写である。

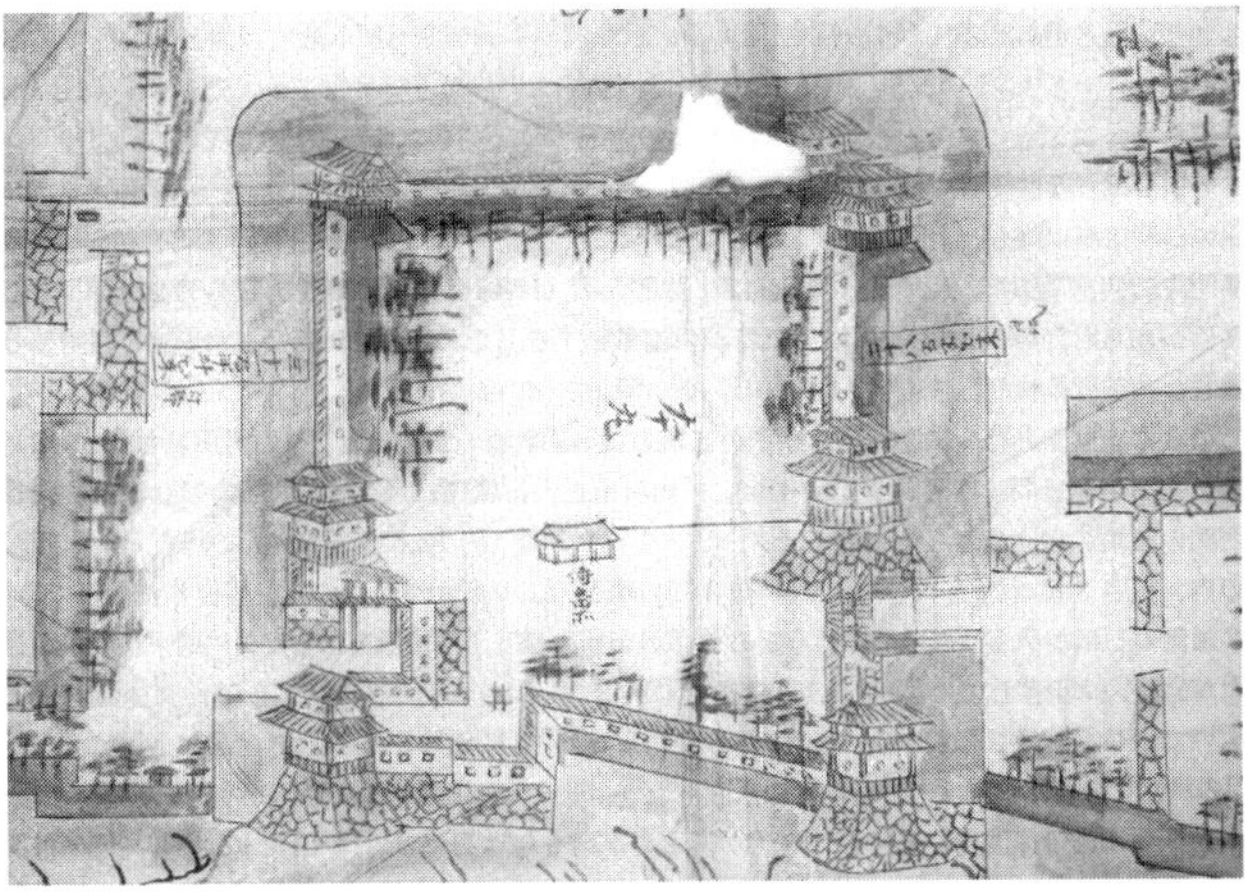

図2－3　上田城構之図　上田市立上田図書館蔵　「花月文庫郷土史附地図」1

本図の特徴は、隅櫓の櫓台が描き分けられていること、尼ヶ淵の崖が、正保図と同様に一部が石垣のない地山として描かれていること、本丸の内部、ちょうど段差がある辺りに「侍番所」が見えること、大手虎口のいわゆる「武者溜《むしゃだまり》」に前述の「上田城図」と同様に張出があり（ただしこの図では石垣の張出）、また樹木が描かれていることなどであろう。「武者溜」内の樹木は、この場所に鎮守社が勧請された[14]ことを表したものであろう。『上田市史』附図には、「鎮守曲輪」と書込まれている。

また、本丸の東側に付紙を書写した「二十八間半出来」、西側に同じく「三十一間半斗出来」と記されている。したがって、この絵図は、

図2－4　嘉永5年（1852）上田旧城郭絵図面　上田市立上田図書館蔵
「花月文庫郷土史附地図」2

本来修復絵図で、土塁や土塁上の塀などの修復が竣工したことを示す絵図であった可能性がある。

最後に、やや時代は下るが、もう一点の絵図を検討しよう。「図2—4」に示した「上田旧城郭絵図面」(15)である。上田市立図書館花月文庫に収蔵されている。二の丸に四棟の蔵(16)が描かれていることから、天明四年（一七八四）以降に成立した絵図と考えられる。この絵図の特徴としては、隅櫓の櫓台の描き分けがなされていること、本丸内の石垣のしきりに折ひずみが見られること、侍番所が描かれていること、三十間堀手前の虎口に番所のような建物が見えること、尼ヶ淵の石垣が一部を残して崩落していること、などがあげられよう。

近世後期の上田城の修復

この項では、近世後期における上田城の修復について、「日乗」(17)を中心に若干の補足をしたい。享保の石垣工事以降も、上田城ではしばしば改修が行われた。これまでは、寛延三年（一七五〇）、宝暦七年（一七五七）、天明八年、天保一四年（一八四三）、弘化五年（一八四八）、安政三年（一八五六）、万延元年（一八六〇）の七回が知られているが(18)、以下で若干の補足をする。これらの他に、堀浚いや櫓の瓦屋根の葺き直しなどが行われた。

このうち宝暦七年は、大手に入る手前の土橋右側の崩れた石垣の積み直し、天明八年は、「本丸外西南之方石垣高三間、横七間孕申候(19)」、「同所南之方石垣高八尺、横三間孕申候」と、本丸外の南西側の石垣の内、高さ三間（約五・

四メートル）・横七間（約一二・六メートル）の場所と、南側の石垣の内、高さ八尺（約二・四メートル）・横三間の場所の二ヶ所が孕んだので、修復したものである。尼ヶ淵側の石垣が孕んだものであろう。これらの申請には、工事箇所を示した「絵図朱引」が添付されたが、絵図は現存していない。

次いで「日乗」寛政三年（一七九一）一二月二〇日条によれば、同年八月五日・六日の洪水と、同年九月三日・四日の洪水により、城裏手の石垣際まで水面となり、上流の石垣堰が流失し、その後に普請費用として、幕府から四〇〇〇両の拝借金が下付された[20]。また、同五年四月には、「上田城本丸櫓并高塀屋根所々[21]」が小破したということで、修繕願が出されている。

弘化五年は、前年の善光寺地震により、「石垣六ヶ所崩孕候付築直、并櫓二ヶ所・塀二ヶ所傾候[22]」と、崩落したり孕みの出た石垣が六ヶ所と、傾いた櫓二ヶ所・塀二ヶ所を改修した。同じく安政元年の修復は、前年の地震で「多門塀三ヶ所傾損、石垣九ヶ所孕、或崩候[23]」と、櫓門に接続する塀が傾いたのと、石垣が崩れた場所の修築である。

万延元年四月五日、「上田城本丸櫓台下崩、南より北江折廻、横東西八間半、南北三間、高サ五間半之場所連年欠込候処、去ル巳年（安政四年）八月大雨ニ而崩落候ニ付、従前之有之石垣同前ニ土留新規石垣築立申度」と、櫓台の下が崩れ、南から北へ折れ曲がり、東西約一四・四メートル、南北約五・四メートル、高さ約九・九メートルの場所が崩落したという。この改修工事については上田市史編纂時に書写した絵図[24]があり、尼ヶ淵の最も東側で、いわゆる南櫓に近い場所の石垣が崩落したものと確認できる。

また、「日乗」では確認できない改修もあった。文政二年（一八一九）一二月、「二之曲輪内御多門前枡形石垣、御本丸内御簞笥櫓脇石垣御普請」が行われていることが、小泉組大庄屋の倉沢家文書から判明する[25]。この工事では、大手口の櫓門前の枡形の石垣一四坪余と、本丸内の御簞笥奉行が管轄する櫓脇の石垣約三一坪が積み直された。御簞笥奉行は武器の管理が役務であり、後述するように、搦手の櫓門北側の櫓や煙硝蔵《えんしょうぐら》を管理していた。

櫓の利用

最後に、近世において櫓門・隅櫓が、どのように活用されていたのかを確認したい。

上田市教育委員会寄託「大野木家文書」に、物頭関係の史料が含まれている。これは、安政二年に大野木氏が物頭に任じられたことに起因している。たとえば、以下のような記述がみられる。

［史料2―8］

一、御武器御覧之順

一、御簞笥奉行御預り御櫓　　一、東御多門渡櫓武器方預同所川手御櫓

一、御簞笥奉行御預西御多門脇御櫓　　一、表納戸預西御多門渡櫓

一、御物頭預川手西御櫓　　一、御簞笥奉行御預御煙硝蔵[26]

この史料は、藩主による武器の巡見の順序を記したものであるが、櫓の名称と管理担当の役職が判明する。大手口の櫓門は「東御多門渡櫓」と呼ばれ、尼ヶ淵側が「川手御櫓」（いわゆる南櫓）と呼ばれている。これらは、武器方の管轄で、武器類が収蔵されていたと考えられる。搦手の櫓門は「西御多門渡櫓」と呼ばれ、公的空間である「表（おもて）」において、藩主に関わる物品などの管理をする表納戸役の管轄である。したがって、西の櫓門には、調度類などが収蔵されていたと考えられる。物頭（足軽頭）は、「川手西御櫓」、すなわち西櫓を預かっていた。御簞笥奉行は、西の櫓門北側の櫓と煙硝蔵を預かっているが、他にも史料二行目の「御簞笥奉行御預り御櫓」がある。本丸北側の三棟の櫓と大手口櫓門北側の櫓（いわゆる北櫓）も御簞笥奉行の管轄であろうか。

天保末年以降の成立と考えられる「御物頭手控　下」[27]には、物頭が預かる櫓に関する記述がある。すなわち、西櫓に収蔵されていた物品の一部が判明する。この史料は、物頭の職務に関する先例等をまとめたものである。

まず「御櫓ニ有之候書物類覚」、すなわち西櫓内に収蔵されている文書類として、「古キ月番覚書」「近来談候日記」などがあげられている。「古キ月番覚書」は、享保二〇年から寛保三年までの「月番覚書」八冊、「近来談候日記」は、寛延三年から天明二年までの日記三三冊である。また、非常時の担当場所を定めた「非常之節詰場所古帳面」一冊、江戸藩邸勤務の際の供連れの規定書「江戸詰之節人連御定書償帳面」一九冊、元禄一三年以降の「連状控」、非常時の通行証「諸口急用通札」一三枚、他に天明三年以降の役務日記、「御近領御手当一件」、「御軍制一件」、「組之者年数書」があげられている。西櫓には、物頭が作成・管理する文書類が収蔵されていたのである。

また、西櫓には武器類も収蔵されていた。毎年端午の節句には、藩主居館の広間に武器の飾付けをすることが恒例となっていた。物頭配下の小頭たちは、鉄砲二〇挺、弓一〇張と金紋付きの空穂《うつぼ》（靭）、長柄二〇筋、矢箱一荷を西櫓から出して飾付けた。ただし、鉄砲用の猩々緋《しょうじょうひ》の袋や火縄、金紋付きの胴乱は御簞笥奉行から、槍印は勘定所から受け取った。御簞笥奉行が管轄していた物品の一部が判明する。

このように、櫓は、武具・調度・文書の収蔵庫として利用されていた。

【註】

（1）『郷土の歴史　上田城』（上田市立博物館編集発行、一九八八年）七一頁から転用。

（2）同上、一〇六～一一二頁。

（3）同上。

（4）『上田市史』上巻（上田市、一九四〇年）、四八二～四八六頁。本稿では、信濃毎日新聞社により刊行された、一九七四年の復刻版を利用した。

（5）『郷土の歴史　上田城』（前出）、七一～七三頁。

（6）上田市立図書館「師岡文庫」二五。

（7）上田市立博物館所蔵「松平神社文書」五一三。

(8) 上田市立図書館「花月文庫」郷土史附地図一。
(9) 本報告書四頁、『郷土の歴史　上田城』(前出) 一一六頁、他。
(10) 上田市文化財報告書第60集『史跡上田城跡―国指定史跡上田城跡本丸内発掘調査報告書』(上田市教育委員会、一九九七年) 五頁。
(11) 同上、一一頁。
(12) 上田市立図書館「花月文庫」郷土史附地図三。
(13) 上田市立図書館「上田市史編纂資料図」六。
(14) 『郷土の歴史　上田城』(前出)、八七頁。
(15) 上田市立図書館「花月文庫」郷土史附地図二。
(16) 『郷土の歴史　上田城』(前出)、七五～七六頁。
(17) 上田市立博物館所蔵。
(18) 『郷土の歴史　上田城』(前出)、七三～七四頁。
(19) 「日乗」天明八年三月二八日条。
(20) 「日乗」安政四年八月二四日条。
(21) 「日乗」寛政五年四月二四日条。
(22) 「日乗」弘化五年三月二三日条。
(23) 「日乗」安政元年一一月四日条。
(24) 上田市立図書館「上田市史編纂資料図」三。
(25) 「二之曲輪内御多門前枡形石垣御普請勘定帳御本丸内御簞笥櫓脇石垣御普請勘定帳」(上田市史編纂室旧蔵『倉沢家文書』マイクロフィルム資料)。
(26) 「(物頭日記断簡)」(上田市教育委員会寄託「大野木家文書」)。また、櫓の利用については、『郷土の歴史上田城』(前出)、一二一～一二二頁を参照されたい。
(27) 上田市教育委員会寄託「大野木家文書」。

三、上田城地の払下げ

旧士族への払下げ

明治四年（一八七一）の廃藩置県の断行によって、全国の城郭はすべて兵部省の管轄となった（のち陸軍省管轄）[1]。上田城には、同年八月に東京鎮台の第二分営がおかれ、二の丸の旧上田藩庁が営所として利用された。また、上田城内には火薬庫二棟が建築された。その後同六年一月、明治政府は、全国の城郭を、陸軍が軍用地として利用する城郭である「存城」と、大蔵省に引渡し売却される「廃城」とに仕分けした。上田城は、一旦「存城」とされるものの、その後「廃城」とされ、同年四月に営所が廃止された。

同年四月、長野県権令立木兼善らから大蔵大輔井上馨に宛てた「管内城塞払下等処分方伺」[2]によれば、上田城地は二二五八七歩（歩は坪と同じ）八厘五毛で、「櫓并多門」九ヶ所、「武庫」六ヶ所、火薬庫二ヶ所、演武場一棟、厩一棟、馬場一ヶ所、練兵場一ヶ所、病院一ヶ所の施設が払下げの対象とされている。

さらにその後、調査が進められ、同七年三月には、「上田其城趾等代価見積取調書」[3]が出された。以下にその一部を［史料3―1］として掲げる。

［史料3―1］

信濃国上田其外城趾代価見積取調書　　税課㊞

一、三万五千七百三拾壱坪八合　　上田城趾

此地価金九百四円七拾銭七厘六毛

内

壱万三千三百八拾七坪八合　　　　　　　　　　　　　　　平坦
　此地価金五百六拾弐円廿八銭七厘六毛　　但、一坪ニ付金四銭二厘
五千九百四拾九坪　　　　　　　　　　　　　　　　　　土手
　此地価金百七拾八円四拾七銭　　　　　　但、一坪ニ付金三銭
壱万六千三百九拾五坪　　　　　　　　　　　　　　　　濠
　此地価金百六拾三円九拾五銭　　　　　　但、一坪ニ付金壱銭

外

櫓九棟　　此代価百拾弐円五拾銭
武者立石並堀　　此代価金五拾円
倉廩六棟建物百四十四坪　　此代価金弐百四拾円
火薬庫二棟建物三拾七坪五合　　此代価金八拾五円
井戸一ヶ所　　此代価金壱円
松・杉二百四拾五本　　但、目通九尺廻リゟ六尺七寸廻リ迄
　此代価金百弐拾弐円五拾銭　但、一本ニ付金五拾銭
同木五百四拾本　　但、目通六尺五寸廻リゟ五尺廻リ迄
　此代価金百三拾五円　　但、一本ニ付金弐拾五銭
同木百六拾五本　　但、目通四尺九寸廻リゟ弐尺五寸廻リ迄
　此代価金弐拾円六拾銭五厘　　但、一本ニ付金拾弐銭五厘
竹三百本　　但、目通六寸廻リゟ五寸廻リ迄

此代価金拾弐円六拾銭　　但、一本ニ付金四銭弐厘
同五百本　　但、目通四寸廻りゟ三寸廻リ迄
此代価金拾五円　　但、一本ニ付金三銭
小以金七百九拾四円弐拾弐銭五厘
（以下略）

史料に示したように、旧上田城郭の土地や建物等について見積額が示されている。「上田城趾」は全体で、三五七三一坪余と算出され、明治六年四月の報告に比べて格段に増加している。このうち平坦部は一三三八七坪余で一坪に付き代価四銭二厘、土塁が五九四九坪で坪当たり三銭、堀（濠）が一六三九五坪で一坪一銭と見積もられている。このように、平坦地ばかりではなく、土手や堀も払下げの対象になった。また櫓は、九棟合わせて一一一円五〇銭、二棟の火薬庫が八五円である。興味深いのは、本丸などに植えられていた松・杉約九五〇本と竹八〇〇本が売却の対象とされていることである。杉や松には、周囲が九尺（約二メートル七〇センチ）から六尺七寸（約二メートル）の太さのものも含まれ、一本五〇銭と見積もられている。土地代よりはるかに高額である。

明治政府は、廃藩置県後も士族層へ家禄を支給していたが、明治六年に家禄に税金を課すとともに、禄高一〇〇石未満の希望者に六年分の家禄を、半分は現金、もう半分を秩禄公債で一時的に下付し、あわせてこの資金と公債で、官有地の払下げを受けて帰農できる制度を導入した。さらに同九年に至り、家禄を廃止して、かわりに五～一四年分に相当する価額の金禄公債を交付する秩禄処分が実施された。

上田城地は、さらに測量などの調査が行われ、細分化されて新たな地番が付けられた。次の史料は、明治八年五月三〇日付けで、長野県参事楢崎寛直が、内務卿大久保利通に上申した払下げ願の一部である。

［史料3―2］

上田城跡還禄士族入札払下之義伺

三拾四番
三拾五番
四拾四番

一、　反別弐反七畝歩　　落札人
　此相当代価八円拾銭　長野県士族
　　此半価四円五銭　　山本雅勝

四拾番
四拾一番
四拾弐番

一、　反別弐反五畝拾弐歩　同
　此相当代価六円九銭六厘　同
　　此半価三円四銭八厘　河内安左衛門

（中略）

一、櫓九棟　同
　此相当代価拾三円五拾銭　同　河内曽左衛門

（中略）

右者信濃国小県郡上田旧城廓内還禄士族入票嵩価書面之通候間、右金取立之御省地理寮江相納、地所之義者民有

第一種へ編入、私有ノ券状相渡可然哉、因而三等票相添、此段相窺候也
明治八年五月卅日　　長野県参事　楢崎寛直
内務卿大久保利通殿
（以下略）

［史料3―2］は、明治八年『公文編冊　還禄士族授産払下地進達留』[4]の一部で、払下げを申請した土地の地番、反別（面積）、相当代価、相当代価の二分の一の払下げ代価、払下げ申請者が書き上げられている。この時には、一四名の士族が旧上田城地の払下げを申請した。なかでも河内曽左衛門が、城内の櫓九棟を一括して一三円五〇銭で払下げ申請していることが注目される。河内曽左衛門は、高一三石（元高七石二合）の旧上田藩士族である。[5]櫓の払下げについては、後述する。

同じ史料から作成した表を［表3―1］（本稿末尾）として示した。ただし、同史料は七冊からなり、上田城払下げ関係記事が分散して記載されていること、また申請取下げの分などに上から紙が貼られているため、すべてを網羅することができない。いったん申請したものの、「見込違」[6]などの理由で申請を取り下げる事例が、少なからず見受けられる。ただし、おおよその傾向は、［表3―1］から把握することが可能である。旧上田城郭地は、干支の番号、表では明記できなかったが一番から八四番までの番号を付した土地、未番号を付したものなどに細分されて払下げられた。このうち一番から八四番までの番号は「旧城郭」地に付けられた番号、未番が、「旧城郭」以外の「元営所・練兵場・大手・厩・馬場」などに付けられた番号である。[7]地目がわかるものについては、表中に明記した。また地番は、最終的に地券が交付されるまで、複数度変更されている。地券に記された地番が判明するものについては、［表3―1］の備考欄に示した。

同様に［表3―2］（本稿末尾）は、明治八年『公文編冊　還禄士族授産諸払下代価上納証』[8]から作成したもので、

実際に払下げ地の代価を上納した者の書上である。この帳簿は、本来四冊からなるものであるが、現存するものは二冊にとどまり、すべてを網羅することはできないものの、［表3―1］と一致する払下げ地や士族名を相当程度確認することができる。［表3―2］で注目されるのは、七四号地を払下げられた五明元作のように、旧上田藩士ではなく、旧松代藩士によって土地が取得されていることである。代理で代価を上納している高桑惣一は旧上田藩士で、高八石（元高三石二合）の卒族である。(9)

さて、［表3―1］［表3―2］の「譲渡」欄に、〇印を付したものがある。〇印は、一旦士族に払下げられた旧城地を、その後丸山平八郎（一一代直養）が取得したものである。次の史料は、その一例である。

［史料3―3―①］

証

旧城内

四拾三号

一、弐反弐畝十五歩　　堀土手地

此代金廿弐円十七銭

一、弐反弐畝歩　　堀土手地

此代金廿弐円弐銭

四十九号

一、弐反弐畝歩　　堀土手地

此代金廿弐円弐銭

六十三号

一、弐反壱畝十五歩　　　　　　　堀土手地
　　此代金廿壱円十六銭
惣計　六拾五円三拾五銭
右御払下ヶ地之内私買受候処、猶又書面之金円正ニ受取、貴殿江譲渡申候処相違無之候、追而地券状御下ヶ渡ニ
相成次第相渡可申候、為後日譲渡証依而如件
　　　明治八年十一月十五日
　　　　　　　　　　　　　馬場町　高桑惣一 ㊞
　丸山平八郎殿⑽

［史料3―3―②］
　　　記
上田旧城郭内
五拾弐号
一、反別八畝弐拾壱歩
　　此代拾六円五十五銭
右之地所今般御払下ヶ相成上納済拙者所持之処、書面代金正ニ受取、貴殿江売渡申候処実正也、右地所之儀ニ付
違論申者無之候、万一故障申者有之候ハヽ、証人罷出急度埒明、貴殿江御迷惑御掛申間敷候、為後証依而如件
　　　明治八年十二月十七日
　　　　　　　　　　　　　売主　増田五郎 ㊞
　　　　　　　　　　　　　証人　高桑惣一
　丸山平八郎殿⑾

①の史料は、四三号・四九号・六三号地を取得した高桑惣一が、丸山にそれらの土地を譲渡した証書である。この

うち四三号地と六三号地は［表3―1］に記載があるが、払下げ申請者が中沢正直と安達栄蔵である。高桑惣一が、中沢名義・安達名義の払下げ地を譲渡されたのか、あるいは高桑の意を受けた中沢らが自身の名義で申請したのか、あるいは申請を取下げたかのいずれかであろう。高桑からさらに丸山に譲渡された際の価格は、払下げ価格より高価である。同様に②は、五二号地を払下げられた増田五郎が、丸山に譲渡した文書である。五二号地は、［表3―1］［表3―2］ともに峯村重太郎の取得地であり、前述と同様の理由が考えられる。

丸山家は上田藩の御用達商人（材木商）であり、「天保三年十二月養祖父平八郎奉職シテヨリ以来、（中略）現米九石（五人扶持）給与為ラレ、独礼中小性格ニ列シ、御勝手御相談席ニ加ヘラレ、尚ホ作事材木掛リ等勤務罷在候」[12]と、天保三年（一八三二）以降は藩から九石を給与され、中小性格「御勝手御相談席」（財政の相談役）として作事材木掛を担当し、藩主への独礼も許されていた。また、松代藩等の御用も勤めていたことが、「丸山家文書」からうかがえる。[13]［史料3―3］にみえる丸山平八郎直養は、開港地横浜への蚕種の売込みを行い[14]、木曽の材木などを扱う[15]、有力な豪農商の一人として活発に活動していた。旧松代藩士が旧上田城郭を購入したのは、松代藩御用達商人であった丸山との関係によるものであろう。また、「丸山家文書」には、「城内立木代価納為要用」[16]と、石谷雄三他三名の旧城郭内の立木払下代の借用証や、「拙者今般御払下ケ地所立木・立家入札之義［（空白）］ヲ以テ代理人ト定メ、左ノ権限ノ事ヲ代理為致候事」[17]という払下げ入札の委任状が存在する。前述のように、本丸には、松や杉、竹などが大量に植えられており、材木商の丸山にとっては、魅力的な商品であったと考えられる。［表3―1］［表3―2］に示したように、城内の松・杉・竹は、竹内勇一が一括して払下げられているが、これらの木材が、丸山へ譲渡された可能性を指摘できる。

次に櫓について検討しよう。［史料3―2］では、河内曽左衛門が九棟の櫓を一括して払下げを申請していた。しかし、河内が申請の一部を取下げたらしく、結果として、櫓は複数の士族に払下げられた。少なくとも六棟の櫓は、他の士族が払下げられていることが確認できる。［史料3―4］を見よう。

［史料3―4］

証

上田旧城郭内

壱号・六号・七号・八号・九号

一、櫓　　五棟

此代金九拾六円七拾五銭也

内三拾円也

明治八年十二月廿二日受取　㊞

右之品今般御払下ヶニ相成上納済拙者所持之処、前書之内金正ニ受取、貴殿江売渡申候処実正也、右櫓之義ニ付違論申者無之候、為後証依而如件

明治八年十二月廿二日

高桑惣一　㊞

丸山平八郎殿[18]

［史料3―4］は、一号・六号・七号・八号・九号の五棟の櫓を払下げられた高桑惣一が、九六円七五銭で丸山に譲渡した文書である。当初の払下げ代価に比べ、格段に高額である。高桑は、そのうち三〇円を一二月二二日に受取った。これら五棟の櫓がどの櫓を指すのかは、確定はできないものの、順に番号が付けられているとすれば、推測は可能である。後述するが、丸山は、大手口の櫓門といわゆる西櫓を指す四号櫓を購入しているからである。［図3―1］に推測される櫓の番号を記した。一号櫓は、大手櫓門に向かって右側の櫓（北櫓）、櫓門が二号櫓、左側が三号櫓（南櫓）と考えれば矛盾はない。

丸山は、「御多門櫓壱棟」を別途三〇円で購入している。[19]この購入証には櫓の番号が記されていないが、多門櫓は櫓門を指す。購入証によれば、この櫓は、重田弥左衛門が落札し代金を上納したが、その後、野竹村（現上田市）在

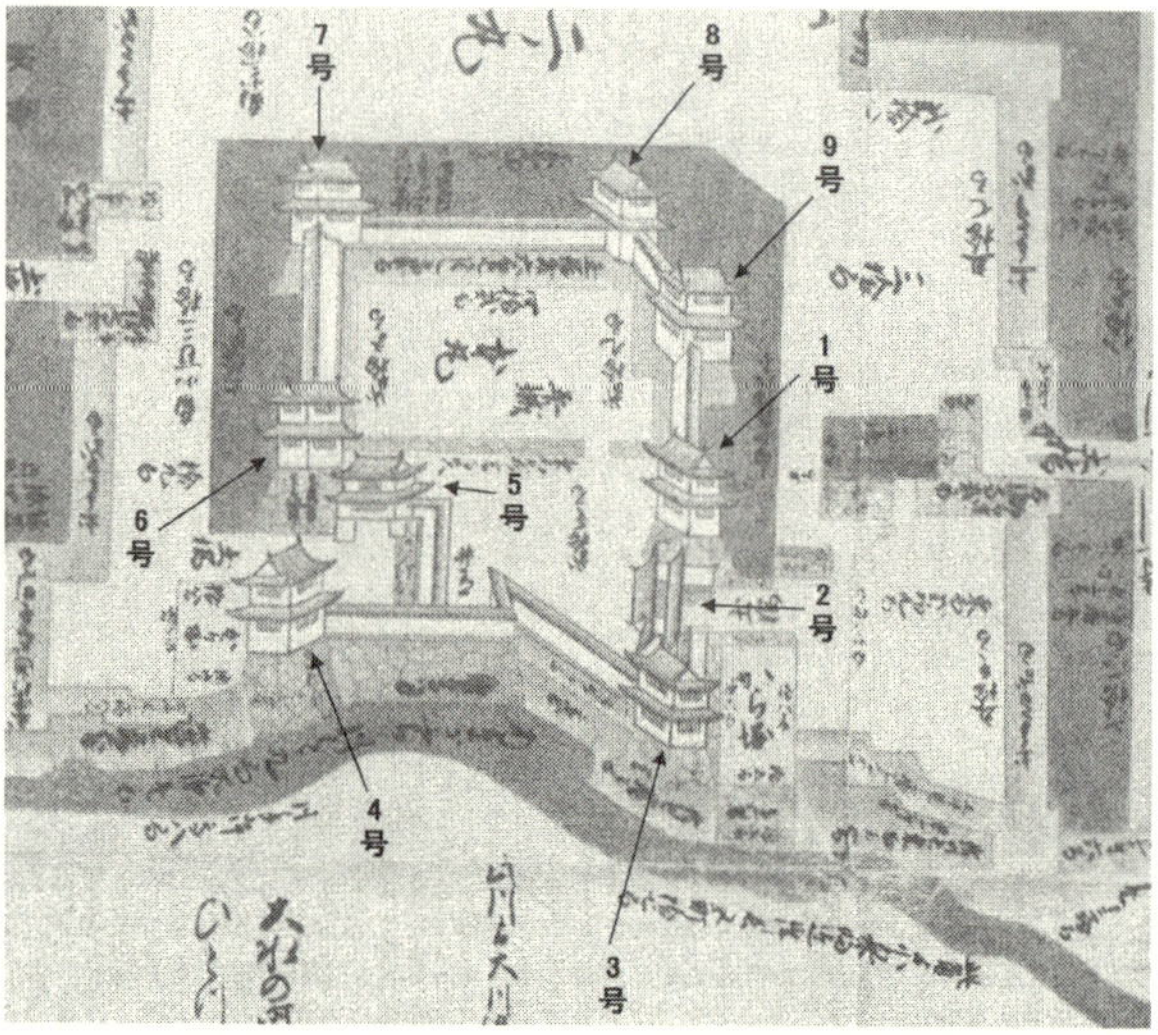

図３－１　正保４年（1647）信州上田城絵図（国立公文書館蔵）に加筆

住の士族小林平蔵が重田から購入し、それをさらに丸山に譲渡した。重田から小林への譲渡証文では、この櫓は「お多門」と記され、また「上田旧御城武者立ゟ入口、御太田（ママ）門ナリ」とされている。すなわち、大手口の櫓門である。さらに、次の史料に注目したい。

〔史料3―5〕

記

上田旧城郭内西南之角

第四号

一、櫓壱棟　　此代金三拾五円也

右之品今般御払下ヶ相成上納済拙者所持之処、書面之代金正ニ受取貴殿江売渡申処実正也、右櫓之儀ニ付違論申者無之候、万一故障申者有之候ハヽ、証人罷出急度埒明、貴殿江聊御迷惑相掛申間敷候、為後証依而如件

明治八年十二月　　売主　河内曽左衛門㊞
証人　浜口　隼太㊞
同　　高桑　惣一㊞

丸山　平八郎　殿[20]

〔史料3―5〕に示した、河内から譲渡された「第四号」櫓は、「上田旧城郭内西南之角」に位置する櫓である。す

なわち、明治以降も移築されずに、旧上田城に存立していた西櫓を指す。この櫓は、当初の申請者である河内から丸山へ譲渡された。したがって、丸山は、一号（北櫓）・四号（西櫓）・六号・七号・八号・九号、及び大手口の櫓門（二号櫓カ）の合計七棟の櫓を入手したことが判明する。逆にいえば、三号（南櫓）・五号櫓は、丸山以外の人物が所有し、上田城から移して利用したことになる。

松平神社の創建

明治一二年（一八七九）八月一五日、松平神社の創建が認可された。松平神社は、「元上田藩知事松平忠礼先祖（中略）在世中能ク其職ヲ尽シ、士民ヲ撫恤、候ノ功績巨多ナルヲ以テ、旧上田藩士族并旧封内有志ノ者共申合、報恩ノ為ノ神祠取立祭祀仕度志願ニテ[21]」と、旧藩主家の恩に報いるため、有志により創建されたものである。社地は、旧上田城本丸南側の土地があてられた。これらの土地は、丸山平八郎（一二代直義）が寄付をした。以下に史料を示す。

［史料3―6］

松平神社境内地寄付連署状

信濃国小県郡上田町字旧城郭内

第六千二百九十七番

一、荒蕪地　反別一反四畝

同国同郡同町　字同

第六千二百九十八番

一、荒蕪地　反別一反六畝拾八歩

同国同郡同町　字同

第六千二百九十九番
一、荒蕪地　反別一反歩
同国同郡同町　字同
第六千三百拾一番
一、荒蕪地　反別八畝廿壱歩
同国同郡同町　字同
第六千三百拾二番
一、荒蕪地　反別九畝拾二歩
同国同郡同町　字同
第六千三百拾三番
一、荒蕪地　反別一反六畝六歩
合計反別七反四畝廿七歩
今般松平神社創建ニ付、前記ノ地所反別七反四畝廿七歩、該社境内トシテ寄付可及、且領受可致者協議相調候処
相違無之、証トシテ連署致候也

松平神社境内地寄付人
小県郡常磐城村　丸山　平八郎
松平神社創立有志惣代
明治十二年六月
小県郡上田町士族　師岡　政挙
懸山　渓水（以下略）

このうち六三一二番の荒蕪地《こうぶち》九畝一二歩と六三一三番の荒蕪地一反六畝六歩の二筆、合計二反五畝一八歩は、［表3—1］で示したように、竹内重行が払下げを受けた土地で、その後丸山に譲渡された場所である。同じく六二九九番の荒蕪地一反歩は、［表3—1］［表3—2］から河内安左衛門が払下げられた三筆の内の一筆、六三一一番の荒蕪地八畝二一歩は、峯村重太郎が払下げを受けた土地の一筆である。いずれも丸山に譲渡されたことが確認できる。［図3—2］［図3—3］として、寄付地を図示した。大手の櫓門から西櫓までの土地が、寄付地に相当する。また、「松平神社境内ニ縁故アル遺蹟ヲ残サレ度（中略）、未申ノ櫓一宇寄付被致」[22]と、寄付地にあった「未申（南西）ノ櫓」も寄付された。

その後、明治二三年三月にいたり、西櫓が松平家に譲渡された。次の史料を見よう。

［史料3—7］

地所建物譲渡之証券

信濃国小県郡上田町六千三百拾三番ロ号

字上田　　同国同郡常磐城村

一、荒蕪地三畝拾壱歩　　持主　丸山平八郎

明治八年ヨリ十五ヶ年鍬下

同番地ニ在ル建物

一、木造瓦葺二階造櫓　壱棟　　持主　右同人

建坪　上弐拾六坪〇弐勺五才

下弐拾七坪〇弐勺五才

但櫓台大石現存ノ侭、別紙図面之通リ

右地所建物石積共、去ル明治十二年三月松平神社設立ニ付寄附地ニ契約致シ置候内、前書之箇所今般貴殿ニ於テ御先代ノ城址永遠ニ御保存被成度御意志ヲ以テ御懇望有之由、之ヲ賛成シ旧藩士惣代へ協議之上、貴殿へ無代価譲渡候ニ付、爾来御所有可被成候、右地所ニ就キ聊故障無之候条、保証人連署ヲ以テ譲渡之証券如件

明治二十二年三月

右譲渡人　丸山平八郎　印
同郡上田町旧藩士惣代
保証人　古松　貞夫　印
同　神尾　成教　印

松平忠礼　殿(23)

かつて松平神社に寄付された社地のうち、櫓台の大石が据えられた上田町六三一三番ロ号の荒蕪地三畝一一歩と、同地に建築された櫓が、城址を永く保存したいという松平忠礼《ただなり》の要望に応えて、忠礼個人に無償譲渡されたことが確認できる。櫓は、木造瓦葺二階建てで、建坪が上部二六坪〇分二勺五才、下部が二七坪〇分二勺五才である。

さらに明治二六年になって、「松平神社附属遊園地」として、松平神社隣接地が無償譲渡された。譲渡証文に対する「地所譲リ渡シニ対スル返リ証券(24)」によれば、明治一二年の締約に基づく六二九七番（宅地一反五畝五歩四合八尺）、六二九八番（宅地二反五畝一七歩八合一勺）、六二九九番（宅地一反六畝八歩九勺）、六三一一番（宅地八畝二一歩）、六三一二番（宅地九畝一二歩）、六三一三番イ号・ロ号合併（宅地一反三畝一一歩四合七勺）の六筆に、新たに六三〇二番（畑二反九畝二一歩）、六三〇八番（畑二反九畝三歩）、六三二二番（畑二反九畝四歩）、六二九六番（畑三反九歩）の四筆を合わせ、一〇筆合計二町六畝二三歩八合五勺の土地と立木二九本が譲渡された（違約の場合は返地するという条件付き）。［図3―3］に示したように、六二九七番には櫓台の石積み（縦一四間、横一〇間、高二間三尺）が、同じく六二九八番にも櫓台の石積み（縦一二間、横七間、高二間三尺）が残されている。これらは、櫓門を挟む両側の櫓の石

積みである。また六三一三番には、縦一一間、横五間、高二間三尺の櫓台石積みと櫓が存在した。これは、前述のように、「旧主従四位松平忠礼公へ献納」されたものである。

ただし、松平神社に隣接して明治一二年に建立された丸山稲荷の地続きである六二九六番の内一〇〇坪は、丸山稲荷附属地と見なされた。また、松平神社附属地の空堀の中心以外は従来通り桑畑のままとし、その収益を丸山神社の祭典・修繕費とすることも定められた。なお、［図3—3］には、尼ヶ淵の石垣も描写されている。

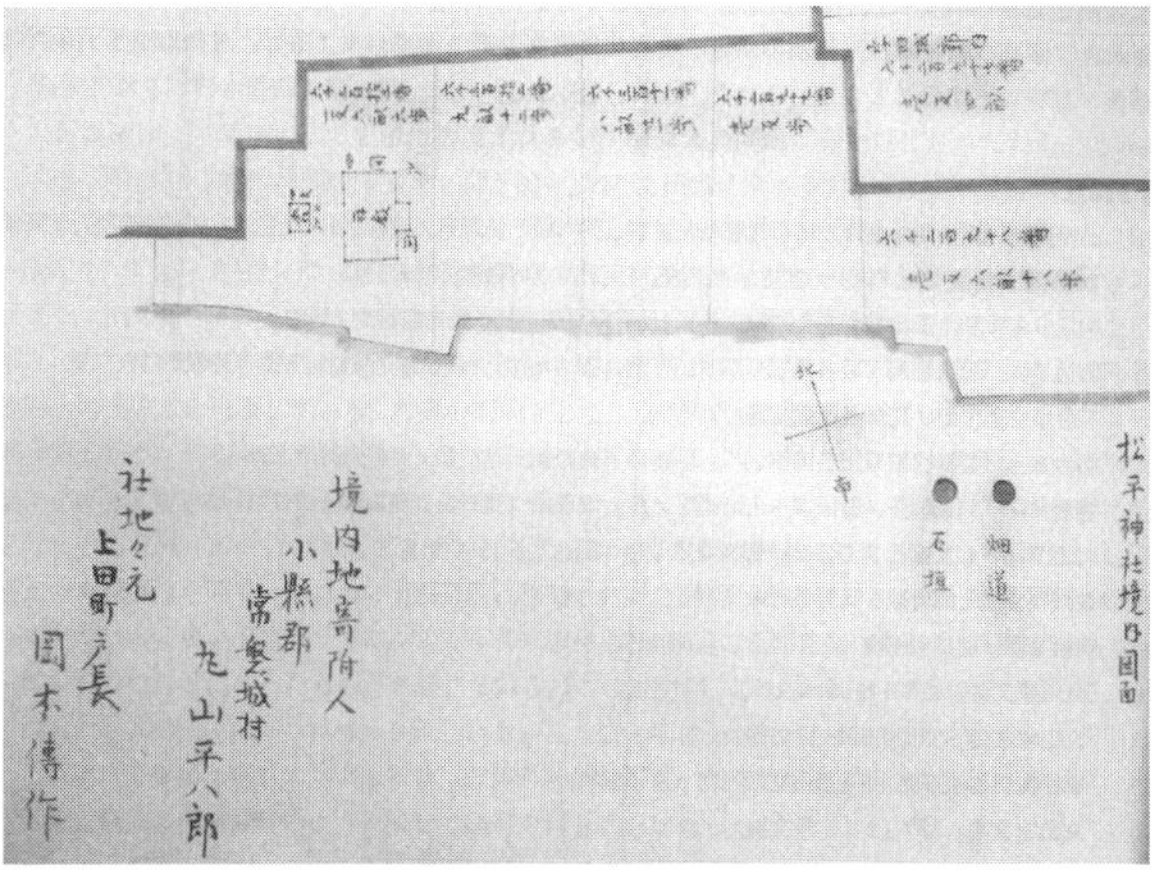

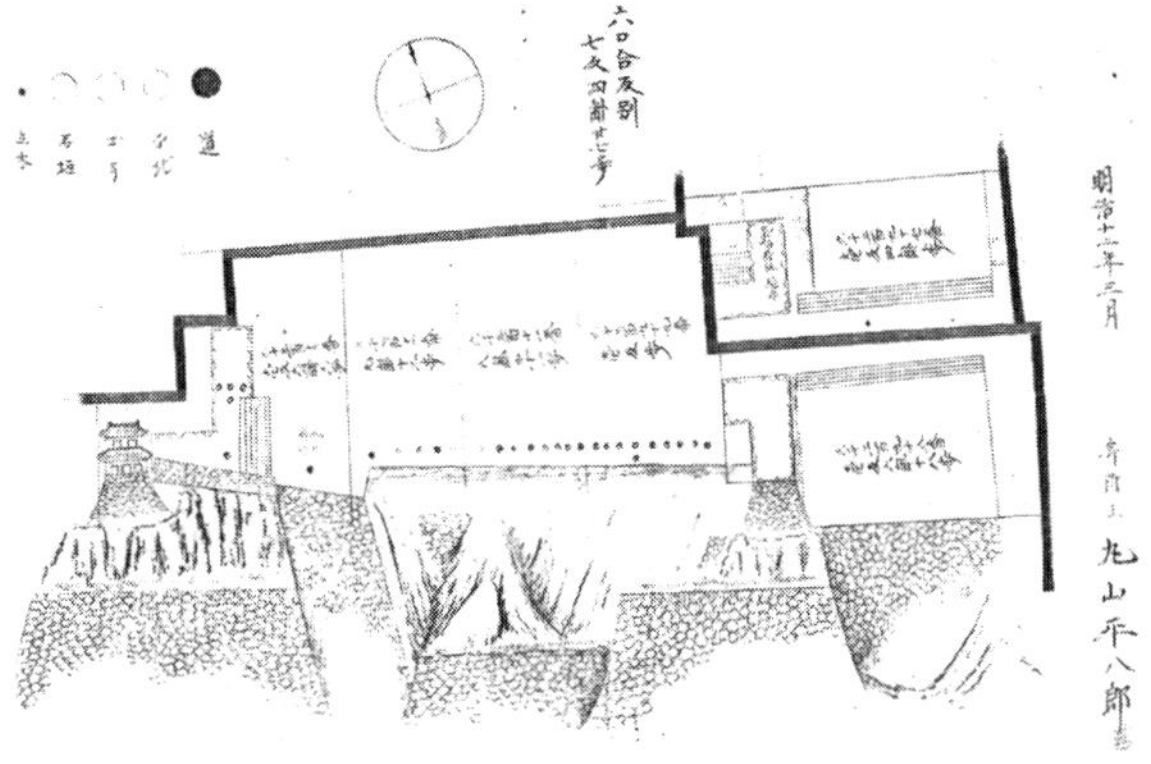

上：図３－２　松平神社境内図面　『社寺創建再興復旧公称移転合併廃止之部』長野県行政文書（明12 A－12）　長野県立歴史館蔵
下：図３－３　締約証付属図面　上田市立博物館「丸山史料」

【註】

（1）小川康輔「明治期における城郭利用の一考察—高田城と長野県の城郭を事例として」（上越教育大学平成二二年度修士論文）、『郷土の歴史　上田城』（上田市立博物館、一九八八年）七七～七八頁、ほか。

（2）明治六年庶務『上田城郭其外請取之件』（長野県立歴史館「長野県行政文書」）。

（3）明治七年『公文編冊　旧各藩城郭調並払下地ニ関スル部』（長野県立歴史館所蔵「長野県行政文書」）。

（4）長野県立歴史館「長野県行

政文書」。
(5) 明治八年『還禄明細録　上田住之二』戸籍掛（長野県立歴史館「長野県行政文書」）。
(6) 明治九年『公文編冊　還禄者へ土地払下ノ件』地理掛（長野県立歴史館「長野県行政文書」）。
(7) 明治七年『公文編冊　旧各藩城郭調並払下地ニ関スル部』（前出）。
(8) 長野県立歴史館所蔵「長野県行政文書」。
(9) 明治八年『還禄明細録　上田住之二』（前出）。
(10) 「丸山家文書」三二八―四―六―五〇号文書。
(11) 「丸山家文書」三二八―四―六―四六号文書。
(12) 「家禄復縁御給与願」（上田市立博物館「丸山史料」）。
(13) 「丸山家文書」三二七―一二―三―五号文書。
(14) 「丸山家文書」三二七―四号文書、ほか。
(15) 「丸山家文書」七七一号文書、ほか。
(16) 「丸山家文書」三二八―四―六―一四号文書。
(17) 「丸山家文書」三二八―四―六―四六号文書。
(18) 「丸山家文書」三二八―四―六―四三号文書。
(19) 「丸山家文書」三二八―四―六―三七号文書。
(20) 「丸山家文書」三二八―四―六―四七号文書。
(21) 明治一二年『社寺創建再興復旧公称移転合併廃止之部』（長野県立歴史館「長野県行政文書」）。
(22) 『社寺創建再興復旧公称移転合併廃止之部』（前出）。
(23) 上田市立博物館「丸山史料」。
(24) 同上。

四、櫓の再移築

昭和七年（一九三二）七月、上田遊廓に移築された櫓二棟の所有者から、次のような文書[1]が上田市長成澤伍一郎宛に提出された。

［史料4―1］

建築物件寄付採納願

一、旧上田城櫓　　弐棟

右ハ元上田城内建設の櫓に候処、先年当時の政府より現場撤去の厳命により、止むを得ず当市新屋区へ移転致置候処、今回上田築城三百五十年に際シ記念として寄付致度候間、御採納相成度、此段及御願候也、追て御採用の上は、旧城趾へ御移転被下成度願上候

すなわち、天正一一年（一五八三）の上田築城から三五〇周年の記念として、櫓二棟を寄付したい、受納の後には上田城趾へ移築してほしいとの申出である。この寄付願は、移転費用が高額であるという理由で受け入れられなかった。[2]

上田城趾は、同九年に国の史蹟に指定されるが、櫓受入の問題は棚上げにされていた。しかし、その後「偶々東京方面へ売却サレタトノ話ヲ聞キ、之ハ上田市ノ為ニモ恥デアルトノ見地カラ[3]」と、東京の料亭に売却されるという事態に至り、買い戻して城跡に復元したいという声が高まった。[4]

昭和一七年五月七日付けの長野県学務部長宛の上田市長浅井敬吾の「史蹟上田城趾　指定地域内現状変更ニ関スル件[5]」では、「明治初年撮影ノ写真　一葉」と「上田市史ニ集録セラレタル上田城本丸・二ノ丸普請作事図　一枚」を

根拠資料として、史蹟の現状変更と移転の許可を求め、文部省宗教局への進達方を依頼している。写真の説明として、「向ツテ左側櫓台上ニアリシ桜櫓ハ、向ツテ右側ニ撮影セラレテオルモノト同形ノモノニシテ、本写真撮影前年之ヲ上田市大字常磐城九拾番地ニ移転シタル為メ、本写真中ニハ撮影セラレヲラザルモ」と、述べている。この写真は、本報告書に所収されている写真(6)と同じものと考えられる。向かって左側の櫓台に設置されていた櫓は、右側の櫓と全く同形のもので、前の年に上田遊廓に移築されたと説明している。さらに、遊廓として利用されていた時の二棟が一棟のようにみえる写真も添付され、写真の正面左側の櫓が大手口櫓門の左側に、右側が右の櫓台上にあったものだと断じている。この説明が、旧上田城内への再移築に際して、二棟の櫓が大手口櫓門の両側へ再移築され、いわゆる北櫓・南櫓とされた根拠と考えられる。

この現状変更願に対して、文部省は、計画が杜撰であり、移築の根拠不明との回答であった。しかし、担当職員の現地視察の後、一転して認可されることになった。

再移築工事は、昭和一八年に開始されるが、一時中断され、同二三年に再開される。落成式が挙行されたのは、同二四年六月のことである(7)。

【註】

（1）個人蔵。
（2）「上田城阯保存会々務綴」（上田市立博物館）。
（3）同上。
（4）『郷土の歴史　上田城』（上田市立博物館編集発行、一九八八年）七九～八二頁。
（5）「上田城阯保存会々務綴」（前出）。
（6）本報告書七一頁、写真3。
（7）『郷土の歴史　上田城』（前出）七九～八二頁。

おわりに

以上、近世・近代における上田城について、収集した史資料を分析し、述べてきた。しかし、「はじめに」でも述べたように、いまだ分析できていない史資料が少なからずあり、また分析の結果をこれまでの発掘成果と丁寧に照合し、見直す作業も必要である。いずれも今後の課題としておきたい。

【付記】文書史料の表記は原文のままとしたが、次の点に留意して掲載した。
（1）漢字は、原則として常用漢字に改めた。
（2）誤字や当て字は、右傍らに（ママ）、（カ）と注記した。
（3）文字が判読できない箇所は□、〔　〕で示した。
（4）変体仮名等の読み方は以下のとおりである。
者（は）、与（と）、而（て）、茂（も）、〆（しめ）、ゟ（より）、廿（にじゅう・「二十」と同じ）、卅（さんじゅう・「三十」と同じ）
（5）氏名の後ろの「㊞」は実際に押印されているものを表し、「印」は文書に「印」と記されていること（写しの文書等）を示す。

通過金・相当代価	低価金・半価	落札人・払下人	譲渡	備考
115円50銭	57円75銭	長野県士族　三刀谷小膳		
97円30銭	48円65銭	長野県士族　五明元作	○	74号、75号地
115円50銭	57円75銭	長野県士族　中島直蔵	○	76号、77号地
117円70銭	58円85銭	長野県士族　中島直蔵	○	78号、79号地
98円90銭	49円45銭	長野県士族　五明万吉	○	80号、81号地
97円80銭	48円90銭	長野県士族　五明万吉	○	82号、83号地
37円50銭	18円75銭	長野県士族　江見斎		
85円	42円50銭	長野県士族　北村栄吉		12月15日に再申請
		長野県士族　北村栄吉		12月15日に再申請
		長野県士族　北村栄吉		12月15日に再申請
74円	37円	長野県士族　北村栄吉		12月15日に再申請
		長野県士族　北村栄吉		12月15日に再申請
65円	32円50銭	長野県士族　北村栄吉		12月15日に再申請
		長野県士族　北村栄吉		12月15日に再申請
15円67銭7厘	7円83銭9厘	上長野県士族　堤正次		
		上長野県士族　堤正次		
25円11銭6厘	12円55銭8厘	長野県士族　古松藤七		
		長野県士族　古松藤七		
		長野県士族　古松藤七		
40円	20円	長野県士族　北村栄吉		12月15日に再申請
		長野県士族　北村栄吉		12月15日に再申請
24円21銭	12円10銭5厘	長野県士族　国友晃直		
		長野県士族　国友晃直		『旧各藩』では9畝27歩
		長野県士族　国友晃直		
17円33銭4厘	8円66銭7厘	長野県士族　高橋吉行		
		長野県士族　高橋吉行		
15円75銭6厘	7円87銭8厘	長野県士族　水野久馬平		
		長野県士族　水野久馬平	○	
25円45銭1厘	12円72銭6厘	長野県士族　山崎富右衛門		
		長野県士族　山崎富右衛門		
		長野県士族　山崎富右衛門		
22円62銭	11円31銭	長野県士族　平林義和		
		長野県士族　平林義和		
		長野県士族　平林義和		
62円	31円	長野県士族　北村栄吉		12月15日に再申請
		長野県士族　北村栄吉		12月15日に再申請
8円10銭	4円05銭	長野県士族　山本雅勝		
		長野県士族　山本雅勝		
		長野県士族　山本雅勝		
38円50銭	19円25銭	長野県士族　田中千代吉	○	熟地制限、6296番
6円09銭6厘	3円04銭8厘	長野県士族　河内安左衛門	○	6299番
		長野県士族　河内安左衛門		
		長野県士族　河内安左衛門		
40円77銭8厘	20円38銭9厘	長野県士族　中沢正直	○	6302番
84円60銭	42円30銭	長野県士族　岩下知定		熟地制限

表３－１　明治８年度の払下げ申請地

申請月日	地番	旧番号	地目	合計反別	反別内訳
7月10日	巳号		荒蕪地	7反7畝03歩	
7月10日	牛号		荒蕪地	6反1畝25歩	
7月10日	未号		荒蕪地	6反1畝09歩	
7月10日	申号		荒蕪地	6反0畝15歩	
7月10日	酉号		荒蕪地	4反8畝27歩	
7月10日	戌号		荒蕪地	6反5畝18歩	
7月10日	亥号		荒蕪地	2反5畝12歩	
6月21日	5号	子号	荒蕪地、土手并堀・立木あり	5反2畝21歩	1反9畝12歩
6月21日	6号	子号	荒蕪地、土手并堀・立木あり		1反5畝18歩
6月21日	7号	子号	荒蕪地、土手并堀・立木あり		1反7畝21歩
6月21日	8号	丑号	荒蕪地、土手并堀・立木あり	5反2畝歩	2反2畝24歩
6月21日	9号	丑号	荒蕪地、土手并堀・立木あり		2反9畝06歩
6月21日	10号	寅号	荒蕪地、土手并堀・立木あり	4反9畝歩	2反8畝24歩
6月21日	11号	寅号	荒蕪地、土手并堀・立木あり		2反0畝06歩
7月27日	12号		立木并小竹藪あり	2反0畝27歩	1反歩
7月27日	13号		立木并小竹藪あり		1反0畝27歩
7月27日	14号		立木并小竹藪あり	2反9畝27歩	1反0畝27歩
7月27日	15号		土蔵并立木あり		9畝09歩
7月27日	16号		土蔵并立木あり		9畝21歩
6月21日	17号	卯号	荒蕪地、土蔵并立木あり	3反2畝歩	8畝18歩
6月21日	18号	卯号	荒蕪地、石垣・堀・平地とも		2反3畝12歩
7月27日	19号		立木あり、平地とも	2反6畝27歩	9畝03歩
7月27日	20号		立木あり、平地とも		9畝03歩
7月27日	21号		立木あり、平地とも		8畝21歩
7月27日	22号		土手并立木・平地とも	2反1畝12歩	8畝06歩
7月27日	23号		土手并立木・平地とも		1反3畝06歩
7月27日	24号		立木・石垣、平地とも	2反0畝06歩	9畝24歩
7月27日	25号		立木・石垣、平地とも		1反0畝12歩
7月27日	26号		土蔵1ヶ所、立木・平地とも	3反0畝09歩	9畝歩
7月27日	27号		土蔵1ヶ所、立木・平地とも		9畝歩
7月27日	28号		土蔵1ヶ所、立木・平地とも		1反2畝09歩
7月27日	29号		立木并小竹藪あり	2反9畝歩	8畝27歩
7月27日	30号		立木并小竹藪あり		1反0畝06歩
7月27日	31号		立木、平地とも		9畝27歩
6月21日	32号	辰号	荒蕪地、堀・土手并石垣・立木あり	6反0畝03歩	2反4畝歩
6月21日	33号	辰号	荒蕪地、堀・土手并石垣・立木あり		3反6畝03歩
5月30日	34号		立木并小竹藪、平地とも	2反7畝歩	8畝21歩
5月30日	35号		立木、平地とも		9畝06歩
5月30日	44号		立木、平地とも		9畝03歩
12月15日	37号		堀・土手并石垣、平地とも	2反2畝18歩	2反2畝18歩
5月30日	40号		立木并石垣、平地とも	2反5畝12歩	1反歩
5月30日	41号		竹藪		7畝24歩
5月30日	42号		竹藪		7畝18歩
明治9年 1月14日	43号		熟地、堀・土手并石垣、平地とも	2反2畝15歩	2反2畝15歩
12月15日	45号		立木、平地とも	2反8畝06歩	8畝24歩

通過金・相当代価	低価金・半価	落札人・払下人	譲渡	備考
		長野県士族　岩下知定		熟地制限
		長野県士族　岩下知定		熟地制限
		長野県士族　峯村重太郎		
		長野県士族　峯村重太郎	○	6311番
61円40銭	30円70銭	長野県士族　竹内重行	○	熟地制限、6312番
		長野県士族　竹内重行	○	熟地制限、6313番
2円16銭	1円08銭	長野県士族　広瀬舎賴		
		長野県士族　広瀬舎賴		
4円80銭	2円40銭	長野県士族　杉本壮右衛門		
		長野県士族　杉本壮右衛門		
5円06銭4厘	2円53銭2厘	長野県士族　宇野小金吾		
		長野県士族　宇野小金吾		
38円79銭6厘	19円39銭8厘	長野県士族　安達栄蔵	○	6322番
65円	32円50銭	長野県士族　松川栄作		
		長野県士族　松川栄作		
31円81銭	15円70銭5厘	長野県士族　太田隆造		
		長野県士族　太田隆造		『旧各藩』では9畝06歩
		長野県士族　太田隆造		
		長野県士族　太田隆造		
28円98銭	14円49銭	上田士族　斉藤繁弘		
		上田士族　斉藤繁弘		
		上田士族　斉藤繁弘		
		上田士族　斉藤繁弘		
10円71銭	5円35銭5厘	長野県士族　吉形貞観		
		長野県士族　吉形貞観		
8円71銭2厘	4円35銭6厘	上田士族　小林熊十		
		上田士族　小林熊十		
7円91銭1厘	3円95銭6厘	上田士族　滝沢登代吉		
		上田士族　滝沢登代吉		
95円25銭	47円62銭5厘	長野県士族　茅野平兵衛		「営所他」
35円91銭	17円95銭5厘	長野県士族　喜多村箭作		平坦、建家あり、「営所他」
		長野県士族　喜多村箭作		「営所他」
		長野県士族　喜多村箭作		「営所他」
225円60銭	112円80銭	長野県士族　山村良秧		熟地制限、12月15日に再申請、「営所他」
		長野県士族　山村良秧		熟地制限、12月15日に再申請、「営所他」
		長野県士族　山村良秧		熟地制限、12月15日に再申請、「営所他」
30円30銭	15円15銭	長野県士族　丸山慶太郎		「営所他」
		長野県士族　丸山慶太郎		「営所他」
7円56銭	3円78銭	長野県士族　宮澤繁多		「営所他」
		長野県士族　宮澤繁多		「営所他」
12円06銭	6円03銭	長野県士族　中沢尭示		「営所他」
		長野県士族　中沢尭示		「営所他」
		長野県士族　中沢尭示		「営所他」

申請月日	地番	旧番号	地目	合計反別	反別内訳
12月15日	47号		立木、平地とも		9畝18歩
12月15日	48号		立木、平地とも		9畝24歩
5月30日	51号		竹藪		8畝15歩
5月30日	52号		立木、平地とも		8畝21歩
12月15日	53号		立木、平地とも	2反5畝18歩	9畝12歩
12月15日	54号		石垣并立木、平地とも		1反6畝06歩
5月30日	55号		竹藪	1反4畝12歩	7畝18歩
5月30日	56号		竹藪		6畝24歩
5月30日	57号		立木、平地とも	2反歩	9畝27歩
5月30日	58号		立木、平地とも		1反0畝03歩
5月30日	60号		立木并小竹藪、平地とも	2反1畝03歩	1反0畝21歩
5月30日	61号		立木并小竹藪、平地とも		1反0畝12歩
明治9年 1月14日	63号		堀・土手并石垣、立木、平地とも	2反1畝15歩	2反1畝15歩
明治9年 1月14日	64号		堀・土手并石垣、立木、平地とも	2反4畝03歩	1反4畝27歩
明治9年 1月14日	65号		石垣・堀并立木、平地とも		9畝06歩
7月27日	66号		石垣・堀并立木、平地とも	3反4畝27歩	8畝06歩
7月27日	67号		立木、平地とも		9畝09歩
7月27日	68号		土蔵1ヶ所、立木・平地とも		9畝12歩
7月27日	69号		立木、平地とも		8畝歩
7月27日	70号		立木、平地とも	3反4畝15歩	8畝06歩
7月27日	71号		立木、平地とも		8畝03歩
7月27日	72号		小竹藪、平地とも		9畝03歩
7月27日	73号		立木并小竹藪あり		9畝03歩
7月27日	未1号			3反5畝21歩	1反7畝18歩
7月27日	未2号				1反8畝03歩
7月27日	未3号			3反6畝09歩	1反9畝18歩
7月27日	未4号				1反6畝21歩
7月27日	未5号			2反9畝09歩	1反7畝15歩
7月27日	未6号				1反7畝24歩
9月22日	未7号		石垣	8畝21歩	8畝21歩
7月27日	未8号		土蔵1ヶ所建家、平地とも	2反6畝18歩	8畝18歩
7月27日	未14号		建家并前後平地		8畝24歩
7月27日	未15号		建家并前後平地		9畝06歩
9月22日	未9号		平地	2反8畝歩	8畝歩
9月22日	未10号		平地		1反歩
9月22日	未11号		平地		1反歩
5月30日	未12号		平地	2反歩	1反歩
5月30日	未13号		平地		1反歩
5月30日	未16号		平地	1反6畝24歩	7畝18歩
5月30日	未17号		平地		9畝06歩
5月30日	未18号		平地	2反6畝24歩	1反歩
5月30日	未19号		建家并平地		6畝18歩
5月30日	未20号		平地		1反0畝06歩

通過金・相当代価	低価金・半価	落札人・払下人	譲渡	備考
5円70銭	2円85銭	長野県士族　佐治幾馬		「営所他」
		長野県士族　佐治幾馬		「営所他」
13円74銭	6円87銭	長野県士族　吉岡義成		「営所他」
		長野県士族　吉岡義成		「営所他」
12円78銭	6円39銭	長野県士族　犬飼公有		「営所他」
		長野県士族　犬飼公有		*1反0畝19歩の誤りカ、「営所他」
14円80銭5厘	7円40銭3厘	長野県士族　成瀬文太		「営所他」
		長野県士族　成瀬文太		「営所他」
		長野県士族　成瀬文太		「営所他」
39円27銭	19円63銭5厘	長野県士族　木村競		「営所他」
		長野県士族　木村競		「営所他」
13円50銭		長野県士族　河内曽左衛門	○	
149円40銭		長野県士族　鷲見保蔵		4棟建坪84坪、相当代価79円80銭、2棟建坪60坪、相当代価69円60銭
		長野県士族　竹内勇一	○?	杉松取交245本（目通9尺―6尺7寸）73円50銭、同540本（6尺8寸－5尺）1円55銭、同165本（4尺9寸―2尺5寸）16円50銭、竹800本　12円
63円		長野県士族　浜口隼太		1棟90坪　45円、2棟70坪
4円87銭5厘		長野県士族　浜口隼太		
10円		長野県士族　浜口隼太		
36円		上田士族　堤正直		
2円50銭		上田士族　世良田勝美		

低価金・半価	落札人・払下人	代価上納年月日	譲渡	備考
7円83銭9厘	上田士族　堤正次	明治9年1月		
	上田士族　堤正次	明治9年1月		
12円55銭8厘	上田士族　古松藤七	明治9年1月		
	上田士族　古松藤七	明治9年1月		
	上田士族　古松藤七	明治9年1月		
12円10銭5厘	上田士族　国友晃直	明治9年1月		
	上田士族　国友晃直	明治9年1月		
	上田士族　国友晃直	明治9年1月		
8円66銭7厘	上田士族　高橋吉行	明治9年1月		
	上田士族　高橋吉行	明治9年1月		
7円87銭8厘	上田士族　水野久馬平	明治9年1月		
	上田士族　水野久馬平	明治9年1月	○	6284番、多門前石垣2ヶ所ある場所
12円72銭6厘	上田士族　山崎富右衛門	明治9年1月		

申請月日	地番	旧番号	地目	合計反別	反別内訳
5月30日	未21号		平地	1反9畝歩	1反0畝18歩
5月30日	未22号		平地		8畝12歩
5月30日	未32号		建家并平地	2反2畝27歩	1反2畝09歩
5月30日	未33号		土蔵1ヶ所建家、平地とも		1反0畝18歩
5月30日	未34号		建家并平地	2反1畝19歩	1反1畝歩
5月30日	未35号		平地		1反0畝09歩*
5月30日	未36号		土手并立木・平地とも	3反2畝27歩	1反0畝18歩
5月30日	未37号		山并堀跡		1反0畝15歩
5月30日	未38号		土手并堀跡・平地とも		1反1畝24歩
7月27日	未40号		馬場平地	2反3畝24歩	1反1畝27歩
7月27日	未41号		馬場平地		1反1畝27歩
5月30日			櫓	9棟	
7月27日			倉廩	6棟	
7月27日			立木（松杉竹）	1750本	
7月27日			元病院3棟	建物162坪	
7月27日			元病院倉廩1棟	建物7坪5合	
7月27日			元病院周墻并門井戸		
7月27日			厩建物	90坪	
7月27日			厩門		

※明治8年『公文編冊　還禄士族授産払下地進達留』、明治7年『旧各藩城郭調並払下地ニ関スル部』、他によって作成。

※備考欄の「営所他」は、「元営所練兵場大手厩馬場反別取調帳」（『旧各藩』に綴込）による。

表3－2　明治8年度の払下げ代価上納地

地番	旧地番	地目	合計反別	1筆ごとの反別	通過金・相当代価
12号		立木并小竹薮あり	2反0畝27歩	1反歩	15円67銭7厘
13号		立木并小竹薮あり		1反0畝27歩	
14号		立木并小竹薮あり	2反9畝27歩	1反0畝27歩	25円11銭6厘
15号		土蔵并立木あり		9畝09歩	
16号		土蔵并立木あり		9畝21歩	
19号		立木あり、平地とも	2反6畝27歩	9畝03歩	24円21銭
20号		立木あり、平地とも		9畝03歩	
21号		立木あり、平地とも		8畝21歩	
22号		土手并立木・平地とも	2反1畝12歩	8畝06歩	17円33銭4厘
23号		土手并立木・平地とも		1反3畝06歩	
24号		立木・石垣、平地とも	2反0畝6歩	9畝24歩	15円75銭6厘
25号		立木・石垣、平地とも		1反0畝12歩	
26号		土蔵1ヶ所、立木・平地とも	3反0畝9歩	9畝歩	25円45銭1厘

低価金・半価	落札人・払下人	代価上納年月日	譲渡	備考
	上田士族　山崎富右衛門	明治9年1月		
	上田士族　山崎富右衛門	明治9年1月		
11円31銭	上田士族　平林義和	明治9年1月		
	上田士族　平林義和	明治9年1月		
	上田士族　平林義和	明治9年1月		
4円5銭	長野士族　山本雅勝	明治8年11月4日		
	長野士族　山本雅勝	明治8年11月4日		
	長野士族　山本雅勝	明治8年11月4日		
3円04銭8厘	長野士族　河内安左衛門	明治8年11月4日	○	6299番
	長野士族　河内安左衛門	明治8年11月4日		
	長野士族　河内安左衛門	明治8年11月4日		
57円57銭	長野士族　三刀谷小膳	明治8年11月4日		
	長野士族　三刀谷小膳	明治8年11月4日		
1円95銭8厘	長野士族　峯村重太郎	明治8年11月4日		
	長野士族　峯村重太郎	明治8年11月4日		
	長野士族　峯村重太郎	明治8年11月4日	○	6311番
1円8銭	長野士族　広瀬舎頼	明治8年11月4日		
	長野士族　広瀬舎頼	明治8年11月4日		
2円40銭	長野士族　杉本壮右衛門	明治8年11月4日		
	長野士族　杉本壮右衛門	明治8年11月4日		
2円53銭2厘	長野士族　宇野小金吾	明治8年11月4日		
	長野士族　宇野小金吾	明治8年11月4日		
15円70銭5厘	上田士族　太田隆造	明治9年1月		
	上田士族　太田隆造	明治9年1月		
	上田士族　太田隆造	明治9年1月		
	上田士族　太田隆造	明治9年1月		
14円49銭	上田士族　斉藤繁弘	明治9年1月		
	上田士族　斉藤繁弘	明治9年1月		
	上田士族　斉藤繁弘	明治9年1月		
	上田士族　斉藤繁弘	明治9年1月		
48円65銭	長野県士族　五明元作	明治8年12月2日	○	松代住、高桑惣一代納、6343番
	長野県士族　五明元作	明治8年12月2日	○	松代住、高桑惣一代納、6342番
57円75銭	長野県士族　中島直蔵	明治8年12月2日	○	松代住、高桑惣一代納、6341番
	長野県士族　中島直蔵	明治8年12月2日	○	松代住、高桑惣一代納、6338番
58円85銭	長野県士族　中島直蔵	明治8年12月2日	○	松代住、高桑惣一代納、6337番
	長野県士族　中島直蔵	明治8年12月2日	○	松代住、高桑惣一代納、6335番
49円45銭	長野県士族　五明万吉	明治8年12月2日	○	松代住、高桑惣一代納、6334番
	長野県士族　五明万吉	明治8年12月2日	○	松代住、高桑惣一代納、6331番
48円90銭	長野県士族　五明万吉	明治8年12月2日	○	松代住、高桑惣一代納、6330番
	長野県士族　五明万吉	明治8年12月2日	○	松代住、高桑惣一代納、6327番
	長野県士族　五明万吉	明治8年12月2日	○	松代住、高桑惣一代納、6326番

地番	旧地番	地目	合計反別	1筆ごとの反別	通過金・相当代価
27号		土蔵1ヶ所、立木・平地とも		9畝歩	
28号		土蔵1ヶ所、立木・平地とも		1反2畝09歩	
29号		立木并小竹藪あり	2反9畝歩	8畝27歩	22円62銭
30号		立木并小竹藪あり		1反0畝06歩	
31号		立木、平地とも		9畝27歩	
34号		立木并小竹藪、平地とも	2反7畝歩	8畝21歩	8円10銭
35号		立木、平地とも		9畝06歩	
44号		立木、平地とも		9畝03歩	
40号		立木并石垣、平地とも	2反5畝12歩	1反歩	6円09銭06厘
41号		竹藪		7畝24歩	
42号		竹藪		7畝18歩	
46号	巳号	荒蕪地、堀・土手并立木あり	7反7畝03歩	3反6畝18歩	115円50銭
59号	巳号	荒蕪地、堀・土手并立木あり		4反0畝15歩	
50号		竹藪	2反6畝03歩	8畝27歩	3円91銭5厘
51号		竹藪		8畝15歩	
52号		立木、平地とも		8畝21歩	
55号		竹藪	1反4畝12歩	7畝18歩	2円16銭
56号		竹藪		6畝24歩	
57号		立木、平地とも	2反歩	9畝27歩	4円80銭
58号		立木、平地とも		1反0畝03歩	
60号		立木并小竹藪、平地とも	2反1畝03歩	1反0畝21歩	5円06銭4厘
61号		立木并小竹藪、平地とも		1反0畝12歩	
66号		石垣・堀并立木、平地とも	3反4畝27歩	8畝06歩	31円81銭
67号		立木、平地とも		9畝09歩	
68号		土蔵1ヶ所、立木・平地とも		9畝12歩	
69号		立木、平地とも		8畝歩	
70号		立木、平地とも	3反4畝15歩	8畝06歩	28円98銭
71号		立木、平地とも		8畝06歩	
72号		小竹藪、平地とも		8畝03歩	
73号		立木并小竹藪あり		9畝03歩	
74号	午号	荒蕪地、土手・堀并立木あり	6反1畝24歩	3反8畝09歩	97円30銭
75号	午号	荒蕪地、土手・堀并立木あり		2反3畝15歩	
76号	未号	荒蕪地、土手・堀并立木あり	6反1畝09歩	3反2畝09歩	115円50銭
77号	未号	荒蕪地、土手・堀并立木あり		2反9畝歩	
78号	申号	荒蕪地、土手・堀并立木あり	6反0畝15歩	2反9畝27歩	117円70銭
79号	申号	荒蕪地、土手・堀并立木あり		3反0畝18歩	
80号	酉号	荒蕪地、土手・堀并立木あり	4反8畝27歩	2反3畝15歩	98円90銭
81号	酉号	荒蕪地、石垣・堀あり		2反5畝12歩	
82号	戌号	荒蕪地、石垣・土手・堀・立木あり	6反5畝18歩	1反9畝歩	97円80銭
83号	戌号	荒蕪地、石垣・土手・堀・立木あり		2反3畝03歩	
84号	戌号	荒蕪地、土蔵1ヶ所并土手・堀・立木あり		2反3畝15歩	

低価金・半価	落札人・払下人	代価上納年月日	譲渡	備考
5円35銭5厘	上田士族　吉形貞観	明治9年1月		
	上田士族　吉形貞観	明治9年1月		
4円35銭6厘	上田士族　小林熊十	明治9年1月		
	上田士族　小林熊十	明治9年1月		
3円95銭6厘	上田士族　滝沢登代吉	明治9年1月		
	上田士族　滝沢登代吉	明治9年1月		
17円95銭5厘	上田士族　喜多村箭作	明治9年1月		「営所他」
	上田士族　喜多村箭作	明治9年1月		「営所他」
	上田士族　喜多村箭作	明治9年1月		「営所他」
3円78銭	長野県士族　宮澤繁多	明治8年11月4日		「営所他」
	長野県士族　宮澤繁多	明治8年11月4日		「営所他」
6円03銭	長野県士族　中沢莞示	明治8年11月4日		「営所他」
	長野県士族　中沢莞示	明治8年11月4日		「営所他」
	長野県士族　中沢莞示	明治8年11月4日		「営所他」
2円85銭	長野県士族　佐治幾馬	明治8年11月4日		「営所他」
	長野県士族　佐治幾馬	明治8年11月4日		「営所他」
18円75銭	長野県士族　江見斎	明治8年11月4日		「営所他」
	長野県士族　江見斎	明治8年11月4日		「営所他」
6円87銭	長野県士族　吉岡義成	明治8年11月4日		「営所他」
	長野県士族　吉岡義成	明治8年11月4日		「営所他」
6円39銭	長野県士族　犬飼公有	明治8年11月8日		「営所他」
	長野県士族　犬飼公有	明治8年11月8日		*1反0畝19歩の誤りカ、「営所他」
7円40銭3厘	長野県士族　成瀬文太	明治8年11月4日		「営所他」
	長野県士族　成瀬文太	明治8年11月4日		「営所他」
	長野県士族　成瀬文太	明治8年11月4日		「営所他」
19円63銭5厘	上田士族　木村競	明治9年1月		「営所他」
	上田士族　木村競	明治9年1月		「営所他」
2円27銭9厘	上田士族　世良田勝美	明治9年1月		
32円81銭9厘	上田士族　堤正道	明治9年1月		
22円24銭4厘	上田士族　鷲見保誠	明治9年1月		
	上田士族　浜口隼太	明治9年1月		
	上田士族　浜口隼太	明治9年1月		
	上田士族　浜口隼太	明治9年1月		
	上田士族　竹内勇一	明治9年1月	○?	
	上田士族　竹内勇一	明治9年1月	○?	

地番	旧地番	地目	合計反別	1筆ごとの反別	通過金・相当代価
未1蕃			3反5畝21歩	1反7畝18歩	10円71銭
未2号				1反8畝03歩	
未3蕃			3反6畝09歩	1反9畝18歩	8円71銭2厘
未4号				1反6畝21歩	
未5号			2反9畝09歩	1反7畝15歩	7円91銭1厘
未6号				1反7畝24歩	
未8号		土蔵1ヶ所建家、平地とも	2反6畝18歩	8畝18歩	35円91銭
未14号		建家并前後平地		8畝24歩	
未15号		建家并前後平地		9畝06歩	
未16号		平地	1反6畝24歩	7畝18歩	7円56銭
未17号		平地		9畝06歩	
未18号		平地	2反6畝24歩	1反歩	12円06銭
未19号		建家并平地		6畝18歩	
未20号		平地		1反0畝06歩	
未21号		平地	1反9畝歩	1反0畝18歩	5円70銭
未22号		平地		8畝12歩	
未31号	亥号	荒蕪地、土手・堀	2反5畝12歩	1反1畝09歩	37円50銭
未39号	亥号	荒蕪地、土手・堀		1反4畝03歩	
未32号		建家并平地	2反2畝27歩	1反2畝09歩	13円74銭
未33号		土蔵1ヶ所建家、平地とも		1反0畝18歩	
未34号		建家并平地	2反1畝19歩	1反1畝歩	12円78銭
未35号		平地		1反0畝09歩*	
未36号		土手并立木・平地とも	3反2畝27歩	1反0畝18歩	14円80銭5厘
未37号		山并堀跡		1反0畝15歩	
未38号		土手并堀跡、平地とも		1反1畝24歩	
未40蕃		馬場平地	2反3畝24歩	1反1畝27歩	39円27銭
未41号		馬場平地		1反1畝27歩	
		厩門			2円50銭
		厩建物	90坪		36円
		倉庫6棟	建物144坪		149円40銭
		元病院土蔵1棟	7坪5合		77円87銭5厘
		元病院3棟建物	162坪		
		元病院并門井戸			
		松杉	950本		203円25銭
		竹	800本		

※明治8年『公文編冊　還禄士族授産払下代価上納証』、明治7年『旧各藩城郭調並払下地ニ関スル部』、他によって作成。
※備考欄の「営所他」は、「元営所練兵場大手厩馬場反別取調帳」(『旧各藩城郭調並払下地ニ関スル部』に綴込)による。

V 近代の絵はがきからみた上田城跡

和根崎　剛

はじめに

我々が「絵はがき」と呼ぶものは、むしろ「写真はがき」と呼ぶべきなのかもしれない。上田城跡の絵はがきを紹介する前に、その歴史を概観しておこう。明治四年（一八七一）、日本の近代郵便制度がスタートする。明治六年には最初の官製はがきが発行され、年賀状を出す習慣や、企業が官製はがきに広告を印刷して送ることが一般的になり、絵はがきの原型が形成されていく。明治三十三年には私製はがきの発行が許可され、明治三十五年には逓信省が初めて官製絵はがきを発行、海外にも送ることができるように英語やドイツ・ロシア語が記されたものも作られた。そして、明治三十七年に日露戦争が始まると、国威高揚を目的として戦地の状況を伝える絵はがきが爆発的に売れ、市中に出回った。この絵はがきブームのなか、コロタイプ印刷というドイツからもたらされた技術を用いて、風景や寺社、城郭などの写真を印刷した絵はがきが数多く発行されるようになった。こうしたブームは第二次大戦前夜まで続くが、戦時中の物資の不足も相まってブームは落ち着きをみせる。しかし、その後も昭和五十年代くらいまで、絵はがきは情報伝達の手段、観光地のおみやげ品として多用されていた。

二〇一六年、奈良文化財研究所で開催された研究集会「近世城跡の近現代」に参加させていただいた。これまで特に価値のないもののように扱われてきた城跡の近現代の歴史を見直し、きちんとその価値を後世に伝えていこうという内容だった。城跡の整備に関わる者が「常識」として考えていたことを覆す、まさに青天の霹靂ともいうべき研究集会で、近現代の城跡を記録した絵はがきが「史料」として活用できることを実感した一日だった。

ここではいくつかの上田城跡の絵はがきを紹介し、これらに刻まれた近現代の歴史を垣間見ていくこととしよう。

最古の上田城跡の絵はがき

絵はがき①は、「株式会社第十九銀行創立満二十五年紀念」の絵はがきである。第十九銀行の創立は明治十年（一八七七）で、消印が明治三十五年のものを確認していることから、この絵葉書が同年に発行されたものであることがわかる。写真が官製はがきの通信面に印刷されているため、写真の面に私信を書く。掲載した図ではわかりにくいと思うが、これはコロタイプ印刷ではない。この絵はがきの刷色は何色かあり、青のほか、赤・黄緑・茶色のものを入手している。

上：①上田城址　株式会社第十九銀行創立満二十五年紀念　和根崎剛蔵
下：②上田城　和根崎剛蔵

また、上田橋・善光寺・浅間山・諏訪湖など、十九銀行の本支店が所在する地域の名所などを題材にして発行したようだ。明治初年の払い下げにより、上田城の近世の建物は西櫓を除いてすべて解体されたため、絵はがき①には西櫓と、明治十二年に本丸に鎮座した松平神社（現在は眞田神社）の拝殿が写っている。なお、絵はがき②の写真は同じネガを用いたものと考えられるが、こちらはコロタイプ印刷で製作されている。二つの史料とも、明治三十五年頃の上田城跡を撮影した写真である可能性が非常に高いといえるのだが、絵はがきを史料として用いる際に注意しなければならないことがある。それは、次に述べる例のように、写真の撮影時期は必ずしも絵はがきの製作時期と一致しないということだ。

写真の撮影者は誰か――謎の初期写真

絵はがき③に用いられた初期写真は、ご存知の方も多いだろう。払い下げ直後の写真とされ、これまで明治五年（一八七二）の撮影と説明されたこともあったが、筆者は明治十一年九月頃に撮影されたものである可能性を指摘した（上田市教育委員会二〇一三）。廃城後、上田城跡には明治二年に陸軍東京鎮台第二分営が入り、明治六年に撤退する。その後、城跡は長野県の管理下となり、明治九年には払い下げの手続きが完了し、土地や建物が引き渡された。

絵はがき③の素材となった初期写真は、コロディオン湿板方式という透明なガラス板をネガとする撮影方法で、卵白液に浸した鶏卵紙に印画されたものだ。この写真は宮内庁書陵部に所蔵されていることが以前から知られていたが、近年の調査で、長崎大学附属図書館や日本カメラ博物館などに所蔵されていることが判明した。写真をよく見ると、草やツタが繁茂しており、撮影時期は初夏から初秋と考えられる。また、以前から指摘されているように、写真左側の櫓台石垣の天端にはすでに草が生えており、櫓が解体されてからある程度の時間が経って撮影されたことが推測できる。

絵はがき④は、この初期写真を素材に用いて昭和初期に製作されたものだ。絵はがきの時期を判定する場合、使用済みのものであれば消印などが大きな役割を果たし、未使用であれば宛名面下の通信欄の大きさにより、絵はがきの発行時期がわかる。こうした判定要素から分類したところ、この初期写真を素材とした絵はがきは明治四十年頃から発行され始め、昭和初年頃までに何回か発行されていることを確認した。すなわち、この写真は撮影から相当の年数を経過しても絵はがきの素材として使用され続けたということだ。同じような例は他の城郭でも散見され、熊本城跡や新発田城跡などで明治後期や昭和になって、明治初年の初期写真が印刷された絵はがきが発行されている。

この初期写真の撮影者は、現在のところ判明していない。筆者は、（1）地元の写真師、（2）明治天皇の東海北陸巡幸の随行写真師のどちらかではないかと考えている。

（1）については、一人は明治四年に上田で写真館を開いた田中鼎三を挙げたい。明治初年頃、田中は上田藩史生をしていたが、廃藩で免官となり、常入金山町に写真館を構えて写真師として再出発した。写真館開業後の動向は不明な点が多く、明治二十三年頃、現在の長野県飯田市に移り住んで「田中亭山」を名乗り、画家に転身したという。

上：③（信州）舊上田城趾　太行堂製　髙田徹氏蔵
下：④幸村、徳川勢を喰止めし上田城本丸 和根崎剛蔵

ただ、明治八年に田中が撮影した肖像写真が上田に存在することから、少なくともこの頃までは上田で写真の撮影をしていたことが確認でき、田中がこの写真の撮影者である可能性があろう。

二人目は、三の丸連歌町で写真館（大石写真館）を構えた大石良義である。『上田の写真の歴史』（上田市立博物館一九七九）によれば、明治七～八年に開業したとされる。大石写真館の動向は、今後の考究を待ちたい。

三人目は、大野木左門という人物だ。上田藩の側用人として最後の藩主・松平忠礼《ただなり》に仕え、写真術をはじめ、西洋の科学や軍制などについて優れた研究を行った。上田藩は比較的早くから写真撮影の技術を会得したようで、維新前後には忠礼と関係者が写真に写され、現在では二十数枚が知られている。なかには長崎の上野（彦馬）撮影局で撮影された写真もあるが、ほとんどの撮影者は不明だ。これらが大野木の撮影である可能性は非常に高く、彼は鵜飼玉川など当時最先端の技術を有した写真師らと手紙のやり取りをしており、現像液の調合の仕方などについて熱心に問い合わせている。

こうしたことから、大野木が文久初年頃にはすでに撮影や現像の技術を体得していたことは間違いなく、また、彼自身の写真があることから、撮影ができる人物が他にもいたことがうかがえよう。大野木と写真との関わりは明治初頭でしか確認できないが、機材を含め、技術を受け継いだ人物がいたことも考えられ、そうした人物がこの初期写真を撮影した可能性も否めない。大野木と田中鼎三・大石良義との関係は現状では不明だが、交流があった可能性は否定できず、当時の上田藩の写真事情は、今後も調査を続けていく必要があるだろう。

（2）については、宮内庁が保管する巡幸写真帳にこの写真が所在し、その他の上田の写真が巡幸の際に撮影されたものであるのが明らかなことから、随行写真師の撮影の可能性も指摘しておきたい。随行写真師がいたことは間違いないと思うが、氏名などはいっさい不明である。巡幸写真は外国人の土産用のアルバムなどでも確認でき、この初期写真は、横浜写真になるなど、東京・横浜近郊でも転用されている。

写真には、西櫓（現存）、本丸東虎口櫓門（平成六年〈一九九四〉に復元）のほか、櫓がもう一棟写っている。北櫓・南櫓は払い下げ後、市内で遊郭として使われていたのを昭和十七年（一九四二）に市民の尽力で買い戻し、昭和二十四年に現在の場所に移築が完了したものである。しかし、この二つの櫓は本来あった場所に戻っているのかと言われると、そうとも言えない。ただ、本丸の七つ櫓のうち、西櫓を除く六棟のいずれか二棟であることは間違いない。これを明確な情報ではないが、この二棟は現在の北櫓の場所にあったものと本丸西虎口にあったものだという。これを明確に説明できる史料は今のところない。

写真を見ると、本丸が雑木林となり、「カラスのねぐら」とまで揶揄された上田城の姿を目の当たりにすることができる。大きく育った杉の木は、長期間、本丸内がそれほど手を入れられずにいたことの証である。上田藩は真田信之以降、三の丸に屋敷を構え、藩政を執った。そのような事情が、上田城の本丸を雑木林に変身させてしまうきっかけとなったのだろう。

大珍品のエラー絵はがき

絵はがき⑤をご覧になって、強烈な違和感を憶えた方もいるだろう。筆者もこの絵はがきを見た瞬間、何とも言えない感覚をもった。一瞬、「ついに新たな古写真を発見か！」という新聞の見出しが脳裏を過ぎったことを思い出す。違和感の原因は、この絵はがきの写真が裏表逆に印刷されているからだ。本来は左に位置するはずの西櫓が右にあるため、見慣れた尼ヶ淵からの光景と大きなギャップがある。全国を見渡すと、城の名前を間違えて印刷したものもあると聞くが、この事例もエラー絵はがきとして興味深い。

「興味深い」という言葉を使ったのは、珍品だからという理由だけではない。絵はがきの余白に「太行堂製」とあり、これは上田に所在した商店である。地元の商店が販売した絵はがきが、写真が表裏逆の「エラー絵はがき」ということがあるのだろうか。他にも表裏逆の写真を用いた絵はがきは、上田城跡関係では「松平神社」のものを確認しているが、それほど珍しいことではなかったのかもしれない。

太行堂は、今回紹介した上田城跡の絵はがきをはじめ、上田に関する絵はがきを精力的に発行している。「太行堂」のほかに、「太行堂長谷川書店」「長谷川太行堂」

⑤信濃上田城　太行堂製　富原道晴氏蔵

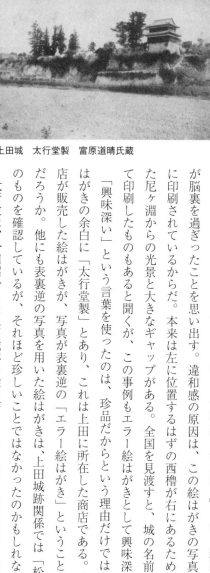

と記されたものも目にする。当時の資料から、太行堂がかつての城下である海野町（現在の海野町交差点付近）で営業していたことが判明した。ただ、周辺にお住まいの方に聞き取りをしたが、その後の転居先などについてはわからなかった。筆者が収集した絵はがきから推定すると、明治三十五年（一九〇二）の私製はがき解禁当時から昭和初年頃まで絵はがきを発行していたようだ。先に触れた絵はがき③の初期写真も、明治四十年頃と大正七年（一九一八）以降に絵はがきに用いており、何らかの形でこの写真を保有していたことがうかがえる。

一方、営業の場所は判明しなかったが、「宮兵書店」という業者も明治四十年頃に絵はがき③の初期写真を用いて絵はがきを発行している。当時、上田に関する絵はがきが東京神田などで製作されている例もあることから、この初期写真が地元以外の場所で絵はがきの素材として使われた可能性も否定できない。前述したように、この写真は海外向けの「横浜写真」にも使用されていることから、東京・横浜周辺でも絵はがき製作の素材として用いられていた可能性が高いだろう。しかし、こうした発行元についての情報は非常に乏しい。

名無しの本丸隅櫓

本稿では「西櫓」などと櫓を呼んでいるが、実際のところ、近世にそれぞれの櫓が何と呼ばれていたのか詳細は知られていない。絵はがき⑥に「坤櫓」とあるのが、現在、西櫓と呼ぶ櫓である。近世の文書には、「西櫓」を「西川手櫓」と称する記載がみられ、それに対応するように、「南櫓」を「東川手櫓」としている。これ以外の櫓は、呼称について記録が皆無である。藩主交代の巡検の際には、七つのうち本丸の東西虎口にある四つの櫓と二つの櫓門が巡検の対象となっていたようで、「この櫓は武器、この櫓は什器の保管」などと説明された史料もあるが、他の三つの櫓はどのように使われていたのか見当もつかない。

大正時代には、西櫓を「真田櫓」と呼んでいたことが当時の地図からわかる。仙石・松平氏城主期の遺構に、「真田石」

「真田井戸」などと命名されたのと時を同じくするのかもしれないが、現代の上田の人たちにも、気持ちがよいくらいの「真田びいき」が受け継がれている。

なお、「西櫓・北櫓・南櫓」とは、昭和二十四年に本丸東虎口に二棟の櫓が移築された後で命名されたものと聞いている。

二の丸土塁に設けられた監獄の壁

本丸は、明治十二年（一八七九）に松平神社ができたことを契機に「上田公園」となったが、二の丸には公会堂・伝染病院などといった公共施設が建てられていた。

特に、明治十八年から昭和三年（一九二八）まで、二の丸東虎口に上田監獄署があったことは特筆すべきだろう。比較的軽い罪を犯した者が収監されたようだが、とはいっても監獄である。当初は木柵だったのだが、やがて高い塀が必要になり、これを二の丸土塁の上に作ったのだから圧巻である。現在でも当時の塀の基礎が残っているため、上田城跡を訪れる際はぜひご覧いただきたい。

上：⑥上田城址（千曲古河敷より望む、櫓は本丸坤櫓、崖下人物の立てる所尼ヶ淵の遺址）　和根崎剛蔵
下：⑦（信州上田名所）上田町全景（其二）　髙田徹氏蔵

絵はがき⑦は、城の北側にある太郎山（仙石氏以降の上田城の石切丁場）から撮影したものだが、「上田城址」と手書きされた左下に、白い線のように見

えるのが監獄の塀である。町の風景を写したこの絵はがきを侮ってはならず、他にも上田城跡に関するさまざまな情報が含まれている。現在は見る影もなく崩された二の丸北虎口付近の石垣と土塁、埋め立てられる前の二の丸の鬼門除けがなされた堀や、陸上競技場・野球場が造られる前の百間堀が写っている。また、写真の手前には、払い下げられた櫓が移築されていた上田遊郭も写っている。まさに、城跡のその後を象徴する一枚であろう。

おわりに

まずは取りとめもない文章でページを費やしてしまったことをお詫びしたい。今後の城跡整備で、近現代の歴史も正しく評価し、後世に引き継いでいくための一つの手段として、ここで紹介したような絵はがきが有効であると筆者は確信している。しかし、近代の陶磁器のように、単なる骨董品としてではなく、「史料」として扱う方法論の整備も必要だろう。

【参考文献】

飯島雪堂　一九二五「思い出」（『上田郷友会月報』第四五七号）
生田　誠　二〇〇四『2005 日本絵葉書カタログ』（里文出版）
上田市立博物館　一九七九『上田の写真の歴史』
上田市・上田市誌刊行会　二〇〇二『上田市誌』（歴史編〈7〉城下町上田）
上田市教育委員会　二〇一三『上田城史料調査報告書』
上野尚志　一九四九『信濃國小縣郡年表』（上小郷土研究会）
尾崎行也　一九九八「幕末期上田藩士の西洋受容 ―写真術を中心に―」（『千曲』第五〇巻第九号）
佐藤　毅　一九九五「上田初の写真師田中鼎三（画人田中亭山）」（『上小郷土研究会報』No.33）
清水利雄　一九八〇『上田小県歴史年表』

滝澤主税 二〇〇四『上田老舗圖鑑 改訂版』長野県地名研究所
武部敏夫・中村一紀 二〇〇〇『明治の日本―宮内庁書陵部所蔵写真―』（吉川弘文館）
東京都写真美術館 二〇〇七『夜明けまえ 知られざる日本写真開拓史Ⅰ．関東編 研究報告』
東京都写真美術館 二〇〇九『夜明けまえ 知られざる日本写真開拓史Ⅱ．中部・近畿・中国地方編』
東京都写真美術館 二〇一一『夜明けまえ 知られざる日本写真開拓史 四国・九州・沖縄編』
長野県立歴史館 一九九六『長野県行政文書目録』行政簿冊1 明治・大正編
奈良文化財研究所 二〇一七『近世城跡の近現代』（平成28年度遺跡整備・活用研究集会報告書）
西ヶ谷恭弘・後藤仁公 二〇〇九『古絵葉書でみる日本の城』（東京堂出版）
マリサ・ディ・ルッソ 石黒敬章 二〇〇一『大日本全国名所一覧――イタリア公使秘蔵の明治写真帖』（平凡社）
三井圭司 二〇〇五『写真の歴史入門 第1部「誕生」新たな視覚のはじまり』（新潮社）
横浜開港資料館 一九九〇『彩色アルバム 明治の日本《横浜写真》の世界』（有隣堂）

【付記】本稿執筆にあたり、貴重な史料をご提供いただいた、高田徹氏・富原道晴氏に感謝申し上げる。

上田城関連略年表

谷口弘毅 編

年号	西暦	事蹟
天正三	一五七五	長兄・次兄の戦死により、昌幸が真田家を継ぐ。
天正十	一五八二	武田家滅亡。本能寺の変、天正壬午の乱が起こる。
天正十一	一五八三	昌幸、徳川氏の力を借りて上田城の築城に着手。
天正十二	一五八四	徳川家康が昌幸に上州沼田城を北条氏に明け渡すように命じるが、昌幸は拒絶。
天正十三	一五八五	昌幸、上杉景勝に臣属。徳川軍が上田城を攻める（第一次上田合戦）。上田城が一応の完成をみる。
天正十四	一五八六	昌幸、この頃に豊臣秀吉に臣属。昌幸の城下町整備に関する最古の文書（願行寺文書）が残る。
天正十八	一五九〇	秀吉による天下統一。信濃に配下の諸大名が配置され、築城普請が開始される。上田城も大規模な整備を行ったと推定される。
文禄四	一五九五	秀吉朱印状に「上田　さな田安房守居城」とある。城郭名および町名としての「上田」の初出。
慶長五	一六〇〇	関ヶ原合戦に際し、昌幸・信繁（幸村）父子は上田城に籠城、徳川秀忠軍を退ける（第二次上田合戦）。合戦後、家康の命により諏訪頼水・依田信守・大井政成らが上田城番として入り、堀を埋め、塀を破壊。昌幸・信繁は高野山に配流。上田領は徳川方についた長子信幸（信之）に与えられる（六万五千石）。
慶長六	一六〇一	この年の前半頃までに、徳川軍により上田城が破却される。破却後、信之に上田領が引き渡され、八月に領内の土地の宛行等を行う。信之は城を復興せず、三の丸に居館を構えて藩政にあたる。
慶長八	一六〇三	家康が征夷大将軍となり、江戸幕府を開く。
慶長十六	一六一一	昌幸、高野山麓の九度山で没する。享年六十五。
慶長十九	一六一四	信繁、九度山を脱して大坂城に入る。大坂冬の陣が勃発。
元和元	一六一五	大坂夏の陣で信繁が戦死する。享年四十九。一国一城令・武家諸法度により、城郭の新規構築は原則禁止、修補も許可制となる。
元和八	一六二二	信之、松代に転封。仙石忠政が小諸から入封する。

寛永三	一六二六	忠政、上田城復興工事に着手。
寛永五	一六二八	忠政、没する。これにより城普請は中断。上田城復興工事は未完成のまま終了。
寛永八	一六三一	千曲川が大洪水となり、尼ヶ淵の地形が変わり、水が涸れる。
寛永十八	一六四一	城内各所の石垣の修復が許可される。以降、小規模の石垣修復がたびたび行われる。
正保四	一六四七	上田城絵図（いわゆる正保絵図）、信濃国絵図とともに幕府に提出される。
貞享三	一六八六	本丸内の大破した侍番所を建てなおす。煙硝蔵（穴蔵）を二の丸西南隅に新設し、櫓に保管していた煙硝（火薬）を移す。二の丸北虎口土橋の内水道・両脇の石垣修復工事も行われる。
元禄十五	一七〇二	煙硝蔵を穴蔵から土蔵に変え、二の丸北虎口土橋下の木樋を石樋（現存）に変える。
宝永三	一七〇六	仙石政明、但馬国出石（豊岡市）に転封。交代で出石から松平忠周が上田へ入封する。
享保十五	一七三〇	三の丸藩主屋形が焼失。
享保十七	一七三二	千曲川の洪水により、尼ヶ淵の崖下が大きく崩壊。
享保十八	一七三三	前年の洪水で破損した崖面の修復に合わせて、その前面に護岸用の石垣を築造（同二十一年に完成）。
延享元	一七四四	「小泉曲輪《くるわ》茶屋絵図」を作成。
天明八	一七八八	二の丸に新規に土蔵（四棟?）築造【博物館・同別館付近】。
寛政元	一七八九	三の丸藩主屋形が全焼。翌年、普請がなされる。
文化十三	一八一六	三の丸大手堀の堀浚いが行われる【商工会議所付近】。
天保十四	一八四三	二の丸に籾蔵として、土蔵二棟を増築【博物館・同別館付近】。
弘化四	一八四七	善光寺大地震で櫓が傾き、二の丸三十間掘が水涸れ。「新堰堀廻し用水引渡しの図」を作成。
嘉永元	一八四八	前年の善光寺地震で崩れた石垣と傾いた櫓（二棟、具体的な位置は不明）を修復。
安政元	一八五四	小泉曲輪に調練場を設置し、洋式操練稽古を開始。安政の東海地震で本丸西門脇の石垣が崩壊し、塀・櫓門などが傾く。

慶応三	一八六七	大政奉還がなされ、王政復古の大号令が発せられる。
明治二	一八六九	版籍奉還がなされ、松平忠礼は藩知事になる。
明治四	一八七一	廃藩置県により上田藩は上田県となり、ついで長野県に統合される。上田に東京鎮台第二分営が置かれ、上田城はその管轄下に置かれる。
明治五	一八七二	旧藩主松平忠礼と弟忠厚の兄弟が私費でアメリカに留学。
明治七	一八七四	前年の分営廃止に伴い、上田城跡の払い下げが始まる。
明治八	一八七五	本丸の土地・建物等が河井曾左衛門ほか還禄士族への払い下げが決まる。丸山平八郎直養（十一代）が彼らからこれを購入。
明治十	一八七七	本丸隅櫓二棟が上田遊郭に移築され、貸座敷「金秋楼・萬宝楼」として営業を開始。
明治十一	一八七八	二の丸三十間堀北側に招魂社を遷座【旧市民会館駐車場付近】。
明治十二	一八七九	松平神社（眞田神社の前身）が創建される。社地三千坪は丸山平八郎直義が寄付【本丸下の段】。
明治十三	一八八〇	本丸北側を松平神社付属の遊園地として保存することを求める声があがる。
明治十四	一八八一	招魂社が本丸北側に移転新築される。
明治十六	一八八三	この頃、本丸跡に上田藩校文武学校の建物のうち、文学校（明倫堂）が移築される。
明治十八	一八八五	上田監獄支署が二の丸に完成【博物館付近】。
明治二十二	一八八九	丸山平八郎直義が、西櫓の建物と土地を旧藩主・松平忠礼に献上する。以後、西櫓には松平家の記録（松平神社文書）・什物が保管される。
明治二十六	一八九三	丸山平八郎直義が本丸（松平神社境内地以外）の土地六千坪を、神社付属の遊園地とすることを条件に寄付する。このときに松平神社と交わされた書面には、「約束を守らなかった場合には子孫に土地を返す」ことが明記される。土地は、神社から上田町に寄付される。
明治二十七	一八九四	本丸に演武場ができる【南櫓西側付近】。二の丸武者溜りに武徳殿ができる【旧市民会館付近】。
明治二十九	一八九六	この頃、本丸跡にて公園としての体裁が整う。

明治四十	一九〇七	本丸に移築していた上田藩校明倫堂の建物を料亭として使用し始める。
大正元	一九一二	小泉曲輪に第一原蚕種製造所ができる【上田城跡公園体育館駐車場付近】。
大正六	一九一七	二の丸北側に伝染病院ができる（のち上田市健康センター）【二の丸北虎口南東側】。
大正八	一九一九	市制施行。
大正十二	一九二三	上田招魂社が二の丸北側に移転【現在の場所】。上田市公会堂を二の丸に設置【旧市民会館付近】。
大正十四	一九二五	本丸に弓道場ができる。
昭和二	一九二七	二の丸橋が竣工。二の丸堀跡を通る上田温泉電軌北東線が伊勢山まで開通。市営運動場を設置。金箔瓦出土を伝える小泉橋が竣工。
昭和三	一九二八	長野刑務所上田出張所（旧上田監獄支署）が城跡外に移転し、跡地はテニスコートと児童遊園地（同四年）に【博物館・同別館付近】。陸上競技場、野球場、相撲場を二の丸百間堀跡に設置【現在の場所】。以上の施設は昭和天皇御成婚記念事業として行われる。
昭和四	一九二九	本丸に唯一残っていた櫓（西櫓）を徴古館として一般公開。
昭和七	一九三二	上田城築城三百五十年祭が挙行される。
昭和九	一九三四	時の鐘が大手の石垣上から二の丸橋北側に移築される【現在の平和の鐘】。上田城跡（本丸・二の丸）が文部省指定史跡となる。
昭和十二	一九三七	武徳殿を二の丸招魂社東側に移転する。
昭和十三	一九三八	上田遊郭の金秋楼・萬宝楼が廃業。
昭和十六	一九四一	金秋楼・萬宝楼として使用されていた二棟の櫓が売却され、東京の料亭に転売される。
昭和十七	一九四二	上田城址保存会が結成される。二棟の櫓を買い戻し、城跡への移築再建を目指す。
昭和十八	一九四三	金秋楼・萬宝楼を移築のため解体。武徳殿を日本陸軍駐屯所に改称する。
昭和十九	一九四四	櫓再建工事の上棟式が挙行されるも、太平洋戦争の戦局悪化のため工事中断。

昭和二十	一九四五	上田市公会堂を進駐軍のダンスホール（アサマダンスホール）として開放する。
昭和二十三	一九四八	上田城址保存会が再発足。櫓再建工事が再開される。日本陸軍駐屯所（旧武徳殿）を上田市屋内体育館とする。
昭和二十四	一九四九	二棟の櫓（南櫓・北櫓）落成。金秋楼が南櫓、萬宝楼が北櫓として復元される。二の丸に小動物園が復活する【博物館南側付近】。
昭和二十八	一九五三	三棟の櫓を上田市立博物館として公開。松平神社、真田氏と仙石氏も合祀して上田神社と改称。二の丸に動物園が復活する。熊舎は丸山平八郎氏の寄付による【旧市民会館駐車場北側】。
昭和二十九	一九五四	二の丸に市営プールができる【平成二十六年廃止】。
昭和三十三	一九五八	動物園に青木村で保護されたツキノワグマの仔熊（六ちゃん）が入檻。
昭和三十四	一九五九	本丸の三棟の櫓が長野県宝に指定される。
昭和三十七	一九六二	二の丸に山本鼎記念館開設【平成二十六年閉館】。
昭和三十八	一九六三	上田神社を眞田神社と改称。二の丸に市民会館が完成【平成二十六年閉館】。二の丸北東の土塁を崩して近接する堀を埋める【児童遊園地付近】。上田市屋内体育館（旧武徳殿）を上田市総合展示館とする。
昭和四十	一九六五	二の丸に市立博物館を新築。【現在の場所】
昭和四十二	一九六七	南櫓・北櫓の屋根葺替ほかの修理工事を実施。児童遊園地を二の丸北虎口東側に移転【現在の場所】。
昭和四十六	一九七一	市営プール東側にちびっこプールができる【平成二十六年廃止】。
昭和四十七	一九七二	二の丸堀跡を軌道敷とした上田交通（旧上田温泉電軌）東北線廃止。三櫓の公開を休止。
昭和五十二	一九七七	『上田城跡環境整備委員会調査研究報告』を発行。本丸の料亭が移転。
昭和五十四	一九七九	本丸で料亭として使われていた明倫堂の建物を取り壊す。
昭和五十六	一九八一	三棟の櫓の修復工事を開始（同六十二年に完了）。二の丸堀電車軌道敷跡地を利用し、けやき並木遊歩道が完成【現在の場所】。二の丸樹木屋敷跡に勤労青少年ホームができる【平成二十七年閉館】。
昭和五十七	一九八二	「上田城跡公園整備方針」を策定。

昭和五十八	一九八三	上田城築城四百年祭が挙行される。
昭和六十一	一九八六	「上田城跡公園整備方針（第二次）」を策定。
昭和六十二	一九八七	南櫓の公開を再開する。
昭和六十三	一九八八	上田市総合展示館（旧武徳殿）を解体撤去する。
平成二	一九九〇	上田城跡の発掘調査を開始。二の丸北虎口北側の石垣修復工事を行う。
平成三	一九九一	「史跡上田城跡整備基本計画」策定。本丸堀の浚渫工事を行う。本丸東虎口櫓門の復元工事に着手（現場の工事は平成五年から実施）。
平成四	一九九二	本丸西虎口の遺構地上表示を行う。
平成五	一九九三	本丸東虎口櫓門の現場工事を開始。二の丸北虎口南側の石垣復元工事、本丸東虎口土橋の石垣および武者立石段の復元工事を行う。
平成六	一九九四	本丸東虎口櫓門の復元が完了。北櫓の公開を再開する。
平成八	一九九六	尼ヶ淵崖面崩落防止工事に向けて、西櫓南側の尼ヶ淵崖面ボーリング調査を実施。
平成十二	二〇〇〇	市民会館南側の尼ヶ淵崖面ボーリング調査を実施し、崖面崩落防止工事に着手。
平成十四	二〇〇二	尼ヶ淵南櫓下崖面の石垣解体修復工事に着手（～同十八年）。
平成十八	二〇〇六	大坂の陣での真田信繁（幸村）の活躍を縁に、大阪城と友好城郭提携を結ぶ。
平成二十二	二〇一〇	尼ヶ淵崖面崩落防止工事（旧市民会館南側崖面に着色モルタル吹付工事）を施工。
平成二十三	二〇一一	「史跡上田城跡保存管理計画」を策定。あわせて「史跡上田城跡整備基本計画」を改訂。
平成二十四	二〇一二	史跡内園路の舗装工事に着手（～同二十七年）。
平成二十六	二〇一四	市民会館・山本鼎記念館が閉館。
平成二十七	二〇一五	勤労青少年ホーム跡地に観光北駐車場を市営プール跡地に多目的広場を設置。眞田神社が社務所の新築移転工事を実施。

上田城歴代城主一覧

谷口弘毅 編

城主名	官途	石高	襲封・転封・没年など
真田昌幸《まさゆき》	安房守	九万五千石	天正十一年（一五八三）築城、慶長五年（一六〇〇）改易・配流。
真田信之《のぶゆき》（信幸《のぶゆき》）	伊豆守	〃	慶長五年（一六〇〇）入封（襲封）、元和八年（一六二二）松代へ移封。
仙石忠政《ただまさ》	兵部大輔	六万石	元和八年（一六二二）小諸より入封、寛永五年（一六二八）没。
仙石政俊《まさとし》	越前守	〃	寛永五年（一六二八）襲封、延宝二年（一六七四）没。 寛文九年（一六六九）弟政勝《まさかつ》に矢沢二千石を分知。
仙石政明《まさあきら》	越前守	五万八千石	寛文九年（一六六九）襲封、宝永三年（一七〇六）出石へ移封。
松平忠周《ただちか》	伊賀守	〃	宝永三年（一七〇六）出石より入封、享保十三年（一七二八）没。
松平忠愛《ただざね》	伊賀守	〃	享保十三年（一七二八）襲封、宝暦八年（一七五八）没。 享保十五年（一七三〇）弟忠容《ただやす》に塩崎五千石を分知。
松平忠順《ただより》	伊賀守	五万八千石	寛延二年（一七四九）襲封、天明三年（一七八三）没。
松平忠済《ただまさ》	伊賀守	〃	天明三年（一七八三）襲封、文政十一年（一八二八）没。
松平忠学《たださと》	伊賀守	〃	文化九年（一八一二）襲封、嘉永四年（一八五一）没。
松平忠優《ただます》（忠固《ただかた》）	伊賀守	〃	天保元年（一八三〇）襲封、安政六年（一八五九）没。
松平忠礼《ただなり》	伊賀守	〃	安政六年（一八五九）襲封、明治二年（一八六九）版籍奉還。

あとがき

「上田城」というと、幼い頃、母に連れられて行った城内の動物園を思い出す。大学受験に失敗して浪人生活をしていたときには、予備校の合間の憩いの場所だった。一昔前、本丸堀は魚釣りやアイススケートなど、子どもたちの遊び場だった。旧市民会館で歌手のコンサートがあれば、公園前駅は大勢の人で賑わったという。そして、やまびこ国体の会場となったテニスコート。かつての城跡は、むしろ今よりもっと身近な存在だったのかもしれない。

仕事で上田城跡に関わりをもつようになって、十年余りが過ぎた。近世日本史や建築史を専攻したわけでもなく、異動の引き継ぎで言い渡された、あまりに突然の宣告に戸惑ったことを思い出す。はじめは何をしたらよいのかわからず、いたずらに時間ばかりが過ぎていった。ところが、あるお城との出会いが、こうした私の迷いを払拭してくれたのだ。

「全国城跡等石垣整備研究会」という、なんとも厳つい名前だが、毎年、文化庁の主催で開催されるこの研究会は、平成二十年は熊本城を会場に行われた。私にとっては初めての参加で、前任者から「勉強になるから必ず行くように」と言われ、しかたなく出向いたのが本音である。ところが、城跡に一歩足を踏み入れた瞬間、そんな気持ちはどこかに吹き飛んでしまった。

「お城ってこんなにもすごいんだ……」

現存する櫓や石垣を見た瞬間、自分が知っていた城とのスケールの違いに驚き、今までの自分の姿勢を反省するばかりであった。熊本城は、私にとって大きな転機をくれた城だ。

もうひとつ、この研究会から得た大きな宝物がある。それは、城跡整備に関わっておられる先輩方との出会いだ。

整備のノウハウも知らない私にとって、先輩方からのご教示は何物にも代え難い教科書だった。今もその繋がりは私の大きな財産となっている。本書の編集のお話をいただいたとき、「ようやく皆さんに恩返しができる」と思えた。

本書の浅倉有子氏の論考に登場する、丸山平八郎。上田城の研究を進めるうえで、現在の上田城跡公園の礎《いしずえ》を築いた、三人の丸山平八郎の存在を決して忘れてはならない。明治初年、丸山平八郎直養（十一代）が本丸の土地を買い上げ、養子の丸山平八郎直義（十二代）はまず、神社用地として三千坪を寄付し、後年、さらに残りの約六千坪を神社の付属遊園地用地として寄付した。その理由は、直義が妻やす（直養の娘）とお腹の中にいた子への供養の想いを遊園地に投影したからだと、現在のご当主の方からおうかがいした。明治二年の上田騒動の際、暴徒に矢出沢川に投げ捨てられた家財を川に入って拾い集めた十九歳の若妻はお腹の子を流産し、自らも命を落とした。直義は直系の娘と孫を失った養父母への申し訳なさと亡き妻子への思いから、本丸を遊園地にしてふたりがいつでも遊びに行けるようにと願ったのだという。「約束を守らなかった場合は子孫に土地を返す」と、直義と松平神社が交わした書面にはこう明記されている。

今後、上田城跡の整備は大きく前進するだろう。私たちは史実に忠実な整備を進めていくことは当然だが、直義の上田城への想いと「約束」を常に肝に銘じておく必要がある。未来永劫、城跡が大勢の方々に愛される史跡公園であり続けるために……。三人目の丸山平八郎直好（十三代）は、上田市収入役として二の丸の公園化に尽力した。彼らの業績を私たちは忘れてはならない。

本書の刊行にあたり、業務外で編集にあたることを認めてくださった、職場の上司である中村栄孝氏・小林薫氏をはじめ、お忙しいなか原稿の執筆をしていただいた皆様、そして成稿や史料の提供にご協力をいただいた方々に厚く御礼を申し上げたい。特に、尾見智志・髙田徹・寺島隆史各氏には、編集に際しても多大なご協力をいただいた。あらためて感謝申し上げたいと思う。

最後になるが、戎光祥出版株式会社代表取締役の伊藤光祥氏、編集を担当いただき、筆の遅い私に最後までお付き合いくださった髙木鮎美氏・石田出氏には感謝してもしきれない思いである。この場をお借りして心からの御礼を申し上げたい。

二〇一八年十二月

和根崎　剛

【成稿一覧】

第一部　遺構・遺物からみた上田城

Ⅰ　尾見智志「真田氏の山城群――小県の城郭を訪ねて」（笹本正治監修『資料で読み解く真田一族』郷土出版社、二〇一六年収録原稿を改変）

Ⅱ　和根崎　剛「上田築城――第一次上田合戦をめぐって」（笹本正治監修『資料で読み解く真田一族』郷土出版社、二〇一六年）

Ⅲ　倉澤正幸「瓦の変遷――真田・仙石・松平氏時代を中心に」（新稿）

Ⅳ　尾見智志「上田城とその城下町」（『千曲』一五九、二〇一六年）

Ⅴ　髙田　徹「上田城における「鬼門除け」――縄張り研究の視点から」（新稿）

Ⅵ　横澤　瑛「上田城の石垣――その修復」（『千曲』二八、一九八一年）

Ⅶ　森岡秀人「石垣の特色について」（新稿）

第二部　発掘調査の成果

Ⅰ　和根崎　剛「本丸・二の丸の発掘調査」（新稿）

Ⅱ　和根崎　剛「三の丸の発掘調査――藩主居館・中屋敷を中心に」（新稿）

Ⅲ　森岡秀人「石切丁場の分布調査」（新稿）

第三部　上田城研究の進展

Ⅰ　寺島隆史「上田城用地と「城下囲」西部の村々」（『信濃』八〇三、二〇一六年）

Ⅱ　富原道晴「新資料にみる上田城と城下町絵図――真田の上田城絵図と明治廃城後の城下町絵図」（『地図中心』五一九、一般財団法人日本地図センター、二〇一五年）

Ⅲ　尾崎行也「信濃国上田城下町の足軽長屋――松平伊賀守支配期」（『信濃』八一―一、二〇一七年）

Ⅳ　浅倉有子「史資料からみる近世・近代の上田城」（『上田城史料調査報告書―平成二十一〜二十四年度史跡上田城跡整備事業に係る史料調査報告書―』上田市文化財調査報告書第一一五集、上田市教育委員会、二〇一三年）

Ⅴ　和根崎　剛「近代の絵はがきからみた上田城跡」（新稿）

谷口弘毅「上田城関連略年表」「上田城歴代城主一覧」（『史料にみる真田氏の歴史』上田市教育委員会、二〇一五年収録原稿に加筆）

【執筆者一覧】

第一部

尾見智志　一九六一年生。現在、上田市立信濃国分寺資料館長。
和根崎　剛　別掲。
倉澤正幸　一九五五年生。元上田市立博物館長。
髙田　徹　一九六五年生。現在、城郭談話会会員。
横澤　瑛　一九三七年生。現在、東信史学会会長。
森岡秀人　一九五二年生。現在、関西大学大学院非常勤講師（考古学）。

第三部

寺島隆史　一九五一年生。地方史研究者。
富原道晴　一九四七年生。現在、しろはく古地図と城の博物館 富原文庫代表。
尾崎行也　一九三三年生。元長野県立歴史館専門員。
浅倉有子　一九五六年生。現在、上越教育大学大学院教授。
谷口弘毅　一九八六年生。現在、上田市教育委員会生涯学習・文化財課。

【編者紹介】

和根崎 剛（わねざき・つよし）

1969年生まれ。明治大学文学部史学地理学科考古学専攻卒業。

現在、上田市教育委員会生涯学習・文化財課 文化財保護担当係長。

2007年度から史跡上田城跡整備事業を担当し、「保存管理計画」策定と「整備基本計画」改訂等を行い、発掘調査および尼ヶ淵崩落防止工事等に従事してきた。

主な著作に、『資料で読み解く真田一族』（責任編集、郷土出版社、2016年）、『探訪 信州の古城』（分担執筆、郷土出版社、2007年）、『長野の山城ベスト50を歩く』（分担執筆、サンライズ出版、2013年）、『織豊系城郭とは何か』（分担執筆、サンライズ出版、2017年）、『甲信越の名城を歩く　長野編』（分担執筆、吉川弘文館、2017年）などがある。

装丁：堀 立明

シリーズ・城郭研究の新展開5
信濃《しなの》上《うえ》田《だ》城《じょう》
—徳川軍《とくがわぐん》を撃退《げきたい》した不屈《ふくつ》の堅城《けんじょう》

二〇一九年一月七日　初版初刷発行

編　者　和根崎　剛
発行者　伊藤光祥
発行所　戎光祥出版株式会社
東京都千代田区麹町一－七
相互半蔵門ビル八階
電　話　〇三－五二七五－三三六一㈹
FAX　〇三－五二七五－三三六五
編集協力　株式会社イズシエ・コーポレーション
印刷・製本　モリモト印刷株式会社

https://www.ebisukosyo.co.jp
info@ebisukosyo.co.jp

ISBN978-4-86403-310-7